파이썬을 활용한 **소프트웨어 아키텍처**

파이썬을 활용한 소프트웨어 아키텍처

견고하고 **확장 가능**한 애플리케이션 아키텍처 설계

아난드 발라찬드란 필라이 지음 · 김영기 옮김

i!i
에이콘

| 지은이 소개 |

아난드 발라찬드란 필라이 Anand Balachandran Pillai

소프트웨어 분야의 제품 공학 소프트웨어 설계와 아키텍처 연구에 18년이 넘는 경험이 있는 공학과 기술 전문가다. 마드라스의 인도 공과대학교에서 기계공학 학사 학위를 받았다.

야후Yahoo, 맥아피McAfee, 인포시스Infosys 같은 회사의 제품 개발 팀에서 새로운 제품을 만드는 수석 엔지니어와 아키텍트 역할을 수행했다.

소프트웨어 성능 공학, 고확장성 아키텍처, 보안 및 오픈소스 커뮤니티에 관심이 있으며 때때로 스타트업에서 기술 리더 역할이나 컨설팅을 담당하기도 한다.

방갈로 파이썬 사용자 그룹의 설립자이며 파이썬 소프트웨어 재단PSF의 선임연구원이기도 하다. 현재는 예지Yegii Inc의 선임 아키텍트로 일하고 있다.

나의 동료와 가족에게 이 책을 바칩니다.

| 기술 감수자 소개 |

마이크 드리스콜 Mike Driscoll

2006년부터 파이썬 프로그래밍을 했다. 자신의 블로그에 파이썬 관련 글을 쓰는 것을 좋아하며 DZone의 코어 파이썬 레퍼런스 카드^{Core Python refcard}를 공동 저술했다. 『Python 3 Object Oriented Programming』, 『Python 2.6 Graphics Cookbook』, 『Tkinter GUI Application Development Hotshot』 이외의 다양한 책을 기술 검토했다. 최근에 『Python 101』을 썼고 현재는 다음 책을 집필 중이다.

항상 나를 지원해 준 아름다운 아내 에반젤린^{Evangeline}에게 고맙다고 말하고 싶습니다. 내게 도움을 준 모든 동료들과 가족에게도 감사한 마음을 전합니다.
그리고 나를 구원하신 예수 그리스도께 감사드립니다.

| 옮긴이 소개 |

김영기(resious@gmail.com)

삼성전자 네트워크 SE 그룹에서 소프트웨어 개발과 관련한 다양한 업무를 수행하고 있다.

주요 이력으로, 지능망(IN)과 모바일 애플리케이션 개발, 정적 분석과 소프트웨어 구조 분석, 소프트웨어 개발 인프라 관리 등이 있다.

현재는 소프트웨어 개발과 관련된 조직의 개발 문화, 애자일과 데브옵스, 인프라 자동화에 관심이 많다.

| 옮긴이의 말 |

소프트웨어 개발자라면 적어도 한 번쯤 SW에 대한 오랜 경험과 경력을 바탕으로 멋진 소프트웨어 제품을 만드는 것을 상상해 본 적이 있을 것이다. 소프트웨어 아키텍처 분야는 다른 소프트웨어 분야에 비해 비교적 역사가 짧아도 제대로 파악하려면 많은 험난한 과정을 겪어야 한다. 이러한 어려움 중 하나는 소프트웨어 아키텍처 자체를 알려주는 레퍼런스가 부족하다는 점과, 다른 하나는 파악한 소프트웨어 아키텍처의 개념을 실제 구현 언어로 어떻게 연결시킬 것인가다.

이 책의 각 장에서 이야기하는 주제들은 그 주제만으로도 상당한 학습이 필요한 내용들이다.

그러나, 적어도 이 책은 소프트웨어 아키텍처에 관심을 갖고 파악하고 싶어하는 개발자들에게 도움이 될 것을 확신한다. 이 책을 통해 아키텍처 관련된 주요 품질속성과 아키텍처 관련 주제를 확인하고 파이썬 예제를 하나하나 살펴보다 보면 어느새 앞서 말한 두 가지 어려움의 상당 부분 해결될 것이라고 감히 생각한다.

개발자들에게 작은 도움이 되는 책이길 바라며, 번역하는 동안 많은 지원과 수고를 아껴주지 않은 분들께 다시 한번 감사의 마음을 전합니다. 모두 감사합니다.

| 차례 |

10장 디버깅 기법 583

에이콘출판의 기틀을 마련하신 故 정완재 선생님 (1935-2004)

소프트웨어 아키텍처나 특화된 소프트웨어 애플리케이션을 위한 기반 디자인은 쉬운 일이 아니다. 소프트웨어 아키텍처의 가장 큰 두 가지 문제는 동기화 상태를 유지하는 것과 관련된다. 첫 번째 문제는 요구사항을 발견하거나 진화함에 따라 아키텍처와 동기화를 유지하는 것이며, 두 번째 문제는 구현물이 만들어지고 발전하는 과정에서 아키텍처와 동기화를 유지하는 것이다.

이 책은 성공적인 소프트웨어 아키텍트가 될 수 있도록 다양한 예제와 유즈케이스로 직접적인 방법을 제시한다. 파이썬의 거의 모든 사항을 이해하는 데 커다란 도움이 될 것이다. 파이썬을 통해 견고하면서도 깔끔하며 확장성과 성능이 뛰어난 애플리케이션의 아키텍처를 만들 수 있으리라 확신한다.

▌ 이 책의 대상 독자

엔터프라이즈 애플리케이션에 경험이 있는, 아키텍트가 되려는 파이썬 개발자에게 적합하다. 애플리케이션의 효과적인 청사진을 만들기 위해 파이썬을 이용하려는 소프트웨어 아키텍트에게도 도움이 될 것이다.

▌ 이 책의 구성

1장, 소프트웨어 아키텍처 원칙 소프트웨어 아키텍처의 주요 사항을 소개한다. 아키텍처 품질속성과 아키텍처의 배경이 되는 원칙을 간단하게 설명한다. 1장은 아키텍처 원칙과 기본 속성을 파악하는 데 탄탄한 기반이 된다.

2장, 변경 가능하고 가독성 있는 코드 작성하기 개발에 관련된 아키텍처 품질속성인 변경 용이성과 가독성을 다룬다. 아키텍처 품질속성인 유지보수성과 애플리케이션의 테스트를 위한 코드를 파이썬으로 작성하는 전술을 이해할 수 있게 된다.

3장, 테스트 용이성 – 테스트 가능한 코드 작성하기 아키텍처 품질속성인 테스트 용이성과 테스트 용이성을 위해 파이썬 애플리케이션의 아키텍처를 잡는 방법을 배운다. 테스트 용이성과 소프트웨어 테스팅의 다양한 관점을 학습하고 테스트 가능한 애플리케이션을 파이썬으로 작성하기 위해 이용할 수 있는 다양한 라이브러리와 모듈을 익힌다.

4장, 좋은 성능은 보상이다! 성능 관점에서 파이썬 코드를 작성하는 방법을 다룬다. 성능을 최적화하는 시기에 아키텍처 품질속성은 물론 성능 관련 지식도 갖추게 된다. 소프트웨어 수명주기에서 성능 최적화를 수행하는 시기도 알게 된다.

5장, 확장 가능한 애플리케이션 작성하기 확장 가능한 애플리케이션의 중요성을 이야기한다. 애플리케이션의 확장성을 달성하는 다양한 방법을 설명하고 파이썬에서 사용하는 확장성 관련 기법을 알아본다. 확장성의 이론적 측면과 업계의 모범 사례도 배운다.

6장, 보안 – 안전한 코드 작성하기 아키텍처의 보안 측면, 관련 모범 사례와 안전한 애플리케이션의 작성 기법을 다룬다. 조심해야 할 다양한 보안 문제도 짚고 넘어간다. 처음부터 파이썬으로 안전한 애플리케이션 아키텍처를 만드는 방법을 깨닫게 된다.

7장, 파이썬 디자인 패턴 실용적인 프로그래머 관점에서 각 패턴에 대한 이론적인 배경과 함께, 파이썬에서 디자인 패턴의 개요를 다룬다. 실용적인 프로그래머에게 유용한 파이썬의 디자인 패턴 지식을 얻게 된다.

8장, 파이썬 아키텍처 패턴   고수준의 현대적인 파이썬 아키텍처 패턴을 소개한다. 고수준 아키텍처 문제를 해결하기 위한 패턴들을 알 수 있도록 파이썬 라이브러리와 프레임워크 예제도 제공한다.

9장, 파이썬으로 애플리케이션 배포하기   파이썬을 이용해 올바른 방법으로 원격환경이나 클라우드에 코드를 쉽게 배포하는 방법을 설명한다.

10장, 디버깅 기법   파이썬 코드의 디버깅 기법을 다룬다. 프로그래머에게 가장 간단하면서도 편리한, 전략적으로 배치된 print문에서부터 로깅과 시스템 호출^{system call} 추적까지 다룬다. 이러한 기법들은 시스템 아키텍트가 팀을 이끄는 데 도움이 된다.

▌ 준비 사항

대부분의 코드 예제를 실행하려면 시스템에 파이썬 3버전이 설치돼 있어야 한다. 다른 전제 조건들은 개별 예제에서 언급한다.

▌ 예제 코드 파일 다운로드

예제 코드는 에이콘출판사의 도서정보 페이지인 http://www.acornpub.co.kr/book/software-architecture-python에서 다운로드할 수 있다.

또한 http://www.packtpub.com/support를 방문해 이메일을 등록하면 파일을 직접 받을 수 있으며, 링크를 통해 원서의 Errata도 확인할 수 있다. https://github.com/PacktPublishing/Software-Architecture-with-Python에서도 동일한 파일을 다운로드할 수 있다.

이 책에서 사용된 컬러 이미지 다운로드

이 책에서 사용된 스크린샷/다이어그램의 컬러 이미지가 포함된 PDF 파일은 에이콘출판사의 도서정보 페이지인 http://www.acornpub.co.kr/book/software-architecture-python에서 다운로드할 수 있다.

▌편집 규약

본문은 다음과 같은 규칙을 사용했다.

1. 코드 글꼴은 다음에서 사용한다.

    본문에 삽입된 코드 단어들, 인터페이스, 모듈 이름, 클래스 이름에는 코드 글꼴을 사용한다.

    예: unittest 모듈에서 테스트 결과는 TextTestReult 클래스의 기본 구현으로 구체적인 내용을 갖고 있는 TestResult 클래스로 구현된다.

2. 코드 블록은 다음과 같이 설정된다.

    ```
    for idx in range(len(seq)):
        item = seq[idx]
        print(idx, '=>', item)
    ```

3. 코드 블록 중 강조하기 위한 특정 부분은 '굵게' 표시했다.

    ```
    [default]
        exten => s,1,Dial(Zap/1|30)
        exten => s,2,Voicemail(u100)
        exten => s,102,Voicemail(b100)
        exten => i,1,Voicemail(s0)
    ```

4. 모든 명령줄의 입력이나 출력은 다음과 같이 작성된다.

```
>>> import hash_stream
    >>> hash_stream.hash_stream(open('hash_stream.py'))
    '30fbc7890bc950a0be4eaa60e1fee9a1'
```

5. 주의사항이나 알아둬야 할 내용은 다음과 같이 나타낸다.

> **ⓘ** 경고나 중요한 주의사항은 이렇게 표시한다.

> **TIP** 팁이나 알아둬야 할 부분은 이렇게 나타낸다.

▌ 정오표

한국어판 정오표는 http://www.acornpub.co.kr/book/software-architecture-python에서 확인할 수 있다.

▌ 저작권 및 저술관련

인터넷상에서 어떤 형태로든 불법 복제물을 발견하면 주소나 웹사이트 이름을 링크와 함께 copyright@packtpub.com로 알려주기 바란다.

▌ 질문

독자의 의견은 언제나 환영한다. 메일 제목에 책 제목을 명시해 feedback@packtpub.com으로 의견을 보낼 수 있다. 책과 관련해 질문이 있다면 questions@packtpub.com으로 메일을 보내주기 바란다.

한국어판에 관한 질문은 이 책의 옮긴이(resious@gmail.com)나 에이콘출판사 편집팀(editor@acornpub.co.kr)으로 문의하면 된다.

01

소프트웨어 아키텍처 원칙

이 책은 파이썬^{Python}과 함께 소프트웨어 개발 수명주기와 관련된 소프트웨어 아키텍처의 다양한 속성을 다룬 책이다.

소프트웨어 아키텍처와 품질속성, 두 가지 측면을 이해하고 결합할 수 있어야 한다. 소프트웨어 아키텍처의 기본 사항 및 관련 주제, 개념을 파악하고 소프트웨어의 다양한 품질속성을 이해하는 것이 중요하다.

조직에서 고참 역할을 수행하는 많은 소프트웨어 엔지니어들은 소프트웨어 설계와 아키텍처의 정의, 안전한 기능을 갖춘 소프트웨어를 만들 때 자신의 역할을 매우 다르게 해석하기도 한다.

소프트웨어 설계와 아키텍처 분야에 관한 책과 정보는 사실 상당히 많지만 실무자는 중요한 개념을 두고 혼란을 느끼기도 한다. 여기서 '혼란'이란 시스템을 구축할 때 동작하는 코드를 전달하기 위한 압박이 다른 모든 것을 압도하고 가려버리는 소프트웨어 개발 조직의 일반적인 관행으로, 이것은 기본적인 설계 및 아키텍처 원칙을 학습하는 것보단 기술을 학습하는 데 따르는 압박에 기인한다.

이 책은 프로그래밍 언어, 라이브러리, 프레임워크로 소프트웨어를 구축하는 일상적인 세부사항과, 소프트웨어 아키텍처 품질속성, 그리고 관련 소프트웨어 개발의 다소 난해한 측면에 연결되는 중간 과정은 뛰어 넘는다. 이 책에서는 파이썬과 파이썬 개발자 생태계를 이용한다.

1장에서는 아키텍처 관련 개념을 명료한 용어로 쉽게 설명해 나머지 장들을 이해할 수 있는 기반을 마련한다. 이 책의 마지막까지 개념과 실질적인 세부사항을 일관성있게 설명할 것이다.

1장은 다음 내용을 다룬다.

- 소프트웨어 아키텍처의 정의
- 소프트웨어 아키텍처Architecture 대 설계Design
- 소프트웨어 아키텍처의 여러 측면
- 소프트웨어 아키텍처의 특성
- 소프트웨어 아키텍처가 중요한 이유
- 시스템 아키텍처 대 엔터프라이즈 아키텍처
- 아키텍처 품질속성
  - 변경 용이성Modifiability
  - 테스트 용이성Testability
  - 확장성/성능Scalability/performance
  - 보안Security
  - 배포 가능성Deployability

▋ 소프트웨어 아키텍처의 정의

소프트웨어 아키텍처의 정의는 다양하지만 간단한 정의를 소개한다.

소프트웨어 아키텍처^{software architecture}는 소프트웨어 시스템의 서브시스템^{subsystems}이나 컴포넌트^{components}, 이들 사이의 관계^{relationships}를 기술한 것이다.

다음은 소프트웨어 집약 시스템 기술의 권장 사례(IEEE)에서의 공식적인 정의다.

> "아키텍처는 컴포넌트로 구체화된 시스템의 기본적인 조직화다. 컴포넌트 상호 간의 관계 및 환경에 관한 관계이며 디자인과 진화를 이끄는 원리다."

웹을 검색해 보면 소프트웨어 아키텍처에 관한 다양한 정의를 얻을 수 있다. 표현은 다를 수 있지만 모든 정의는 소프트웨어 아키텍처를 구성하는 핵심적이고 기본적인 측면을 의미한다.

소프트웨어 아키텍처 대 설계

시스템의 소프트웨어 아키텍처 및 시스템 설계에 관한 질문은 온라인은 물론 오프라인 포럼에서도 상당히 자주 보인다. 잠시 시간을 내 이러한 측면을 이해해보자.

두 용어는 때로는 같은 의미로 상호교환적으로 사용되지만, 아키텍처와 설계의 대략적인 구분은 다음과 같이 요약할 수 있다.

- 아키텍처^{Architecture}는 상위 수준의 서술 구조 및 시스템 안의 상호작용에 관련된다. 소프트웨어 아키텍처는 기능뿐 아니라 조직, 기술, 비즈니스와 품질속성을 포함한 시스템 골격에 관한 의사결정에 수반되는 질문들과 관련이 있다.
- 설계^{Design}는 시스템을 만드는 데 포함된 시스템과 하위 시스템의 부품^{part}이나 컴포넌트의 구성과 관련된다. 보통 설계 문제는 다음과 같이 코드나 모듈에 더 가깝다.

- 코드로 분할되는 모듈은 무엇인가? 모듈은 어떻게 구성되는가?
- 서로 다른 기능을 어떤 클래스(또는 모듈)에 할당해야 하는가?
- 클래스 'C'에 어떤 디자인 패턴을 사용해야 하는가?
- 런타임에 얼마나 많은 객체들이 상호작용하는가? 전달되는 메시지는 어떤 것이며 어떻게 상호작용을 조직화하는가?

소프트웨어 아키텍처는 전체 시스템에 관한 설계다. 반면, 대부분의 소프트웨어 설계는 세부사항, 특히 다양한 서브시스템과 이러한 서브시스템을 구성하는 컴포넌트의 구현 수준의 세부사항에 관한 내용이다.

'설계'라는 단어는 두 가지 문맥 모두에 나오지만 아키텍처가 설계보다 더 높은 추상화와 큰 규모를 갖는다는 점에서 구분된다.

소프트웨어 아키텍처는 아키텍처 패턴, 설계에서는 디자인 패턴이라는 지식 체계가 있다. 2장부터 두 가지 주제를 모두 살펴본다.

소프트웨어 아키텍처의 여러 측면

아키텍처에 관한 공식적인 IEEE 정의와 비공식적인 정의 모두에서 공통으로 반복되는 내용이 있다. 소프트웨어 아키텍처를 논의하려면 다음 주제를 이해해야 한다.

- **시스템**System: 시스템은 구체적인 기능을 달성하기 위해 특정 방법으로 구성된 컴포넌트들의 집합을 말한다. 소프트웨어 시스템은 이러한 소프트웨어 컴포넌트들의 집합이다. 시스템은 하위에서 서브시스템들로 그룹화될 수 있다.
- **구조**Structure: 구조는 규칙이나 원칙에 따라 함께 그룹화되거나 구성된 요소element들의 집합이다. 요소는 소프트웨어나 하드웨어 시스템이 될 수 있다. 소프트웨어 아키텍처는 관찰자의 컨텍스트에 따라 다양한 수준의 구조를 보여준다.
- **환경**Environment: 소프트웨어가 만들어지는 컨텍스트나 환경circumstances으로 소프

트웨어 아키텍처에 직접적인 영향을 미친다. 컨텍스트는 기술 환경, 비즈니스 환경, 전문 영역, 운영 환경 등이 될 수 있다.

- **이해당사자** Stakeholder: 시스템과 시스템의 성공에 관심을 갖거나 염려하는 사람이나 그룹 모두를 말한다. 이해당사자의 예로는 아키텍트, 개발팀, 고객, 프로젝트 관리자, 마케팅팀 등이 있다.

소프트웨어의 핵심 측면을 이해했으므로 소프트웨어 아키텍처의 특성을 간단하게 살펴보자.

▌ 소프트웨어 아키텍처의 특성

모든 소프트웨어 아키텍처에는 공통적인 특성이 있다. 가장 중요한 특성들을 살펴보자.

아키텍처는 구조를 정의한다

시스템 아키텍처는 시스템의 구조적인 세부사항으로 가장 잘 표현된다. 실무자는 서브시스템 사이의 관계를 나타내기 위해 시스템 아키텍처를 구조적인 컴포넌트나 클래스 다이어그램으로 그리는 것이 가장 일반적이다.

예컨대 다음 아키텍처 다이어그램은 ETL 프로세스[1]를 사용해 로드되는 계층화 데이터베이스 시스템에서 읽기를 수행하는 애플리케이션의 백엔드를 묘사한다.

---

1 ETL은 extract, transform, load를 의미하며, 조직 내외부의 복수의 소스로부터의 데이터를 데이터 분석을 위한 data warehouse, data mart 내로 이동시키는 프로세스를 말한다. – 옮긴이

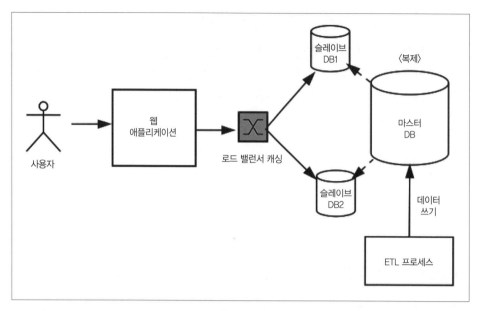

시스템 구조를 보여주는 아키텍처 다이어그램 예제

구조^{Structure}는 아키텍처에 관한 통찰력과 품질속성과 관련해 아키텍처를 분석할 수 있는 관점을 제공한다.

예제는 다음과 같다.

- 런타임에 생성된 객체 관점에서 런타임 구조와 이들이 상호 작용 방법은 배포 아키텍처^{deployment architecture}를 결정한다. 배포 아키텍처는 확장성, 성능, 보안, 상호 운용성 같은 품질속성에 밀접하게 관련된다.
- 작업 분할을 위해 코드가 세분화되고 모듈과 패키지로 구성되는 방법 측면에서 모듈 구조는 시스템의 유지보수성과 변경 용이성(확장성)에 직접적인 영향을 준다. 이는 다음과 같이 설명된다.
  - 확장성을 고려해 구성된 코드는 적절한 문서화와 구성을 갖는, 잘 정의된 별도의 패키지에 부모 클래스를 유지한다. 따라서 부모 클래스는 너무 많은 의존성을 처리하지 않아도 외부 모듈에 따라 쉽게 확장이 가능하다.

- (라이브러리, 프레임워크 같은) 외부 개발자나 서드 파티 개발자에 의존하는 코드는 수동 또는 자동으로 외부 소스에서 의존성을 가져오는 설정, 배포 단계를 제공해야 한다. 코드는 의존성 처리 단계를 명확하게 문서화한 (README, INSTALL 등과 같은) 문서도 제공해야 한다.

아키텍처는 핵심 요소의 집합을 선택한다

잘 정의된 아키텍처는 시스템의 핵심 기능을 만드는 데 필요하며 시스템에 지속적인 영향을 주는 핵심적인 구조 요소들의 집합만 명확히 기술한다. 아키텍처는 시스템의 모든 컴포넌트와 그에 관한 모든 사항을 문서화하지 않는다.

가령 웹 페이지 브라우징을 위해 웹 서버와 상호 작용하는 사용자에 관한 아키텍처-전형적인 클라이언트/서버 아키텍처-를 설명하는 아키텍처는 주로 시스템의 핵심 요소를 구성하는 두 가지 컴포넌트인 사용자 브라우저(클라이언트)와 원격 웹 서버(서버)에 중점을 둔다.

시스템은 서버에서 클라이언트까지의 경로에 여러 개의 캐싱 프록시나 웹 페이지 전달 속도를 높이는 서버 원격 캐시 같은 또 다른 컴포넌트를 가질 수 있다. 그러나 이것은 아키텍처를 기술할 때 중요한 사항이 아니다.

아키텍처는 초기 디자인 결정사항을 기술한다

이번 사항은 앞서 설명한 특성들에서 비롯된 결과다. 아키텍트가 시스템의 일부 핵심 요소(와 그들의 상호작용)에 초점을 맞추는 것은 시스템의 초기 디자인 결정사항의 결과이기 때문이다. 따라서 결정사항은 초기 가중치에 따라 시스템 개발에서 더 중요한 역할을 한다.

아키텍트는 시스템 요구사항을 주의깊게 분석한 후 다음과 같이 초기 디자인을 결정할 수 있다.

- 시스템은 Linux 64-bit 서버가 클라이언트 요구사항과 성능 제약사항을 만족시키므로 해당 서버에만 배포된다.
- 시스템은 백엔드 API를 구현하기 위한 프로토콜로 HTTP를 사용한다.
- 시스템은 백엔드에서 프론트엔드로 중요한 데이터를 전송하는 API에 대해 2048비트나 그 이상의 암호화 인증서를 사용하는 HTTPS의 사용을 시도한다.
- 시스템의 프로그래밍 언어로 백엔드는 파이썬, 프론트엔드는 파이썬이나 루비를 사용한다.

> ⓘ 첫 번째 디자인 결정사항은 특정 OS와 시스템 아키텍처에 관한 시스템의 배포 관련 선택사항을 상당 부분 고정시킨다. 다음 두 가지 결정사항은 백엔드 API를 구현할 때 상당히 중요하다. 마지막 결정사항은 시스템의 프로그래밍 언어 선택을 고정시킨다.

초기 디자인 결정사항은 요구사항을 면밀히 분석하고 조직적, 기술적, 시간적인 제약사항과 일치시켜야 한다.

아키텍처는 이해당사자의 요구사항을 관리한다

궁극적으로 시스템은 이해당사자의 요구에 따라 설계되고 만들어진다. 그러나 일부 요구사항들의 모순적인 특성으로 인해 각 이해당사자의 요구사항을 완전하게 처리할 수 없다. 다음과 같은 일부 사례가 있다.

- 마케팅팀은 기능을 완전하게 갖춘 소프트웨어 애플리케이션에 관심이 있지만, 많은 기능이 추가되면 개발팀은 기능이 조금씩 늘어나는 문제와 성능 문제에 관심을 둔다.
- 시스템 아키텍처는 최신 기술을 사용해 배포를 클라우드까지 확장하는 것에 관심을 갖는 반면, 프로젝트 관리자는 배포 기술이 예산에 미칠 영향에 우려를 한다.

최종 사용자는 올바른 기능, 성능, 보안, 사용성, 신뢰성에 관심을 갖는 반면, 개발 조직(아키텍트, 개발팀, 관리자)은 프로젝트 일정을 지키면서 예산 안에서 이러한 품질 사항을 모두 전달하는 데 관심이 있다.

- 좋은 아키텍처는 트레이드 오프를 통한 요구사항의 균형을 맞추기 위해 최선을 다한다. 또한 인력과 자원을 한도 이하로 유지하면서 좋은 품질속성을 갖는 시스템을 전달하려고 한다.
- 아키텍처는 제한사항의 표현을 통해 이해당사자들이 효과적으로 의사소통을 할 수 있도록 공통 언어를 제공한다. 공통 언어는 아키텍트가 요구사항과 트레이드 오프를 가장 잘 기술한 아키텍처로 일원화하는 데 도움이 된다.

아키텍처는 조직 구조에 영향을 미친다

시스템은 아키텍처를 구조화해서 시스템을 만드는 팀 구조와 직접적으로 매핑이 될 때가 많다.

아키텍처는 많은 양의 데이터를 읽고 쓰는 일련의 서비스를 기술하는 데이터 액세스 계층을 갖고 있을 수 있다. 시스템에 필요한 기술 세트를 이미 보유하고 있는 데이터베이스 팀에 기능을 할당하는 것은 자연스러운 일이다.

시스템 아키텍처는 하향식 구조에 관한 최상위 서술이므로 작업 분할 구조의 기반으로도 사용된다. 따라서 소프트웨어 아키텍처는 아키텍처를 구현하는 조직 구조에 직접적인 영향을 미친다.

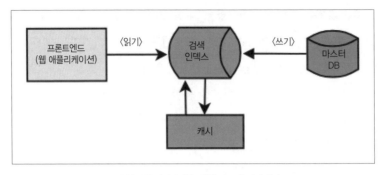

검색 웹 애플리케이션을 위한 시스템 아키텍처

다음 다이어그램은 애플리케이션을 구축하는 팀의 매핑 정보를 보여준다.

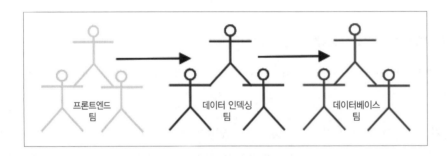

아키텍처는 환경의 영향을 받는다

환경은 아키텍처가 반드시 갖춰야 하는 기능에 관한 외부 제약사항이나 제한을 부과하며, 컨텍스트 안의 아키텍처라고 한다[Ref: Bass,Kazman].

다음과 같은 예가 있다.

- **품질속성 요구사항**Quality attribute requirements: 현대 웹 애플리케이션에서는 초기 기술 제한사항으로 애플리케이션의 확장성과 가용성을 명시하고 이러한 사항을 아키텍처에 기술한다. 이것은 비즈니스 측면의 기술적 컨텍스트의 예다.

- **표준 준수**^{Standards conformance}: 소프트웨어를 관리하기 위한 대규모 표준 세트가 있는 조직도 있다. 특히 은행, 보험, 건강 관리 분야가 그렇다. 표준은 아키텍처의 초기 제약사항으로 추가되는데 이것이 기술 컨텍스트의 예다.

- **조직 제약사항**^{Organizational constraints}: 특정 아키텍처 스타일에 경험이 있거나 이러한 스타일을 포함하는 특정 프로그래밍 환경(J2EE는 좋은 예다)을 운영하는 일련의 조직들을 볼 수 있다. 조직은 비용 절감 방법으로 향후 프로젝트에 유사한 아키텍처의 적용을 선호하고, 아키텍처와 관련된 기술에 투자로 생산성을 보장받는다. 이것은 내부 비즈니스 컨텍스트의 예다.

- **전문 컨텍스트**^{Professional context}: 외부 컨텍스트를 제외하고 시스템 아키텍처에 관한 아키텍트의 선택 세트는 대부분 아키텍트의 고유한 경험을 바탕으로 형성된다. 아키텍트는 새로운 프로젝트를 위해 과거에 가장 성공적이었던 아키텍처적인 선택사항들을 계속 사용한다.

아키텍처 선택사항은 자체 교육 및 전문적인 교육과 훈련에서 비롯되며 전문 기술이 있는 동료의 영향도 받는다.

아키텍처는 시스템을 문서화한다

모든 시스템은 공식적인 문서화 여부와 상관없이 아키텍처를 갖는다. 적절하게 문서화된 아키텍처는 효과적인 시스템 문서 역할을 할 수 있다. 아키텍처는 시스템의 초기 요구사항, 제약사항, 이해당사자 트레이드 오프를 기술하기 때문에 아키텍처를 적절하게 문서화하는 것이 좋다. 문서는 나중에 교육을 위한 기초 자료로도 사용할 수 있다. 또한 계속되는 이해당사자와의 의사소통, 변경되는 요구사항을 기반으로 한 아키텍처에 관한 이후의 이터레이션^{iterations}에도 도움이 된다.

아키텍처를 문서화하는 가장 간단한 방법은 시스템의 다양한 측면과 조직 구조에 관해 컴포넌트 아키텍처, 배포 아키텍처, 커뮤니케이션 아키텍처, 팀이나 엔터프라이즈 아키텍처 같은 다이어그램을 그리는 것이다.

초기에 파악할 수 있는 또 다른 데이터는 시스템 요구사항, 제약사항, 초기 디자인 결정 사항, 그리고 이러한 결정에 관한 근거가 포함된다.

아키텍처는 패턴을 준수한다

실제로 대부분의 아키텍처는 많은 성공을 거둔 특정 아키텍트 스타일을 준수한다. 이러한 특정 스타일의 세트는 아키텍처 패턴으로 불린다. 패턴의 예로는 클라이언트–서버 Client-Server, 파이프와 필터 Pipes and Filter, 데이터 기반 아키텍처 등이 있다. 아키텍트가 기존 패턴을 선택하는 경우, 패턴에 관련된 기존의 많은 유즈케이스와 예제를 참조하고 재사용한다. 현대적인 아키텍처 작업에서 아키텍트가 하는 일은 문제를 쉽게 해결할 수 있도록 쉽게 이용 가능한 기존 패턴 세트를 조합하고 매핑하는 것이다.

다음 다이어그램은 클라이언트 서버 아키텍처의 예를 보여준다.

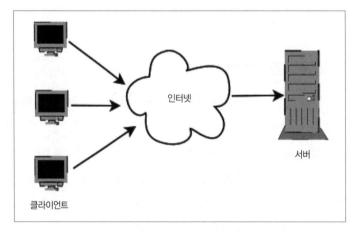

클라이언트–서버 아키텍처 예제

다음 다이어그램은 데이터 스트림의 처리를 위한 아키텍처 패턴인 파이프와 필터 아키텍처를 보여준다.

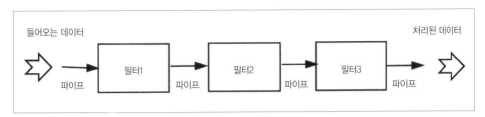

파이프와 필터 아키텍처 예제

이 책의 뒷 부분에서 아키텍처 패턴들의 예시를 살펴본다.

▌ 소프트웨어 아키텍처의 중요성

지금까지 소프트웨어 아키텍처의 기본 원칙과 특성을 살펴봤다. 물론 소프트웨어 아키텍처는 중요하며 소프트웨어 개발 프로세스의 중요한 단계라고 가정했다.

이제 비판적인 시선으로 소프트웨어 아키텍처를 되돌아보고 다음과 같은 몇 가지 실존적인 질문을 해 보자.

- 왜 소프트웨어 아키텍처인가?
- 왜 소프트웨어 아키텍처가 중요한가?
- 왜 공식적인 소프트웨어 아키텍처 없이 시스템을 구축하지 못하는가?

비공식적인 소프트웨어 개발 프로세스에서 누락될 수 있는 소프트웨어 아키텍처가 제공하는 중요한 통찰력을 살펴보자. 다음 표에 있는 시스템의 기술적 관점이나 개발 관점에만 초점을 맞춘다.

관점	통찰력/영향	예제
아키텍처는 시스템에서 최적화해야 하는 품질속성을 선택한다.	아키텍처를 선택할 때, 확장성, 가용성, 변경 용이성, 보안 같은 시스템 측면들은 초기 결정 사항과 트레이드 오프 영향을 받는다. 한 속성을 다른 속성에 맞춰 절충해야 할 때도 있다.	확장성을 위해 최적화된 시스템은 반드시 요소들이 강하게 결합되지 않는 분산 아키텍처를 사용해 개발돼야 한다. 예로 마이크로서비스, 브로커가 있다.
아키텍처는 빠른 프로토타이핑을 쉽게 만든다.	아키텍처의 정의에 따르면 개발 조직이 전체 시스템을 하향식으로 만들지 않고도, 초기에 시스템의 동작 방법에 관한 귀중한 통찰력을 제공하는 프로토타입을 만들 수 있다.	많은 조직에서 서비스의 외부 API만 만들고 나머지 행위는 모의객체로 만들어 서비스의 프로토타입을 빠르게 만든다. 이는 초기에 빠른 통합 테스팅과 아키텍처 안의 상호작용 문제를 이해할 수 있도록 한다.
아키텍처는 컴포넌트별로 시스템을 구축할 수 있게 만든다.	잘 정의된 아키텍처는 처음부터 모든 사항을 구현할 필요없이, 기능을 충족시키기 위해 이용 가능한 컴포넌트들을 기존 아키텍처에서 바로 재사용하고 조립이 가능하다.	즉시 사용이 가능한 서비스의 빌딩 블록을 제공하는 라이브러리나 프레임워크 (예: Django/RoR와 같은 웹 애플리케이션 프레임워크와 Celery 같은 태스크 분산 프레임워크)
아키텍처는 시스템 변경 관리에 도움이 된다.	아키텍처는 아키텍트가 영향을 받는 컴포넌트와 그렇지 않은 컴포넌트 관점에서 시스템의 변경 범위를 지정할 수 있게 한다. 새로운 기능, 성능 문제를 해결을 하는 경우 시스템의 변경사항을 최소로 유지하는 데 도움이 된다.	아키텍처가 올바르게 구현됐다면 시스템의 데이터베이스 읽기 성능 문제 해결은 DB와 데이터 액세스 계층(DAL)만 변경이 필요할 수 있다. 즉 애플리케이션 코드를 전혀 건드리지 않아도 된다. 가장 현대적인 웹 프레임워크가 구축된 방식이다.

아키텍처는 시스템의 비즈니스 컨텍스트에 대한 귀중한 통찰력을 제공하는 다양한 측면이 있다. 그러나 소프트웨어 아키텍처의 기술적인 측면을 배우려는 것이 목적이므로 이 책에서는 앞의 표에 주어진 내용으로 제한한다.

이제 두 번째 질문을 해 보자.

왜 공식적인 소프트웨어 아키텍처 없이 시스템을 구축하지 않는가?

지금까지의 내용을 잘 이해했다면 질문의 답을 떠올리기기 쉬울 것이다. 해답은 다음과 같이 요약할 수 있다.

- 모든 시스템은 문서화 여부와 상관없이 아키텍처를 갖는다.
- 아키텍처 문서화를 공식화하고 여러 이해당사자에게 공유할 수 있다면 변경 관리와 반복 개발이 가능하다.
- 공식적인 아키텍처가 정의되고 문서되면 소프트웨어 아키텍처의 모든 이점과 특성을 활용할 수 있다.
- 공식적인 아키텍처 없이도 작업을 진행하고 원하는 기능을 갖춘 시스템을 구축할 수 있다. 그러나 확장 가능하고 수정을 할 수 있는 시스템을 만들 수 없을 것이다. 원래 요구사항과 상당히 거리가 먼 품질속성 세트를 갖는 시스템을 만들 가능성이 높다.

▌시스템 아키텍처 대 엔터프라이즈 아키텍처

아키텍처라는 용어가 다른 상황에서도 사용된다는 이야기를 들어봤을 것이다.

다음의 역할role이나 직책title은 매우 일반적인 소프트웨어 아키텍트 분야다.

- 기술 아키텍트Technical architect
- 보안 아키텍트Security architect
- 정보 아키텍트Information architect
- 인프라스트럭처 아키텍트Infrastructure architect

시스템 아키텍트System architect, 엔터프라이즈 아키텍트Enterprise architect와 솔루션 아키텍트Solution architect라는 용어도 들어본 적이 있을 것이다. 흥미로운 질문은 다음과 같다.

이 사람들은 어떤 일을 할까?

해답을 찾아보자.

엔터프라이즈 아키텍트는 조직의 전반적인 비즈니스 및 조직 전략들을 살펴보고 비즈니스, 정보, 프로세스, 기술 변화에 필요한 전략 실행을 조직에 안내하기 위해 아키텍처 원칙과 실천방법을 적용한다. 보통 엔터프라이즈 아키텍처는 기술보다 전략에 더 중점을 둔다. 다른 아키텍처 역할은 자신들의 서브시스템과 프로세스에 신경을 쓴다.

- **기술 아키텍트**: 기술 아키텍트는 조직에서 사용되는 핵심기술(하드웨어/소프트웨어/네트워크)에 관련된다. 보안 아키텍트는 조직의 정보보안 목표에 맞도록 애플리케이션에서 사용되는 보안 전략을 생성하거나 조정한다. 정보 아키텍트는 조직의 비즈니스 목표를 촉진시키는 방법으로 애플리케이션에서 정보를 이용할 수 있는 아키텍처 솔루션을 제시한다.

  특정 아키텍처는 모두 자신들의 시스템과 서브시스템에 관련되므로 각 역할은 시스템 아키텍트가 담당한다.

  아키텍트는 엔터프라이즈 아키텍트가 담당하는 각 비즈니스 도메인의 더 작은 그림들을 이해하게 한다. 이것은 엔터프라이즈 아키텍트가 비즈니스 및 조직 전략을 수립할 때 필요한 정보를 얻는 데 도움이 된다.

- **시스템 아키텍트**: 시스템 아키텍트는 전략보다 기술에 중점을 둔다. 서비스 지향 소프트웨어 조직에서는 특정 클라이언트를 위한 솔루션을 생성하기 위해 서로 다른 시스템을 결합하는 솔루션 아키텍트를 둔다. 이때 조직의 크기, 프로젝트의 구체적인 시간 및 비용 요구사항에 따라 다양한 아키텍트 역할이 하나로 결합된다.

- **솔루션 아키텍트**: 전형적으로 솔루션 아키텍트는 '전략 대 기술', '조직 대 프로젝트 범위'의 중간에 위치한다.

다음의 다이어그램은 조직의 다양한 계층(기술, 애플리케이션, 데이터, 사람, 프로세스와 비즈니스)을 묘사하며, 아키텍트 역할의 중점 분야를 매우 명확하게 보여준다.

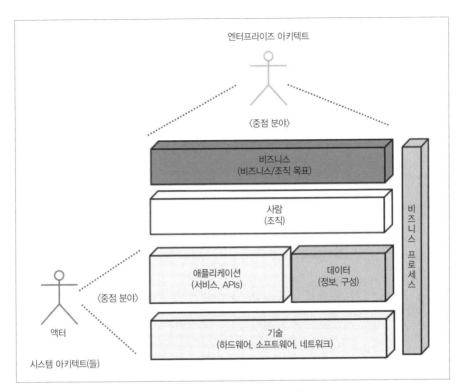

엔터프라이즈 아키텍트 대 시스템 아키텍트

앞의 다이어그램이 나타내는 내용을 살펴보자.

시스템 아키텍트는 다이어그램의 왼쪽 아래에 그려져 있으며 엔터프라이즈의 시스템 컴포넌트를 보고 있다. 그의 관심사항은 엔터프라이즈, 데이터를 동작시키는 애플리케이션과 애플케이션을 동작시키는 하드웨어 및 소프트웨어 스택이다.

다른 한편으로 엔터프라이즈 아키텍트는 상단에 그려져 있으며 조직에 영향을 미치는 기본 시스템만이 아니라 비즈니스 목표와 사람을 포함한 엔터프라이즈에 관한 하향식 관점을 갖고 있다. 비즈니스 프로세스의 수직 스택은 사람과 기술 컴포넌트를 갖는 조직을 동작시키는 기술적인 컴포넌트들과 연결된다. 이러한 프로세스는 엔터프라이즈 아키텍트가 다른 이해당사자들과 논의해 정의한다.

엔터프라이즈 아키텍트와 시스템 아키텍트의 배경 그림을 이해했으므로 공식적인 정의를 살펴보자.

> '엔터프라이즈 아키텍처Enterprise Architecture는 조직 구조와 행동을 정의하는 개념적인 청사진이다. 엔터프라이즈 아키텍처는 현재의 목표와 미래의 목표를 효과적으로 달성하기 위해 조직 구조, 프로세스, 인력, 정보 흐름이 핵심 목표를 달성하는 데 얼마나 부합되는지를 결정한다.'

> '시스템 아키텍처System architecture는 시스템의 기본적인 구조이며 구조적인 관점과 행위적인 관점으로 표현된다. 구조structure는 시스템 컴포넌트에 의해, 행위는 컴포넌트 사이의 관계와 컴포넌트들과 외부 시스템의 상호작용에 의해 결정된다.'

엔터프라이즈 아키텍트는 조직 목표를 달성하기 위해 조직의 다양한 요소와 효율적인 상호작용 조정 방법에 관심을 둔다. 작업에서 엔터프라이즈 아키텍트는 조직의 기술 아키텍트뿐 아니라 프로젝트 관리자와 인사 전문가 같이 조직을 관리하는 사람들의 지원도 필요하다.

시스템 아키텍트는 핵심적인 시스템 아키텍처가 소프트웨어와 하드웨어 아키텍처에 매핑되는 방법과 시스템에서 컴포넌트와 사람들의 상호작용에 관한 다양한 세부사항에 관심을 갖는다. 시스템 아키텍트는 시스템과 시스템의 상호작용에 따라 정의된 경계에는 관심을 갖지 않는다.

다음 다이어그램은 지금까지 논의한 다양한 아키텍트 역할의 서로 다른 중점 영역과 범위를 나타냈다.

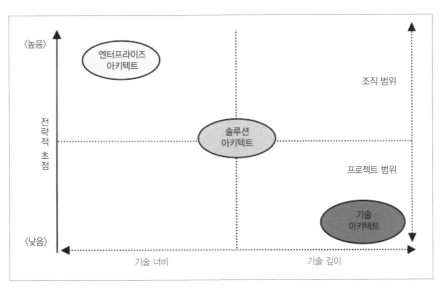

소프트웨어 조직에서 다양한 아키텍트 역할의 범위와 초점

▍아키텍처 품질속성

2장 이후에 자세히 다룰 아키텍처 품질 속성에 초점을 맞춰 보자.

앞에서 아키텍처가 이해당사자 요구사항의 균형을 맞추고 최적화하는 방법을 논의했다. 아키텍트가 아키텍처를 선택하고 필요한 트레이드 오프를 수행해 균형을 잡으려는 이해 당사자 모순된 요구사항의 사례도 살펴봤다.

품질속성quality attribute이라는 용어는 아키텍처가 트레이드 오프하는 일부 측면들을 느슨 하게 정의하는 데 사용됐다. 이제 아키텍처 품질속성이 무엇인지 공식적으로 정의해야 한다.

> '품질속성Quality attribute 측정 가능하고 테스트 가능한 시스템 속성으로 비기능적
> 인 측면과 관련해 미리 정의된 환경에서 시스템의 성능을 평가하는 데 사용할
> 수 있다.'

일반적인 정의에 맞는 다양한 관점의 아키텍처 품질 속성들이 있으나 2장부터는 다음 속성에 중점을 둔다.

- 변경 용이성Modifiability
- 테스트 용이성Testability
- 확장성과 성능Scalability and performance
- 가용성Availability
- 보안Security
- 배포 용이성Deployability

변경 용이성

많은 연구에 따르면 일반적인 소프트웨어 시스템 비용의 80%가 초기 개발과 배포 이후에 발생한다. 이것은 시스템의 초기 아키텍처의 변경 용이성이 얼마나 중요한지 보여준다.

변경 용이성은 시스템 변경의 용이성과 시스템이 변경된 상황에 잘 적응하기 위한 유연성으로 정의할 수 있다. 변경 용이성은 거의 모든 소프트웨어 시스템이 수명주기 동안 변경(문제 수정, 새로운 기능 추가, 성능 개선 등)되기 때문에 중요한 품질속성이다.

아키텍트 관점에서 변경 용이성의 관심 내용은 다음과 같다.

- **난이도**Difficulty : 시스템 변경의 용이성
- **비용**Cost : 변경하기 위해 필요한 시간과 자원 관점
- **위험**Risks : 시스템 변경에 관련된 모든 위험

변경의 종류는 어떤 것이 있는가? 코드 변경, 배포 변경, 전체 아키텍처 변경이 있는가?

대답은 다음과 같다. '모든 수준에서 변경할 수 있다.'

아키텍처 관점에서 변경은 다음과 같은 세 가지 수준에서 기술할 수 있다.

1. **지역**^{Local} **변경**: 지역 변경은 특정 요소에만 영향을 미친다. 요소는 함수, 클래스, 모듈 같은 일부 코드나 XML이나 JSON 파일 같은 구성요소가 될 수 있다. 변경은 이웃 요소나 시스템의 나머지 부분으로 전달되지 않는다. 지역 변경은 수행이 가장 쉽고 위험성이 가장 낮다. 보통 이 변경은 지역 단위 테스트를 통해 빠르게 검증할 수 있다.

2. **비지역**^{Non-local} **변경**: 비지역 변경은 하나 이상의 요소를 포함한다. 관련 예제는 다음과 같다.

   ○ 데이터베이스 스키마 변경은 애플리케이션 코드 안의 스키마를 나타내는 모델 클래스들을 순차적으로 처리해야 한다.

   ○ JSON 파일에 새로운 구성 파라미터의 추가는 파일을 파싱하거나 파라미터를 파싱하는 애플리케이션의 파서에 의해 처리돼야 한다.

   비지역 변경은 지역 변경보다 변경이 더 어려우며 주의 깊은 분석이 필요하다. 가능하면 코드 회귀를 방지하기 위해 통합 테스트가 필요하다.

3. **전역**^{Global} **변경사항**: 상위의 아키텍처 변경을 포함하거나 소프트웨어 시스템의 중요 부분들로 이어지는 전역 수준 요소의 변경을 포함한다. 전역 변경 예제는 다음과 같다.

   ○ RESTful에서 메시징(SOAP, XML-RPC 및 기타)기반 웹 서비스로의 시스템 아키텍처 변경

   ○ Django에서 Angular-js 기반 컴포넌트로 웹 애플리케이션 컨트롤러의 변경

   ○ 프론트엔드에서 온라인 뉴스 애플리케이션에 관한 인라인 모델 API 호출을 피하기 위해 모든 데이터의 선행적 로드가 필요한 성능 요구사항의 변경

   이러한 변경은 자원, 시간 및 비용 측면에서 가장 위험하며 비용도 가장 많이 든다. 아키텍트는 변경에서 발생할 수 있는 다양한 시나리오를 신중하게 검토해야 하며, 팀이 통합 테스트를 통해 변경을 모델링하게 해야 한다. 모의객체들은 대규모 변경에 매우 유용하다.

시스템 변경 용이성의 여러 수준에 관해 비용과 위험 사이의 관계를 표로 정리했다.

수준	비용	위험
지역	낮음	낮음
비지역	중간	중간
전역	높음	높음

코드 수준의 변경 용이성은 코드 가독성readability과 직접적으로 관련된다.

> '코드 가독성이 좋을수록 코드의 변경 용이성이 더 좋아진다. 코드의 변경 용이
> 성은 코드 가독성에 비례해 감소된다.'

변경 용이성은 코드의 유지보수성maintainability과도 관련된다. 요소들이 매우 강하게 결합된 코드 모듈은 요소들이 느슨하게 결합된 코드 모듈보다 변경이 적은데 이것이 변경 용이성의 결합도Coupling 관점이다.

역할과 책임을 명확하게 정의하지 않은 클래스나 모듈은 책임과 기능이 잘 정의된 또다른 클래스나 모듈보다 수정이 더 어렵기도 하다. 이것은 소프트웨어 모듈의 응집도Cohesion 관점이다.

다음 표는 가상 모듈 A에 관한 응집도, 결합도, 변경 용이성을 보여준다. 모듈 A에서 다른 모듈 B로의 결합이 존재한다고 가정한다.

응집도	결합도	변경 용이성
낮음	높음	낮음
낮음	낮음	중간
높음	높음	중간
높음	낮음	높음

코드 모듈의 변경 용이성에 관한 최상의 시나리오는 높은 응집도와 낮은 결합도를 갖는 것임이 표에서 상당히 명확히 나타난다.

변경 용이성에 영향을 주는 다른 요소들은 다음과 같다.

- **모듈의 크기**(코드 라인 수): 변경 용이성은 크기가 증가할수록 감소한다.
- **모듈 작업을 하는 팀원 수**: 많은 수의 팀원이 같은 모듈로 작업할 때 단일 기반 코드에 병합하고 유지하는 복잡도로 인해 모듈 변경이 어려워진다.
- **모듈의 외부 서드 파티 의존성**: 외부 서드 파티 의존성의 수가 많을수록 모듈 변경이 더 어려워진다. 이것은 모듈 결합도 측면의 확장으로 생각할 수 있다.
- **모듈 API의 잘못된 사용**: 공용 API를 (올바르게) 사용하지 않고 모듈의 전용 데이터를 사용하는 다른 모듈이 있다면, 모듈 변경이 더 어렵다. 이런 시나리오를 방지하기 위해 조직에 모듈의 적절한 표준 사용법을 확실히 해야 한다. 이는 강한 결합도의 극단적인 경우로 생각할 수 있다.

테스트 용이성

테스트 용이성Testability은 테스팅을 통해 소프트웨어 시스템이 결함을 보여줄 수 있는 정도를 의미한다. 테스트 용이성은 최종 사용자와 시스템 통합 테스트에 대해 오류를 감추는 정도로 생각할 수도 있다. 더 많은 테스트를 할 수 있는 시스템일수록 결함을 숨길 가능성이 줄어든다.

테스트 용이성은 소프트웨어 시스템의 동작을 얼마나 예측 가능한지도 관련이 있다. 예측할 수 있는 시스템은 더 많은 반복적인 테스트가 가능하며 일련의 입력 데이터와 기준을 기반으로 표준 테스트 스위트를 개발할 수 있다. 예측할 수 없는 시스템은 모든 종류의 테스트 적용이 훨씬 더 어려우며 극단적인 경우에는 전혀 테스트를 할 수 없다.

소프트웨어 테스팅은 '입력 세트'를 보낸 후 '출력 세트'를 관찰해 시스템 동작의 제어를 시도한다. 입력 세트와 출력 세트를 결합해 테스트 케이스를 만든다. 테스트 스위트test suite나 테스트 하네스^{test harness}는 테스트 케이스로 구성된다.

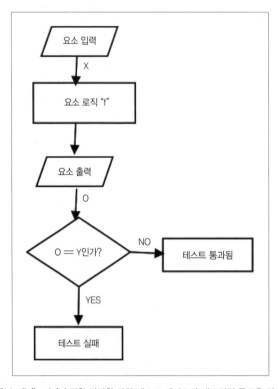

함수 f('X') = 'Y'에 관한 간단한 단위 테스트 케이스의 대표적인 플로우 차트

앞의 다이어그램은 간단한 입력 'X'와 예상되는 출력 'Y'를 갖는 테스트 가능한 함수 'f'에 관한 대표적인 플로우 차트^{flowchart}를 보여준다.

실패하면 세션이나 상태를 재생성하기 위해 기록/재생^{record/playback} 전략이 사용된다. 기록/재생 전략은 특정 오류를 유도한 모든 사용자 동작을 기록하는(셀레늄^{Selenium} 같이) 특화된 소프트웨어 사용해 테스트 케이스로 저장한다. 테스트는 같은 테스트 케이스를 시뮬레이션하는 동일한 소프트웨어를 사용해, 테스트 케이스를 재생해 같은 순서의 UI 동작 및 설정을 반복해 수행된다.

테스트 용이성은 변경 용이성과 매우 유사한 방법으로 코드 복잡도와 관련된다. 소프트웨어의 각 부분이 격리될 수 있고 시스템의 나머지 부분과 독립적으로 동작하도록 만들어진 경우에 시스템의 테스트가 더 쉬워진다. 다시 말해, 낮은 결합도를 갖는 시스템이 높은 결합도를 갖는 시스템보다 테스트하기 더 쉽다.

테스트 용이성의 또 다른 측면은 비결정성을 감소시키는 것으로 앞서 언급한 예측 가능성과 관련된다. 테스트 케이스를 작성할 때 예측하지 못한 동작을 하는 경향이 있는 시스템의 다른 부분과 테스트하는 요소들을 격리시킬 필요가 있다. 따라서 테스트되는 요소들의 동작은 예측 가능하게 된다.

시스템의 다른 부분에서 발생하는 이벤트에 응답하는 멀티 스레드 시스템이 하나의 예가 될 수 있다. 아마도 전체 시스템은 상당히 예측이 불가능하며 반복되는 테스팅을 할 수 없을 것이다. 대신, 가능한 이벤트 하위 시스템을 분리하고 행동을 모방해야 한다. 따라서 입력을 통제할 수 있으며 이벤트를 수신하는 서브 시스템은 예측 가능해지고 테스트가 가능해진다.

컴포넌트 사이의 결합도와 응집도에 관해 시스템의 테스트 용이성과 예측 가능성 사이의 관계를 설명한 다이어그램을 살펴보자.

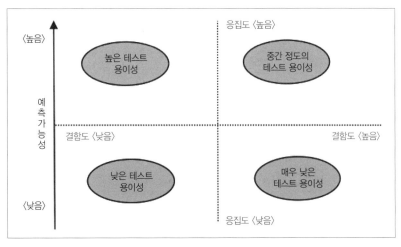

결함도와 응집도에 관한 시스템의 테스트 용이성과 예측 가능성의 관계

확장성

현대의 웹 애플리케이션은 모두 확장과 관련 있다. 현대적인 소프트웨어 조직에 있다면 필요에 따라 탄력적으로 확장할 수 있는 클라우드 전용 애플리케이션 작업을 들어 본 적이 있을 것이다.

시스템의 확장성Scalability은 성능이 허용 가능한 한도를 유지하면서 증가하는 작업 부하를 수용할 수 있는 능력이다.

소프트웨어 시스템 맥락에서 확장성은 다음과 같은 두 가지 카테고리로 나누어진다.

- **수평적 확장성**Horizontal scalability: 수평적 확장성은 더 많은 컴퓨팅 노드의 추가를 통한 소프트웨어 시스템의 확장/축소를 의미한다. 지난 10년 동안 클러스터 컴퓨팅의 발전은 웹 서비스로 상업적인 수평 확장이 가능한 탄력적인 시스템을 등장시켰다. 잘 알려진 예로는 아마존 웹 서비스Amazon Web Services가 있다. 보통 수평 확장이 가능한 시스템에서 데이터 처리나 계산은 유닛이나 노드에서 수행된다. 유닛이나 노드는 가상 사설 서버VPS로 알려진 상용 시스템에서 실행되는 가상머신이다. 확장성은 시스템에 n개 또는 그 이상의 노드를 추가함으로써

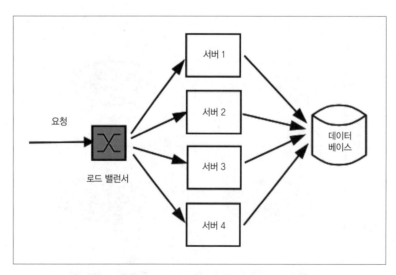

웹 애플리케이션 서버의 수평적 확장을 보여주는 배포 아키텍처의 예

'n'배가 되며 노드 밸런서가 앞단에 존재한다. 확장^{Scaling out}은 더 많은 노드를 추가해 확장성을 증가시키는 것이며 축소^{Scaling in}는 기존 노드를 제거해 확장성을 감소시키는 것을 의미한다.

- **수직적 확장성**^{Vertical scalability}: 수직적 확장성은 시스템의 단일 노드에 자원의 추가하거나 제거하는 것을 포함한다. 수직적 확장성은 클러스터 안의 단일 가상 서버에서 CPU나 RAM(메모리)를 추가하거나 제거해 수행된다. CPU나 RAM의 추가를 스케일링 업^{scaling up}, 제거를 스케일링 다운^{scaling down}이라 한다. 스케일링 업의 또 다른 종류는 처리 능력을 증가시켜 시스템의 기존 소프트웨어 처리 용량을 증가시키는 것이다. 이것은 애플리케이션이 사용할 수 있는 프로세스나 스레드 수를 증가시켜 수행된다. 다음과 같은 몇 가지 예가 있다.
  - 워커^{Worker} 프로세스의 수를 늘려 Niginx 서버 프로세스의 용량을 증가시킨다.
  - 최대 커넥션 수를 늘려 PostgreSQL 서버의 용량을 증가시킨다.

성능

시스템의 성능은 시스템 확장성과 관련 있다. 시스템의 성능은 다음과 같이 정의될 수 있다.

'컴퓨터 시스템의 성능^{Performance}은 시스템이 주어진 컴퓨팅 단위 자원을 사용해 달성한 작업량이다. 작업/단위 비율이 높을수록 성능도 더 높아진다.'

성능을 측정하기 위한 컴퓨팅 자원의 단위는 다음 중 하나가 될 수 있다.

- **응답 시간**^{Response time}: 실제 시간(사용자 시간)과 클럭 시간(CPU 시간) 관점에서 기능이나 실행 단위가 수행되는 데 걸리는 시간이다.
- **지연 시간**^{Latency}: 시스템이 자극을 받고 응답하는 데 걸리는 시간이다. 지연 시간의 한 가지 예는 최종 사용자 관점에서 측정한 웹 애플리케이션의 요청 응답 루

프를 완료하는데 걸리는 시간이다.

- **처리량**^{Throughput} : 시스템의 정보처리 속도다. 일반적으로 높은 성능을 갖는 시스템은 상대적으로 높은 처리량과 확장성을 갖는다. 분당 완료 트랜잭션 수로 측정되는 전자상거래 웹사이트의 처리량을 예로 들 수 있다.

성능은 확장성, 특히 수직적 확장성과 밀접하게 관련된다. 메모리 관리 측면에서 우수한 성능을 갖는 시스템은 RAM을 추가해 더 쉽게 수직 확장을 할 수 있다. 유사하게 멀티 스레드 작업 부하 특성이 있고 멀티 CPU에 적합하게 작성된 시스템은 더 많은 CPU 코어를 추가해 확장이 가능하다.

수평적 확장성은 시스템의 자체 컴퓨팅 노드에서는 시스템 성능과 직접적인 관련이 없는 것으로 여겨진다. 그러나 시스템이 네트워크를 효과적으로 사용하지 않는 방식으로 작성되면 네트워크 지연 문제가 발생한다. 네트워크 지연에 소요되는 시간은 작업을 배포하는 것에서 얻는 확장성의 모든 이득을 상쇄하기 때문에 수평 확장에 문제가 된다.

파이썬 같은 동적 프로그래밍 언어는 수직 확장을 할 때 내장된 확장성 문제가 있다. 예를 들어 파이썬의 GIL^{Global Interpreter Lock}은 멀티 스레드가 계산할 때 이용할 수 있는 CPU 코어의 최대 사용 개수를 제한한다.

가용성

가용성^{Availability}은 작업을 해야 할 때 소프트웨어 시스템이 작업을 실행할 준비가 돼 있는지를 나타내는 속성이다.

시스템의 가용성은 신뢰성^{Reliability}과 밀접한 관련이 있다. 신뢰성이 더 높은 시스템일수록 더 많은 가용성을 갖는다.

가용성에 영향을 주는 또 다른 요소는 결함을 복구하는 시스템의 능력이다. 시스템의 신뢰성이 높지만 서브 시스템의 전체나 부분적인 장애로부터 시스템을 복구할 수 없을 때는 가용성을 보장하지 못할 수도 있다. 이런 측면을 복구Recovery라고 한다.

시스템의 가용성은 다음과 같이 정의된다.

> '시스템의 가용성은 시스템이 무작위로 호출될 때 시스템이 완전하게 기능을 수행할 수 있는 상태를 나타내는 척도다.'

가용성은 수학적으로 표현하면 다음과 같다.

$$가용성 = MTBF/(MTBF + MTTR)$$

앞의 수식에 사용된 용어를 살펴본다.

- **MTBF**: 실패 사이의 평균 시간Mean time between failures
- **MTTR**: 수리까지의 평균 시간Mean time to repair

가용성은 시스템의 작업 수행 비율mission capable rate이라고도 한다.

가용성 기법은 복구 기법과 밀접한 관련이 있다. 시스템은 절대로 100% 이용 가능한 상태일 수 없기 때문이다. 대신, 장애 대응 계획과 가용성을 직접 결정하는 장애 복구 전략이 필요하다. 이러한 기법들은 다음과 같이 분류할 수 있다.

- **장애 감지**Fault detection: 장애를 감지하고 조치를 취하는 능력은 시스템이나 일부 시스템이 완전하게 사용이 불가능하게 되는 상황을 방지하는 데 도움이 된다. 장애 감지는 모니터링monitoring, 하트비트heartbeat, 시스템 노드로 보내지는 핑/에코 메시지ping/echo messages 같은 단계와 노드가 살았는지 죽었는지, 또는 실패 과정에 있는지 계산하기 위해 측정된 응답을 포함한다.
- **오류 복구**Fault recovery: 오류가 감지되면 다음 단계는 시스템을 오류로부터 복구하기 위한 준비를 하고 시스템을 이용할 수 있는 상태로 만드는 것이다. 여기에 사용되는 일반적인 전략은 핫/웜 스페어Hot/Warm Spares(액티브/패시브 중복), 롤백Rollback, 우아한 감소Graceful Degradation, 재시도Retry가 있다.

- **오류 방지**^{Fault prevention}: 발생하는 장애를 예측하고 예방하기 위한 능동적인 방법을 사용한다. 문제가 발생하지 않으므로 시스템을 복구할 필요가 없다.

시스템의 가용성은 네트워크 파티션의 이벤트 중 시스템이 일관성^{consistency}과 가용성^{availability}을 가질 수 있는 트레이드 오프에 관한 이론적 제한을 설정하는 CAP 정리에 따라 데이터 일관성과 밀접하게 관련돼 있다. CAP 정리는 임의의 시스템은 일관적인 시스템과 가용적인 시스템 중에서 선택할 수 있다는 것이다. 보통 시스템의 유형은 이 두 가지 광범위한 유형으로 나눌 수 있다. 다시 말해, CP(네트워크 장애에도 일관적이고 내구성을 갖는 것)유형과 AP(네트워크 장애에도 이용 가능하고 내구성을 갖는 것)유형으로 분류된다.

가용성은 시스템의 확장성 전략, 성능 메트릭, 보안과도 관련된다. 예컨대 수평적 확장성을 갖는 시스템은 로드 밸런서가 비활성 노드를 결정하고 이들을 구성에서 상당히 빨리 제거할 수 있기 때문에 매우 높은 가용성을 가질 수 있다.

대신, 확장을 시도하는 시스템은 성능 메트릭을 주의 깊게 모니터링 해야 한다. 소프트웨어 프로세스들이 CPU 시간이나 메모리 같은 시스템 자원을 모두 사용할 때 시스템의 노드를 완전히 이용할 수 있는 경우라도 가용성 문제가 생길 수 있다. 이러한 경우 시스템의 성능 측정이 중요해지고 시스템 부하의 모니터링과 최적화가 필요하다.

웹 애플리케이션과 분산 컴퓨팅의 인기가 높아지면서 보안도 가용성에 영향을 준다. 악의적인 해커가 여러분의 서버에 원격 서비스 거부 공격을 시작할 수 있다. 이 공격으로 시스템에 문제가 발생할 가능성이 있다면, 시스템은 이용할 수 없거나 부분적으로만 이용할 수 있는 상태가 된다.

보안

소프트웨어 분야에서 보안은 적절하게 인증된 다른 시스템에 관해 서비스를 계속 제공하면서, 인증되지 않은 접근으로부터 데이터 및 로직의 손상을 방지하기 위한 시스템 능력 정도로 정의될 수 있다.

보안 위기나 공격은 시스템의 서비스를 손상시키기 위해 데이터를 복사하거나 수정하려는 목적으로 불법적인 접근 권한을 얻으려 하거나 합법적인 사용자의 접근을 거부하는 것 같이 시스템을 의도적으로 손상시켰을 때 발생한다.

현대적인 소프트웨어 시스템에서 사용자는 시스템의 다양한 부분에 배타적인 권한을 갖는 특정 역할과 관련된다. 가령 데이터베이스를 갖는 전형적인 웹 애플리케이션은 다음 역할을 정의한다.

- user: 시스템에 로그인하고 자신의 전용 데이터에 접근할 수 있는 최종 사용자
- dbadmin: 모든 데이터베이스 데이터를 보고 수정하거나 삭제할 수 있는 데이터베이스 관리자
- reports: 보고서 생성을 처리하는 데이터베이스와 코드 부분에 대해 관리자 권한이 있는 보고서 관리자
- admin: 전체 시스템에 대한 편집 권한이 있는 슈퍼 유저

사용자 역할을 통해 시스템 제어를 할당하는 방법을 액세스 제어$^{access\ control}$라고 한다. 액세스 제어는 사용자 역할과 특정 시스템 권한을 연관시킴으로써 동작한다. 따라서 실제 사용자 로그인과 특권에 의해 부여된 사용자의 권한을 분리한다.

이 원칙은 보안의 권한부여^{Authorization} 기법이다.

보안의 또 다른 측면은 각 개인이 상대방의 실제 신원을 확인해야 하는 트랜잭션과 관련있다. 공개 키 암호화, 메시지 서명 등이 여기에 사용되는 일반적인 기법이다. 예컨대 GPG 키나 PGP 키를 사용해 전자 메일에 서명하면 – 메시지의 발신자는 실제로 나 Mr. A– 당신의 친구인 Mr. B는 이메일의 다른 쪽에 있다. 이 원칙이 보안인증^{Authentication} 기법이다.

보안의 다른 측면들은 다음과 같다.

- **무결성**^{Integrity}: 최종 사용자에게 데이터나 정보가 임의의 방법으로 조작되지 않았음을 보장하기 위해 사용된다. 예로는 메시지 해싱, CRC 체크섬 등이 있다.

- **원점**^{Origin}: 최종 수신지가 데이터의 출처로부터 데이터가 가야 하는 곳과 정확하게 같음을 보장하기 위해 사용된다. 예로는 SPF, (이메일에 대한) Serder-ID, 공개키 인증과 체인 등이 있다.
- **진위성**^{Authenticity}: 메시지의 무결성과 원점을 하나로 결합하는 기법이다. 메시지 작성자가 원점(자신)은 물론 메시지의 내용을 거부할 수 없음을 보장한다. 디지털 인증서 메커니즘^{Digital Certificate Mechanisms}에서 사용한다.

배포 용이성

배포 용이성^{Deployability}은 소프트웨어의 기본 품질속성 중 하나가 아니다. 그러나 파이썬 프로그래밍 언어에서 배포 용이성은 에코 시스템의 다양한 측면에서 중요한 역할을 하며 프로그래머에게 유용하기 때문에 이 책에서 다룬다.

배포 용이성은 개발에서 프로덕션 환경으로 소프트웨어를 쉽게 가져올 수 있는 정도다. 시스템을 구축하는 데 사용되는 기술적인 환경, 모듈 구조, 프로그래밍 런타임/언어의 기능에 더 가까우며 실제 논리나 시스템의 코드와는 아무 관련이 없다.

다음은 배포 용이성을 결정하는 몇 가지 요소들이다.

- **모듈 구조**^{Module structures}: 시스템이 쉽게 배포 가능한 하위 단위로 구분되는 잘 정의된 모듈/프로젝트로 구성돼 있으면 배포가 더 쉽다. 한편, 코드가 하나의 설정 단계를 갖는 모놀리식 프로젝트로 구성되면 다중 노드 클러스터로 코드를 배포하기가 어려울 수 있다.
- **프로덕션 환경 대 개발 환경**^{Production versus development environment}: 개발 환경과 매우 유사한 프로덕션 환경을 갖고 있으면 배포가 쉽다. 비슷한 환경이면 개발자/데브옵스 팀이 사용하는 것과 같은 스크립트 및 툴체인 세트가 적은 변경—대부분 구성 변경—을 통해 프로덕션 서버는 물론 배포 서버로 시스템을 배포하는 데 사용될 수 있다.

- **개발 생태계 지원**^{Development ecosystem support}: 시스템 런타임을 지원하는 성숙한 툴체인이 있으면 의존성 같은 구성사항이 자동으로 설정되게끔 할 수 있으며 배포 가능성을 증가시킨다. 파이썬 같은 프로그래밍 언어에는 이러한 종류의 지원이 풍부하며 데브옵스 전문가가 활용할 수 있는 다양한 도구를 제공한다.

- **표준 구성**^{Standardized configuration}: 개발자 환경과 프로덕션 환경 모두에 같은 구성(파일, 데이터베이스 테이블 등)을 유지하는 것은 좋은 아이디어다. 실제 객체나 파일명은 다를 수 있지만 구성 구조가 여러 환경에 걸쳐 광범위하게 변경되면, 환경 구성을 구조에 매핑하는 추가 작업이 필요해 배포 용이성이 감소한다.

- **표준화된 인프라스트럭처**^{Standardized infrastructure}: 배포를 동일하거나 표준화된 인프라스트럭처 세트로 유지하면 배포 용이성에 엄청난 도움이 된다는 것은 잘 알려져 있다. 예컨대 프론트엔드 애플리케이션을 4GB RAM, 데비안 기반 64비트 리눅스 VPS로 표준화하면 이러한 노드들에 스크립트를 이용하거나 아마존 같은 공급 업체의 탄력적인 컴퓨팅 접근 방식을 이용해 배포를 자동화하고, 개발 환경과 프로덕션 환경 모두에 걸쳐 표준화된 스크립트 세트를 유지하기 쉽다. 그러나 프로덕션 배포가 여러 종류의 인프라스트럭처로 구성되면 다시 말해, 다양한 용량과 자원 명세를 갖는 윈도우즈와 리눅스 서버가 혼합돼 있으면 보통 작업량이 각각의 유형에 두 배로 늘어나므로 배포 용이성이 줄어든다.

- **컨테이너 사용**^{Use of containers}: 리눅스 컨테이너 상단에 구축되는 도커와 베이그란트^{Vagrant} 같은 기술의 출현으로 대중화된 컨테이너 소프트웨어의 사용은 서버에 소프트웨어를 배포하는 최신 경향이 됐다. 컨테이너를 사용하면 소프트웨어의 표준화가 가능해지며, 컨테이너는 가상머신 같은 오버헤드를 가져오지 않기 때문에 노드를 시작/중지하는 데 필요한 오버헤드가 줄어들어 배포가 더 쉬워진다. 컨테이너는 최신 트렌드이므로 살펴보는 것이 좋다.

█ 요약

1장에서는 소프트웨어 아키텍처를 다뤘다. 소프트웨어 아키텍처의 다양한 측면과 함께 모든 아키텍처는 이해당사자를 위한 환경에서 동작하는 구조를 갖는 시스템을 구성한다는 사실을 배웠다. 또한 소프트웨어 설계와 소프트웨어 아키텍처가 어떤 차이가 있는지도 간단히 살펴봤다.

계속해서 소프트웨어 아키텍처가 구조를 정의하는 방법, 핵심 요소 세트를 선택하는 방법, 이해당사자를 연결하는 방법과 같은 소프트웨어 아키텍처의 다양한 특성들을 알아봤다.

조직에서 소프트웨어 아키텍처의 중요성과 관련된 중요한 질문과 소프트웨어 시스템에 공식적인 소프트웨어 아키텍처를 정의하는 것이 왜 좋은 아이디어인지 살펴보았다.

조직에서 아키텍트의 다양한 역할 구분도 설명했다. 조직에서 시스템 아키텍트가 수행하는 다양한 역할과 엔터프라이즈 아키텍트 관점이 시스템 아키텍트 관점과 어떤 차이가 있는지 알아봤다. '전략과 기술의 폭 대 기술의 깊이'의 관점은 예시와 더불어 명확하게 이해했다.

이어서 아키텍처 품질속성의 요소를 논의했다. 품질속성이 무엇인지 정의하고 변경 용이성, 테스트 용이성, 확장성/성능, 보안, 배포 용이성 같은 품질속성을 자세히 살펴봤다. 속성을 상세히 설명하는 동시에, 속성 정의 및 기술, 그리고 서로가 어떻게 관련돼 있는지 살펴봤다.

1장에서 설명한 내용을 이해했다면 파이썬 프로그래밍 언어를 이용해 품질속성을 달성하기 위한 다양한 전술과 기법을 상세하게 공부할 준비가 된 것이다. 2장부터 이러한 내용을 다룬다.

2장에서는 1장에서 설명한 중요한 품질속성인 변경 용이성과 이에 관련된 속성인 가독성을 배운다.

변경하기 쉽고 가독성 있는
코드 작성하기

1장에서 소프트웨어 아키텍처에 관한 다양한 관점과 관련된 용어의 정의를 살펴봤다. 또한 아키텍트가 관심을 가져야 하는 소프트웨어 아키텍처의 측면도 알아봤다. 1장의 마지막 부분에서 시스템을 구축할 때 아키텍트가 중점을 둬야 하는 아키텍처 품질속성을 정의와 함께 상세히 살펴봤다. 그리고 속성을 달성하기 위한 시스템 아키텍처를 설계할 때, 염두해야 하는 관심 사항도 설명했다.

2장부터는 품질속성을 하나씩 상세히 살펴본다. 품질속성의 다양한 요소, 품질속성을 달성하는 방법, 프로그래밍할 때 염두해야 하는 품질속성의 측면 등 깊이 있는 내용을 알아본다. 이 책은 파이썬과 파이썬 생태계에 초점을 맞추고 있으므로, 품질속성을 달성하고 유지하기 위해 파이썬이 제공하는 다양한 예제 코드와 이를 지원하는 서드 파티 소프트웨어도 학습한다. 2장에서 중점을 두는 품질속성은 변경 용이성이다.

변경 용이성이란 무엇인가?

아키텍처 품질속성 중 변경 용이성은 다음과 같이 정의한다.

> 변경 용이성은 시스템의 변경을 쉽게 할 수 있는 정도이며, 시스템이 변경에 적응할 수 있는 유연성이다.

1장에서 응집도, 결합도와 같은 변경 용이성의 여러 측면을 살펴봤는데 2장에서는 변경 용이성을 예시로 좀 더 자세히 살펴본다. 먼저 변경 용이성이 관련된 다른 품질속성과 어떻게 조화를 이루는지 큰 그림을 보면 이해가 더 쉬워진다.

변경 용이성의 관련 측면

1장에서 변경 용이성의 몇 가지 측면을 살펴봤다. 변경 용이성을 좀 더 논의하고 변경 용이성에 밀접하게 관련돼 있는 몇 가지 품질속성을 알아본다.

- **가독성**^{Readability}: 가독성은 프로그램 로직을 쉽게 따라가고 이해할 수 있는 정도로 정의할 수 있다. 가독성 있는 소프트웨어는 사용되는 프로그래밍 언어가 채택한 가이드라인에 따라 특정 스타일로 작성된 코드다. 로직은 간결하고 명확한 방법으로 언어에서 제공하는 기능을 사용한다.
- **모듈성**^{Modularity}: 모듈성은 기능이 매우 구체적으로 잘 문서화돼 있는 캡슐화된 모듈로 소프트웨어 시스템이 작성돼 있음을 의미한다. 모듈화된 코드는 시스템의 나머지 부분에 대해 프로그래머에게 친화적인 API를 제공한다. 변경 용이성은 재사용과도 매우 밀접한 관련이 있다.
- **재사용성**^{Reusability}: 재사용성은 수정을 하지 않거나 아주 적은 변경으로도 시스템의 다른 부분에서 재사용할 수 있는 코드, 도구, 디자인 등을 포함한 소프트웨어 시스템의 부품 수를 측정한다. 좋은 디자인은 처음부터 재사용성을 강조한다.

재사용성은 소프트웨어 개발의 DRY 원칙을 구현한다.

- **유지보수성**Maintainability: 소프트웨어의 유지보수성은 시스템을 업데이트할 수 있는 편의성과 효율성으로, 의도된 이해당사자들이 유용한 상태에서 작업을 계속할 수 있도록 한다. 유지보수성은 변경 용이성, 가독성, 모듈성, 테스트 용이성을 포괄하는 메트릭이다.

2장에서는 파이썬의 언어 맥락에서 가독성과 재사용성/모듈성을 하나씩 살펴본다. 먼저 가독성을 알아보자.

▌ 가독성 이해하기

소프트웨어 시스템의 가독성은 변경 용이성과 밀접한 관련이 있다. 잘 작성되고 문서화된 프로그래밍 언어는 표준이나 커뮤니티가 채택한 사례를 따르며, 읽고 변경하기 쉬운 간단하고 간결한 코드를 만드는 경향이 있다.

가독성은 훌륭한 코딩 가이드라인을 따르는 것뿐 아니라 로직이 얼마나 명확한지, 코드가 언어 표준 기능을 얼마나 사용하는지, 기능이 얼마나 모듈화돼 있는지도 관련이 있다.

가독성의 다양한 측면을 요약하면 다음과 같다.

- **잘 작성된 코드**Well-written: 코드가 간단한 구문을 사용하고 언어의 잘 알려진 기능과 어법을 사용한다. 로직이 명확하고 간결하며 변수, 함수, 클래스/모듈의 이름을 의미 있게 사용해 이름이 함수나 변수가 하는 일을 표현하고 있다면 코드가 잘 작성됐다고 말한다.
- **잘 문서화된 코드**Well-documented: 문서화는 코드 안 인라인 주석을 말한다. 잘 문서화된 코드는 코드가 무엇을 하는지, 입력 변수가 있다면 입력 인수가 무엇인지, 반환 값이 있을 때 로직이나 알고리즘에 따른 반환 값이 무엇인지 모든 사항을 상세하게 알려준다. 잘 문서화된 코드는 모든 외부 라이브러리와 API의 사용,

인라인이나 별도 파일로 코드를 실행할 때 필요한 구성사항도 문서화한다.

- **잘 형식화된 코드**^{Well-formatted}: 대부분의 프로그래밍 언어 특히, 분산돼 있지만 밀접하게 관련된 프로그래밍 커뮤니티와 인터넷을 통해 개발된 오픈소스 언어는 잘 문서화된 가이드라인을 갖고 있다. 들여쓰기와 서식도 가이드라인을 따르는 코드가 따르지 않은 코드보다 가독성이 더 좋다. 가이드라인을 지키지 않는 코드는 가독성이 부족하다.

가독성이 떨어지면 변경 용이성에도 좋지 않은 영향을 준다.

코드의 유지보수성은 시스템을 유용한 상태로 유지하는 데 조직 측면에서는 자원 비용(주로 인력과 시간)을 지속적으로 증가시킨다.

파이썬과 가독성

파이썬은 기본적으로 가독성을 고려해 설계된 언어다. 잘 알려진 젠 오브 파이썬^{Zen of Python}[1]에서 한 줄 빌리면 다음과 같다.

'가독성은 중요하다^{Readability counts}'

> **TIP**
>
> 젠 오브 파이썬은 파이썬 프로그래밍 언어 설계에 영향을 주는 20가지 원칙들의 집합으로, 이들 중 19개가 기록돼 있다. 파이썬 인터프리터 프롬프트를 열고 다음 명령어를 입력하면 젠 오브 파이썬의 내용을 확인할 수 있다.
>
> ```
> >>>import this
> ```

---

1 '젠 오브 파이썬'은 파이썬의 디자인 원리를 의미한다. 이를 통해 파이썬이 추구하는 가치를 자세히 알 수 있다. http://terms.naver.com/entry.nhn?docId=3580815&cid=59088&categoryId=59096을 참고하라. – 옮긴이

프로그래밍 언어 측면에서 파이썬은 가독성을 강조한다. 파이썬은 대응되는 영어 단어를 모방한 명확하고 간결한 키워드를 통해 가독성을 높이며 다음과 같은 철학을 따른다.

'무언가를 할 수 있는 한 가지 분명한 방법(그리고 바람직한 유일한 방법)이 있어야 한다.'

파이썬에서 시퀀스를 반복하면서 인덱스를 출력하는 방법 중 하나는 다음과 같다.

```python
for idx in range(len(seq)):
    item = seq[idx]
    print(idx, '=>', item)
```

그러나 파이썬에서 사용되는 좀 더 일반적인 관용구는 시퀀스에서 각 항목에 두 개의 튜플(idx, item)을 반환하는 반복자를 대상으로 enumerate() 헬퍼를 사용하는 것이다.

```python
for idx, item in enumerate(seq):
    print(idx, '=>', item)
```

첫 번째 버전의 코드는 C++, 자바, 루비 같은 프로그래밍 언어에서 두 번째 버전의 코드와 똑같이 좋은 코드로 여겨진다. 그러나 파이썬에서는 다른 언어보다 언어의 원칙(젠 Zen)을 유지하는, 코드를 위한 특정 관용구가 있다. 두 번째 버전이 파이썬 프로그래머가 문제를 해결하기 위해 코드를 작성하는 방법에 더 가깝다. 첫 번째 방법은 두 번째 방법 보다 덜 파이썬적인 코드로 본다.

'파이썬적인Pythonic'이라는 용어는 파이썬 커뮤니티에서 흔히 볼 수 있다. '파이썬적인'은 코드가 문제를 해결할 뿐 아니라 파이썬 커뮤니티가 따르는 코딩 규칙과 관용어를 준수 하며 의도된 방법으로 언어가 사용됨을 의미한다.

'파이썬적인'의 정의는 주관적이다. 그러나 파이썬 코드가 젠 오브 파이썬을 유지하거나 커뮤니티에서 잘 알려진 관용적인 프로그래밍 사례를 따른다고 생각할 수 있다.

파이썬은 디자인 원칙과 깔끔한 구문을 따라 가독성 있는 코드를 쉽게 작성할 수 있도록 한다. 그러나 C++나 자바같이 조금 더 추상적이고 덜 관용적인 다른 언어에서 파이썬으로 이전하는 프로그래머가 덜 파이썬적인 방법으로 파이썬 코드를 작성하는 것은 흔히 볼 수 있는 함정이다. 예컨대 첫 번째 버전의 루프는 어느 정도 파이썬 코딩 경험이 있는 사람보다는 다른 언어에서 파이썬으로 이전한 프로그래머가 작성한 코드일 가능성이 높다.

파이썬 프로그래머가 언어에 익숙해질수록 관용적이거나 파이썬적인 코드를 작성하는 경향이 있다. 코딩 원칙과 관용어에 익숙해지면 장기적으로 다른 언어보다 파이썬을 통해 생산성을 높일 수 있다.

가독성 – 안티패턴

파이썬은 가독성 있는 코드의 작성을 장려하고 코드를 쉽게 작성할 수 있도록 한다. 그러나 파이썬으로 작성된 모든 코드가 가독성이 높다고 말하는 것은 비현실적이다. 파이썬에는 잘못 작성된 코드가 일부 있어 읽기 어렵거나, 웹에서 파이썬으로 작성된 오픈소스처럼 사람들이 검색하는 데 시간이 오래 걸리는 가독성 없는 코드도 있다.

프로그래밍 언어에는 읽기 어렵거나 가독성 없는 코드를 만드는 특정 사례가 있다. 사례를 보면 파이썬뿐만 아니라 다른 프로그래밍 언어에서도 골칫거리인 안티패턴antipatters으로 생각할 수 있다.

- **주석이 거의 없는 코드**Code with little or no comments: 코드 주석이 부족하면 가독성 없는 코드가 된다. 프로그래머는 코드에서 특정 구현을 유도한 자신의 생각을 문서로 작성하지 않을 때가 많다. 몇 달 후, 본인이나 다른 프로그래머가 코드를 읽을

때(상당히 흔한 경우다), 왜 그렇게 구현했는지 이해하기 어렵고 대안의 장점과 근거도 추론하기 어렵다.

또한 고객 문제를 해결하기 위한 코드 수정의 결정을 내리기 어렵게 하고 장기적인 관점에서 코드의 변경 용이성에도 영향을 미친다. 코드에 주석을 다는 것은 코드를 작성한 프로그래머에게 규율과 엄격함의 지표가 되며, 이런 관행을 시행하는 조직에도 같은 지표가 된다.

- **언어의 모범 사례를 위반하는 코드**Code which breaks best practices of the language : 프로그래밍 모범 사례는 개발자 커뮤니티에서 수년 동안의 사용 경험에서 나온 효과적인 피드백을 통해 발전한다. 개발자 커뮤니티는 프로그램 언어에서 문제를 해결하는 데 유용한 가장 좋은 방법을 포착한다. 개발자 커뮤니티에서는 언어를 사용하기 위한 관용구와 일반적인 패턴을 발견하기 쉽다. 가령, 파이썬에서 젠은 파이썬의 모범 사례를 빛내는 '횃불'로 추앙받는데, 젠은 커뮤니티가 채택한 일반적인 프로그래밍 관용구의 집합이기도 하다.

  다른 프로그래밍 언어나 환경에서 넘어온 경험이 부족한 프로그래머는 관례를 따르지 않는 코드를 작성하는 경향이 있어 가독성이 낮게 코딩한다.

- **프로그래밍 안티패턴**Programming antipatterns : 읽기 어렵고 유지보수가 힘든 코드를 생성하는 코딩과 프로그래밍의 안티패턴이 많다. 잘 알려진 안티패턴을 소개한다.

  - **스파게티 코드**Spaghetti code : 인식할 수 있는 구조나 제어 흐름이 없는 코드다. 무조건적인 점프와 구조화되지 않은 예외처리, 잘못 설계된 동시성 구조 등 복잡한 논리가 많이 생성된다.

  - **커다란 진흙공**Big ball of mud : 전체 구조나 목표가 보이지 않는 코드를 포함한 시스템이다. 커다란 진흙공은 많은 스파게티 코드로 구성돼 있고, 여러 사람을 거쳤으며, 문서화가 거의 없이 여러 번의 패치를 발행한 코드다.

  - **복사/붙여넣기 프로그래밍**Copy-Paste programming : 사려 깊은 설계보다 전달 편이성을 선호하는 조직에서 만들어진다. 복사/붙여넣기 코딩은 길고 반복적인 코드 덩어리를 만들어 낸다. 복사/붙여넣기는 사소한 변경사항에도 반복적

으로 같은 작업을 한다. 코드를 부풀어 오르게 하고 장기적인 관점에서는 유지보수도 할 수 없게 만든다.

유사한 안티패턴으로는 특정 시나리오나 문제를 해결할 때 디자인이나 패턴이 적합한지 여부를 생각하지 않고 프로그래머가 같은 디자인이나 프로그래밍 패턴을 반복해서 따르는 카고컬트cargo-cult 프로그래밍이 있다.

- 에고 프로그래밍Ego Programming: 에고 프로그래밍은 프로그래머, 특히 숙련된 프로그래머가 문서화된 모범 사례나 조직의 코딩 스타일보다 개인적인 스타일을 선호하는 경우다. 에고 프로그래밍은 다른 사람들, 특히 어리거나 경험이 없는 프로그래머들이 보기에 어려운 암호화된 코드를 생성한다. 파이썬에서는 모든 것을 한 줄로 작성하는 함수형 프로그래밍 생성자를 사용하는 경향이 에고 프로그래밍의 예다.

조직에 구조화된 프로그래밍 사례들을 적용하고 코딩 가이드라인과 모범 사례를 강제화하면 안티패턴을 방지할 수 있다.

다음으로 파이썬에 특화된 안티패턴을 소개한다.

- **혼합된 들여쓰기**Mixed Indentation: 파이썬은 코드 블록을 분리하기 위해 들여쓰기를 한다. C/C++나 자바같이 코드 불록을 구분하는 언어의 중괄호나 다른 구문 구조가 부족하기 때문이다. 그러나 파이썬에서 들여쓰기를 할 때는 주의해야 한다. 보통 안티패턴은 파이썬 코드에서 탭(/t 문자)과 공백을 섞어 함께 사용하는 경우인데, 코드 들여쓰기를 위해 항상 탭이나 공백을 사용하는 편집기를 사용해 수정할 수 있다.

파이썬은 들여쓰기 문제를 코드에서 확인할 수 있는 tabnanay 같은 내장 모듈을 갖고 있다.

- **문자열 리터럴 타입의 혼합 사용**Mixing string literal types: 파이썬은 문자열 리터럴을 생성하기 위한 세 가지 다른 방법을 제공한다. 작은 따옴표(')와 큰 따옴표("), 파이

썬 자체의 특별한 삼중 인용(''' 이나 """)을 사용하는 방법이 있다. 코드나 기능 단위의 블록에서 세 가지 유형의 리터럴을 혼합해 사용하는 코드는 읽기가 어려워진다.

관련 문자열이 남용되는 경우는 주석 앞에 접두사로 # 문자를 사용할 때보다 프로그래머가 파이썬 코드에서 인라인 주석을 위해 삼중 인용 문자열을 사용할 때다.

- **기능 구문의 과도한 사용**Overuse of functional constructs : 파이썬은 혼합 패러다임 언어이며 람다 키워드와 map(), reduce(), filter() 함수를 통한 함수형 프로그래밍을 지원한다. 그러나 숙련된 프로그래머나 함수형 프로그래밍에 배경을 갖고 파이썬을 사용하는 프로그래머들은 코드를 생성하기 위해 이러한 구문을 과도하게 사용한다. 이런 코드는 지나치게 암호화돼 있어 가독성이 떨어진다.

가독성 기법

코드 가독성에 도움이 되는 훌륭한 지식을 알게 됐으므로 파이썬에서 코드의 가독성을 향상시키기 위해 적용할 수 있는 방법을 살펴보자.

코드의 문서화

코드 가독성을 높이는 간단하고도 효과적인 방법은 코드가 무엇을 하는지 문서화하는 것이다. 코드의 가독성과 장기적인 변경 용이성 측면에서 문서화가 중요하다.

코드 문서화는 다음과 같이 분류할 수 있다.

- **인라인 문서화**Inline documentation : 프로그래머는 코드 주석, 기능 문서화, 모듈 문서화, 다른 내용을 코드의 일부로 포함해 코드를 문서화한다. 가장 효과적이고 유용한 코드 문서화 유형 방법이다.

- **외부 문서**External documentation : 추가 문서로 분리된 파일에 기술한다. 코드 사용, 코드 변경사항, 설치 단계, 배포를 문서화한다. 예로는 README, INSTALL, CHANGELOG, GNU 빌드 원칙에 부합하는 오픈소스 프로젝트에서 발견할 수 있는 파일들이 있다.

- **사용자 매뉴얼**User Manuals : 전담 인력이나 팀에 의한 공식 문서로 시스템 사용자를 대상으로 그림과 텍스트를 사용한다. 이 문서는 제품이 안정화되고 출하 준비가 되는 소프트웨어 프로젝트의 마지막 시점에 문서를 준비해 전달한다. 사용자 매뉴얼에는 관심을 두지 않는다.

파이썬은 처음부터 스마트 인라인 코드 문서화를 위해 설계된 언어다. 파이썬에서 인라인 문서화는 다음과 같은 수준에서도 수행이 가능하다.

- **코드 주석** Code comments : 코드에 있는 인라인 텍스트로 해시(#) 문자가 앞에 붙는다. 코드에서 자유롭게 사용될 수 있으며, 코드의 각 단계에서 무엇을 하는지 설명한다.

  예제는 다음과 같다.

```
# This loop performs a network fetch of the URL, retrying upto 3
# times in case of errors. In case the URL cant be fetched,
# an error is returned.

# Initialize all state
count, ntries, result, error = 0, 3, None, None
while count < ntries:
    try:
        # NOTE: We are using an explicit timeout of 30s here
        result = requests.get(url, timeout=30)
    except Exception as error:
        print('Caught exception', error, 'trying again after a while')
    # increment count
    count += 1
    # sleep 1 second every time
```

```
        time.sleep(1)

    if result == None:
        print("Error, could not fetch URL",url)
        # Return a tuple of (<return code>, <lasterror>)
        return (2, error)

        # Return data of URL
        return result.content
```

불필요할 것 같은 위치에도 자유롭게 주석을 사용할 수 있다. 나중에 코드 주석을 위한 몇 가지 기본적인 규칙을 살펴볼 것이다.

- **docstrings 기능**: 파이썬은 함수 정의 바로 다음에 문자열 리터럴을 이용해 함수가 무엇을 하는지 문서화하는 간단한 방법을 제공한다. 문자열 리터럴의 세 가지 유형 중 하나를 사용해 문서화할 수 있다.

예제는 다음과 같다.

```
def fetch_url(url, ntries=3, timeout=30):
        (" Fetch a given url and return its contents ")

    # This loop performs a network fetch of the URL, retrying
    # upto
    # 3 times in case of errors. In case the URL cant be
    # fetched,
    # an error is returned.

    # Initialize all state
    count, result, error = 0, None, None
    while count < ntries:
        try:
            result = requests.get(url, timeout=timeout)
        except Exception as error:
            print('Caught exception', error, 'trying again
                    after a while')
```

```
                # increment count
                count += 1
                # sleep 1 second every time
                time.sleep(1)

        if result == None:
            print("Error, could not fetch URL",url)
            # Return a tuple of (<return code>, <lasterror>)
            return (2, error)

    # Return data of URL
    return result.content
```

함수의 문서화 문자열은 '주어진 URL을 가져와 그 내용을 반환한다("Fetch a given url and return its contents")'라고 말하는 라인인데 유용한 반면 함수가 무엇을 하는지, 함수의 파라미터를 설명하지 않기 때문에 사용법이 제한적이다. 다음은 개선된 버전이다.

```
def fetch_url(url, ntries=3, timeout=30):
    """ Fetch a given url and return its contents.

    @params
        url - The URL to be fetched.
        ntries - The maximum number of retries.
        timeout - Timout per call in seconds.

    @returns
        On success - Contents of URL.
        On failure - (error_code, last_error)
    """

    # This loop performs a network fetch of the URL,
    # retrying upto
    # 'ntries' times in case of errors. In case the URL
    # cant be
```

```
        # fetched, an error is returned.

        # Initialize all state
        count, result, error = 0, None, None
        while count < ntries:
            try:
                result = requests.get(url, timeout=timeout)
            except Exception as error:
                print('Caught exception', error, 'trying again
                        after a while')
                # increment count
                count += 1
                # sleep 1 second every time
                time.sleep(1)

        if result == None:
            print("Error, could not fetch URL",url)
            # Return a tuple of (<return code>, <lasterror>)
            return (2, error)

        # Return data of the URL
        return result.content
```

앞의 코드에서 코드에 함수 정의를 가져다 사용할 계획이라면 함수 사용법은 확장된 문서화는 한 라인 이상에 걸쳐 있다는 사실에 유의해야 한다. 따라서 함수 문서화 문자열로 항상 삼중 따옴표를 사용하는 것이 좋다.

- **클래스 docstrings**: 클래스에 문서화를 직접 제공하다는 점을 제외하면 docstrings 기능과 동일하게 동작한다. 클래스를 정의하는 class 키워드 바로 아래 제공된다.

예제는 다음과 같다.

```
class UrlFetcher(object):
        """ Implements the steps of fetching a URL.
```

```
Main methods:
    fetch - Fetches the URL.
    get - Return the URLs data.
"""


def __init__(self, url, timeout=30, ntries=3, headers={}):
    """ Initializer.
    @params
        url - URL to fetch.
        timeout - Timeout per connection (seconds).
        ntries - Max number of retries.
        headers - Optional request headers.
    """
    self.url = url
    self.timeout = timeout
    self.ntries = retries
    self.headers = headers
    # Enapsulated result object
    self.result = result

def fetch(self):
    """ Fetch the URL and save the result """

    # This loop performs a network fetch of the URL,
    # retrying
    # upto 'ntries' times in case of errors.

    count, result, error = 0, None, None
    while count < self.ntries:
        try:
            result = requests.get(self.url,
                                  timeout=self.timeout,
                                  headers = self.headers)
        except Exception as error:
            print('Caught exception', error, 'trying again
                  after a while')
            # increment count
            count += 1
```

```
                    # sleep 1 second every time
                    time.sleep(1)

            if result != None:
                # Save result
                self.result = result

        def get(self):
            """ Return the data for the URL """

            if self.result != None:
                return self.result.content
```

클래스 문서화 문자열이 클래스의 주요 메소드를 어떻게 정의하는지 살펴보자. 각 함수의 문서화를 별도로 살펴보지 않고도 프로그래머에게 최상위 수준에서 유용한 정보를 주기 때문에 매우 좋은 예다.

- **모듈 문서화**^{docstrings} **문자열**: 모듈 문서화 문자열은 모듈 수준의 정보를 기술한다. 모듈의 기능과 멤버(함수, 클래스 등)의 세부 정보 일부를 기술한다. 구문은 클래스나 함수의 문서화 문자열과 같다. 해당 정보는 모듈 코드의 시작 부분에 기술된다.

  모듈 문서화는 의존성이 명확하지 않을 때 모듈의 특정 외부 의존성도 기술할 수 있다. 예를 들어 일반적으로 사용되지 않는 서드 파티 패키지에 임포트할 때 사용할 수 있다.

```
    """
        urlhelper - Utility classes and functions to work with URLs.

        Members:

            # UrlFetcher - A class which encapsulates action of
            # fetching content of a URL.
            # get_web_url - Converts URLs so they can be used on the
            # web.
```

```
            # get_domain - Returns the domain (site) of the URL.
"""

import urllib

def get_domain(url):
    """ Return the domain name (site) for the URL"""

    urlp = urllib.parse.urlparse(url)
    return urlp.netloc

def get_web_url(url, default='http'):
    """ Make a URL useful for fetch requests
    - Prefix network scheme in front of it if not present already
    """

    urlp = urllib.parse.urlparse(url)
    if urlp.scheme == '' and urlp.netloc == '':
                # No scheme, prefix default
      return default + '://' + url

    return url

class UrlFetcher(object):
    """ Implements the steps of fetching a URL.

    Main methods:
        fetch - Fetches the URL.
        get - Return the URLs data.
    """

    def __init__(self, url, timeout=30, ntries=3, headers={}):
        """ Initializer.
        @params
            url - URL to fetch.
            timeout - Timeout per connection (seconds).
            ntries - Max number of retries.
            headers - Optional request headers.
```

```
        """
        self.url = url
        self.timeout = timeout
        self.ntries = retries
        self.headers = headers
        # Enapsulated result object
        self.result = result

    def fetch(self):
        """ Fetch the URL and save the result """

        # This loop performs a network fetch of the URL, retrying
        # upto 'ntries' times in case of errors.

        count, result, error = 0, None, None
        while count < self.ntries:
            try:
                result = requests.get(self.url,
                                      timeout=self.timeout,
                                      headers = self.headers)
                except Exception as error:
                    print('Caught exception', error, 'trying again
                          after a while')
                    # increment count
                    count += 1
                    # sleep 1 second every time
                    time.sleep(1)

        if result != None:
            # Save result
            self.result = result

    def get(self):
        """ Return the data for the URL """

        if self.result != None:
        return self.result.content
```

코딩 및 스타일 가이드라인 준수하기

프로그래밍 언어는 상대적으로 잘 알려진 코딩 및 스타일 가이드라인을 갖고 있다. 여러 해 동안 규약으로 사용되며 개발됐거나 프로그래밍 언어의 온라인 커뮤니티의 토론 결과에서 나온 언어이기 때문이다. C/C++은 규약으로 사용된 예고 파이썬은 온라인 커뮤니티로부터 나온 좋은 예다.

자체적인 가이드라인을 지정한 회사가 많다. 대부분 기존 표준 가이드라인을 채택하고, 회사의 고유한 개발 환경과 요구사항에 맞게 커스터마이징한다.

파이썬은 파이썬 프로그래밍 커뮤니티에서 공개한 코딩 스타일 가이드라인 세트가 있다. 가이드라인은 PEP-8로 알려져 있으며 PEP Python Enhancement Proposal 문서의 일부다.

 다음 URL에서 PEP-8을 확인할 수 있다.
https://www.python.org/dev/peps/pep-0008/.

PEP-8은 2001년 처음 만들어졌으며 이후 여러 번 수정됐다. 주요 저자는 파이썬의 창시자인 귀도 반 로섬 Guido Van Rossum 으로 배리 워소 Barry Warsaw 와 닉 코글란 Nick Coghlan 에게 의견을 받았다.

PEP-8은 귀도의 독창적인 파이썬 스타일 가이드에 베리의 스타일 가이드를 추가해 만들어졌다.

이번 절은 PEP-8을 가르치는 것이 목적이 아니므로 자세히 살펴보지 않지만 PEP-8의 일반적인 원리를 설명하고 일부 권장사항을 목록으로 살펴본다.

PEP-8의 기본 철학은 다음과 같이 요약할 수 있다.

- 코드는 작성된 것이기보다는 읽는 것이다. 따라서 가이드라인을 제공하면 코드를 더 읽기 쉽게 만들 수 있으며 파이썬 코드가 일관성을 띤다.

- 프로젝트의 일관성은 중요하다. 그러나 모듈이나 패키지의 일관성이 더 중요하며, 클래스나 함수 같은 단위 코드의 일관성이 가장 중요하다.
- 가이드라인을 무시해야 할 때를 알아야 한다. 예를 들면 가이드라인을 적용하면 코드 가독성을 떨어뜨리고, 주요 코드를 망치거나 코드의 하위 호환성을 손상시키는 경우다. 예제를 학습하고 가장 좋은 것을 선택해야 한다.
- 조직에 가이드라인을 직접 적용할 수 없거나 유용하지 않으면 가이드라인을 커스터마이징해야 한다. 가이드라인에 의문이 있다면, 파이썬 커뮤니티에 도움을 요청하고 궁금한 점을 해소해야 한다.

PEP-8 가이드라인에 관심이 있다면 URL에 접속해 온라인 문서를 참고하라.

코드 리뷰와 리팩토링

코드는 유지보수해야 한다. 프로덕션 환경에서 유지보수되지 않은 코드를 사용하면 문제가 발생할 수 있으며 주기적인 유지보수가 없으면 참사가 일어난다.

코드를 주기적으로 리뷰하면 코드의 가독성, 변경 용이성과 유지보수성을 지원하는 건전한 상태를 유지하는 데 도움이 된다. 시스템의 핵심 코드나 프로덕션 환경의 애플리케이션은 다른 유즈케이스나 문제 패치를 위해 커스터마이징되거나 개선됐기 때문에, 시간이 지나면서 긴급한 수정quickfixes이 많아진다. 프로그래머는 보통 문서화에 따른 가이드라인 같은 훌륭한 엔지니어링 실천 방법보다는 시간적인 요구에 따른 긴급하고 즉각적인 테스팅과 배포를 우선해 긴급한 수정(패치나 핫픽스로 불린다)은 문서화하지 않는다.

시간이 흘러 패치가 누적되면 코드 팽창code-bloat의 원인이 되고 팀의 미래에 엔지니어링 부채를 만든다. 부채는 나중에 많은 비용을 소비하게 되는데 이를 막는 해결책은 정기적인 리뷰다.

리뷰는 애플리케이션에는 익숙하지만 같은 코드로 작업할 필요가 없는 엔지니어가 해야 한다. 리뷰는 코드에 새로운 시각을 갖도록 해서 원래 작성자(들)가 간과한 버그를 감지하는 데 도움이 된다. 대규모 변경사항은 숙련된 리뷰어가 검토하는 것이 좋다.

리뷰는 구현을 개선하고 결합도를 감소시키거나 응집도를 높이기 위한 일반적인 코드 리팩토링과 결합할 수 있다.

코드에 주석 달기

코드 가독성 논의가 마무리되고 있다. 코드에 주석을 작성할 때 지켜야 하는 몇 가지 기본 규칙을 소개한다. 기본 규칙은 다음과 같다.

- 주석은 서술적으로 코드를 설명해야 한다. 함수 이름에서 얻을 수 있는 명백한 사항을 단순하게 반복하는 주석은 유용하지 않다. 예제는 다음과 같다. 두 코드는 RMS[root-mean-squared] 속도 계산을 똑같이 구현한 코드다. 그러나 두 번째 버전은 첫 번째 코드보다 더 훨씬 더 유용한 docstring을 갖고 있다.

```
def rms(varray=[]):
    """ RMS velocity """

    squares = map(lambda x: x*x, varray)
    return pow(sum(squares), 0.5)

def rms(varray=[]):
    """ Root mean squared velocity. Returns
    square root of sum of squares of velocities """

    squares = map(lambda x: x*x, varray)
    return pow(sum(squares), 0.5)
```

- 코드 주석은 다음과 같이 주석을 추가하려는 블록 앞에 작성돼야 한다.

```
# This code calculates the sum of squares of velocities
squares = map(lambda x: x*x, varray)
```

위에서 아래로 읽는 자연스러운 순서를 유지하기 때문에 앞 버전이 코드 아래 주석을 사용하는 뒷 버전보다 훨씬 더 명확하다.

```
squares = map(lambda x: x*x, varray)
# The above code calculates the sum of squares of velocities
```

- 인라인 주석이 코드의 일부로 혼동될 수 있어 가능한 적게 사용해야 한다. 특히 주석 문자가 실수로 지워지면 버그의 원인이 되기도 한다.

```
# Not good !
squares = map(lambda x: x*x, varray) # Calculate squares of
velocities
```

- 불필요하며 가치가 없는 주석을 피해야 한다.

```
# The following code iterates through odd numbers
for num in nums:
    # Skip if number is odd
    if num % 2 == 0: continue
```

마지막 코드의 두 번째 주석은 거의 가치가 없으므로 생략할 수 있다.

▌변경 용이성의 기본 사항 – 응집도와 결합도

'변경 용이성' 주제로 돌아와 코드의 변경 용이성에 영향을 주는 두 가지 기본 사항을 알아본다. 1장에서 개념을 훑어봤는데 다시 한번 빠르게 검토해보자.

응집도cohesion란 모듈의 책임이 얼마나 긴밀하게 연관돼 있는지 말한다. 특정 작업이나 관련된 작업 그룹을 수행하는 모듈은 높은 응집도를 갖는다. 핵심 기능에 대한 고려없이 많은 기능을 갖는 모듈은 낮은 응집도를 갖게 된다.

결합도^{coupling}는 두 모듈 A와 B의 기능이 관련된 정도다. 함수나 메소드 호출에 관련해 코드 수준에서 기능이 강하게 중첩되면 두 모듈은 강하게 결합된다. 아마도 모듈 A의 모든 변경사항에는 모듈 B의 변경을 필요로 할 것이다.

강력한 결합도는 기반 코드의 유지보수 비용을 증가시키기 때문에 변경 용이성을 위해 항상 금지된다.

변경 용이성을 증가시키려는 코드는 높은 응집도와 낮은 결합도를 목표로 해야 한다.

응집도와 결합도를 예제를 통해 분석해 본다.

응집도와 결합도 측정하기

두 모듈의 결합도와 응집도를 정량적으로 측정하는 방법을 이해하기 위해 간단한 두 모듈의 예를 살펴보자. 다음은 의도적으로 일련(배열)의 숫자로 동작하는 기능을 구현하는 모듈 A의 코드다.

```
"" Module A (a.py) - Implement functions that operate on series of
numbers """

def squares(narray):
    """ Return array of squares of numbers """
    return pow_n(array, 2)

def cubes(narray):
    """ Return array of cubes of numbers """
    return pow_n(narray, 3)

def pow_n(narray, n):
    """ Return array of numbers raised to arbitrary power n each """
    return [pow(x, n) for x in narray]

def frequency(string, word):
    """ Find the frequency of occurrences of word in string
```

```
as percentage """

word_l = word.lower()
string_l = string.lower()

# Words in string
words = string_l.split()
count = w.count(word_l)

# Return frequency as percentage
return 100.0*count/len(words)
```

다음은 모듈 B의 코드다.

```
""" Module B (b.py) - Implement functions provide some statistical
methods """

import a

def rms(narray):
    """ Return root mean square of array of numbers"""

    return pow(sum(a.squares(narray)), 0.5)

def mean(array):
    """ Return mean of an array of numbers """

    return 1.0*sum(array)/len(array)

def variance(array):
    """ Return variance of an array of numbers """

    # Square of variation from mean
    avg = mean(array)
    array_d = [(x - avg) for x in array]
    variance = sum(a.squares(array_d))
```

```
        return variance

    def standard_deviation(array):
        """ Return standard deviation of an array of numbers """

        # S.D is square root of variance
        return pow(variance(array), 0.5)
```

모듈 A와 B의 함수를 분석한 결과 보고서는 다음과 같다.

모듈	핵심 함수	관련 없는 함수	함수 의존성
B	4	0	3 × 1 = 3
A	3	1	0

여기에는 다음과 같이 설명 가능한 4개의 함수가 있다.

- 모듈 B는 4개의 함수를 갖고 모두 핵심 기능을 다룬다. 모듈에는 핵심 기능과 무관한 함수는 없다. 모듈 B는 100%의 응집도를 갖는다.
- 모듈 A는 4개의 함수를 갖는다. 이들 중 3개 함수는 핵심 기능과 관련되지만 마지막 하나(frequency 함수)는 관련이 없다. 모듈 A는 약 75%의 응집도를 갖는다.
- 모듈 B의 3개 함수는 모듈 A의 한 함수, 즉 square에 의존한다. 이것은 모듈 B가 모듈 A에 강한 결합도를 갖게 만든다. 함수 수준에서 모듈 B → A의 결합도는 75%다.
- 모듈 A는 모듈 B의 어떤 함수에도 의존하지 않는다. 모듈 A는 모듈 B에 독립적으로 동작한다. 모듈 A → B의 결합도는 0이다.

모듈 A의 응집도를 향상시킬 수 있는 방법을 살펴보자. 간단하게 모듈 A에 실제로 속하지 않는 마지막 함수를 삭제하면 된다. 마지막 함수는 완전히 제거되거나 다른 모듈로 이동할 수 있다.

다음은 다시 작성된 모듈 A의 코드로 책임 측면에서 100%의 응집도를 갖는다.

```
""" Module A (a.py) - Implement functions that operate on series
of numbers """

def squares(narray):
    """ Return array of squares of numbers """
    return pow_n(array, 2)

def cubes(narray):
    """ Return array of cubes of numbers """
    return pow_n(narray, 3)

def pow_n(narray, n):
    """ Return array of numbers raised to arbitrary power n each """
    return [pow(x, n) for x in narray]
```

모듈 B → A의 결합도 품질을 분석해 보고 다음과 같이 모듈 A의 코드와 관련된 모듈 B의 코드 변경 용이성 위험 인자를 살펴보자.

- B의 3개 함수는 모듈 A의 한 함수에만 의존한다.
- 함수의 이름은 squares로 배열을 가져와 배열의 각 멤버를 제곱해 반환한다.
- 함수의 시그니처(API)는 간단하므로 향후에 함수의 시그니처를 변경할 가능성이 거의 없다.
- 시스템에는 양방향의 결합도가 없다. 의존성은 오직 B → A 방향으로만 있다.

다시 말해 B에서 A로 강한 결합도가 있더라도 이것은 좋은 결합도이며, 어떤 방법으로도 시스템의 변경 용이성에는 영향을 주지 않는다.

다른 예를 살펴보자.

응집도와 결합도의 측정 – 문자열과 텍스트 처리

많은 문자열과 텍스트를 처리하는 함수가 있는 다른 예제 유즈케이스를 고려해보자.

```python
""" Module A (a.py) - Provides string processing functions """
import b

def ntimes(string, char):
    """ Return number of times character 'char'
    occurs in string """

    return string.count(char)

def common_words(text1, text2):
    """ Return common words across text1 and text2"""

    # A text is a collection of strings split using newlines
    strings1 = text1.split("\n")
    strings2 = text2.split("\n")

    common = []
    for string1 in strings1:
        for string2 in strings2:
            common += b.common(string1, string2)

    # Drop duplicates
    return list(set(common))
```

모듈 B는 다음과 같다.

```python
""" Module B (b.py) - Provides text processing functions to user """

import a

def common(string1, string2):
    """ Return common words across strings1 1 & 2 """
```

```
        s1 = set(string1.lower().split())
        s2 = set(string2.lower().split())
        return s1.intersection(s2)

def common_words(text1, text2):
    """ Return common words across two input files """

    lines1 = open(filename1).read()
    lines2 = open(filename2).read()

    return a.common_words(lines1, lines2)
```

다음 표에 주어진 것처럼 모듈의 결합도와 응집도 분석 결과를 살펴보자.

모듈	핵심 함수	관련 없는 함수	함수 의존성
B	2	0	1 × 1 = 1
A	2	0	1 × 1 = 1

다음은 표의 숫자에 관한 설명이다.

- 모듈 A와 B는 핵심 기능을 갖는 각각 두 개의 함수를 갖고 있다. 모듈 A와 B는 모두 100% 응집도를 갖는다.
- 모듈 A의 한 함수는 모듈 B의 한 함수에 의존성을 갖는다. 유사하게 모듈 B의 한 함수는 모듈 A의 한 함수에 의존성을 갖는다. A → B로 강한 결합도를 갖지만, B → A로도 강한 결합도를 갖는다. 다시 말해 양방향 결합도를 갖는다.

두 모듈 사이의 양방향 결합도는 서로 간의 변경 용이성을 매우 강력하게 연결한다. 모듈 A에서의 임의의 변경은 빠르게 모듈 B의 행위에 전달되며, 반대의 경우에도 마찬가지다. 다시 말해, 두 모듈은 나쁜 결합도를 갖는다.

▌ 변경 용이성을 위한 전략

결합도와 응집도의 좋은 경우와 나쁜 경우의 예시를 살펴봤다. 소프트웨어 시스템의 변경 용이성을 향상시키기 위해 사용할 수 있는 전략과 접근방법을 살펴보자. 이들은 소프트웨어 설계자나 아키텍트가 변경 용이성에 결합도와 응집도의 영향을 감소시키는 데 사용할 수 있다.

명시적인 인터페이스 제공하기

모듈의 함수, 클래스나 메소드의 집합을 외부 코드에 제공하는 인터페이스로 표시하고 제공해야 한다. 이것은 외부로 내보내는 모듈의 API로 생각할 수 있는데 API를 사용하는 모든 외부 코드는 모듈의 클라이언트가 된다.

모듈이 내부 함수로 고려하고 API로 구성하지 않는 메소드나 함수들은 명시적으로 모듈 전용으로 만들거나 해당 사항을 문서화해야 한다.

함수나 클래스 메소드에 관한 가변 액세스 범위를 제공하지 않는 파이썬에서, 함수 이름 앞에 하나 또는, 두 개의 밑줄(_)을 사용하는 명명 규칙으로 구현할 수 있다. 따라서 이러한 함수들은 잠재적인 클라이언트에게 내부에서 사용되며, 외부에서 참고해서는 안 된다는 신호를 보낸다.

양방향 의존성 감소시키기

앞의 예제에서 본 것 같이 두 소프트웨어 모듈 사이의 결합은 단방향이면 관리할 수 있다. 그러나 양방향 결합은 모듈 사이의 강력한 결합을 생성하며 모듈의 사용을 복잡하게 만들고 유지보수 비용을 증가시킨다.

파이썬과 같은 언어에는 참조 기반 가비지 컬렉션garbage collection을 사용한다. 참조 기반 가비지 컬렉션은 변수와 객체에 관한 암시적인 참조 루프를 만들 수 있는데 가비지 컬렉션을 어렵게 만든다.

양방향 의존성은 코드를 한 모듈이 언제나 다른 하나를 사용하고 그 반대는 허용하지 않는 방법으로 리팩토링해서 제거할 수 있다. 즉 같은 모듈의 모든 관련 함수를 캡슐화해야 한다.

다음은 앞의 예에서 모듈 A와 B의 양방향 의존성을 제거하고 다시 작성한 것이다.

```python
""" Module A (a.py) - Provides string processing functions """

def ntimes(string, char):
    """ Return number of times character 'char'
    occurs in string """

    return string.count(char)

def common(string1, string2):
    """ Return common words across strings1 1 & 2 """

    s1 = set(string1.lower().split())
    s2 = set(string2.lower().split())
    return s1.intersection(s2)

def common_words(text1, text2):
    """ Return common words across text1 and text2"""

    # A text is a collection of strings split using newlines
    strings1 = text1.split("\n")
    strings2 = text2.split("\n")

    common_w = []
    for string1 in strings1:
        for string2 in strings2:
            common_w += common(string1, string2)

    return list(set(common_w))
```

다음은 모듈 B의 코드다.

```
""" Module B (b.py) - Provides text processing functions to user """

import a

def common_words(filename1, filename2):
  """ Return common words across two input files """

  lines1 = open(filename1).read()
  lines2 = open(filename2).read()

  return a.common_words(lines1, lines2)
```

모듈 B에서 A로 두 문자열의 공통 단어를 선택하고 단순히 함수의 공통부분을 이동시키는 작업을 했는데 이는 변경 용이성을 향상시키기 위한 리팩토링의 예시다.

공통 서비스 추상화하기

공통 함수와 메소드를 추상화하는 헬퍼 모듈를 사용하면 두 모듈 사이의 결합도를 감소시키고 응집도를 증가시킬 수 있다. 예를 들어 첫 번째 예제에서 모듈 A는 모듈 B의 헬퍼로 동작한다. 두 번째 예제에서는 리팩토링을 거친 후 모듈 A는 모듈 B의 헬퍼로 동작한다.

헬퍼 모듈은 다른 모듈에 공통 서비스를 추상화하는 중재자나 중개인으로 생각할 수 있다. 따라서 의존성을 갖는 코드는 모두 중복없이 한 곳에서 추상화된다. 불필요하거나 관련 없는 기능을 적절한 헬퍼 모듈로 이동시켜 모듈의 응집력을 높일 수 있다.

상속 기법 사용하기

클래스에서 유사한 코드나 기능이 발견되면 클래스 계층 구조를 생성해 공통 코드가 상속을 통해 공유되도록 리팩토링하기 좋은 경우다.

다음 예제를 살펴보자.

```python
""" Module textrank - Rank text files in order of degree of a
specific word frequency. """

import operator

class TextRank(object):
    """ Accept text files as inputs and rank them in
    terms of how much a word occurs in them """

    def __init__(self, word, *filenames):
        self.word = word.strip().lower()
        self.filenames = filenames

    def rank(self):
        """ Rank the files. A tuple is returned with
        (filename, #occur) in decreasing order of
        occurences """

        occurs = []

        for fpath in self.filenames:
            data = open(fpath).read()
            words = map(lambda x: x.lower().strip(), data.split())
            # Filter empty words
            count = words.count(self.word)
            occurs.append((fpath, count))

        # Return in sorted order
        return sorted(occurs, key=operator.itemgetter(1),
                      reverse=True)
```

urlrank라는 URL에 같은 기능을 수행하는 다른 모듈이 있다.

```python
""" Module urlrank - Rank URLs in order of degree of a specific
word frequency """
import operator
import operator
import requests

class UrlRank(object):
    """ Accept URLs as inputs and rank them in
    terms of how much a word occurs in them """

    def __init__(self, word, *urls):
        self.word = word.strip().lower()
        self.urls = urls

    def rank(self):
        """ Rank the URLs. A tuple is returned with
        (url, #occur) in decreasing order of
        occurences """

        occurs = []

        for url in self.urls:
            data = requests.get(url).content
            words = map(lambda x: x.lower().strip(), data.split())
            # Filter empty words
            count = words.count(self.word)
            occurs.append((url, count))

        # Return in sorted order
        return sorted(occurs, key=operator.itemgetter(1),
                    reverse=True)
```

두 모듈은 주어진 키워드가 얼마나 많이 표시되는지에 따라 입력 데이터 집합의 순위를 매기는 비슷한 기능을 수행한다. 시간이 흐르면 이 클래스들은 유사 기능을 많이 개발할 수 있고 조직은 중복 코드를 많이 갖는 동시에 변경 용이성이 감소하게 된다.

공통 로직의 추상화를 위해 부모 클래스에서 상속을 사용할 수 있다. 다음은 RankBase로 불리는 부모 클래스로, 모든 공통 코드를 해당 클래스 이동시켜 공통 로직에 관한 추상화를 수행한다.

```python
""" Module rankbase - Logic for ranking text using degree of word
frequency """

import operator

class RankBase(object):
    """ Accept text data as inputs and rank them in
    terms of how much a word occurs in them """

    def __init__(self, word):
        self.word = word.strip().lower()

    def rank(self, *texts):
        """ Rank input data. A tuple is returned with
        (idx, #occur) in decreasing order of
        occurences """

        occurs = {}

        for idx,text in enumerate(texts):
            # print text
            words = map(lambda x: x.lower().strip(), text.split())
            count = words.count(self.word)
            occurs[idx] = count

        # Return dictionary
        return occurs

    def sort(self, occurs):
        """ Return the ranking data in sorted order """
```

```
        return sorted(occurs, key=operator.itemgetter(1),
                        reverse=True)
```

부모 클래스의 로직을 활용하기 위해 textrank와 urlrank 모듈을 다시 작성해야 한다.

```
""" Module textrank - Rank text files in order of degree of a
specific word frequency. """

import operator
from rankbase import RankBase

class TextRank(object):
    """ Accept text files as inputs and rank them in
    terms of how much a word occurs in them """

    def __init__(self, word, *filenames):
        self.word = word.strip().lower()
        self.filenames = filenames

    def rank(self):
        """ Rank the files. A tuple is returned with
        (filename, #occur) in decreasing order of
        occurences """

        texts = map(lambda x: open(x).read(), self.filenames)
        occurs = super(TextRank, self).rank(*texts)
        # Convert to filename list
        occurs = [(self.filenames[x],y) for x,y in occurs.items()]

        return self.sort(occurs)
```

다음은 수정된 urlrank 모듈이다.

```
""" Module urlrank - Rank URLs in order of degree of a specific
word frequency """
```

```python
import requests
from rankbase import RankBase

class UrlRank(RankBase):
    """ Accept URLs as inputs and rank them in
    terms of how much a word occurs in them """

    def __init__(self, word, *urls):
        self.word = word.strip().lower()
        self.urls = urls

    def rank(self):
        """ Rank the URLs. A tuple is returned with
        (url, #occur) in decreasing order of
        occurences"""

        texts = map(lambda x: requests.get(x).content, self.urls)
        # Rank using a call to parent class's 'rank' method
        occurs = super(UrlRank, self).rank(*texts)
        # Convert to URLs list
        occurs = [(self.urls[x],y) for x,y in occurs.items()]

        return self.sort(occurs)
```

리팩토링을 통해 각 모듈의 코드 크기가 감소됐을 뿐 아니라 부모 모듈/클래스로 공통 코드를 추상화해 클래스의 변경 용이성도 향상됐다. 따라서 각 클래스를 독립적으로 개발할 수 있다.

늦은 바인딩 기법의 사용

늦은 바인딩Late binding은 코드 실행 순서에서 가능한 늦게 파라미터 값을 바인딩하는 지연 관행을 말한다. 늦은 바인딩은 프로그래머가 코드 실행에 영향을 주는 요소들의 처리를 나중으로 미루고, 다양한 기법을 사용해 코드 실행 결과와 수행 처리를 나중에 한다.

늦은 바인딩 기법은 다음과 같다.

- **플러그인 메커니즘**Plugin mechanisms: 결합도를 증가시키는 모듈들을 정적으로 함께 바인딩시키는 것이 아니라 특정한 의존성이 있는 플러그인을 로드해서 런타임 시점에 값을 처리한다. 플러그인은 런타임 시점의 계산 수행 도중에 이름을 가져오는 파이썬 모듈이나 데이터베이스 쿼리, 구성 파일에서 로드되는 ID나 변수 이름이 될 수 있다.

- **브로커/레지스트리 조회 서비스**Brokers/Registry lookup services: 일부 서비스들은 완전하게 브로커로 이관할 수 있다. 필요에 따라 브로커는 레지스트리에서 서비스 이름을 조회하고 동적으로 호출해 결과를 반환한다. 하나의 예로 런타임에 동적으로 서비스를 검색하고 입력 통화를 특정 통화로 변환하는 통화 변환 서비스(USDINR로 부른다)가 있다. 따라서 시스템에서는 항상 같은 코드를 실행하면 된다. 그러면 시스템에는 입력에 따라 달라지는 의존성 코드가 사라진다. 따라서 변환 로직은 외부 서비스에 있기 때문에 시스템은 필요한 모든 변경에 영향을 받지 않게 된다.

- **알림 서비스**Notification services: 게시/구독 메커니즘은 객체 값이 바뀌거나 이벤트가 게시되면 구독자에게 알려주며, 휘발성 파라미터와 그 값을 시스템에서 분리하는 데 유용하게 사용할 수 있다. 이러한 시스템들은 많은 의존성 코드 및 구조가 필요한 변수, 객체의 변경사항을 내부적으로 추적하기보다는 변경된 값을 클라이언트에게 알리는 외부 API에만 바인딩되도록 한다. 따라서 객체 내부의 동작에 영향을 주고, 트리거하는 변경사항에 클라이언트들이 영향을 받지 않도록 유지할 수 있다.

- **배포 시 바인딩**Deployment time binding: 구성 파일에 이름이나 ID 관련 변수 값을 유지해 객체/변수의 바인딩을 배포 시기로 미룰 수 있다. 값들은 시작할 때 구성 파일의 로드를 통해 소프트웨어 시스템에 바인딩되고 난 후 적절한 객체를 생성하는 코드 안에서 특정 경로를 호출할 수 있다.

이러한 방법은 주어진 이름과 ID로 실행 시점에 필요한 객체를 생성하는 팩토리 같은 객체 지향 패턴과 결합할 수 있다. 따라서 객체에 의존하는 클라이언트를 내부 변경에 영향을 받지 않도록 유지하고 변경 용이성을 증가시킨다.

- **생성 패턴 사용**Using creational patterns: 팩토리 패턴이나 빌더 패턴 같은 생성 디자인 패턴은 객체의 세부사항 생성에 객체를 생성하는 작업을 추상화한다. 이는 종속 객체의 생성 코드가 변경되면 코드가 수정되는 것을 원치 않는 클라이언트 모듈의 관심사를 분리하는 데 이상적이다.

  배포/구성 시점이나 조회 서비스를 사용하는 동적 바인딩과 결합하면 시스템의 유연성을 증가시키고 변경 용이성을 지원할 수 있다.

이 책의 뒷부분에서 파이썬 패턴 예제를 살펴볼 것이다.

▎ 메트릭 – 정적 분석을 위한 도구

정적 코드 분석 도구는 코드의 복잡도와 변경 용이성, 가독성에 통찰력을 주는 코드의 정적 특성에 관한 풍부한 정보를 제공한다.

파이썬에는 다음과 같이 코드의 정적 측면을 측정하는 데 도움이 되는 다양한 서드 파티 지원 도구가 있다.

- PEP-8 같은 코딩 표준
- 맥케이브McCabe 메트릭 같은 코드 복잡도 메트릭
- 구문 오류, 들여쓰기 문제, 임포트 오류, 변수 덮어쓰기 같은 오류
- 코드의 로직 문제
- 코드의 나쁜 냄새

파이썬 생태계에서 정적 분석을 수행할 수 있는 인기있는 도구를 소개한다.

- **Pylint**: 파이썬 코드를 위한 정적 검사 도구로 코딩 오류, 코드의 나쁜 냄새, 스타일 오류를 감지할 수 있다. Pylint는 PEP-8에 가까운 스타일을 사용하고 새로운 버전은 코드 복잡도 통계를 제공하며 보고서를 인쇄할 수 있다. Pylint는 코드를 검사하기 전에 실행해야 한다. 자세한 내용은 http://pylint.org를 참조하자.

- **Pyflakes**: Pyflakes는 Pylint보다 최신 프로젝트다. Pyflakes는 Pylint와 다르게 오류를 검사하기 전에 코드를 실행할 필요가 없다. Pyflakes는 코딩 스타일 오류는 검사하지 않으며 코드의 로직 검사만 수행한다. 자세한 사항은 https://launchpad.net/pyflakes를 참조하자.

- **McCabe**: 코드 복잡도의 보고서를 확인하고 인쇄하는 스크립트다. 자세한 내용은 https://pypi.python.org/ pypi/mccabe를 참조하자.

- **Pycodestyle**: 일부 PEP-8 가이드라인에 관한 파이썬 코드 검사를 하는 도구로 이전에 PEP-8로 불렸다. 자세한 내용은 https://github.com/PyCQA/pycodestyle를 참조하자.

- **Flake8**: Flake8은 Pyflakes, McCabe, pycodesytle에 관련된 래퍼로 도구에서 제공하는 기능을 포함하는 여러 검사를 수행할 수 있다. 자세한 사항은 https://gitlab.com/pycqa/flake8/를 참조하자.

코드의 나쁜 냄새란 무엇인가?

코드의 나쁜 냄새Code smells는 코드가 갖고 있는 심각한 문제의 표면적인 증상이다. 보통 미래의 버그나 특정 코드 개발에 부정적인 영향을 주는 디자인적인 문제를 나타낸다.

코드의 나쁜 냄새가 버그는 아니지만 코드에 적용된 문제를 해결하는 방법이 적절하지 않음을 보여주는 패턴으로, 리팩토링을 통해 수정돼야 한다.

일반적인 코드의 나쁜 냄새는 다음과 같다.

먼저 클래스 수준의 나쁜 냄새는 다음과 같다.

- **전지 전능한 객체**^{God Object}: 너무 많은 일을 시도하는 클래스로 응집도가 부족하다.
- **상수 클래스**^{Constant Class}: 아무것도 아닌 어디서나 사용되는 상수의 컬렉션인 클래스로 상수 클래스에는 아무것도 포함되지 않는다.
- **거부된 유산**^{Refused Bequest}: 기본 클래스에 관한 계약을 지키지 않는 클래스로 상속의 대체 원칙을 깨뜨린다.
- **프리로더**^{Freeloader}: 기능이 너무 없는 클래스로 아무것도 하지 않고 가치를 추가하지 않는 클래스다.
- **기능에 관한 질투**^{Feature Envy}: 높은 결합도를 의미하는 다른 클래스의 메소드에 과도하게 의존하는 클래스다.

메소드/함수 수준의 나쁜 냄새는 다음과 같다.

- **긴 메소드**^{Long method}: 너무 커지고 복잡해진 메소드나 함수
- **파라미터 증가**^{Parameter creep}: 함수나 메소드의 너무 많은 파라미터로 함수의 호출 능력과 테스트 용이성을 나쁘게 만든다.
- **순환 복잡도**^{Cyclomatic complexity}: 따르기 어려운 복잡한 로직을 만드는 과도한 분기와 루프를 가진 함수나 메소드로 미묘한 버그의 원인이 될 수 있다. 과다한 분기를 방지하기 위해 리팩토링돼야 하고 여러 함수로 분할하거나 다시 작성해야 한다.
- **과도하게 길거나 짧은 식별자**^{Overly long or short identifiers}: 이름에서 용도를 명확하게 알려주지 않는 너무 길거나 짧은 변수 이름을 사용하는 함수로 함수 이름에도 똑같이 적용된다.

코드의 나쁜 냄새에 관련된 안티패턴은 디자인의 나쁜 냄새로 아키텍처의 근본적인 문제를 나타내는 시스템 설계의 표면적인 증상이다.

순환 복잡도 – 맥케이브 메트릭

순환 복잡도^{Cyclomatic complexity}는 컴퓨터 프로그램의 복잡도에 관한 측정치다. 순환 복잡도는 프로그램 소스의 시작부터 끝까지 선형적으로 독립적인 경로의 개수로 계산된다.

다음과 같이 분기가 전혀 없는 코드는 코드를 통과하는 경로가 하나뿐이어서 순환 복잡도는 1이 된다.

```
""" Module power.py """

def power(x, y):
    """ Return power of x to y """
    return x^y
```

다음과 같이 하나의 분기를 갖는 코드의 복잡도는 2다.

```
""" Module factorial.py """

def factorial(n):
    """ Return factorial of n """
    if n == 0:
        return 1
    else:
        return n*factorial(n-1)
```

순환 복잡도는 코드의 컨트롤 그래프를 사용한 메트릭으로 1976년에 토마스 맥케이브가 개발해 맥케이브 복잡도^{McCabe complexity}나 맥케이브 인덱스^{McCabe index}라고도 한다.

메트릭을 측정하기 위해 컨트롤 그래프는 유향 그래프로 그릴 수 있어야 하며, 노드는 프로그램 블록으로 표시된다. 그리고 엣지는 한 블록에서 다른 블록으로의 컨트롤 플로우를 의미한다.

프로그램의 컨트롤 그래프와 관련해 맥케이브 복잡도는 다음과 같이 표현될 수 있다.

$$M = E - N + 2P$$

여기서,

$$E \Rightarrow 그래프의\ 엣지\ 개수$$
$$N \Rightarrow 그래프의\ 노드\ 개수$$
$$P \Rightarrow 그래프의\ 연결된\ 컴포넌트\ 개수$$

네드 배치엘도르Ned Batcheldor가 작성한 mccabe 패키지는 파이썬에서 프로그램의 순환 복잡도를 측정하는 데 사용할 수 있다. mccabe 패키지는 단독 실행형 모듈이나 Flake8 또는 Pylint 같은 프로그램의 플러그인으로도 사용할 수 있다.

앞에 주어진 두 코드의 순환 복잡도를 측정하는 방법은 다음과 같다.

```
Chapter 2: Modifiability                                    _ + x
(arch) $ python -m mccabe --min 1 power.py
1:1: 'power' 1
(arch) $
(arch) $ python -m mccabe --min 1 factorial.py
1:1: 'factorial' 2
(arch) $
```

샘플 파이썬 프로그램의 맥케이브 메트릭

인수 -min은 mccabe 모듈이 주어진 맥케이브 인덱스에서 측정 및 보고를 시작하도록 지시한다.

메트릭 테스팅

도구가 어떤 종류의 정보를 보고하는지 이해하기 위해 예제 모듈에 앞서 언급한 몇 가지 도구를 사용해 보자.

다음 절은 도구의 사용법이나 이들의 명령행 옵션 사용법을 알려주는 것이 목적은 아니다. 이런 내용은 도구의 문서를 통해 확인할 수 있다. 도구들이 스타일, 로직, 코드 관련 이슈 측면에서 제공하는 정보의 깊이와 풍부함을 살펴보는 것에 초점을 맞춘다.

테스팅 목적을 위해 다음과 같은 인위적인 모듈 예제를 사용한다. 모듈은 의도적으로 많은 코딩 오류, 스타일 오류, 코딩의 나쁜 냄새를 갖도록 작성됐다.

우리가 사용하는 도구는 라인 번호별로 오류를 목록으로 만들기 때문에 코드는 번호가 매겨진 라인으로 표시된다. 따라서 코드에 관한 도구의 출력 내용을 따라가기 쉽다.

```
1 """
2 Module metrictest.py
3
4 Metric example - Module which is used as a testbed for static
  checkers.
5 This is a mix of different functions and classes doing
  different things.
6
7 """
8 import random
9
10 def fn(x, y):
11     """ A function which performs a sum """
12     return x + y
13
14 def find_optimal_route_to_my_office_from_home(start_time,
15                                 expected_time,
16                                 favorite_route='SBS1K',
17                                 favorite_option='bus'):
18
19     # If I am very late, always drive.
20     d = (expected_time - start_time).total_seconds()/60.0
21
22     if d<=30:
```

```
23          return 'car'
24
25      # If d>30 but <45, first drive then take metro
26      if d>30 and d<45:
27          return ('car', 'metro')
28
29      # If d>45 there are a combination of options
30      if d>45:
31          if d<60:
32              # First volvo,then connecting bus
33              return ('bus:335E','bus:connector')
34          elif d>80:
35              # Might as well go by normal bus
36              return random.choice(('bus:330','bus:331',':'.
                        join((favorite_option,
37                            favorite_route))))
38          elif d>90:
39              # Relax and choose favorite route
40              return ':'.join((favorite_option,
41                              favorite_route))
42
43
44 class C(object):
45      """ A class which does almost nothing """
46
47      def __init__(self, x,y):
48          self.x = x
49          self.y = y
50
51      def f(self):
52          pass
53
54      def g(self, x, y):
55
56          if self.x>x:
57              return self.x+self.y
58          elif x>self.x:
```

```
59          return x+ self.y
60
61 class D(C):
62      """ D class """
63
64      def __init__(self, x):
65          self.x = x
66
67      def f(self, x,y):
68          if x>y:
69              return x-y
70          else:
71              return x+y
72
73      def g(self, y):
74
75          if self.x>y:
76              return self.x+y
77          else:
78              return y-self.x
```

정적 검사 도구 수행하기

Pylint가 테스트 코드에서 무엇을 말하는지 살펴보자.

 Pylint는 스타일 오류에 관해 많은 결과를 출력하지만 예제의 목적은 논리 문제와 코드의 나쁜 냄새에 중점을 둔다. 보고서에서는 오직 로그의 시작 부분만 보인다.

```
$ pylint -reports=n metrictest.py
```

다음은 두 개의 화면을 캡처한 상세한 출력 결과다.

```
(arch) $ pylint --reports=n metrictest.py
************* Module metrictest
C: 22, 0: Exactly one space required around comparison
        if d<=30:
             ^^ (bad-whitespace)
C: 24, 0: Exactly one space required around comparison
        elif d<45:
              ^ (bad-whitespace)
C: 26, 0: Exactly one space required around comparison
        elif d<60:
              ^ (bad-whitespace)
C: 28, 0: Exactly one space required after comma
            return ('bus:335E','bus:connector')
                             ^ (bad-whitespace)
C: 29, 0: Exactly one space required around comparison
        elif d>80:
              ^ (bad-whitespace)
C: 31, 0: Exactly one space required after comma
            return random.choice(('bus:330','bus:331',':'.join((favorite_option,
                                          ^ (bad-whitespace)
C: 31, 0: Exactly one space required after comma
            return random.choice(('bus:330','bus:331',':'.join((favorite_option,
                                                    ^ (bad-whitespace)
C: 32, 0: Wrong continued indentation (remove 4 spaces).
                                              favorite_route))))
```

그림 2. 메트릭 테스트 프로그램의 Pylint 출력(첫 번째 페이지)

다른 화면을 보자.

File Edit View Search Terminal Help

```
C: 11, 0: Invalid function name "fn" (invalid-name)
C: 11, 0: Invalid argument name "x" (invalid-name)
C: 11, 0: Invalid argument name "y" (invalid-name)
W: 15, 4: Unreachable code (unreachable)
C: 15, 4: Invalid function name "find_optimal_route_to_my_office_from_home" (invalid-name)
C: 15, 4: Missing function docstring (missing-docstring)
C: 21, 8: Invalid variable name "d" (invalid-name)
E: 32,19: Undefined variable 'random' (undefined-variable)
W: 15, 4: Unused variable 'find_optimal_route_to_my_office_from_home' (unused-variable)
C: 39, 0: Invalid class name "C" (invalid-name)
C: 43, 8: Invalid attribute name "x" (invalid-name)
C: 44, 8: Invalid attribute name "y" (invalid-name)
C: 46, 4: Invalid method name "f" (invalid-name)
C: 46, 4: Missing method docstring (missing-docstring)
C: 49, 4: Invalid method name "g" (invalid-name)
C: 49, 4: Invalid argument name "x" (invalid-name)
C: 49, 4: Invalid argument name "y" (invalid-name)
C: 49, 4: Missing method docstring (missing-docstring)
W: 49,19: Unused argument 'y' (unused-argument)
C: 56, 0: Invalid class name "D" (invalid-name)
W: 59, 4: __init__ method from base class 'C' is not called (super-init-not-called)
W: 62, 4: Arguments number differs from overridden 'f' method (arguments-differ)
W: 68, 4: Arguments number differs from overridden 'g' method (arguments-differ)
C: 75, 0: Invalid argument name "a" (invalid-name)
C: 75, 0: Invalid argument name "b" (invalid-name)
C: 75, 0: Missing function docstring (missing-docstring)
E: 77,15: Undefined variable 'c' (undefined-variable)
W:  9, 0: Unused import sys (unused-import)
```

그림 3. 메트릭 테스트 프로그램의 Pylint 출력(두 번째 페이지)

이전 스타일과 규약에 관한 경고를 건너 뛰고 Pylint 보고서의 마지막 10~20라인을 살펴보자.

다음 표에 오류를 분류했으며 간단히 만들기 위해 비슷한 경우는 건너뛰었다.

오류	발생	설명	나쁜 냄새의 유형
유효하지 않은 함수명	함수 fn	함수명 fn은 함수가 어떤 기능을 수행하는지 설명하기에 너무 짧다.	너무 짧은 식별자
유효하지 않은 변수명	fn 함수의 변수 x,y	변수명 x, y는 변수가 무엇을 의미하는지 설명하기에 너무 짧다.	너무 짧은 식별자
유효하지 않은 함수명	함수명 find_optimal_ route_to_my_ office_from_home	함수명이 너무 길다.	너무 긴 식별자
유효하지 않은 변수명	함수 find_optimal 의 변수 d	변수명 d는 변수가 무엇을 의미하는지 설명하기에 너무 짧다.	너무 짧은 식별자
유효하지 않은 클래스명	클래스 C	클래스명 C는 클래스에 대해 어떤 사항도 알려주지 않는다.	너무 짧은 식별자
유효하지 않은 메소드명	클래스 C의 메소드 f	메소드명 f는 메소드가 어떤 기능을 하는지 알려주기에 너무 짧다.	너무 짧은 식별자
유효하지 않은 __init__ 메소드	클래스 D의 __init__ 메소드	기본 클래스의 __init__을 호출하면 안 된다.	기본 클래스의 생성자를 망가뜨린다.
클래스 D에서 f의 인수는 클래스 C 와 다르다.	클래스 D의 메소드 f	메소드 시그너처가 기본 클래스와의 시그너처 계약을 깨뜨린다.	거부된 유산
클래스 D에서 g의 인수는 클래스 C 와 다르다.	클래스 D의 메소드 g	메소드 시그너처가 기본 클래스와의 시그너처 계약을 깨뜨린다.	거부된 유산

Pylint는 앞에서 논의한 코드의 나쁜 냄새를 많이 감지했다. 터무니 없이 긴 함수 이름을 감지한 방법과 하위 클래스 D가 __init__과 다른 메소드를 통해 기본 클래스 C와의 계약을 깨뜨린 방법을 감지했는지 여부가 가장 흥미롭다.

flake8이 코드에 관해 무엇을 말하는지 살펴보자. 오류 개수의 통계와 요약을 보고받기 위해 flake8을 실행한다.

```
$ flake8 --statistics --count metrictest.py
```

```
Chapter 2: Modifiability                                    _  +  x
File  Edit  View  Search  Terminal  Help
$ flake8 --statistics --count metrictest.py
metrictest.py:8:1: F401 'sys' imported but unused
metrictest.py:10:1: E302 expected 2 blank lines, found 1
metrictest.py:22:13: E225 missing whitespace around operator
metrictest.py:24:15: E225 missing whitespace around operator
metrictest.py:26:15: E225 missing whitespace around operator
metrictest.py:28:31: E231 missing whitespace after ','
metrictest.py:29:15: E225 missing whitespace around operator
metrictest.py:31:20: F821 undefined name 'random'
metrictest.py:31:44: E231 missing whitespace after ','
metrictest.py:31:54: E231 missing whitespace after ','
metrictest.py:32:69: E127 continuation line over-indented for visual indent
metrictest.py:37:1: W293 blank line contains whitespace
metrictest.py:41:25: E231 missing whitespace after ','
metrictest.py:44:1: W293 blank line contains whitespace
metrictest.py:50:18: E225 missing whitespace around operator
metrictest.py:52:15: E225 missing whitespace around operator
metrictest.py:53:21: E225 missing whitespace around operator
metrictest.py:55:1: E302 expected 2 blank lines, found 1
metrictest.py:61:18: E231 missing whitespace after ','
metrictest.py:62:13: E225 missing whitespace around operator
metrictest.py:69:18: E225 missing whitespace around operator
metrictest.py:74:1: E302 expected 2 blank lines, found 1
metrictest.py:75:9: E225 missing whitespace around operator
metrictest.py:76:16: F821 undefined name 'c'
1       E127 continuation line over-indented for visual indent
10      E225 missing whitespace around operator
5       E231 missing whitespace after ','
3       E302 expected 2 blank lines, found 1
1       F401 'sys' imported but unused
2       F821 undefined name 'c'
2       W293 blank line contains whitespace
24
```

그림 4. 메트릭 테스트 프로그램의 flake8 정적 검사 출력

PEP-8 규약을 따르도록 작성된 도구들처럼 보고된 오류는 모두 스타일과 규약 오류들이다. 오류는 코드의 가독성을 개선할 때 유용해 코드를 PEP-8 스타일 가이드라인에 더 가깝게 만든다.

 Flake8에 –show–pep8 옵션을 지정해 PEP-8 테스트의 더 상세한 정보를 얻을 수 있다.

이제 코드의 복잡성을 확인해야 할 시기다. 먼저 maccbe를 직접 사용한 다음, Flake8을 통해 maccbe를 호출할 것이다.

```
Chapter 2: Modifiability                    - + x
(arch) $ python -m mccabe --min 3 metrictest.py
54:1: 'C.g' 3
14:1: 'find_optimal_route_to_my_office_from_home' 7
(arch) $
```

맥케이브 복잡도 메트릭 테스트 프로그램

예상대로 과도한 분기와 하위 분기가 있기 때문에 오피스 라운팅 함수의 복잡도가 너무 높다.

```
Chapter 2: Modifiability                    - + x
(arch) $ flake8 --max-complexity 3 metrictest.py | grep complex
metrictest.py:14:1: C901 'find_optimal_route_to_my_office_from_home' is too compl
ex (7)
(arch) $
```

flake8의 의해 보고된 맥케이브 복잡도 메트릭 테스트 프로그램

예상했듯, flake8은 find _optimal_route_to_my_office_from_home 함수가 너무 복잡하다고 보고한다.

 pylint에서 플러그인으로 maccabe를 수행하는 방법도 있지만, 이것은 몇 가지 구성 단계가 필요하므로 여기에서는 다루지 않는다.

마지막 단계로, 같은 코드에 PyFlakes를 실행해 보자.

메트릭 테스트 프로그램의 PyFlakes 정적 분석 출력

여기서는 출력이 없다. 따라서 PyFllakes는 코드에 문제가 없다는 사실을 알려준다. PyFlakes는 기본적인 체커로 명백한 구문 및 논리 오류, 사용하지 않는 임포트, 변수명 누락, 이와 유사한 문제 이상은 보고하지 않기 때문이다.

코드에 오류를 조금 추가하고 Pyflakes를 다시 실행해 보자. 다음은 라인 번호를 갖는 조정된 코드다.

```
1 """
2 Module metrictest.py
3
4 Metric example - Module which is used as a testbed for static
  checkers.
5 This is a mix of different functions and classes doing
  different things.
6
7 """
8 import sys
9
10 def fn(x, y):
11     """ A function which performs a sum """
12     return x + y
13
14 def find_optimal_route_to_my_office_from_home(start_time,
15                               expected_time,
16                               favorite_route='SBS1K',
17                               favorite_option='bus'):
18
```

```python
19      # If I am very late, always drive.
20      d = (expected_time - start_time).total_seconds()/60.0
21
22      if d<=30:
23          return 'car'
24
25      # If d>30 but <45, first drive then take metro
26      if d>30 and d<45:
27          return ('car', 'metro')
28
29      # If d>45 there are a combination of options
30      if d>45:
31          if d<60:
32              # First volvo,then connecting bus
33              return ('bus:335E','bus:connector')
34          elif d>80:
35              # Might as well go by normal bus
36              return random.choice(('bus:330','bus:331',':'.
                            join((favorite_option,
37                                  favorite_route))))
38          elif d>90:
39              # Relax and choose favorite route
40              return ':'.join((favorite_option,
41                               favorite_route))
42
43
44  class C(object):
45      """ A class which does almost nothing """
46
47      def __init__(self, x,y):
48          self.x = x
49          self.y = y
50
51      def f(self):
52          pass
53
54      def g(self, x, y):
```

```
55
56            if self.x>x:
57                return self.x+self.y
58            elif x>self.x:
59                return x+ self.y
60
61 class D(C):
62        """ D class """
63
64        def __init__(self, x):
65            self.x = x
66
67        def f(self, x,y):
68            if x>y:
69                return x-y
70            else:
71                return x+y
72
73        def g(self, y):
74
75            if self.x>y:
76                return self.x+y
77            else:
78                return y-self.x
79
80 def myfunc(a, b):
81     if a>b:
82         return c
83     else:
84         return a
```

출력 내용을 살펴보자.

그림 8. 수정 후, 메트릭 테스트 코드에 관한 PyFlakes의 정적 분석 출력

Pyflakes는 누락된 이음(무작위), 사용되지 않는 임포트(sys), 정의되지 않은 이름(함수 myfunc에 새로 추가된 변수 c)에 관련된 유용한 정보 일부를 반환한다. 따라서 Pyflakes는 코드에 유용한 정적 분석을 수행한다. 예컨대 누락되거나 정의되지 않은 이름의 정보는 이전 코드에서 명백한 버그를 수정할 때 유용하다.

> **TIP**
> 코드의 보고 및 논리, 구문 오류를 이해하기 위해 코드가 작성된 후 Pylint나 Pyflakes를 수행하는 것이 좋다. Pylint를 실행해 오류 보고만 보려면 –E 옵션을 사용하면 된다. Pyflakes를 실행하려면 위 예제를 따르면 된다.

코드 리팩토링하기

지금까지 파이썬 코드의 다양한 오류와 문제 보고를 위해 정적 분석 도구를 사용하는 방법을 살펴봤다. 이제 코드 리팩토링 연습을 해 보자. 형편없이 작성된 메트릭 테스트 모듈(의 첫 번째 버전)을 유즈케이스로 사용해 몇 가지 리팩토링 단계를 수행한다.

리팩토링할 때 지켜야 하는 대략적인 가이드라인은 다음과 같다.

1. **복잡한 코드를 먼저 수정하라**: 복잡한 코드를 리팩토링할 때 복잡한 코드를 먼저 수정하면 많은 코드가 제거되며 코드 라인 수를 감소시킬 수 있다. 이렇게 하면 코드 품질이 전체적으로 좋아지고 코드의 나쁜 냄새도 줄어든다. 여기에 새로운

함수나 클래스를 생성할 수 있으므로 항상 복잡한 코드를 먼저 수정해야 한다.

2. **이제 코드를 분석하라**: 코드 복잡도 관련 검사 도구를 수행하고 코드(클래스/모듈이나 함수)의 전체적인 복잡도가 어떻게 감소됐는지 살펴보는 것은 좋다. 복잡도가 감소되지 않았을 때는 과정을 반복해야 한다.

3. **코드의 나쁜 냄새를 제거하라**: 코드(클래스, 함수, 모듈)의 나쁜 냄새 문제를 해결해야 한다. 코드는 좋은 모양을 갖게 되고 의미도 뚜렷해진다.

4. **검사 도구를 수행하라**: 코드에 Pylint 같은 체커를 수행하고, 코드의 나쁜 냄새에 관한 보고서를 받아라. 문제점은 0에 가깝거나 원래보다 상당히 줄어들어야 한다.

5. **낮게 달린 과일**[low-hanging fruit 2]**을 수정하라**: 코드 스타일과 규약 오류 같이 낮게 달린 과일을 수정하라. 리팩토링 과정에서 복잡도와 코드의 나쁜 냄새를 감소시키려고 하기 때문에 일반적으로 많은 양의 코드가 도입되거나 삭제될 수 있다. 따라서 초기 단계에서 코딩 규약을 시도하거나 개선하려는 일은 의미 없다.

6. **도구를 사용해 최종 검사를 수행하라**: 코드의 나쁜 냄새에 Pylint를 수행하거나 PEP-8 규약에 Flake8 수행할 수 있다. 그리고 논리, 구문, 누락된 변수 문제를 파악하기 위해 Pyflakes를 수행한다.

위 방법을 사용해 형편없이 작성된 메트릭 테스트 모듈을 수정하는 방법을 단계적으로 소개한다.

코드 리팩토링 – 복잡도 수정하기

대부분 복잡도는 오피스 라우팅 함수에 있다. 함수를 수정해 보자. 다음은 다시 작성된 버전이다(여기서는 해당 함수만 보여준다).

---

2   먼저 고치기 쉽고, 고침으로써 성과에 가장 크게 기여할 수 있는 문제에 집중하는 것이 현명하다. 즉 가장 유리한 기회를 먼저 활용하라는 의미로 낮게 달린 과일의 원리로도 알려져 있다. – 옮긴이

```
def find_optimal_route_to_my_office_from_home(start_time,
                                              expected_time,
                                              favorite_route='SBS1K',
                                              favorite_option='bus'):

    # If I am very late, always drive.
    d = (expected_time - start_time).total_seconds()/60.0

    if d<=30:
        return 'car'
    elif d<45:
        return ('car', 'metro')
    elif d<60:
        # First volvo,then connecting bus
        return ('bus:335E','bus:connector')
    elif d>80:
        # Might as well go by normal bus
        return random.choice(('bus:330','bus:331',':'.
                             join((favorite_option,
                                  favorite_route))))

    # Relax and choose favorite route
    return ':'.join((favorite_option, favorite_route))
```

앞의 재작성된 코드에서 if ... else 조건의 중복을 제거했다. 복잡도를 확인해 보자.

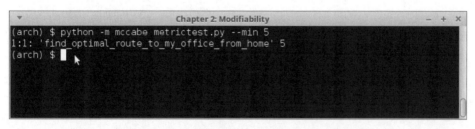

리팩토링 #1 단계 후, 메트릭 테스트 프로그램에 맥케이브 메트릭

복잡도를 7에서 5로 줄일 수 있었다. 이보다 더 잘할 수 있을까?

다음 코드에서 값들의 범위를 키^{Key}로 사용하고 반환 값으로 값^{Value}을 사용하도록 코드를 다시 작성하면 코드가 상당히 간단해진다. 또한 초기 반환 값은 절대로 마지막에 결정되지 않는다. 따라서 코드는 제거되며 분기가 사라져 복잡도가 줄어든다. 코드가 훨씬 단순해졌다.

```
deffind_optimal_route_to_my_office_from_home(start_time,
    expected_time,
    favorite_route='SBS1K',
    favorite_option='bus'):

    # If I am very late, always drive.
    d = (expected_time - start_time).total_seconds()/60.0
    options = { range(0,30): 'car',
    range(30, 45): ('car','metro'),
    range(45, 60): ('bus:335E','bus:connector') }

if d<80:
# Pick the range it falls into
for drange in options:
    if d in drange:
    return drange[d]

    # Might as well go by normal bus
    return random.choice(('bus:330','bus:331',':'.join((favorite_
    option, favorite_route))))
```

리팩토링 #2 단계 이후 메트릭 테스트 프로그램에 맥케이브 메트릭

이제 함수의 복잡도는 4로 감소돼 관리가 가능하다.

코드 리팩토링 – 코드의 나쁜 냄새 제거하기

코드의 나쁜 냄새를 제거하는 단계다. 다행히도 이전 분석에서 아주 유용한 목록을 갖고 있어 어려운 작업은 아니다. 주로 함수명, 변수명을 바꿔야 하며 하위 클래스에서 기본 클래스의 계약 문제를 수정해야 한다.

다음은 모든 수정 사항을 적용한 코드다.

```python
""" Module metrictest.py - testing static quality metrics of
Python code """

import random

def sum_fn(xnum, ynum):
    """ A function which performs a sum """

    return xnum + ynum

def find_optimal_route(start_time,
                       expected_time,
                       favorite_route='SBS1K',
                       favorite_option='bus'):
    """ Find optimal route for me to go from home to office """

    # Time difference in minutes - inputs must be datetime instances
    tdiff = (expected_time - start_time).total_seconds()/60.0

    options = {range(0, 30): 'car',
               range(30, 45): ('car', 'metro'),
               range(45, 60): ('bus:335E', 'bus:connector')}


    if tdiff < 80:
```

```
        # Pick the range it falls into
        for drange in options:
            if tdiff in drange:
                return drange[tdiff]

    # Might as well go by normal bus
    return random.choice(('bus:330', 'bus:331',
                          ':'.join((favorite_option,
                                    favorite_route))))


class MiscClassC(object):
    """ A miscellaneous class with some utility methods """

    def __init__(self, xnum, ynum):
        self.xnum = xnum
        self.ynum = ynum

    def compare_and_sum(self, xnum=0, ynum=0):
        """ Compare local and argument variables
        and perform some sums """

        if self.xnum > xnum:
            return self.xnum + self.ynum
        else:
            return xnum + self.ynum


class MiscClassD(MiscClassC):
    """ Sub-class of MiscClassC overriding some methods """

    def __init__(self, xnum, ynum=0):
        super(MiscClassD, self).__init__(xnum, ynum)

    def some_func(self, xnum, ynum):
        """ A function which does summing """

        if xnum > ynum:
            return xnum - ynum
        else:
```

```
            return xnum + ynum

    def compare_and_sum(self, xnum=0, ynum=0):
        """ Compare local and argument variables
        and perform some sums """

        if self.xnum > ynum:
            return self.xnum + ynum
        else:
            return ynum - self.xnum
```

이번에는 코드에 Pylint를 실행하고 출력한 내용을 살펴보자.

```
                          Chapter 2: Modifiability              _ + x
(arch) $ pylint --reports=n metrictest.py
************* Module metrictest
W: 42,38: Unused argument 'ynum' (unused-argument)
R: 35, 0: Too few public methods (1/2) (too-few-public-methods)
R: 57, 4: Method could be a function (no-self-use)
This option 'required-attributes' will be removed in Pylint 2.0This option 'ignor
e-iface-methods' will be removed in Pylint 2.0(arch) $ ▮
```

리팩토링된 메트릭 테스트 프로그램의 Pylint 출력

public 메소드가 부족한 것을 제외하고 코드의 나쁜 냄새가 거의 0 수준으로 낮아졌음을
알수 있다. 그리고 클래스의 어떠한 속성도 사용하지 않기 때문에 클래스 MiscClassD의
메소드 some_func이 함수가 될 수 있다는 통찰력이 생긴다.

 Pylint의 전체 출력을 표시하기에는 너무 길어 Pylint가 요약 보고서를 인쇄하는 것을 방
지하기 위해 –reports=n 옵션을 적용해 Pylint를 호출했다. 보고서는 아무런 인수 없이
Pylint를 호출해 활성화할 수 있다.

코드 리팩토링 - 스타일 및 코딩 문제 수정하기

이제 코드의 주된 문제를 고쳤다. 다음 단계는 코드의 스타일과 규약 오류를 수정하는 것이다. Pylint의 출력에서 예측할 수 있듯이 지면상의 한계로 이러한 단계는 예제의 마지막 단계와 병합됐다.

공백 문자의 일부 경고를 제외하고 모든 문제가 해결됐다.

이것으로 리팩토링 연습을 마친다.

▌ 요약

2장에서 아키텍처 품질속성인 변경 용이성과 이에 대한 다양한 측면을 살펴봤다. 몇 가지 코딩 안티패턴과 더불어 가독성 안티패턴을 포함하는 가독성도 자세히 공부했다. 파이썬이 처음부터 가독성을 위해 작성된 언어라는 사실을 이해하게 됐다.

코드의 가독성을 높이기 위한 다양한 기법을 살펴봤다. 그리고 코드의 주석 처리 방법을 살펴보고 함수, 클래스, 모듈 수준에서 파이썬의 문서화 문자열도 알아봤다. 파이썬의 공식적인 코딩 가이드라인인 PEP-8을 알게 됐다. 코드의 지속적인 리팩토링이 코드의 변경 용이성을 유지하는 데 중요하며 장기적으로 유지보수 비용을 감소시킨다는 점도 배웠다.

코드 주석의 기본 규칙을 살펴보고 변경 용이성의 기본 사항들, 즉 코드의 결합도와 응집도를 논의했다. 몇 가지 예제와 더불어 결합도와 응집도의 다양한 사례도 살펴봤다.

명시적인 인터페이스나 API의 제공, 양방향 의존성 방지, 헬퍼 모듈에 대한 공용 서비스 추상화, 상속 기법이 코드의 변경 용이성을 향상시키는 전략을 학습했다. 공통 코드를 추상화하고 시스템의 변경 용이성을 향상시키기 위해, 상속을 통한 클래스 계층구조를 리팩토링하는 예를 살펴봤다.

마지막으로 PyLint, Flake8, PyFlakes 같은 파이썬에서 정적 코드 메트릭을 제공하는 다양한 도구들을 익히고 예제를 통해 맥케이브 순환 복잡도를 배웠다. 그리고 코드의 나쁜 냄새가 무엇인지 살펴보고 코드의 품질을 향상시키기 위한 단계적인 리팩토링도 수행했다.

3장에서는 소프트웨어 아키텍처의 중요 품질속성인 테스트 용이성을 학습한다.

03

테스트 용이성
– 테스트 가능한 코드 작성하기

2장에서 매우 중요한 소프트웨어 아키텍처 품질속성인 변경 용이성과 관련 사항을 살펴 봤다. 3장에서는 소프트웨어의 테스트 용이성과 관련된 내용을 배운다.

1장에서 테스트 용이성을 간단히 살펴보면서 테스트 용이성이 무엇인지, 테스트 용이성이 코드 복잡도와 어떤 관계가 있는지 이해했다. 3장에서는 소프트웨어의 테스트 용이성에 관한 다양한 측면을 자세히 살펴본다.

소프트웨어 테스팅은 자체 표준과 도구, 고유한 프로세스가 있는 커다란 분야로 발전했다. 3장은 소프트웨어 테스팅의 공식적인 부분을 다루지 않는 대신, 아키텍처 관점에서 소프트웨어 테스팅과 다른 품질속성의 관계를 이해하기 위해 노력할 것이다. 3장의 뒷부분에서는 파이썬을 사용하는 소프트웨어의 테스팅과 관련된 파이썬 도구와 라이브러리를 설명한다.

▮ 테스트 용이성 이해하기

테스트 용이성은 다음과 같이 정의할 수 있다.

'실행 기반 테스팅을 통해 소프트웨어 시스템이 오류를 노출하기 쉬운 정도'

높은 수준의 테스트 용이성을 갖는 소프트웨어 시스템은 테스팅을 통해 높은 수준으로 오류를 노출하며, 개발자에게 시스템의 문제에 대한 높은 접근성을 제공할 뿐 아니라 버그를 빠르게 찾아 수정할 수 있게 한다. 반면 테스트하기 쉽지 않은 시스템일수록 개발자가 문제를 발견하기 어렵고, 프로덕션 환경에서 예상하지 못한 오류를 발생시키기도 한다.

테스트 용이성은 프로덕션 환경에서 소프트웨어 시스템의 품질과 안정성, 예측성을 보장하는 중요한 속성이다.

소프트웨어 테스트 용이성과 관련 속성

테스터가 소프트웨어 시스템 결함을 쉽게 알 수 있다면 소프트웨어 시스템은 테스트가 더 쉽다고 말할 수 있다. 시스템은 테스터가 유용한 테스트를 개발할 수 있도록 예측 가능한 방법으로 동작해야 한다. 예측할 수 없는 시스템은 고정된 입력이 시간에 따라 결과가 변하기도 한다. 예측할 수 없는 시스템은 테스트가 어렵다.

예측할 수 없는 시스템 외에도 복잡하거나 혼란스러운 시스템도 테스팅이 어렵다. 예를 들어 높은 부하에서 (시스템의) 동작이 넓은 범위에 걸쳐 변하는 시스템은 부하 테스팅Load testing에 적합하지 않다. 시스템의 테스트 용이성을 보장하려면 결정론적 행동deterministic behavior이 중요하다.

테스트 용이성의 다른 측면은 테스트가 제어할 수 있는 시스템 하위 구조의 양이다. 테스트가 의미를 갖도록 설계하려면 시스템은 테스트를 작성할 수 있는 잘 정의된 API를 갖는 서브시스템을 쉽게 식별할 수 있어야 한다. 정의에 따르면 복잡하면서도 서브시스템에 쉽게 액세스할 수 없는 소프트웨어 시스템은 그렇지 않은 시스템보다 테스트가 훨씬 더 어렵다. 구조적으로 더 복잡한 시스템이 그렇지 않은 시스템보다 테스트가 더 어렵다는 의미다. 이러한 내용을 읽기 쉽게 표로 정리했다.

결정론	복잡도	테스트 용이성
높다	낮다	높다
낮다	높다	낮다

아키텍처 측면의 테스트 용이성

소프트웨어 테스팅은 평가하려는 기능에 관한 소프트웨어 산출물의 테스팅을 의미한다. 그러나 실제 소프트웨어 테스팅에서 기능은 실패할 수 있는 부분 중 하나다. 테스팅은 성능Performance, 보안Security, 견고성Robustness 같은 소프트웨어의 다른 품질속성의 평가를 뜻한다.

이와 같은 테스팅의 다양한 측면으로 인해 소프트웨어의 테스트 용이성은 다양한 수준에서 그룹화된다. 소프트웨어 아키텍처 관점에서 이런 측면을 살펴보자.

다음은 소프트웨어 테스팅의 다양한 측면이다.

- **기능 테스팅**Functional testing : 소프트웨어의 기능을 검증하기 위한 테스트를 포함한다. 개발 명세에 따라 예상되는 방법으로 소프트웨어의 단위가 정확하게 동작하면 기능 테스트를 통과한다. 두 가지 유형의 기능 테스팅이 있다.
  - **화이트 박스 테스팅**White-box testing : 화이트 박스의 테스트는 소프트웨어 코드를 잘 알고 있는 개발자가 구현한다. 화이트 박스 테스팅에서의 테스트 단위는 최종 사용자 기능보단 소프트웨어를 구성하는 개별 기능, 메소드, 클래스나 모듈이다. 화이트 박스 테스팅의 가장 기본적인 형태는 단위 테스팅이다.

다른 유형의 화이트 박스 테스팅은 통합 테스팅과 시스템 테스팅이다.

- ○ **블랙박스 테스팅** Black-box testing: 블랙박스 테스팅은 개발팀 외부에 있는 사람이 수행하는데 소프트웨어 코드에 가시성이 없으며, 전체 시스템을 하나의 블랙박스처럼 다룬다. 블랙박스 테스팅은 시스템의 내부 사항은 신경 쓰지 않고 시스템의 최종 사용자 기능을 테스트한다. 전담 테스팅 엔지니어나 QA 엔지니어가 수행하지만, 요즘 대부분의 웹 기반 애플리케이션의 블랙박스 테스팅은 셀레늄Selenium 같은 테스팅 프레임워크를 사용해 자동화가 가능하다.

  기능 테스팅 외에도 시스템의 아키텍처 품질속성을 평가하기 위해 많은 테스팅 방법이 사용되고 있다. 다음으로 테스팅 방법론을 살펴보자.

- ● **성능 테스팅** Performance testing: 높은 작업 부하에서의 응답 및 견고성(안정성) 측면에서 소프트웨어가 실행되는 방법을 측정한다. 성능 테스팅은 다음과 같이 분류된다.

  - ○ **부하 테스팅** Load testing: 동시 사용자 수, 입력 데이터, 또는 트랜잭션에 관련된 구체적인 특정 부하 아래서 시스템이 어떻게 실행되는지 평가하는 테스팅이다.

  - ○ **스트레스 테스팅** Stress testing: 일부 입력의 비율이 갑작스럽게 높아지면서 극단적인 한계치로 갈 때의 시스템 견고성과 응답성을 테스트한다. 스트레스 테스팅은 규정된 설계 한도를 약간 넘겨 시스템을 테스트하는 경향이 있다. 변형된 스트레스 테스팅은 확장된 시간 주기 동안 구체적인 특정 부하 아래서 시스템을 실행하고 시스템의 응답성과 안정성을 측정한다.

  - ○ **확장성 테스팅** Scalability testing: 부하가 늘어날 때 시스템이 수평적으로 확장하거나 수직적으로 확장할 수 있는 정도를 측정한다. 예컨대 시스템이 클라우드 서비스를 사용하도록 구성됐다면 확장성 테스팅은 CPU 코어와 시스템의 RAM 활용 관점에서 수평적 확장성(증가된 부하나 수직 확장성에 따라 시스템이 특정 개수의 노드를 자동으로 확장하는 방식)을 테스트할 수 있다.

- **보안 테스팅** Security testing: 시스템의 보안을 검증하는 테스팅이다. 웹 기반 애플리케이션에서 로그인이나 역할을 검사해 지정된 액션 세트에 추가로 더(될) 수행할 수 있는 액션이 있는지를 주어진 역할에 부여된 권한을 기반으로 검증한다. 보안에 관련된 다른 테스팅은 애플리케이션의 민감한 모든 데이터가 로그인을 통한 적절한 권한 부여를 통해 보호되는지 확신하기 위해, 데이터나 정적 파일에 관한 적절한 액세스를 검사할 수 있다.

- **사용성 테스팅** Usability testing: 시스템의 사용자 인터페이스가 얼마나 사용하기 쉽고 직관적인지, 최종 사용자가 이해할 수 있는지 테스트한다. 사용성 테스팅은 의도된 대상이나 선택된 시스템의 최종 사용자로 구성된 대상 그룹을 통해 수행된다.

- **설치 테스팅** Installation testing: 고객이 있는 장소로 배송된 후 설치되는 소프트웨어는 설치 테스팅이 중요하다. 설치 테스팅은 소프트웨어가 고객의 예측대로 구축되고 설치되는지 모든 단계를 테스팅하고 검증한다. 개발 대상 하드웨어가 고객의 하드웨어와 다를 때는 최종 사용자의 하드웨어에서 설치 단계 및 컴포넌트 검증을 포함할 수 있다. 정상적인 소프트웨어 설치 외에도, 소프트웨어 업데이트나 부분 업데이트를 제공할 때도 중요하다.

- **접근성 테스팅** Accessibility testing: 소프트웨어 관점에서 접근성은 사용성과 장애가 있는 최종 사용자를 위한 소프트웨어 시스템의 지원 정도를 의미한다. 테스팅은 시스템에 접근성 도구의 지원을 통합하고 접근 가능한 디자인 원칙을 사용해 사용자 인터페이스를 설계하는 것을 통해 수행된다. 개발 조직이 고객의 소프트웨어 접근 가능성을 고려해 개발할 수 있게 돕는 다양한 표준과 가이드라인이 수 년에 걸쳐 개발됐다. 예로는 W3C의 Web Content Accessibility Guidelines WCAG, 미국 정부의 Section 508 등이 있다.

  접근성 테스팅의 목적은 표준 측면에서 적용 가능한 모든 경우에 대해 소프트웨어 접근성을 평가하는 것이다.

여러 가지 유형의 소프트웨어 테스팅이 있다. 테스팅은 회귀 테스팅Regression testing, 승인 테스팅Acceptance testing, 알파 테스팅Alpha testing이나 베타 테스팅Beta testing처럼 소프트웨어 개발의 여러 단계에서 수행된다.

그러나 소프트웨어 테스팅의 아키텍처 관점에서 위에서 언급한 주제만 다룬다.

테스트 용이성 전략들

앞 절에서 테스트 중인 소프트웨어 시스템의 복잡성과 결정성에 따라 테스트 용이성이 어떻게 변하는지 살펴봤다.

소프트웨어 테스팅에서 테스트 중인 산출물artifacts을 격리시키고 제어하는 것은 중요하다. 테스트되는 시스템의 관심을 분리하고 너무 많은 외부 의존성 없이도 독립적으로 컴포넌트를 테스트하는 것이 핵심이다.

예측 가능하고 결정론적인 동작을 제공하는 컴포넌트에 관해 소프트웨어 아키텍트가 사용할 수 있는 유용한 테스트 결과를 제공하는 전략을 살펴본다.

시스템 복잡도 감소시키기

복잡한 시스템은 테스트 용이성이 낮다. 시스템을 서브시스템으로 분리하거나 테스트하는 시스템에 잘 정의된 API를 제공하는 방법 등을 통해 시스템의 복잡도를 감소시킬 수 있다. 시스템의 복잡도를 감소시키는 기법을 상세한 항목으로 정리했다.

- **결합도 감소**Reducing coupling: 컴포넌트를 분리하려면 시스템의 결합도를 감소시켜야 한다. 컴포넌트 간의 의존성을 잘 정의해야 하며 가능하면 의존성을 문서화해야 한다.
- **응집도 증가**Increasing cohesion: 모듈의 응집도를 증가시키기 위해, 특정 모듈이나 클래스가 잘 정의된 기능의 집합만 수행하는 것이 보장돼야 한다.

- **잘 정의된 인터페이스 제공**Providing well-defined interfaces: 관련 컴포넌트와 클래스의 상태를 가져오고 설정하기 위해 인터페이스를 잘 정의해 제공해야 한다. 예를 들어 클래스의 속성 값을 가져와 설정하는 구체적인 메소드를 제공할 수 있다. reset 메소드는 객체 내부 상태를 생성 시의 상태로 설정할 수 있다. 파이썬에서는 속성을 정의해 수행할 수 있다.

- **클래스 복잡도 감소시키기**Reducing class complexity: 한 클래스에서 파생되는 클래스의 개수를 감소시켜야 한다. RFCResponse For Class 메트릭은 클래스 C의 메소드 집합과 클래스 C의 메소드에 의해 호출되는 다른 클래스의 메소드를 더한 값이다. 클래스의 RFC를 관리할 수 있는 한도로 유지하는 것이 좋다. 보통 중간 규모의 시스템은 RFC 값이 50 이하여야 한다.

예측 가능성 향상시키기

결정론적 동작이 예측 가능한 결과를 제공하는 테스트 설계에서 매우 중요하다는 사실을 알았다. 이는 반복 가능한 테스팅을 위한 테스트 하네스Test harness를 만드는 데 이용할 수 있다. 다음은 테스트 중인 코드의 예측 가능성을 향상시키는 전략 중 일부다.

- **정확한 예외 처리**Correct exception handling: 누락되거나 부적절하게 작성된 예외 처리 핸들러는 버그의 주된 원인 중 하나로 소프트웨어 시스템에서 예측할 수 없는 동작을 한다. 코드에서 예외 발생 가능성이 있는 위치를 찾아 오류 처리를 하는 것이 좋다. 대부분의 예외는 데이터베이스 쿼리 실행, URL 가져오기, 공유 뮤텍스 대기 같이 코드가 외부 자원과 상호작용할 때 발생한다.

- **무한 루프/차단된 대기상태** Infinite loops and/or blocked wait: 외부 자원의 가용성이나 공유 자원에서 핸들러나 데이터를 가져오는 경우나 공유 뮤텍스나 큐 같이 특정 조건에 의존하는 루프를 작성할 때는 항상 코드에 안전한 종료 조건이나 중단 조건이 있는지 확인해야 한다. 그렇지 않으면 코드를 중단할 수 없거나 끝나지 않는 차단된 대기 상태는 해결하기 어려운 버그의 원인이 될 수 있다.

- **시간에 의존하는 논리**Logic that is time dependent: 정해진 날짜의 특정 시간대(시간이나 특정 요일)에 의존하는 로직을 구현하는 경우, 코드가 예측 가능한 방법으로 동작하는지 확인해야 한다. 이런 코드를 테스팅할 때는 모의객체나 스텁을 사용해 의존성을 격리해야 한다.
- **동시성**Concurrency: 동시에 여러 스레드나 프로세스를 수행하는 메소드로 코드를 작성할 경우는 시스템 로직이 특정 순서로 시작하는 스레드나 프로세스에 의존하고 있는지 확인해야 한다. 시스템의 상태는 잘 정의된 함수나 메소드를 통해 깨끗하고 반복 가능한 상태로 초기화돼야 하며, 시스템의 행동을 반복할 수 있도록 하므로 테스트가 가능하다.
- **메모리 관리**Memory Management: 소프트웨어 오류와 예측 불가능성의 일반적인 원인은 메모리의 잘못된 사용과 관리다. 파이썬, 자바, 루비 같이 동적으로 메모리를 관리하는 현대적인 실행 환경에서는 메모리 문제가 더 적게 발생한다. 그러나 메모리 누수 및 할당이 해제되지 않은 메모리 때문에 메모리를 낭비하는 소프트웨어는 현대 소프트웨어 시스템에서도 여전히 현실적인 문제다.

소프트웨어 시스템에서 최대 메모리 사용량의 분석과 예측은 매우 중요하며, 이를 위해 적절한 하드웨어에 충분한 메모리를 할당하고 소프트웨어를 실행시킬 수 있다. 또한 메모리 누수 및 더 나은 메모리 관리를 위해 주기적으로 소프트웨어를 평가하고 테스팅 해야 한다. 이 과정에서 모든 주요 문제들을 처리하고 수정해야 한다.

외부 의존성 제어 및 격리하기

테스팅은 임의의 외부 의존성을 갖는다. 예를 들어 테스트가 데이터베이스에서 데이터를 로드/저장해야 할 필요가 있다. 테스트의 실행이 하루 중 특정 시간대에 의존할 수도 있다. 웹상의 URL에서 데이터를 가져와야 할 수도 있다.

외부 의존성은 테스트 디자이너의 통제에 있지 않기 때문에 테스트 시나리오를 복잡하게 만든다. 데이터베이스가 다른 데이터 센터에 있거나 연결이 실패할 수 있다. 또는 웹사이트가 설정된 시간 안에 응답하지 않거나 50X 오류가 발생하기도 한다.

외부 의존성의 격리는 반복 가능한 테스트를 설계하고 작성하는 데 매우 중요하다. 의존성 격리 기법 일부를 소개한다.

- **데이터 소스**^{Data sources}: 대부분 실제 테스팅에는 임의의 형태를 갖는 데이터가 필요하다. 데이터베이스에서 데이터를 읽어오지만 데이터베이스는 외부 의존성을 갖고 있기 때문에 신뢰할 수 없기도 하다. 데이터 소스 의존성을 제어하기 위한 몇 가지 기법을 정리했다.

  - **데이터베이스 대신 로컬 파일의 사용**^{Using local files instead of a database}: 데이터베이스를 쿼리하는 대신 미리 데이터가 채워진 테스트 파일을 사용할 수 있다. 테스트 파일은 텍스트 파일이나 JSON, CSV, YAML 파일이 될 수 있으며 모의객체나 스텁 객체와 함께 사용된다.

  - **인메모리 데이터베이스 사용**^{Using an in-memory database}: 실제 데이터베이스에 연결하기보단 작은 인메모리 데이터베이스를 사용할 수 있다. 훌륭한 예제로는 SQLite DB가 있다. SQLite DB는 파일이나 메모리 기반 데이터베이스로 최소한으로 SQL의 기능 일부를 구현한다.

  - **테스트 데이터베이스 사용**^{Using a test database}: 실제 테스팅에 데이터베이스가 필요하다면 테스팅 작업은 트랜잭션을 사용하는 테스트용 데이터베이스가 있어야 한다. 데이터베이스는 테스트 케이스의 setUp() 메소드에서 설정되고 tearDown() 메소드에서 롤백된다. 따라서 테스트 작업의 마지막 시점에는 실제 데이터가 남지 않는다.

- **리소스 가상화**^{Resource virtualization}: 시스템 외부에 있는 리소스의 동작을 제어하기 위해 리소스를 가상화할 수 있다. 다시 말해 외부 리소스의 API를 모방한 버전을 만들지만 내부 구현은 하지 않는다. 리소스 가상화 기법은 다음과 같다.

  - **스텁**^{Stubs}: 테스트 도중에 호출되는 함수에(미리 준비된) 표준 응답을 제공한다. Stub() 함수는 대체하는 함수의 세부사항을 대신하며 요청이 있을 때

만 응답 결과를 반환한다. 예를 들어 다음과 같이 주어진 URL에 데이터를
반환하는 함수가 있다.

```python
import hashlib
import requests

def get_url_data(url):
    """ Return data for a URL """

    # Return data while saving the data in a file
    # which is a hash of the URL
    data = requests.get(url).content
    # Save it in a filename
    filename = hashlib.md5(url).hexdigest()
    open(filename, 'w').write(data)
    return data
```

다음은 앞의 함수를 대신하는 스텁으로 URL의 외부 의존성을 내재화한다.

```python
import os

def get_url_data_stub(url):
    """ Stub function replacing get_url_data """

    # No actual web request is made, instead
    # the file is opened and data returned
    filename = hashlib.md5(url).hexdigest()
    if os.path.isfile(filename):
        return open(filename).read()
```

이러한 함수를 작성하는 일반적인 방법은 원래 요청과 파일 캐시를 같은 코드
내에서 결합하는 것이다. URL은 함수가 처음 호출될 때 한 번만 요청되며 파일
캐시의 데이터가 반환된다.

```
def get_url_data(url):
    """ Return data for a URL """

    # First check for cached file - if so return its
    # contents. Note that we are not checking for
    # age of the file - so content may be stale.
    filename = hashlib.md5(url).hexdigest()
    if os.path.isfile(filename):
        return open(filename).read()

    # First time - so fetch the URL and write to the
    # file. In subsequent calls, the file contents will
    # be returned.
    data = requests.get(url).content
    open(filename, 'w').write(data)

    return data
```

○ **모의객체**^{Mocks}: 모의객체는 실제 객체의 API를 위조해 이들을 대신한다. 개발자는 테스트 코드에 예상 값을 설정해 직접 모의객체를 작성한다. 인수 타입과 형식 관점에서 함수는 이를 예상하고 응답을 반환한다. 이후의 예상 값은 검증 단계에서 선택적으로 확인할 수 있다.

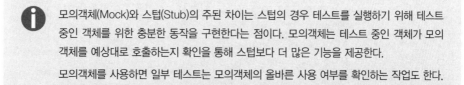

모의객체(Mock)와 스텁(Stub)의 주된 차이는 스텁의 경우 테스트를 실행하기 위해 테스트 중인 객체를 위한 충분한 동작을 구현한다는 점이다. 모의객체는 테스트 중인 객체가 모의객체를 예상대로 호출하는지 확인을 통해 스텁보다 더 많은 기능을 제공한다.

모의객체를 사용하면 일부 테스트는 모의객체의 올바른 사용 여부를 확인하는 작업도 한다. 즉 모의객체와 스텁 모두 '결과가 무엇인가?'라는 질문에 답한다. 그러나 모의객체는 '결과를 어떻게 달성됐는가?'라는 질문에도 답한다.

나중에 파이썬으로 모의객체를 사용해 단위 테스트를 작성하는 예제를 살펴본다.

- 　○　**페이크 객체**^{Fakes}: 페이크 객체는 동작하는 구현물이 있지만, 몇 가지 제한 때문에 프로덕션 환경에서 사용하기는 미흡하다. 페이크 객체는 객체를 스텁으로 처리하는 것보다 좋지만 매우 간단한 구현물을 제공한다.

예를 들어 다음 페이크 객체는 최소한의 로깅 기능을 구현하며 파이썬 로깅 모듈의 Logger 객체의 API를 모방한다.

```python
import logging

class FakeLogger(object):
    """ A class that fakes the interface of the
    logging.Logger object in a minimalistic fashion """

    def __init__(self):
        self.lvl = logging.INFO

    def setLevel(self, level):
        """ Set the logging level """
        self.lvl = level

    def _log(self, msg, *args):
        """ Perform the actual logging """

        # Since this is a fake object - no actual logging is
        # done.
        # Instead the message is simply printed to standard
        # output.

        print (msg, end=' ')
        for arg in args:
            print(arg, end=' ')
        print()

    def info(self, msg, *args):
        """ Log at info level """
        if self.lvl<=logging.INFO:
```

```
        return self._log(msg, *args)

    def debug(self, msg, *args):
        """ Log at debug level """
        if self.lvl<=logging.DEBUG:
            return self._log(msg, *args)

    def warning(self, msg, *args):
        """ Log at warning level """
        if self.lvl<=logging.WARNING:
            return self._log(msg, *args)

    def error(self, msg, *args):
        """ Log at error level """
        if self.lvl<=logging.ERROR:
            return self._log(msg, *args)

    def critical(self, msg, *args):
        """ Log at critical level """
        if self.lvl<=logging.CRITICAL:
            return self._log(msg, *args)
```

코드의 FakeLogger 클래스는 위조하려는 logging.Logger 클래스의 주요 메소드 중 일부를 구현한다. 테스트 실행을 위해서는 Logger 객체를 페이크 객체로 대체하는 것이 좋다.

▌ 화이트 박스 테스팅 원칙

소프트웨어 아키텍처 관점에서 테스팅의 가장 중요한 단계 중 하나는 소프트웨어가 개발되는 시점이다. 최종 사용자에게 소프트웨어의 동작이나 기능은 소프트웨어를 구현한 결과물이다.

개발 초기에 자주 테스트되는 시스템은 테스트를 할 수 있도록 견고하게 만들어지며 최종 사용자를 만족시키는 방법으로 필요한 기능을 제공할 가능성이 높다.

테스팅 원칙을 구현하는 가장 좋은 방법은 개발자가 소프트웨어를 작성하는 소스 코드에서 시작하는 것이다. 소스코드는 개발자가 볼 수 있어 이러한 테스팅을 화이트 박스 테스팅White-box testing이라고도 한다.

소프트웨어가 개발되는 동안 올바른 테스팅 원칙을 준수하고 검토 작업을 수행하려면 어떻게 해야 하는가? 소프트웨어가 고객에게 가기 전, 개발 단계에서 수행되는 다양한 테스팅 유형을 살펴보자.

단위 테스팅

단위 테스팅Unit testing은 개발자가 수행하는 가장 기본적인 테스팅 유형이다. 단위 테스트는 예상되는 결과에 테스트 중인 단위 기능의 결과를 검사할 수 있는 어써션assertion을 사용한다. 소프트웨어 코드의 가장 기본 단위(일반적으로 함수나 클래스의 메소드)에 적용된다.

파이썬에서 단위 테스팅 지원은 표준 라이브러리인 unittest 모듈에 의해 제공된다.

unittest 모듈은 다음과 같은 상위 수준의 객체를 제공한다.

- 테스트 케이스Test cases: unittest 모듈은 테스트 케이스를 지원하는 TestCase 클래스를 제공한다. TestCase 클래스를 상속해 새로운 테스트 클래스와 테스트 메소드를 설정할 수 있다. 각 테스트 메소드는 예상되는 결과의 응답을 검사하는 단위 테스트를 구현한다.
- 테스트 픽스처Test fixtures: 테스트 픽스처는 하나 이상의 테스트에 대한 클린업 작업을 위한 설정이나 준비 사항을 의미한다. 예를 들어 테스트 픽스처는 임시, 또는 인메모리 데이터베이스 생성, 서버 시작, 디렉토리 트리 작성 등을 포함할 수 있다. unittest 모듈에서 픽스처에 대한 지원은 TestCase 클래스와 연관 클래

스의 setUp()과 tearDown() 메소드와 TestSuite 클래스 모듈의 메소드에 의해 제공된다.

- **테스트 스위트**[Test suites]: 테스트 스위트는 관련 테스트 케이스들의 집합이다. 테스트 스위트는 다른 테스트 스위트를 포함할 수 있다. 테스트 스위트는 소프트웨어 시스템에 유사한 기능을 테스트하는 테스트 케이스들을 그룹으로 만들 수 있도록 해 테스트의 결과들을 함께 읽거나 분석할 수 있게 한다. unittest 모듈은 TestSuite 클래스를 통해 테스트 스위트를 지원한다.

- **테스트 러너**[Test runners]: 테스트 러너는 테스트 케이스를 관리하고 실행하는 객체로 테스터에게 결과를 알려준다. 테스트 러너는 테스트 인터페이스나 GUI를 이용할 수 있다.

- **테스트 결과**[Test results]: 테스트 결과 클래스들은 테스트 결과를 테스터에게 보여준다. 테스트 결과는 성공, 실패, 오류가 있는 테스트 케이스 개수를 요약한다. unittest 모듈에서 테스트 결과는 TextTestReult 클래스의 기본 구현으로 구체적인 내용을 갖는 TestResult 클래스로 구현된다.

파이썬에서 단위 테스팅 지원을 제공하는 또 다른 모듈은 nose(nose2)와 py.test이다. 다음 절에서 두 모듈을 간단히 살펴본다.

실제 단위 테스팅

구체적인 단위 테스팅 작업을 수행하고 테스트 케이스와 테스트 스위트를 작성해 보자. 기본적으로 파이썬 표준 라이브러리의 unittest 모듈이 가장 인기 있고, 이용할 수도 있어서 unittest 모듈로 시작한다.

테스트 목적을 위해 날짜/시간 변환에 사용하는 몇 가지 메소드를 갖고 있는 클래스를 생성할 것이다.

작성한 클래스 코드는 다음과 같다.

```
""" Module datetime helper - Contains the class DateTimeHelper
providing some helpful methods for working with date and datetime
objects """

import datetime
class DateTimeHelper(object):
    """ A class which provides some convenient date/time
    conversion and utility methods """

    def today(self):
        """ Return today's datetime """
        return datetime.datetime.now()

    def date(self):
        """ Return today's date in the form of DD/MM/YYYY """
        return self.today().strftime("%d/%m/%Y")

    def weekday(self):
        """ Return the full week day for today """
        return self.today().strftime("%A")

    def us_to_indian(self, date):
        """ Convert a U.S style date i.e mm/dd/yy to Indian style
            dd/mm/yyyy """

        # Split it
        mm,dd,yy = date.split('/')
        yy = int(yy)
        # Check if year is >16, else add 2000 to it
        if yy<=16: yy += 2000
        # Create a date object from it
        date_obj = datetime.date(year=yy, month=int(mm), day=int(dd))
        # Retur it in correct format
        return date_obj.strftime("%d/%m/%Y")
```

DateTimeHelper 클래스는 다음과 같은 메소드를 갖는다.

- date: 날짜의 타임스탬프를 dd/mm/yyyy 형식으로 반환한다.

- weekday: 날짜의 요일을 반환한다. 예를 들어 Sunday, Monday 등을 반환한다.

- us_to_indian: US 날짜 형식(mm/dd/yy(yy))을 인디안 형식(dd/mm/yyyy)으로 변환한다.

마지막 메소드에 관한 테스트를 구현하는 unittest.TestCase 클래스다.

```
""" Module test_datetimehelper - Unit test module for testing
datetimehelper module """

import unittest
import datetimehelper

class DateTimeHelperTestCase(unittest.TestCase):
    """ Unit-test testcase class for DateTimeHelper class """

    def setUp(self):
        print("Setting up...")
        self.obj = datetimehelper.DateTimeHelper()

    def test_us_india_conversion(self):
        """ Test us=>india date format conversion """

        # Test a few dates
        d1 = '08/12/16'
        d2 = '07/11/2014'
        d3 = '04/29/00'
        self.assertEqual(self.obj.us_to_indian(d1), '12/08/2016')
        self.assertEqual(self.obj.us_to_indian(d2), '11/07/2014')
        self.assertEqual(self.obj.us_to_indian(d3), '29/04/2000')

if __name__ == "__main__":
    unittest.main()
```

테스트 케이스의 주요 부분에서 unittest.main()만 호출하는 것에 주의해야 한다. 모듈에서 자동으로 테스트 케이스를 인식하고 실행한다. 다음 화면은 테스트 실행 결과를 보여준다.

```
(env) anand@ubuntu-pro-book:~/Documents/ArchitectureBook/code/chap3$ python3 test_datetimehelper.py
Setting up...
.
----------------------------------------------------------------------
Ran 1 test in 0.000s

OK
(env) anand@ubuntu-pro-book:~/Documents/ArchitectureBook/code/chap3$
```

datetimehelper 모듈의 단위 테스트 케이스 실행 결과 - 버전 #1

결과에서 알 수 있듯 간단한 테스트 케이스는 통과된다.

단위 테스트 케이스 확장하기

datetimehelper 모듈의 단위 테스트 케이스의 첫 버전은 한 메소드에 대한 테스트, 즉 US 날짜 형식을 인디안Indian 형식으로 변환하는 메소드만 포함하고 있다

다른 두 메소드에 관해서는 어떨까? 두 메소드도 단위 테스트를 작성하면 안 될까?

두 메소드가 갖는 문제는 오늘 날짜의 데이터를 갖고 오는 것이다. 결과는 코드가 실행되는 정확한 날짜에 따라 달라진다. 따라서 날짜 값을 입력해 특정 테스트 케이스를 작성하기가 불가능하며 결과가 시간에 의존하는 출력과 일치할 것으로 예상된다. 외부 의존성을 통제할 방법이 필요하다.

모의객체가 필요한 부분이 바로 여기다. 외부 의존성을 통제하는 방법으로 모의객체를 논의했다. unittest.mock 라이브러리를 패치를 지원하기 위해 사용할 수 있으며 오늘 날짜를 반환하는 메소드를 제어하려는 날짜를 반환하도록 수정할 수 있다. 이와 같은 방법으로 오늘 날짜에 의존하는 메소드를 테스트할 수 있다.

다음은 이 기법을 사용하는 두 개의 메소드 지원이 추가된 수정 테스트 케이스다.

138

```
""" Module test_datetimehelper - Unit test module for testing
datetimehelper module """

import unittest
import datetime
import datetimehelper
from unittest.mock import patch

class DateTimeHelperTestCase(unittest.TestCase):
    """ Unit-test testcase class for DateTimeHelper class """

    def setUp(self):
        self.obj = datetimehelper.DateTimeHelper()

    def test_date(self):
        """ Test date() method """

        # Put a specific date to test
        my_date = datetime.datetime(year=2016, month=8, day=16)

        # Patch the 'today' method with a specific return value
        with patch.object(self.obj, 'today', return_value=my_date):
            response = self.obj.date()
            self.assertEqual(response, '16/08/2016')

    def test_weekday(self):
        """ Test weekday() method """

        # Put a specific date to test
        my_date = datetime.datetime(year=2016, month=8, day=21)

        # Patch the 'today' method with a specific return value
        with patch.object(self.obj, 'today', return_value=my_date):
            response = self.obj.weekday()
            self.assertEqual(response, 'Sunday')

    def test_us_india_conversion(self):
```

```
        """ Test us=>india date format conversion """

        # Test a few dates
        d1 = '08/12/16'
        d2 = '07/11/2014'
        d3 = '04/29/00'
        self.assertEqual(self.obj.us_to_indian(d1), '12/08/2016')
        self.assertEqual(self.obj.us_to_indian(d2), '11/07/2014')
        self.assertEqual(self.obj.us_to_indian(d3), '29/04/2000')

if __name__ == "__main__":
    unittest.main()
```

두 개의 테스트 메소드에서 today 메소드가 특정 날짜를 반환하도록 수정했다. 메소드 결과를 제어할 수 있으며 예상 결과를 특정 출력과 비교할 수 있다.

다음 그림은 테스트 케이스의 새로운 실행 결과다.

```
(env) anand@ubuntu-pro-book:~/Documents/ArchitectureBook/code/chap3$ python3 test_datetimehelper.py
...
----------------------------------------------------------------------
Ran 3 tests in 0.001s

OK
(env) anand@ubuntu-pro-book:~/Documents/ArchitectureBook/code/chap3$
```

2개의 더 많은 테스트를 갖는 datetimehelper 모듈의 단위 테스트 케이스 실행 결과 – 버전 #2

 unittest.main()은 unittest 모듈의 편리한 함수이며 모듈에서 테스트 케이스 집합을 자동으로 로드하고 실행할 수 있게 한다.

테스트가 실행될 때 어떤 일이 발생하는지 더 자세하게 알고 싶다면 다변속verbosity을 높여 테스트 러너에서 더 많은 정보가 보이게 할 수 있다. unittest.main에 verbosity 인자를 전달하거나 다음과 같이 명령행에서 -v 옵션을 전달해 실행할 수 있다.

```
(env) anand@ubuntu-pro-book:~/Documents/ArchitectureBook/code/chap3$ python3 test_datetimehelper.py -v
test_date (__main__.DateTimeHelperTestCase)
Test date() method ... ok
test_us_india_conversion (__main__.DateTimeHelperTestCase)
Test us=>india date format conversion ... ok
test_weekday (__main__.DateTimeHelperTestCase)
Test weekday() method ... ok

----------------------------------------------------------------------
Ran 3 tests in 0.001s

OK
```

-v 인자를 전달해 단위 테스트 케이스에서 상세한 출력을 생성하기

nose2로 정보 알아내기

표준 라이브러리는 아니지만 파이썬에서 서드 파티 패키지로 이용할 수 있는 다른 단위 테스트 모듈이 있다. 먼저 nose를 살펴본다(이 책을 쓰는 시점의) 가장 최신 버전은 2 버전으로 nose2로 이름이 바뀌었다.

nose2 패키지는 파이썬 패키지 설치 관리자인 pip를 사용해 설치할 수 있다.

```
$ pip install nose2
```

nose2의 실행은 매우 간단하다. nose2는 unittest.TestCase에서 파생된 클래스들을 찾아 대상 폴더에서 자동으로 실행해야 하는 파이썬 테스트 케이스, 즉 test로 시작하는 함수들을 감지한다.

datatimehelper 테스트 케이스일 때 nose2는 자동으로 테스트 케이스를 선택한다. 단순히 모듈이 포함된 폴더에서 실행하기만 하면 된다. 다음은 테스트 결과다.

```
(env) anand@ubuntu-pro-book:~/Documents/ArchitectureBook/code/chap3$ nose2
...
----------------------------------------------------------------------
Ran 3 tests in 0.001s

OK
```

nose2를 사용해 단위 테스트 실행하기

그러나 앞의 출력은 아무 내용도 없다. 기본적으로 nose2는 메시지를 표시하지 않고 수행된다. verbose 옵션(-v)을 사용해 테스트 보고 기능 중 일부를 활성화할 수 있다.

```
(env) anand@ubuntu-pro-book:~/Documents/ArchitectureBook/code/chap3$ nose2 -v
test_date (test_datetimehelper.DateTimeHelperTestCase)
Test date() method ... ok
test_us_india_conversion (test_datetimehelper.DateTimeHelperTestCase)
Test us=>india date format conversion ... ok
test_weekday (test_datetimehelper.DateTimeHelperTestCase)
Test weekday() method ... ok

----------------------------------------------------------------------
Ran 3 tests in 0.001s

OK
```

verbose 옵션과 더불어 nose2를 사용해 단위 테스트 실행하기

nose2는 플러그인을 사용해 코드 커버리지 보고서의 생성도 지원한다. 다음 절에서는 코드 커버리지를 살펴본다.

py.test로 테스트하기

py.test 패키지는 pytest로 알려져 있으며 파이썬의 모든 기능을 갖춘 성숙한 테스트 프레임워크다. nose2와 마찬가지로, py.test도 특정 패턴으로 시작하는 파일을 찾는 테스트 탐색을 지원한다.

py.test도 pip를 통해 설치가 가능하다.

```
$ pip install pytest
```

nose2와 같이, py.test를 통해 테스트를 실행하기는 매우 쉽다. 단순히 테스트 케이스가 있는 폴더에서 pytest 실행파일을 실행하면 된다.

py.test를 통해 테스트를 탐지 및 실행하기

nose2와 같이 pytest는 자체 플러그인 지원도 제공한다. 플러그인 중 가장 유용한 것은 코드 커버리지 플러그인이다. 다음 절에서 예제를 살펴본다.

pytest는 unittest.TestCase 모듈에서 공식적으로 파생된 테스트 케이스를 필요로 하지 않는다는 점에 주목해야 한다. py.test는 Test로 시작하는 클래스나 test_로 시작하는 함수를 포함하는 모든 모듈에서 자동으로 테스트를 발견한다.

unittest 모듈에 의존성을 갖지 않지만 파이썬의 기본 유형인 object에서 파생된 새로운 테스트 케이스가 있다. 새 모듈의 이름은 test_datetimehelper_object이다.

```python
""" Module test_datetimehelper_object - Simple test case with test
class derived from object """

import datetimehelper

class TestDateTimeHelper(object):

    def test_us_india_conversion(self):
        """ Test us=>india date format conversion """


        obj = datetimehelper.DateTimeHelper()
        assert obj.us_to_indian('1/1/1') == '01/01/2001'
```

이 클래스는 unittest 모듈에 의존성을 갖지 있지 않고 픽스처를 정의하지 않는다. 다음은 폴더에서 pytest를 실행한 결과다.

```
(env) anand@ubuntu-pro-book:~/Documents/ArchitectureBook/code/chap3$ py.test -v
========================= test session starts =========================
platform linux -- Python 3.5.2, pytest-3.0.0, py-1.4.31, pluggy-0.3.1 -- /home/anand/arch3/env/bin/python3
cachedir: .cache
rootdir: /home/anand/Documents/ArchitectureBook/code/chap3, inifile:
plugins: cov-2.3.1
collected 4 items

test_datetimehelper.py::DateTimeHelperTestCase::test_date PASSED
test_datetimehelper.py::DateTimeHelperTestCase::test_us_india_conversion PASSED
test_datetimehelper.py::DateTimeHelperTestCase::test_weekday PASSED
test_datetimehelper2.py::TestDateTimeHelper::test_us_india_conversion PASSED

========================= 4 passed in 0.02 seconds =========================
```

unittest 모듈의 지원없이 py.test를 사용하는 테스트 케이스를 탐지 및 실행하기

결과에서 볼 수 있듯 pytest는 모듈에서 테스트 케이스를 자동으로 선택해 실행한다.

nose2도 테스트 케이스를 선택할 수 있는 유사한 기능을 갖고 있다. 다음 화면은 새로
정의된 테스트 케이스를 갖는 nose2의 출력을 보여준다.

```
(env) anand@ubuntu-pro-book:~/Documents/ArchitectureBook/code/chap3$ nose2 -v
test_date (test_datetimehelper.DateTimeHelperTestCase)
Test date() method ... ok
test_us_india_conversion (test_datetimehelper.DateTimeHelperTestCase)
Test us=>india date format conversion ... ok
test_weekday (test_datetimehelper.DateTimeHelperTestCase)
Test weekday() method ... ok
test_datetimehelper2.TestDateTimeHelper.test_us_india_conversion ... ok

----------------------------------------------------------------------
Ran 4 tests in 0.001s

OK
```

unittest 모듈의 지원없이 nose2를 사용하는 테스트 케이스를 탐지 및 실행하기

앞의 출력은 새로운 테스트가 선택되고 실행됐음을 알려준다.

unittest 모듈, nose2, py.test 패키지는 매우 유연하고 사용자 정의가 가능한 방법으로
테스트 케이스, 픽스처, 테스트 스위트의 개발 및 구현을 위한 지원사항이 많다. 도구의
다양한 옵션에 대한 내용은 3장의 범위를 벗어난다. 따라서 테스트 용이성에 집중하기
위해 우리는 도구의 사용 방법에 중점을 둔다.

이제 단위 테스팅의 주요 주제인 코드 커버리지Code coverage를 알아본다. 세 가지 도구, 즉
unittest, nose2, py.test를 살펴보고 개발자와 테스터가 단위 테스트에서 코드 커버리
지 정보를 알아내는 방법도 공부한다.

코드 커버리지

코드 커버리지는 특정 테스트 스위트에서 테스트 중인 소스코드를 다루는 정도를 측정한다. 이상적으로 테스트 스위트는 더 높은 비율의 소스코드를 테스트에 노출시키면 버그를 발견하는 데 도움이 되므로 높은 코드 커버리지를 목표로 한다.

코드 커버리지 메트릭은 테스트 스위트에 의해 처리되는 코드 라인 수$^{LOC: Lines of Code}$나 서브 루틴(함수)의 백분율로 보고된다.

코드 커버리지 측정을 지원하는 다양한 도구를 살펴보자. 내용을 이해하기 쉽게 앞의 테스트 예제(datatimehelper)를 계속 사용한다.

coverage.py를 사용한 커버리지 측정

coverage.py는 서드 파티 파이썬 모듈이다. unittest 모듈로 작성된 테스트 스위트와 테스트 케이스에서 동작하며 코드 커버리지를 보고한다.

coverage.py는 지금까지 살펴본 다른 도구와 같이 pip를 사용해 설치가 가능하다.

```
$ pip install coverage
```

명령어는 코드 커버리지를 실행하고 보고하는 데 사용되는 커버리지 애플리케이션을 설치한다.

coverage.py는 먼저 소스코드를 실행해 커버리지 정보를 수집한 후 커버리지 데이터를 보고하는 두 단계를 갖고 있다.

coverage.py를 실행하려면 다음 구문을 사용한다.

```
$ coverage run <source file1> <source file 2> …
```

실행이 끝나면 다음 명령어를 이용해 커버리지를 보고한다.

```
$ coverage report -m
```

예를 들어 테스트 모듈 결과는 다음과 같다.

```
(env) anand@ubuntu-pro-book:~/Documents/ArchitectureBook/code/chap3$ coverage run test_datetimehelper.py
...
----------------------------------------------------------------------
Ran 3 tests in 0.001s

OK
(env) anand@ubuntu-pro-book:~/Documents/ArchitectureBook/code/chap3$ coverage report -m
Name                    Stmts   Miss  Cover   Missing
-----------------------------------------------------
datetimehelper.py          14      1    93%   9
test_datetimehelper.py     26      0   100%
-----------------------------------------------------
TOTAL                      40      1    98%
```

coverage.py를 사용해 datatimehelper 모듈의 테스트 커버리지 보고하기

coverage.py는 테스트가 **datetimehelper** 모듈에서 코드의 93%를 다루고 있다는 점을 보고하는데 93% 비율은 상당히 좋은 코드 커버리지다(테스트 모듈 자체의 보고는 무시할 수 있다).

nose2를 사용한 커버리지 측정

nose2 패키지는 코드 커버리지를 지원하는 플러그인을 함께 제공한다. 플러그인은 기본으로 설치되지 않는다. nose2의 코드 커버리지 플러그인을 설치하려면 다음 명령어를 실행한다.

```
$ pip install cov-core
```

이제 nose2는 테스트 케이스를 코드 커버리지 옵션과 함께 실행할 수 있으며 한 번에 커버리지를 보고할 수 있다. 이 작업은 다음 명령어로 실행할 수 있다.

```
$ nose2 -v -C
```

cov-core는 작업을 완료하기 위해 배후에서 coverage.py를 사용한다. 따라서 covrage. py와 nose2에 의한 커버리지 메트릭 보고 내용은 같다.

다음은 nose2를 사용한 테스트 커버리지 실행 결과다.

```
(env) anand@ubuntu-pro-book:~/Documents/ArchitectureBook/code/chap3$ nose2 -v -C
test_date (test_datetimehelper.DateTimeHelperTestCase)
Test date() method ... ok
test_us_india_conversion (test_datetimehelper.DateTimeHelperTestCase)
Test us=>india date format conversion ... ok
test_weekday (test_datetimehelper.DateTimeHelperTestCase)
Test weekday() method ... ok
test_datetimehelper2.TestDateTimeHelper.test_us_india_conversion ... ok

----------------------------------------------------------------------
Ran 4 tests in 0.002s

OK
---------- coverage: platform linux, python 3.5.2-final-0 ----------
Name                       Stmts   Miss  Cover
-----------------------------------------------
datetimehelper.py             14      1    93%
test_datetimehelper.py        26      1    96%
test_datetimehelper2.py        5      0   100%
-----------------------------------------------
TOTAL                         45      2    96%
```

nose2를 사용해 datatimehelper 모듈의 테스트 커버리지 보고하기

기본적으로 커버리지 보고서는 콘솔에 작성된다. 결과물을 다른 형식으로 생성하려면 -coverage-report 옵션을 사용할 수 있다. 예를 들어 --coveragere-port html는 커버리지 보고서를 htmlcov 하위 폴더에 HTML 형식으로 작성한다.

```
(env) anand@ubuntu-pro-book:~/Documents/ArchitectureBook/code/chap3$ nose2 -C --coverage-report html
....
----------------------------------------------------------------------
Ran 4 tests in 0.002s

OK
---------- coverage: platform linux, python 3.5.2-final-0 ----------
Coverage HTML written to dir htmlcov
```

nose2를 사용해 HTML 커버리지 결과물 생성하기

다음은 브라우저에서 HTML로 결과를 보여준다.

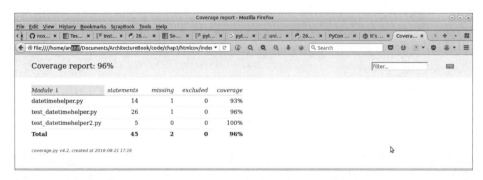

브라우저에서 보이는 HTML 커버리지 보고서

py.test를 사용한 커버리지 측정

pytest는 코드 커버리지를 보고하기 위한 자체 플러그인과 함께 제공된다. nose2와 같이 pytest는 내부적으로 coverage.py를 사용해 작업을 수행한다.

py.test의 커버리지 지원을 제공하려면 패키지 **py-test-cov**를 다음과 같이 설치해야 한다.

```
$ pip install pytest-cov
```

현재 폴더에 있는 테스트 케이스들의 코드 커버리지를 보고하기 위해 다음 명령어를 실행한다.

```
$ pytest –cov
```

다음은 pytest 코드 커버리지의 샘플 출력 샘플이다.

py.test를 사용해 현재 폴더의 코드 커버리지 실행하기

모의객체 생성

이전 테스트 예제에서 unittest.mock의 패치 지원의 사용 예를 살펴봤다. 그러나 unittest 가 제공하는 모의객체 지원은 더 강력하다. 단위 테스트를 작성할 때 모의객체의 강력함 과 적용 가능성을 이해하기 위해 예제를 하나 더 살펴보자.

대규모 데이터에서 키워드 검색을 수행하고 가중치에 따라 정렬된 결과를 반환하는 클래 스를 생각해보자. 데이터 세트는 데이터베이스에 저장돼 있고 결과는 튜플 목록(문장, 관련성)으로 반환된다고 가정한다. 여기서의 문장은 키워드와 일치하는 원래 문자열이며 관련성은 결과 세트에서 키워드와 일치 정도에 관한 가중치[hit weightage]다.

코드는 다음과 같다.

```
"""
Module textsearcher - Contains class TextSearcher for performing
search on a database and returning results
"""

import operator

class TextSearcher(object):
```

```python
""" A class which performs a text search and returns results """

def __init__(self, db):

    """ Initializer - keyword and database object """

    self.cache = False
    self.cache_dict = {}
    self.db = db
    self.db.connect()

def setup(self, cache=False, max_items=500):
    """ Setup parameters such as caching """

    self.cache = cache
    # Call configure on the db
    self.db.configure(max_items=max_items)

def get_results(self, keyword, num=10):
    """ Query keyword on db and get results for given keyword """

    # If results in cache return from there
    if keyword in self.cache_dict:
        print ('From cache')
        return self.cache_dict[keyword]

    results = self.db.query(keyword)
    # Results are list of (string, weightage) tuples
    results = sorted(results, key=operator.itemgetter(1),
            reverse=True)[:num]
    # Cache it
    if self.cache:
        self.cache_dict[keyword] = results

    return results
```

이 클래스는 다음과 같은 세 개의 메소드를 갖고 있다.

- **__init__**: 초기화 메소드로 데이터 소스(데이터베이스)의 핸들 역할을 하는 객체로 일부 속성을 초기화하고 데이터베이스에 연결한다.
- **setup**: 검색기searcher를 설정하고 데이터 베이스 객체도 구성한다.
- **get_results**: 데이터 소스(데이터베이스)를 사용해 검색을 수행한다. 주어진 키워드의 검색 결과를 반환한다.

검색기에 대한 단위 테스트 케이스를 구현해야 한다. 데이터베이스는 외부 의존성이므로 데이터베이스 객체를 모의객체로 만들어 가상화해야 한다. 검색기의 논리, 호출 가능한 시그너처, 반환 데이터만 테스트한다.

프로그램을 단계적으로 개발해, 모의객체 생성의 각 단계를 명확하게 살펴볼 것이다. 동일하게 파이썬의 대화형 인터프리터 세션을 사용한다.

필수 모듈에 관한 참조를 설정import한다.

```
>>> from unittest.mock import Mock, MagicMock
>>> import textsearcher
>>> import operator
```

DB에 관한 모의객체를 원하기 때문에 첫 단계는 DB에 대한 모의객체를 생성한다.

```
>>> db = Mock()
```

검색기 객체를 생성해 보자. 검색기가 호출하는 시그너처와 메소드의 반환 값을 테스트하기 때문에 검색기는 모의객체로 만들지 않는다.

```
>>> searcher = textsearcher.TextSearcher(db)
```

이 시점에 데이터베이스 객체는 searcher의 __init__ 메소드에 전달됐고 connect가 __init__에서 호출된다. 예상대로 됐는지 확인해 보자.

```
>>> db.connect.assert_called_with()
```

문제가 없으므로 어써션은 성공했다. 이제 searcher를 설정해 보자.

```
>>> searcher.setup(cache=True, max_items=100)
```

TextSearcher 클래스의 코드를 살펴보면 앞의 호출은 파라미터 max_items 값이 100으로 설정된 데이터베이스 객체에서 configure를 호출해야 한다. 확인해 보자.

```
>>> searcher.db.configure.assert_called_with(max_items=100)
<Mock name='mock.configure_assert_called_with()'id='139637252379648'>
```

야호!

마지막으로 get_results 메소드의 로직을 테스트해 보자. 데이터베이스가 모의객체이므로 실제 쿼리를 수행할 필요가 없다. 따라서 효과적으로 동작을 흉내내 쿼리 메소드에 미리 설정된 결과를 전달한다.

```
>>> canned_results = [('Python is wonderful', 0.4),
...                   ('I like Python',0.8),
...                   ('Python is easy', 0.5),
...                   ('Python can be learnt in an afternoon!',
0.3)]
>>> db.query = MagicMock(return_value=canned_results)
```

키워드와 결과 개수를 설정하고 파라미터를 사용해 get_results를 호출한다.

```
>>> keyword, num = 'python', 3
>>> data = searcher.get_results(python, num=num)
```

이제 데이터를 살펴보자.

```
>>> data
[('I like Python', 0.8), ('Python is easy', 0.5), ('Python is
wonderful', 0.4)]
```

결과가 괜찮아 보인다.

다음 단계에서는 **get_results**가 실제로 주어진 키워드로 쿼리를 호출했는지 확인한다.

```
>>> searcher.db.query.assert_called_with(keyword)
```

반환된 데이터가 올바르게 정렬되고 전달된 결과(num)가 값의 개수에 따라 잘려 있는지 확인한다.

```
>>> results = sorted(canned_results, key=operator.itemgetter(1),
reverse=True)[:num]
>>> assert data == results
True
```

모두 문제가 없다.

이 예제는 외부 의존성을 모의객체로 처리하고 효과적으로 가상화하기 위해 unittest 모듈에서 지원하는 Mock의 사용 방법과 프로그램의 로직, 제어 흐름, 호출 가능한 인자, 반환 값을 테스팅하는 방법을 동시에 보여준다.

다음은 모든 테스트를 하나로 결합한 테스트 모듈과 이에 대한 nose2의 출력이다.

```
"""
Module test_textsearch - Unittest case with mocks for textsearch
module
"""
```

```python
from unittest.mock import Mock, MagicMock
import textsearcher
import operator

def test_search():
    """ Test search via a mock """

    # Mock the database object
    db = Mock()
    searcher = textsearcher.TextSearcher(db)
    # Verify connect has been called with no arguments
    db.connect.assert_called_with()
    # Setup searcher
    searcher.setup(cache=True, max_items=100)
    # Verify configure called on db with correct parameter
    searcher.db.configure.assert_called_with(max_items=100)

    canned_results = [('Python is wonderful', 0.4),
                      ('I like Python',0.8),
                      ('Python is easy', 0.5),
                      ('Python can be learnt in an afternoon!', 0.3)]
    db.query = MagicMock(return_value=canned_results)

    # Mock the results data
    keyword, num = 'python', 3
    data = searcher.get_results(keyword,num=num)
    searcher.db.query.assert_called_with(keyword)

    # Verify data
    results = sorted(canned_results, key=operator.itemgetter(1),
              reverse=True)[:num]
    assert data == results
```

다음은 테스트 케이스에 대한 nose2의 출력이다.

nose2를 사용해 testsearcher 테스트 케이스 실행하기

올바른 측정을 위해 py.test 커버리지 플러그인으로 모의객체 테스트 예제, `test_text` `search` 모듈의 커버리지를 살펴보자.

test_textsearch 테스트 케이스를 통해 py.test를 사용하는 textsearcher 모듈의 커버리지 측정하기

모의객체 테스트는 90%의 커버리지를 갖고 있으며 20개 중 2개의 문장만 빠졌다. 나쁘지 않은 결과다.

문서의 인라인 테스트 – doctests

파이썬은 doctests라 하는 인라인 코드 테스트의 또 다른 형식을 지원한다. doctest는 별도의 테스트 스위트를 개발할 필요없이 코드와 테스트를 한 곳에 결합해 많은 가치를 제공하는 함수, 클래스, 모듈 문서화에 관한 인라인 단위 테스트다.

doctest 모듈은 코드에서 파이썬 문자열처럼 보이는 텍스트 부분을 찾아 정확하게 동작하는지 검증하기 위해 해당 부분을 실행한다. 모든 테스트 실패는 콘솔에 출력된다.

이러한 내용을 실제로 확인하기 위해 예제 코드를 살펴보자. 다음 코드는 반복적인 접근 방식을 사용해 간단한 팩토리얼 함수를 구현한다.

```
"""
Module factorial - Demonstrating an example of writing doctests
"""

import functools
import operator

def factorial(n):
    """ Factorial of a number.

    >>> factorial(0)
    1
    >>> factorial(1)
    1
    >>> factorial(5)
    120
    >>> factorial(10)
    3628800

    """

    return functools.reduce(operator.mul, range(1,n+1))

if __name__ == "__main__":
    import doctest
    doctest.testmod(verbose=True)
```

모듈의 실행 결과를 살펴보자.

```
(env) anand@ubuntu-pro-book:~/Documents/ArchitectureBook/code/chap3$ python3 factorial.py
**********************************************************************
File "factorial.py", line 13, in __main__.factorial
Failed example:
    factorial(0)
Exception raised:
    Traceback (most recent call last):
      File "/usr/lib/python3.5/doctest.py", line 1321, in __run
        compileflags, 1), test.globs)
      File "<doctest __main__.factorial[3]>", line 1, in <module>
        factorial(0)
      File "factorial.py", line 17, in factorial
        return functools.reduce(operator.mul, range(1,n+1))
    TypeError: reduce() of empty sequence with no initial value
**********************************************************************
1 items had failures:
   1 of   4 in __main__.factorial
***Test Failed*** 1 failures.
```

factorial 모듈의 doctest 결과

doctest는 네 개의 테스트 중 하나가 실패했다고 보고한다.

결과를 간단히 살펴보면 0의 팩토리얼을 계산하는 코드를 빠뜨렸음을 알 수 있다. 오류는 코드가 (1,1)의 범위를 계산할 때 reduce 사용과 함께 예외가 발생한다.

오류를 수정하기 위해 코드를 다시 작성할 수 있다. 수정된 코드는 다음과 같다.

```
"""
Module factorial - Demonstrating an example of writing doctests
"""

import functools
import operator

def factorial(n):
    """ Factorial of a number.

    >>> factorial(0)
    1
    >>> factorial(1)
    1
    >>> factorial(5)
    120
```

```
>>> factorial(10)
3628800
"""

# Handle 0 as a special case
if n == 0:
    return 1

return functools.reduce(operator.mul, range(1,n+1))

if __name__ == "__main__":
    import doctest
    doctest.testmod(verbose=True)
```

다음 화면은 모듈을 실행한 새로운 결과를 보여준다.

```
(env) anand@ubuntu-pro-book:~/Documents/ArchitectureBook/code/chap3$ python3 factorial.py
Trying:
    factorial(1)
Expecting:
    1
ok
Trying:
    factorial(5)
Expecting:
    120
ok
Trying:
    factorial(10)
Expecting:
    3628800
ok
Trying:
    factorial(0)
Expecting:
    1
ok
1 items had no tests:
    __main__
1 items passed all tests:
    4 tests in __main__.factorial
4 tests in 2 items.
4 passed and 0 failed.
Test passed.
(env) anand@ubuntu-pro-book:~/Documents/ArchitectureBook/code/chap3$
```

수정 후, factorial 모듈에 관한 doctest 결과

이제 모든 테스트가 통과된다.

 예제에서는 테스트의 세부사항을 보여주기 위해 doctest 모듈의 testmod 함수에 관해
verbose 옵션을 활성화했다. verbose 옵션이 없으면, 모든 테스트가 통과할 때 doctest는
아무런 메시지도 보여주지 않고 어떤 결과도 생성하지 않는다.

doctest 모듈은 다목적이다. 파이썬 코드만이 아니라 텍스트 파일과 같은 소스로부터 파이썬의 대화식 세션interactive sessions을 로드하고 테스트할 수 있다.

doctest는 파이썬 대화식 세션 검색을 위해 함수, 클래스, 모듈 doc-strings 등 모든 docstrings를 시험한다.

 pytest 패키지는 doctest를 위한 지원이 내장돼 있다. 현재 폴더에서 pytest가 doctest를
탐지하고 실행하도록 하려면 다음 명령어를 사용해야 한다.

```
$ pytest -doctest-modules
```

통합 테스트

소프트웨어 개발 수명 주기에서 단위 테스트는 초기의 화이트 박스 테스트 중 버그를 발견하고 수정하는 데 매우 유용하지만 단위 테스트만으로는 충분하지 않다. 소프트웨어 시스템이 최종 사용자에게 필요한 기능을 전달하고 미리 정의된 아키텍처 품질속성을 충족시키려면 다양한 컴포넌트들이 예상된 방법으로 함께 동작해야 한다. 이러한 경우만 소프트웨어 시스템은 완전하게 동작한다. 이것이 통합 테스팅이 중요한 이유다.

통합 테스트의 목적은 논리 단위로 동작하는 일부 기능만 제공하는 소프트웨어 시스템의 다양한 기능적 서브시스템의 기능과 성능, 다른 품질 요구사항의 검증이다. 서브시스

템은 개별 단위의 누적된 동작을 통해 일부 기능을 제공한다. 비록 각 컴포넌트가 정의된 자체적인 단위 테스트를 갖고 있다 해도 통합 테스트를 작성해 반드시 시스템의 결합된 기능을 검증해야 한다.

통합 테스트는 단위 테스트가 끝나고 유효성 테스팅이 완료되기 전에 작성된다.

통합 테스트는 여러 컴포넌트에 관한 단위 테스트를 설계하고 구현한 통합 테스트 단계의 모든 소프트웨어 아키텍처에 유용하다. 통합 테스트가 제공하는 장점들은 다음과 같다.

- **컴포넌트 상호 운용성 테스팅**Testing component interoperability: 기능적인 서브 시스템에서는 각 기능 단위가 서로 다른 프로그래머에 의해 작성될 수 있다. 각 프로그래머들은 자신의 컴포넌트가 어떤 방법으로 수행돼야 하는지 알고 컴포넌트의 단위 테스트를 작성했을 수도 있다. 그러나 컴포넌트들이 서로 통신하는 통합 지점에 대한 오류나 오해가 있기도 해서 전체 시스템이 조화롭게 동작하는 데 문제가 발생하기도 한다. 통합 테스팅은 이런 실수가 드러나게 한다.

- **시스템 요구사항 변경에 관한 테스팅**Testing for system requirement modifications: 요구사항은 구현되는 도중에 바뀔 수 있다. 업데이트된 요구사항은 단위 테스트를 거치지 않기 때문에 통합 테스트는 문제점을 밝히는 데 매우 유용하다. 시스템의 일부는 요구사항을 올바르게 구현하지 않았을 수도 있는데 적절한 통합 테스트를 통해 밝힐 수 있다.

- **외부 의존성과 API 테스트**Testing external dependencies and APIs: 소프트웨어 컴포넌트는 단위 테스트를 하는 동안 모의객체를 다루거나 스텁으로 처리하는 많은 서드 파티 API를 사용한다. 통합 테스트에서만 이러한 API의 수행 방법과 규칙 호출, 응답 데이터, 성능에 관련된 문제를 노출시킬 수 있다.

- **하드웨어 문제 디버깅**Debugging hardware issues: 통합 테스트는 모든 하드웨어에 관한 문제 정보를 얻는 데 유용하다. 테스트의 디버깅은 개발자에게 하드웨어 구성 업데이트나 변경의 필요성에 관한 데이터를 제공한다.

- **코드 실행 경로에서의 예외 발견**Uncovering exceptions in code paths: 통합 테스트는 단위 테스트에서 실행하지 않는 오류 발생 경로나 조건을 실행하기 때문에 개발자가 코드에서 처리하지 못한 예외를 이해하는 데 도움이 된다. 코드 커버리지가 높아지면 이러한 문제들을 많이 식별하고 수정할 수 있다. 각 기능마다 알려진 코드 경로와 높은 커버리지를 갖는 적절한 통합 테스트는 사용 중에 발생할 수 있는 잠재적인 오류를 테스팅 동안 발견하고 처리하는 적절한 방법이다.

통합 테스트를 작성하는 방법은 다음과 같이 세 가지가 있다.

- **상향식**Bottom-up: 하위 수준의 컴포넌트가 먼저 테스트된다. 테스트 결과는 체인의 상위 수준에 있는 컴포넌트의 통합 테스트에 사용된다. 이런 테스트 과정은 제어 흐름 측면에서 컴포넌트 계층 구조의 최상단에 도달할 때까지 반복된다. 상향식 방법에서는 계층 구조의 상단에 있는 중요한 모듈이 적절하게 테스트되지 않을 수 있다.

최상위 수준의 컴포넌트를 개발 중이면 드라이버는 이러한 컴포넌트를 시뮬레이션(모의객체로 처리)해야 할 수도 있다.

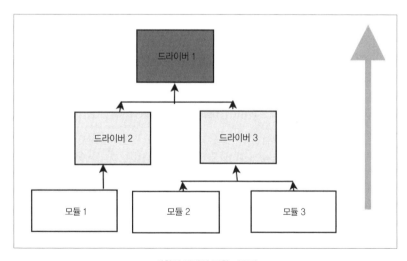

상향식 전략의 통합 테스팅

- **하향식**^{Top-down}: 테스트의 개발과 테스팅이 소프트웨어 시스템의 워크플로우를 따라 하향식으로 수행된다. 따라서 계층 구조의 최상단에 있는 컴포넌트가 먼저 테스트되고 낮은 수준의 모듈은 나중에 테스트된다. 하향식 방법에서 중요한 모듈은 우선순위에 따라 테스트된다. 따라서 주된 설계 결함이나 개발 결함을 먼저 식별하고 해결할 수 있지만 낮은 수준의 모듈은 적절하게 테스트되지 않을 수 있다.

  낮은 수의 모듈은 모듈의 기능을 흉내내는 스텁으로 교체되기도 한다. 하향식에서는 낮은 수준의 모듈 로직은 스텁으로 처리할 수 있어서 초기 프로토타입의 사용이 가능하다.

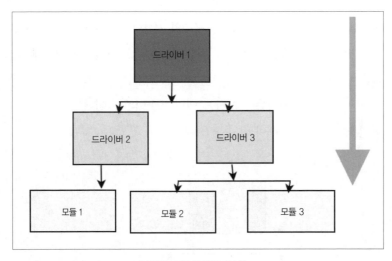

하향식 전략의 통합 테스팅

- **빅뱅** ^{Big-bang}: 개발의 마지막 단계에서 모든 컴포넌트를 통합하고 테스트하는 방식이다. 통합 테스트가 개발 단계의 마지막에 있기 때문에 빅뱅은 개발 시간을 절약할 수 있다. 그러나 모든 컴포넌트에 시간을 똑같이 사용할 수 없어서 중요한 모듈을 테스트하는 데 충분한 시간을 제공하지 못할 수 있다.

특정 소프트웨어에 수행되는 통합 테스팅은 없다. 웹 프레임워크 같이 특정 유형의 애플리케이션은 자체적인 특정 통합 테스트 프레임워크를 정의한다. 예를 들어 장고^{Django}, 피라미드^{Pyramid}, 플라스크^{Flask} 같은 일부 웹 프레임워크는 자체 커뮤니티에서 개발한 테스팅 프레임워크를 갖고 있다.

다른 예는 파이썬 WSGI 애플리케이션의 자동화 테스팅에 인기있는 webtest 프레임워크다. 이러한 프레임워크에 관련된 설명은 이 책의 범위를 벗어난다.

테스트 자동화

인터넷에는 소프트웨어의 통합 테스팅 자동화에 유용한 도구들이 많다. 간단하게 살펴보자.

셀레늄 웹 드라이버를 사용한 테스트 자동화

셀레늄^{Selenium}은 소프트웨어 애플리케이션의 통합 테스트, 회귀 테스트, 유효성 검사 테스트를 자동화하는 인기있는 도구다. 셀레늄은 무료이자 오픈소스이며, 인기있는 웹 브라우저 엔진을 대부분 지원한다.

셀레늄에서의 기본 객체는 브라우저를 의미하는 클라이언트에서 상태 객체인 웹 드라이버다. 웹 드라이버는 URL 방문, 마우스 클릭, 양식 채우기, 양식 제출 같은 동작의 수행을 프로그래밍할 수 있으며, 이러한 단계를 수동으로 실행하는 사람을 효과적으로 대체할 수 있다.

셀레늄은 인기있는 대부분의 프로그래밍 언어와 런타임을 위한 클라이언트 드라이버도 지원한다. 파이썬에서 셀레늄 웹 드라이버를 설치하려면 다음 명령어를 실행한다.

```
$ pip install selenium
```

파이썬 웹사이트(http://www.python.org)를 테스트하는 작은 규모의 자동화 테스트를 구현하기 위해 pytest와 셀레늄을 함께 사용하는 간단한 예제를 살펴보자.

다음은 테스트 코드로 모듈의 이름은 selenium_testcase.py이다.

```python
"""
Module selenium_testcase - Example of implementing an automated UI
test using selenium framework
"""

from selenium import webdriver
import pytest
import contextlib

@contextlib.contextmanager
@pytest.fixture(scope='session')
def setup():
    driver = webdriver.Firefox()
    yield driver
    driver.quit()

def test_python_dotorg():
    """ Test details of python.org website URLs """

    with setup() as driver:
    driver.get('http://www.python.org')
    # Some tests
    assert driver.title == 'Welcome to Python.org'
    # Find out the 'Community' link
    comm_elem = driver.find_elements_by_link_text('Community')[0]
    # Get the URL
    comm_url = comm_elem.get_attribute('href')
    # Visit it
    print ('Community URL=>',comm_url)
    driver.get(comm_url)
    # Assert its title
```

```
assert driver.title == 'Our Community | Python.org'
assert comm_url == 'https://www.python.org/community/'
```

예제를 실행하고 출력 결과를 보기 전에 예제에 포함된 함수를 살펴보자.

- setUp 함수는 테스트에 필요한 주요 객체를 설정하는 테스트 픽스처로 Selenium Web driver for Firefox다. contextlib 모듈의 contextmanager 데코레이터를 통해 setUp 함수를 컨텍스트 매니저로 변환한다. setUp 함수의 마지막에 quit 메소드가 호출되므로 드라이버를 종료한다.
- 테스트 함수 test_python_dot_org에서는 어써션을 통해 메인 파이썬 웹사이트 URL을 방문하고 제목을 검사하는 간단하고 인위적인 테스트를 설정한다. 그 다음 메인 페이지에서 파이썬 커뮤니티 URL을 위치시켜 페이지를 로드하고 URL 을 방문한다. 마지막으로 테스트를 끝내기 전에 제목과 URL에 어써션 처리를 한다.

프로그램의 동작을 살펴보자. 이 모듈을 로드하도록 pytest에 명시적으로 요청하고 실행할 것이다. 명령행은 다음과 같다.

```
$ pytest -s selenium_testcase.py
```

셀레늄 드라이버는 브라우저(Firefox 브라우저)를 시작하고 윈도우를 자동으로 연다. 테스트되는 동안 파이썬 웹사이트 URL을 방문한다. 테스트의 콘솔 출력은 다음 화면과 같다.

```
(env) anand@ubuntu-pro-book:~/Documents/ArchitectureBook/code/chap3$ pytest -s selenium_testcase.py
========================== test session starts ==========================
platform linux -- Python 3.5.2, pytest-3.0.0, py-1.4.31, pluggy-0.3.1
rootdir: /home/anand/Documents/ArchitectureBook/code/chap3, inifile:
plugins: cov-2.3.1
collected 1 items

selenium_testcase.py Community URL=> https://www.python.org/community/
.
======================== 1 passed in 16.35 seconds ========================
```

파이썬 프로그래밍 언어 웹사이트에 관한 간단한 셀레늄 테스트 케이스의 콘솔 출력

셀레늄은 HTML 페이지 검사, 엘리먼트 위치 결정, 이들 간의 상호작용을 위한 많은 메소드를 제공하기 때문에 더 복잡한 테스트 케이스에도 사용할 수 있다(AJAX 요청 같이). 자바 스크립트를 통한 복잡한 상호작용을 하는 테스팅을 지원하는 페이지의 자바스크립트 컨텍스트를 실행할 수 있는 셀레늄 플러그인도 있다.

셀레늄은 서버에서도 실행이 가능하다. 셀레늄은 원격 드라이버 지원을 통해 원격 클라이언트를 지원한다. 브라우저는 서버에서 인스턴스화 된다(일반적으로 가상 X 세션을 사용). 반면 테스트는 네트워크를 통해 클라이언트 머신에서 실행과 제어가 가능하다.

▌ 테스트 주도 개발

테스트 주도 개발^{TDD:Test-Driven Development}은 매우 짧은 개발 주기를 사용하는 소프트웨어 개발에서의 애자일 실천방법으로, 코드는 증가하는 테스트 케이스를 만족하기 위해 작성된다.

TDD에서 기능 요구사항은 특정 테스트 케이스와 매핑된다. 코드는 첫 번째 테스트 케이스를 통과하기 위해 작성된다. 새로운 요구사항 전부 새로운 테스트 케이스로 추가된다. 코드는 새로운 테스트 케이스를 지원하기 위해 리팩토링 된다. 이 과정은 코드가 사용자 기능의 모든 범위를 지원할 때까지 계속된다.

TDD의 단계는 다음과 같다.

1. 프로그램 명세를 기준으로 테스트를 시작하기 위한 몇 가지 테스트 케이스를 정의한다.
2. 테스트 케이스를 통과하도록 빠르게 코드를 작성한다.
3. 새로운 기능을 정의하는 새로운 테스트 케이스를 추가한다.
4. 모든 테스트를 수행하고 새로운 테스트가 실패하거나 통과하는지 확인한다.
5. 새로운 테스트가 실패하면 테스트가 통과하도록 일부 코드를 작성한다.
6. 테스트를 다시 실행한다.

7. 새로운 테스트가 통과할 때까지 4~6의 단계를 반복한다.

8. 테스트 케이스를 통해 새로운 기능을 추가하기 위해 3~7 단계를 반복한다.

TDD에서는 단위 테스트 케이스와 테스트 케이스를 지원하기 위해 추가되는 새로운 코드를 포함해 모든 사항을 단순하게 유지하는 데 중점을 둔다. TDD 실무자는 테스트를 미리 작성하면 개발자가 제품 요구사항을 더 잘 이해할 수 있으며 개발 수명주기의 매우 초기부터 소프트웨어 품질에 중점을 둘 수 있다고 믿는다.

TDD에서는 코드의 나쁜 냄새나 안티패턴이 도입되지 않고 코드의 가독성과 유지보수성을 유지하려고 시스템에 많은 테스트가 추가된 이후에 리팩토링이 마지막 단계로 수행되기도 한다.

TDD를 위한 구체적인 소프트웨어는 없다. TDD는 소프트웨어 개발을 위한 방법론과 프로세스다. 대부분 TDD는 단위 테스트를 사용하므로 툴체인 지원 사항은 unitttest 모듈과 3장에서 논의한 관련 패키지들이다.

█ 팰린드롬 예제를 통한 TDD

입력 문장이 팰린드롬^{palindrome}인지 체크하는 간단한 파이썬 프로그램을 만들면서 TDD를 이해해 보자.

> 팰린드롬은 양방향 모두에서 같은 것으로 읽히는 문자열이다. 예를 들어 bob, rotator, Malaayalam은 필랜드롬이다. 다음 문장 'Madam, I'm Adam'은 구두점을 없애면 팰린드롬이 된다.

TDD 단계를 따라가 보자. 먼저 프로그램의 기본적인 명세를 정의하는 테스트 케이스가 필요하다. 테스트 코드의 첫 버전은 다음과 같다.

```
"""
Module test_palindrome - TDD for palindrome module
"""

import palindrome

def test_basic():
    """ Basic test for palindrome """

    # True positives
    for test in ('Rotator','bob','madam','mAlAyAlam', '1'):
        assert palindrome.is_palindrome(test)==True

    # True negatives
    for test in ('xyz','elephant', 'Country'):
        assert palindrome.is_palindrome(test)==False
```

코드는 초기 기능 관점에서 프로그램의 명세를 제공할 뿐 아니라 인수와 반환 값 관점에서 함수 이름과 시그너처도 제공한다. 테스트 코드를 살펴봄으로써 첫 버전의 요구사항을 정리할 수 있다.

- 함수의 이름은 _palindrome이다. 함수는 문자를 받아들여, 팰린드롬이면 True를, 그렇지 않으면 False를 반환해야 한다. 함수는 palindrome 모듈에 있다.
- 함수는 문자열에서 대소문자를 구분하지 않는다.

명세와 더불어 palindrome 모듈의 첫 번째 버전은 다음과 같다.

```
def is_palindrome(in_string):
    """ Returns True whether in_string is palindrome, False otherwise
    """

    # Case insensitive
    in_string = in_string.lower()
    # Check if string is same as in reverse
    return in_string == in_string[-1::-1]
```

코드가 테스트를 통과하는지 확인하기 위해 테스트 모듈에 py.test를 실행한다.

test_palindrome.py 버전 #1의 **테스트 결과**

마지막 그림에서 볼 수 있듯 기본적인 테스트를 통과한다. 따라서 동작하면서 테스트를 통과한 palindrome 모듈의 첫 버전을 갖게 됐다.

TDD 단계에 따라 (3) 단계로 이동해 새로운 테스트 케이스를 추가한다. 테스트 케이스는 공백을 갖는 팰린드롬 문자열을 검사하는 테스트를 추가한다. 다음은 이러한 추가 테스트를 갖는 새로운 테스트 모듈이다.

```python
"""
Module test_palindrome - TDD for palindrome module
"""

import palindrome

def test_basic():
    """ Basic test for palindrome """

    # True positives
    for test in ('Rotator','bob','madam','mAlAyAlam', '1'):
        assert palindrome.is_palindrome(test)==True

    # True negatives
    for test in ('xyz','elephant', 'Country'):
        assert palindrome.is_palindrome(test)==False
```

```
def test_with_spaces():
    """ Testing palindrome strings with extra spaces """

    # True positives
    for test in ('Able was I ere I saw Elba',
                 'Madam Im Adam',
                 'Step on no pets',
                 'Top spot'):
        assert palindrome.is_palindrome(test)==True

    # True negatives
    for test in ('Top post','Wonderful fool','Wild Imagination'):
        assert palindrome.is_palindrome(test)==False
```

업데이트된 테스트를 실행하고 결과를 확인하자.

test_palindrome.py 버전 #2의 테스트 결과

공백을 갖고 있는 팰린드롬을 제대로 처리할 수 없으므로 테스트가 실패한다. 따라서 TDD (5) 단계에서 말한 것처럼 테스트를 통과하도록 코드를 추가로 작성해야 한다.

공백을 무시해야 하다는 점이 명백하기 때문에 빨리 수정해 입력 문자열에서 모든 공백을 제거한다. 다음은 간단한 수정 사항이 반영된 palindrome 모듈이다.

```python
"""
Module palindrome - Returns whether an input string is palindrome or
not
"""

import re

def is_palindrome(in_string):
    """ Returns True whether in_string is palindrome, False otherwise
    """

    # Case insensitive
    in_string = in_string.lower()
    # Purge spaces
    in_string = re.sub('\s+','', in_string)
    # Check if string is same as in reverse
    return in_string == in_string[-1::-1]
```

이제 업데이트된 코드가 테스트를 통과하는지 살펴보기 위해 TDD의 (4) 단계를 반복해보자.

코드 업데이트 후 test_palindrome.py 버전 #2의 테스트 결과

이제 코드는 테스트를 확실하게 통과한다.

방금 우리가 본 것은 파이썬에서 팰린드롬의 문자열 검사 모듈을 구현하기 위한 하나의 업데이트 사이클을 가진 TDD 인스턴스다. 유사한 방법으로 테스트를 추가하고 TDD의 (8) 단계에 따라 코드를 계속 업데이트할 수 있다. 과정을 통해 자연스럽게 테스트와 코드 업데이트를 계속하면서 새로운 기능을 추가한다.

구두점이 있는 문자열 검사를 하는 테스트 케이스를 추가한 팰린드롬 테스트 케이스의 마지막 버전으로 내용을 마무리한다.

```python
"""
Module test_palindrome - TDD for palindrome module
"""

import palindrome

def test_basic():
    """ Basic test for palindrome """

    # True positives
    for test in ('Rotator','bob','madam','mAlAyAlam', '1'):
        assert palindrome.is_palindrome(test)==True

    # True negatives
    for test in ('xyz','elephant', 'Country'):
        assert palindrome.is_palindrome(test)==False

def test_with_spaces():
    """ Testing palindrome strings with extra spaces """

    # True positives
    for test in ('Able was I ere I saw Elba',
                 'Madam Im Adam',
                 'Step on no pets',
                 'Top spot'):
```

```python
        assert palindrome.is_palindrome(test)==True

    # True negatives
    for test in ('Top post','Wonderful fool','Wild Imagination'):
        assert palindrome.is_palindrome(test)==False

def test_with_punctuations():
    """ Testing palindrome strings with extra punctuations """

    # True positives
    for test in ('Able was I, ere I saw Elba',
                 'Madam I\'m Adam',
                 'Step on no pets.',
                 'Top spot!'):
        assert palindrome.is_palindrome(test)==True

    # True negatives
    for test in ('Top . post','Wonderful-fool','Wild Imagination!!'):
        assert palindrome.is_palindrome(test)==False
```

다음은 테스트를 통과한, 업데이트된 palindrome 모듈이다.

```python
"""
Module palindrome - Returns whether an input string is palindrome or
not
"""

import re
from string import punctuation

def is_palindrome(in_string):
    """ Returns True whether in_string is palindrome, False otherwise
    """

    # Case insensitive
    in_string = in_string.lower()
```

```
# Purge spaces
in_string = re.sub('\s+','', in_string)
# Purge all punctuations
in_string = re.sub('[' + re.escape(punctuation) + ']+', '',
            in_string)
# Check if string is same as in reverse
return in_string == in_string[-1::-1]
```

콘솔에서 test _palindrome 모듈의 최종 결과를 살펴보자.

매칭에 대한 코드 업데이트를 갖는 test_palindrome.py 버전 #3의 테스트 결과

▌ 요약

3장에서 테스트 용이성의 정의를 다시 확인하고 복잡성과 결정론 같은 아키텍처의 품질
측면을 살펴봤다. 테스트되는 다양한 아키텍처 관점을 살펴보고 소프트웨어 테스팅 프로
세스가 수행하는 일반적인 테스트 유형도 이해했다.

테스트 용이성을 향상시키는 다양한 전략을 논의하고 시스템 복잡성을 감소시키고 예
측 가능성을 증가시키는 외부 의존성의 제어 및 관리하는 기법들을 살펴봤다. 예제를 통
해 페이크, 모의객체, 스텁 같은 외부 의존성을 가상화하고 관리하는 다양한 방법도 학습
했다.

단위 테스팅과 다양한 측면들을 주로 파이썬 unittest 모듈 측면에서 알아봤다. datetime 헬퍼 클래스를 사용하는 예제를 살펴보고, 효과적인 단위 테스트를 작성하는 방법을 설명했다. 간단한 예제에 이어 unittest의 Mock 라이브러리를 사용해 기능을 패치하는 흥미로운 예제도 살펴봤다.

유명한 파이썬 테스트 프레임워크인 nose2와 py.test를 소개하고 관련 사항을 배웠다. 이어서 코드 커버리지의 중요 측면성을 논의했으며 coverage.py 패키지를 사용해 코드 커버리지를 직접 측정하는 예제와 nose2와 pytest의 플러그인을 사용하는 예제를 살펴봤다.

고급 모의객체를 사용하는 textsarch 클래스 개요를 살펴보고 클래스의 외부 의존성을 가상 객체로 처리하고 단위 테스트 케이스도 작성했다. 예제를 살펴보면서 doctest 모듈을 통해 클래스, 모듈, 메소드, 함수의 문서화에 테스트를 포함하는 파이썬 doctest 지원을 논의했다.

통합 테스트의 다양한 측면과 장점을 공부했다. 테스트가 소프트웨어 조직에 통합되는 세 가지 방법도 배웠다. 셀레늄과 py.test를 사용해 파이썬 언어 웹사이트에 대한 일련의 테스트를 자동화하는 예제를 통해, 셀레늄을 통한 테스트 자동화를 알아보기도 했다.

TDD의 간략한 개요와 단계별 테스트를 사용해 프로그램을 개발하는 TDD 원칙을 활용해 팰린드롬을 감지하기 위한 파이썬 예제 프로그램의 작성 방법을 살펴보고 3장을 마무리했다.

4장에서는 소프트웨어를 개발할 때 가장 중요한 아키텍처 품질속성 중 하나인 성능을 살펴볼 것이다.

좋은 성능은 보상이다!

현대 소프트웨어 애플리케이션의 기본사항 중 하나는 성능^{Performance}이다. 높은 성능의 컴퓨팅 시스템을 통해 작업을 물론 여가활동에 이르기까지 다양한 방법으로 상호작용을 한다.

이를테면 상호작용은 웹에 있는 여행 사이트에서 항공권을 예약하는 것이다. 수백 개의 트랜잭션을 같은 시간에 수행하는 고성능 시스템과 상호작용을 하는 것이다. 인터넷 뱅킹을 통해 누군가에게 송금하거나 온라인으로 신용카드 청구서를 지불하는 경우, 고성능 트랜잭션 시스템과 상호작용을 하는 것이다. 또한 휴대폰에서 온라인 게임을 하고 다른 플레이어와 상호작용을 하는 상황을 생각해 보자. 이 상황은 여러분과 수천 명의 플레이어로부터 입력을 수신하면서도 합리적이고 효율적인 계산을 하는 서버 네트워크가 있을 것이다. 이 서버 네트워크는 데이터를 전송하는 높은 동시성과 낮은 지연률을 갖는다.

현대의 웹 애플리케이션은 고속 인터넷의 출현과 하드웨어 비용/성능 비율의 대폭적인 하락으로 인해 수백 만의 사용자를 동시에 지원할 수 있다. 성능은 현대적인 소프트웨어 아키텍처의 핵심 품질속성으로 높은 확장성을 갖는 소프트웨어의 작성은 여전히 어려운 영역이다. 기능과 다른 품질속성들을 모두 만족하는 애플리케이션을 만들어도 성능 테스트에 실패하면 애플리케이션은 양산될 수 없다.

4장과 5장에서는 높은 처리량을 갖는 소프트웨어를 작성하는 두 가지 측면인 성능과 확장성에 초점을 맞춘다. 4장은 성능에 중점을 두고 성능의 다양한 측면, 성능의 측정 방법, 다양한 데이터 구조의 성능을 중심으로 파이썬에서 어떤 구조를 선택해야 하는지 살펴본다.

4장에서는 다음 내용을 다룬다.

- 성능의 정의
- 소프트웨어 성능 엔지니어링
- 성능 테스팅 도구의 유형
- 성능 복잡도와 Big-O 표기법
  - 성능 측정
  - 그래프를 사용해 성능 복잡도 발견하기
  - 성능 개선
- 프로파일링
  - 결정론적 프로파일링
  - cProfile과 profile
  - 서드 파티 프로파일러
- 기타 도구들
  - Objgraph
  - Pympler
- 성능을 위한 프로그래밍 – 데이터 구조

- 리스트^{Lists}
- 딕셔너리^{Dictionaries}
- 세트^{Sets}
- 튜플^{Tuples}
- 고성능 컨테이너 – 컬렉션 모듈
  - deque
  - defaultdict
  - OrderedDict
  - Counter
  - ChainMap
  - namedtuple
- 확률론적 데이터 구조 – 블룸 필터^{bloom filters}

성능이란 무엇인가?

소프트웨어 시스템의 성능은 다음과 같은 의미로 정의한다.

'초당 트랜잭션 개수나 주어진 시간 측면의 단일 트랜잭션 처리량 또는 대기 시간에 요구사항을 만족시킬 수 있는 시스템의 척도'

4장을 시작할 때 성능 측정의 개요를 살펴봤다. 성능은 응답 시간^{response time}/대기시간^{latency}이나 처리량^{throughput} 측면에서 측정할 수 있다. 응답 시간/대기시간은 애플리케이션이 요청/응답 루프를 완료하는 데 걸리는 평균 시간이다. 처리량은 시스템이 성공적으로 처리하는 분당 요청 개수나 트랜잭션 관점에서 성공적으로 완료된 입력의 처리 비율이다.

시스템의 성능은 소프트웨어와 하드웨어의 기능에 따라 달라진다. 잘 작성되지 못한 소프트웨어도 하드웨어의 확장(예를 들어 RAM의 용량)을 통해 더 잘 실행되도록 만들 수 있다. 유사하게 소프트웨어의 성능을 향상시켜 기존 하드웨어에서 더 잘 동작하게 할 수도 있다. 가령 시간이나 메모리 관점에서 루틴이나 함수를 효율적으로 다시 작성하거나 아키텍처를 변경할 수 있다.

그러나 올바른 성능 엔지니어링은 하드웨어에 최적의 방식으로 소프트웨어가 조정되는 것을 추구한다. 사용 가능한 하드웨어에 따라 소프트웨어가 선형적으로 확장되거나 더 잘 확장되게 해야 한다.

▌ 소프트웨어 성능 엔지니어링

소프트웨어 성능 엔지니어링Software performance engineering은 소프트웨어 개발 수명주기SDLC 동안 적용되는 소프트웨어 엔지니어링 및 분석에 관련된 모든 활동을 포함하며, 성능 요구사항의 만족을 목표로 한다.

기존 소프트웨어 엔지니어링에서 성능 테스팅 및 피드백은 SDLC의 마지막 시점에 수행된다. 이러한 방법은 순전히 측정 기반으로 시스템을 테스트하고 진단하기 전에 시스템이 개발되기를 기다리며, 결과에 기반해 시스템을 조정한다.

더 형식적인 다른 모델은 소프트웨어 성능 엔지니어링SPE으로, SDLC 초기에 성능 모델Performance models을 개발한다. 성능 요구사항을 만족시키기 위해 여러 번의 이터레이션 동안 소프트웨어 설계 및 아키텍처 수정에 성능 모델의 결과를 이용한다.

성능 엔지니어링 비기능 요구사항인 성능과 기능 요구사항을 모두 만족하는 소프트웨어의 개발을 지원한다. 성능 엔지니어링 수명주기PELC는 SDLC 단계들과 비슷하다. 설계와 아키텍처로 시작해 개발의 모든 단계에서 두 수명주기 사이의 피드백은 반복적으로 소프트웨어의 품질을 개선하는 데 사용된다.

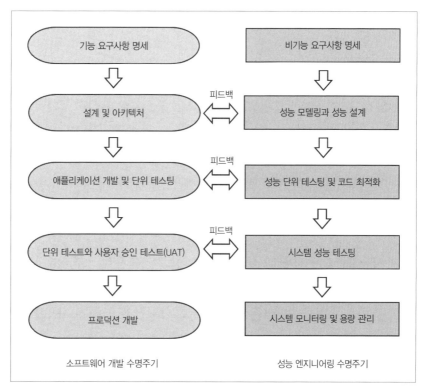

SPE – 성능 엔지니어링 수명주기와 소프트웨어 개발 수명주기는 유사하다.

두 방법 모두, 설계/아키텍처 조정이나 획득된 결과를 기반으로 한다는 전제가 있다. 코드 조정에 따른 성능 테스팅과 진단이 중요하며 이 단계에서 성능 테스팅과 측정 도구는 중요한 역할을 한다.

▍ 성능 테스팅과 측정 도구

성능 테스팅과 측정 도구들은 커다란 두 개의 범주로 나누어진다. 한 범주의 도구는 성능 테스팅과 진단에 사용되고, 다른 범주의 도구는 성능 메트릭 수집과 계측에 사용된다.

성능 테스팅과 진단 도구는 다음과 같이 더 자세하게 분류된다.

- **스트레스 테스팅 도구** Stress testing tools: 스트레스 테스팅 도구들은 프로덕션 환경의 최고 부하를 시뮬레이션하는 테스트 시스템에 부하를 주기 위해 사용된다. 시스템의 견고성을 테스트하기 위해 높은 스트레스를 시뮬레이션하거나 주기적으로 매우 높은 트래픽(심지어 최고치의 스트레스를 훨씬 초과하는)을 일괄로 처리해 지속적인 입력 스트림을 애플리케이션에 보내도록 설정할 수 있다. 스트레스 테스팅 도구는 부하 생성기load generators라고도 한다. 웹 애플리케이션 테스팅에 사용되는 일반적인 스트레스 테스팅 도구는 httpperf, ApacheBench, LoadRunner, Apache, JMeter, Locust가 있다. 또 다른 유형은 사용자 트래픽을 기록하고 실제 사용자 부하를 시뮬레이션 하기 위해 네트워크를 통해 트래픽을 재생하는 도구들이다. 예컨대 유명한 네트워크 패킷 캡처 및 모니터링 도구인 와이어샤크 Wireshark와 이와 관련된 콘솔형의 유사 프로그램인 `tcpdump`를 사용할 수 있다. 스트레스 테스팅 도구는 범용으로 사용되며 웹에서 사용 예시는 쉽게 찾을 수 있어 4장에서는 설명하지 않는다.

- **모니터링 도구** Monitoring tools: 모니터링 도구는 함수 실행에 사용되는 시간과 메모리, 요청(응답 루프당 함수 호출 개수, 각 함수에 소요되는 평균 시간과 최대 시간)같은 성능 메트릭을 생성하기 위해 애플리케이션 코드로 동작한다.

- **측정 도구** Instrumentation tools: 측정 도구는 각 계산 단계에 필요한 시간과 메모리 같은 메트릭을 추적하고 코드상의 예외 이벤트도 추적한다. 그리고 예외가 발생하는 모듈/함수/라인 번호, 이벤트의 타임스탬프, 애플리케이션의 환경(환경 변수, 애플리케이션 구성 파라미터, 사용자 정보, 시스템 정보 등) 같은 세부사항도 처리한다. 현대 웹 애플리케이션 프로그래밍 시스템에서는 이러한 상세 데이터를 캡처하고 분석하기 위해 외부 측정 도구를 사용하기도 한다.

- **코드나 애플리케이션 프로파일링 도구** Code or application profiling tools: 함수, 호출의 지속 빈도, 각 함수 호출에 사용된 시간의 통계를 생성한다. 프로파일링은 동적 프로

그래밍 분석의 한 종류다. 프로파일링은 프로그래머가 가장 많은 시간을 사용하는 코드의 중요 부분을 발견해 최적화할 수 있게 만든다. 프로파일링을 하지 않는 최적화는 프로그래머가 잘못된 코드를 최적화할 수 있으므로, 애플리케이션의 장점이 나타나지 않을 수도 있어 권장하지 않는다.

대부분의 프로그래밍 언어는 자체 측정 도구와 프로파일링 도구의 세트를 함께 제공한다. 파이썬은 profile과 cProfile 모듈 같은 표준 라이브러리에 프로파일링 도구 세트가 있다. 도구 세트는 서드 파티 도구들의 풍부한 생태계에 의해 보완되는데 다음 절에서 도구를 자세히 살펴본다.

▌ 성능 복잡도

파이썬 예제 코드로 성능을 측정하고 최적화 도구를 논의하기 전에 먼저 코드의 성능 복잡도를 알아본다.

루틴이나 함수의 성능 복잡도는 입력 크기의 변화에 따라 대응하는 방법에 따른 코드의 실행 시간으로 정의된다.

성능 복잡도는 바흐만랜도Bachmann–Landau notation 표기법이나 점근 표기법asymptotic notation 계열의 빅오Big-O 표기법으로 표시된다.

문자 O는 입력 크기에 따른 함수의 성장 비율로 사용되며 함수의 차수로도 불린다.

Big-O 표기법이나 함수의 차수는 복잡도가 증가하는 순서에 따르는데 그 내용을 표로 정리했다.

#	순서	복잡도	예제
1	O(1)	상수	파이썬의 HashMap이나 dictionary 같은 상수 테이블에서 키를 검색
2	O(log(n))	대수	정렬된 배열에서 이진 검색으로 항목 검색. 파이썬의 heapq의 모든 동작
3	O(n)	선형	탐색을 사용해 배열(파이썬의 list)에서 항목을 검색
4	O(n*k)	선형	기수 정렬(Radix sort)에서 최악의 복잡도
5	O(n*log(n))	N과 로그n의 곱	병합 정렬(Merge sort)이나 힙 정렬(Heap sort) 알고리즘에서 최악의 복잡도
6	O(n²)	이차	버블 정렬(Bubble sort), 삽입 정렬(Insert sort), 선택 정렬(Selection sort)같은 간단한 정렬 알고리즘. 퀵 정렬(Quick sort), 셸 정렬(Shell sort)같은 일부 정렬 알고리즘에서 최악의 복잡도
7	O(2ⁿ)	지수	무차별 대입을 통해 크기 n의 비밀번호를 깨려는 시도, 동적 프로그래밍을 사용해 순회 외판원 문제(traveling salesman problem)를 해결하려고 시도
8	O(n!)	팩토리얼	집합에 대한 모든 파티션 생성

특정 n 크기의 입력을 받아들이는 루틴이나 알고리즘을 구현할 때 이상적으로 프로그래머는 다섯 단계의 순서로 구현해야 한다. 합리적으로 $O(n)$이나 $O(n*log(n))$, 더 낮은 차수를 갖는 알고리즘이 더 성능이 좋다.

$O(n^2)$의 차수를 갖는 알고리즘은 더 낮은 차수에서 동작하도록 최적화할 수 있다. 다음 다이어그램에서 이러한 예를 살펴볼 것이다.

다음 다이어그램은 각 차수에서 n의 증가를 보여준다.

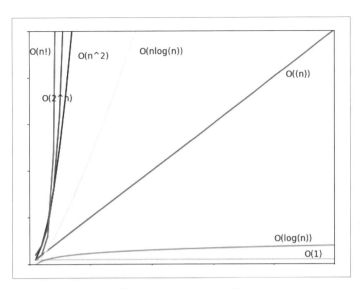

입력 크기(x축)에 대한 각 차수의 복잡도(y축) 증가 그래프

▌ 성능 측정

성능 복잡도의 개요와 성능 테스팅, 측정 도구를 살펴본 데 이어 파이썬에서 성능 복잡도를 측정하는 다양한 방법을 알아본다.

가장 간단한 시간 측정 방법 중 하나는 POSIX/Linux 시스템의 **time** 명령어를 사용해 시간을 측정하는 것이다.

time 명령어를 사용한 시간 측정 방법은 다음과 같다.

```
$ time <command>
```

다음 화면은 웹에서 가장 인기있는 페이지를 가져오는 데 걸리는 시간을 측정한 것이다.

Terminal window content:

```
                        anand@ubuntu-pro-book: /home/user/programs
File  Edit  View  Search  Terminal  Help
$ time wget http://www.google.com -O /dev/null
--2016-12-28 16:59:27--  http://www.google.com/
Resolving www.google.com (www.google.com)... 216.58.197.36, 2404:6800:4007:807::2004
Connecting to www.google.com (www.google.com)|216.58.197.36|:80... connected.
HTTP request sent, awaiting response... 302 Found
Location: http://www.google.co.in/?gfe_rd=cr&ei=F6JjWITaLeeK8Qfvj7OQBg [following]
--2016-12-28 16:59:27--  http://www.google.co.in/?gfe_rd=cr&ei=F6JjWITaLeeK8Qfvj7OQBg
Resolving www.google.co.in (www.google.co.in)... 216.58.197.35, 2404:6800:4007:807::2003
Connecting to www.google.co.in (www.google.co.in)|216.58.197.35|:80... connected.
HTTP request sent, awaiting response... 200 OK
Length: unspecified [text/html]
Saving to: '/dev/null'

/dev/null                [ <=>                      ] 12.14K  --.-KB/s    in 0.004s

2016-12-28 16:59:27 (2.80 MB/s) - '/dev/null' saved [12429]


real    0m0.121s
user    0m0.004s
sys     0m0.008s
$
```

wget을 통해 인터넷에서 웹 페이지를 가져오는 time 명령어의 출력 결과

real, user, sys의 세 가지 시간 출력이 표시됨을 확인할 수 있다. 세 가지의 구별은 중요하므로 간단히 살펴보자.

- **real**: 실제 동작에 소요된 벽시계 시간wall clock time이다. real은 동작의 시작부터 끝날 때까지의 시간이다. 프로세스가 휴면 상태나 I/O 완료에 걸리는 시간 같이 중단 상태에서 소비된 시간도 포함한다.

- **user**: 사용자 시간은 사용자 모드(커널 외부)에서 프로세스에 소비된 실제 CPU 시간이다. 모든 대기 시간과 I/O 같이 대기에 사용된 시간은 포함되지 않는다.

- **sys**: 시스템 시간은 프로그램이 커널 안의 시스템 호출 실행에 사용한 CPU 시간의 총량이다. sys는 권한이 부여된 시스템 호출 같이, 커널 영역에서 실행되는 함수만 대상으로 계산한다. 시스템 시간은 사용자 영역에서 실행되는 모든 시스템 호출은 측정하지 않는다(사용자 시간으로 측정된다).

프로세스가 사용한 전체 CPU 시간은 user + sys 시간이다. 대부분 real이나 벽시계 시간은 간단한 시간 측정기로 측정한 시간이다.

컨텍스트 관리자를 사용한 시간 측정

파이썬에서 실행 시간을 측정하려는 코드 블록의 컨텍스트 관리자 역할을 하는 함수를 작성하기는 그리 어렵지 않다. 우선 성능을 측정할 수 있는 프로그램이 필요하다.

시간 측정을 위해 컨텍스트 관리자의 사용 방법을 배우려면, 다음 단계를 따라야 한다.

1. 테스트 프로그램으로 두 시퀀스 간의 공통 요소를 계산하는 프로그램을 작성해보자. 코드는 다음과 같다.

```python
def common_items(seq1, seq2):
    """ Find common items between two sequences """

    common = []
    for item in seq1:
        if item in seq2:
            common.append(item)
    return common
```

2. 코드의 시간을 알려주는 간단한 컨텍스트 매니저 타이머^{context-manager timer}를 작성해보자. 시간 측정을 위해, `time` 모듈의 `perf_counter`를 사용한다. `pref_counter`는 짧은 기간 동안 가장 정확한 해상도로 시간을 알려준다.

```python
from time import perf_counter as timer_func
from contextlib import contextmanager

@contextmanager
def timer():
    """ A simple timing function for routines """

    try:
        start = timer_func()
        yield
    except Exception as e:
```

```
            print(e)
            raise
        finally:
            end = timer_func()
            print ('Time spent=>',1000.0*(end - start),'ms.')
```

3. 간단한 입력 데이터의 함수 시간을 측정한다. 입력 크기가 주어지면 임의의 데
   이터를 생성하는 테스트 함수를 사용하는 것이 좋다.

```
def test(n):
    """ Generate test data for numerical lists given input size
    """

    a1=random.sample(range(0, 2*n), n)
    a2=random.sample(range(0, 2*n), n)

    return a1, a2
```

다음은 파이썬의 대화형 인터프립터에서 테스트 함수에 대한 **timer** 메소드의 출
력이다.

```
>>> with timer() as t:
... common = common_items(*test(100))
... Time spent=> 2.0268699999999864 ms.
```

4. 쉬운 테스팅과 다양한 크기의 입력 데이터 생성을 위해 테스트 데이터 생성과
   테스트를 같은 함수로 결합할 수 있다.

```
def test(n, func):
    """ Generate test data and perform test on a given function
    """

    a1=random.sample(range(0, 2*n), n)
```

```
      a2=random.sample(range(0, 2*n), n)

  with timer() as t:
      result = func(a1, a2)
```

5. 파이썬 대화형 콘솔에서 입력 범위가 다양할 때 걸리는 시간을 측정해 보자.

```
>>> test(100, common_items)
    Time spent=> 0.6799279999999963 ms.
>>> test(200, common_items)
    Time spent=> 2.7455590000000085 ms.
>>> test(400, common_items)
    Time spent=> 11.440810000000024 ms.
>>> test(500, common_items)
    Time spent=> 16.83928100000001 ms.
>>> test(800, common_items)
    Time spent=> 21.15130400000004 ms.
>>> test(1000, common_items)
    Time spent=> 13.200749999999983 ms.
```

1000개 항목에 사용된 시간이 800개 항목에 사용된 시간보다 적다. 이것이 어떻게 가능한가? 다시 시도해 보자.

```
>>> test(800, common_items)
    Time spent=> 8.328282999999992 ms.
>>> test(1000, common_items)
    Time spent=> 34.85899500000001 ms.
```

800개 항목에 사용된 시간은 400개 항목과 500개 항목에 사용된 시간보다 더 적다. 그리고 1000개 항목에 사용된 시간은 이전 측정 때보다 2배 이상 증가했다.

그 이유는 입력 데이터가 무작위적이기 때문이다. 입력 데이터는 공통 항목을 많이 갖고 있다(이때 시간이 더 많이 든다). 때로는 훨씬 더 적은 수의 공통 항목을 갖고 있음을 의미한다. 따라서 후속 호출에서 사용 시간은 값의 범위를 보여줄 수 있다.

즉 시간 측정 함수는 대략적인 그림을 얻기에는 유용하지만, 프로그램 실행에 걸리는 시간의 실제 통계 측정치를 얻는 데는 그다지 유용하지 않다.

6. 타이머를 여러 번 실행하고 평균값을 선택해야 한다. 이것은 알고리즘 실행 시간의 하한과 상한 모두를 고려해, 사용된 평균 시간의 현실적인 추정치를 프로그래머에게 알려주는 알고리즘의 분할상환 분석amortized analysis과 유사하다.

파이썬은 타이밍 분석 수행에 도움이 되는 timeit 모듈을 표준 라이브러리로 제공한다.

timeit 모듈을 사용한 타이밍 코드

프로그래머는 파이썬 표준 라이브러리의 timeit 모듈을 이용해 작은 크기의 코드 실행에 걸리는 시간을 측정할 수 있다. 대상 코드는 파이썬 문장, 표현식, 함수가 될 수 있다.

timeit 모듈을 사용하는 가장 간단한 방법은 파이썬 명령행에서 모듈로 실행하는 것이다.

예를 들어 다음은 임의의 범위에 있는 숫자에 제곱 값을 계산하는 즉, 리스트 축약list comprehension 성능을 측정하는 간단한 파이썬 인라인 코드의 타이밍 데이터다.

```
$ python3 -m timeit '[x*x for x in range(100)]'
100000 loops, best of 3: 5.5 usec per loop

$ python3 -m timeit '[x*x for x in range(1000)]'
10000 loops, best of 3: 56.5 usec per loop

$ python3 -m timeit '[x*x for x in range(10000)]'
1000 loops, best of 3: 623 usec per loop
```

실행 결과는 코드 실행에 걸린 시간을 보여준다. 명령행에서 실행하면 timeit 모듈은 자동으로 코드 실행 사이클의 개수를 결정하고 단일 실행에 소요된 평균 시간을 계산한다.

 결과를 보면 실행 중인 문장이 선형으로, O(n) 크기가 100이면 5.5 usec가 걸리고 1000개의 경우 56.5 usec으로 100개일 때보다 10배의 시간이 걸리는 것을 보여준다. usec(마이크로초)는 백 만분의 1초 또는 1*10–6 초다.

다음은 유사한 방법으로 파이썬 인터프리터에서 timeit 모듈을 사용하는 방법이다.

```
>>> 1000000.0*timeit.timeit('[x*x for x in range(100)]',
number=100000)/100000.0
6.007622049946804

>>> 1000000.0*timeit.timeit('[x*x for x in range(1000)]',
number=10000)/10000.0
58.761584300373215
```

 이 방법을 사용하면 프로그래머는 평균을 위해 올바른 반복 횟수를 number 인수로 전달해야 하며 같은 숫자로 나눠야 한다. 1000000을 곱하면 시간은 마이크로초(usec)로 변환된다.

timeit 모듈은 내부적으로 Timer 클래스를 사용한다. Timer 클래스는 제어 방법뿐 아니라 직접 사용할 수도 있다.

Timer 클래스를 사용할 때, timeit은 사이클 개수를 인수로 전달받는 해당 클래스 인스턴스의 메소드가 된다.

Timer 클래스 생성자는 Timer 클래스의 코드를 설정하는 선택적인 setup 인수도 허용한다. 인수는 모듈을 가져오거나 함수, 전역 설정 등에 대한 문장도 포함할 수도 있다. 인수는 세미콜론으로 구분되는 여러 개의 문장을 허용한다.

timeit을 사용한 코드의 성능 측정

두 시퀀스 사이의 공통 항목을 테스트하기 위한 **test** 함수를 다시 작성해 보자. 이제는 **timeit** 모듈을 사용하기 때문에 코드에서 컨텍스트 관리자 타이머를 제거할 수 있다. 함수에서 common_items 호출을 하드 코딩할 것이다.

 test 함수의 외부에서 입력을 무작위적으로 생성해야 한다. 그렇지 않으면 입력의 생성에 시간이 걸리므로 test 함수의 수행 시간이 늘어나고 잘못된 결과를 얻게 된다.

따라서 변수를 모듈에서 전역 변수로 이동하고 첫 단계로 데이터를 생성하는 setup 함수를 작성해야 한다.

다시 작성된 **test** 함수는 다음과 같다.

```
def test():
    """ Testing the common_items function """

    common = common_items(a1, a2)
```

전역 변수를 갖는 **setup** 함수는 다음과 같다.

```
# Global lists for storing test data
a1, a2 = [], []

def setup(n):
    """ Setup data for test function """

    global a1, a2
    a1=random.sample(range(0, 2*n), n)
    a2=random.sample(range(0, 2*n), n)
```

test와 common_items 함수를 포함한 모듈 이름이 common_items.py라고 하자.

타이머 테스트는 다음과 같이 실행될 수 있다.

```
>>> t=timeit.Timer('test()', 'from common_items import test,setup;
setup(100)')
>>> 1000000.0*t.timeit(number=10000)/10000
116.58759460115107
```

100개의 숫자 범위에 걸리는 시간은 평균적으로 대략 117 usec(0.12 마이크로초)이다.

다른 몇 가지 크기의 입력에 테스트를 실행하면 다음 결과를 얻을 수 있다.

```
>>> t=timeit.Timer('test()','from common_items import test,setup;
setup(200)')
>>> 1000000.0*t.timeit(number=10000)/10000
482.8089299000567

>>> t=timeit.Timer('test()','from common_items import test,setup;
setup(400)')
>>> 1000000.0*t.timeit(number=10000)/10000
1919.577144399227

>>> t=timeit.Timer('test()','from common_items import test,setup;
setup(800)')
>>> 1000000.0*t.timeit(number=1000)/1000
7822.607815993251

>>> t=timeit.Timer('test()','from common_items import test,setup;
setup(1000)')
>>> 1000000.0*t.timeit(number=1000)/1000
12394.932234004957
```

테스트를 실행하는 데 소요되는 최대 시간은 1000개 항목을 입력할 때 12.4 마이크로초가 된다.

시간 복잡도 확인하기 – 그래프

앞의 결과에서 우리가 작성한 함수의 시간 성능 복잡도를 확인할 수 있는가? 그래프를 그려보고 결과를 확인해 보자.

파이썬에서 `matplotlib` 라이브러리는 모든 유형의 입력 데이터에 관해 그래프를 그릴 때 유용하다. 작업을 위해서는 다음과 같은 간단한 코드만 있으면 된다.

```
import matplotlib.pyplot as plt

def plot(xdata, ydata):
    """ Plot a range of ydata (on y-axis) against xdata (on x-axis)
    """

    plt.plot(xdata, ydata)
    plt.show()
```

앞의 코드는 다음과 같은 결과가 나온다.

```
This is our x data.
>>> xdata = [100, 200, 400, 800, 1000]
This is the corresponding y data.
>>> ydata = [117,483,1920,7823,12395]
>>> plot(xdata, ydata)
```

그래프를 살펴보자.

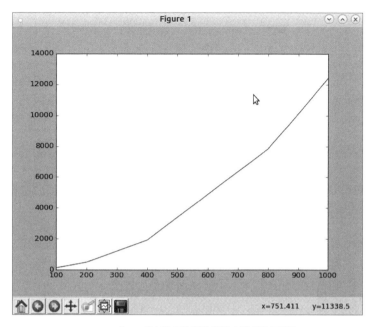

common_items 함수의 입력 범위 대비 수행 시간 그래프

그래프는 명확히 선형적이지 않지만(빅오 표기법과 비교해) 2차 형태도 아니다. 일치하는 부분을 확인하기 위해 현재 그래프 위에 겹쳐 O(n*log(n)) 그래프를 그려보자.

두 개의 ydata 시리즈가 필요하므로 수정된 또 다른 함수가 필요하다.

```
def plot_many(xdata, ydatas):
    """ Plot a sequence of ydatas (on y-axis) against xdata
    (on x-axis) """

    for ydata in ydatas:
        plt.plot(xdata, ydata)
    plt.show()
```

앞의 코드는 다음과 같은 결과가 표시된다.

```
>>> ydata2=map(lambda x: x*math.log(x, 2), input)
>>> plot_many(xdata, [ydata2, ydata])
```

그래프를 살펴보자.

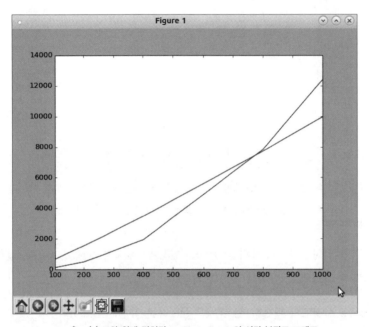

y = x*log(x) 모양 위에 겹쳐진 common_items 의 시간 복잡도 그래프

함수의 차수가 정확하게 같지 않을 때 그래프의 겹쳐진 모양은 n*log(n) 차수의 함수와 거의 일치함을 볼 수 있다. 따라서 현재 구현 코드의 복잡도는 대략적으로 O(n*log(n))으로 볼 수 있다.

성능을 분석했으므로 더 나은 성능을 위한 루틴을 또 작성할 수 있는지 살펴보자.

다음은 현재 코드다.

```
def common_items(seq1, seq2):
    """ Find common items between two sequences """
```

```
common = []
for item in seq1:
    if item in seq2:
common.append(item)

return common
```

루틴은 먼저(크기 n의) 외부 for 루프를 수행하고(크기 n의) 항목의 시퀀스에서 검사를 한다. 이제 두 번째 검색의 시간 복잡도는 평균적으로 n이다.

바로 발견되는 항목도 있지만 1<k<n인 선형 시간 (k)가 걸리는 항목도 있다. 평균적으로 분포 형태는 두 가지 중 어딘가에 있을 것이며 이것이 코드의 평균 복잡도가 O(n*log(n))에 근사하는 이유다.

내부 검색은 외부 시퀀스를 딕셔너리로 변환하고 값을 1로 설정해 회피할 수 있다는 것을 간단한 분석을 통해 알 수 있다. 내부 검색은 값을 1씩 증가시키는 두 번째 시퀀스의 루프로 대체된다.

결과적으로 모든 공통 항목은 새로운 딕셔너리에서 1보다 커진다.

새로운 코드는 다음과 같다.

```
def common_items(seq1, seq2):
    """ Find common items between two sequences, version 2.0 """

    seq_dict1 = {item:1 for item in seq1}

    for item in seq2:
        try:
            seq_dict1[item] += 1
        except KeyError:
            pass

    # Common items will have value > 1
    return [item[0] for item in seq_dict1.items() if item[1]>1]
```

이러한 변경과 더불어 타이머는 다음과 같이 업데이트된 결과를 보여준다.

```
>>> t=timeit.Timer('test()','from common_items import test,setup;
setup(100)')
>>> 1000000.0*t.timeit(number=10000)/10000
35.777671200048644

>>> t=timeit.Timer('test()','from common_items import test,setup;
setup(200)')
>>> 1000000.0*t.timeit(number=10000)/10000
65.20369809877593

>>> t=timeit.Timer('test()','from common_items import test,setup;
setup(400)')
>>> 1000000.0*t.timeit(number=10000)/10000
139.67061050061602

>>> t=timeit.Timer('test()','from common_items import test,setup;
setup(800)')
>>> 1000000.0*t.timeit(number=10000)/10000
287.0645995993982

>>> t=timeit.Timer('test()','from common_items import test,setup;
setup(1000)')
>>> 1000000.0*t.timeit(number=10000)/10000
357.764518300246
```

그래프를 O(n) 그래프에 겹쳐 그려보자.

```
>>> input=[100,200,400,800,1000]
>>> ydata=[36,65,140,287,358]

# Note that ydata2 is same as input as we are superimposing with y = x
# graph
>>> ydata2=input
>>> plot.plot_many(xdata, [ydata, ydata2])
```

다음 그래프를 살펴보자.

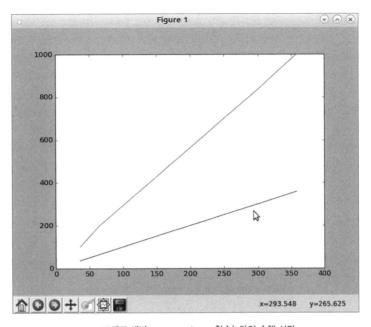

y = x 그래프 대비 common_items 함수(v2)의 수행 시간

위쪽의 선은 y = x의 그래프이며, 아래쪽의 선은 새로운 함수에 사용된 시간 그래프다. 이제 시간 복잡도가 선형 또는 O(n)이라는 사실을 분명하게 확인할 수 있다.

그러나 두 선의 기울기가 다르기 때문에 상수 인자가 있는 것으로 생각할 수 있다. 대략적인 계산을 통해 상수 인자는 0.35로 계산할 수 있다.

변경 사항을 적용하면 다음 결과가 나온다.

```
>>> input=[100,200,400,800,1000]
>>> ydata=[36,65,140,287,358]

# Adjust ydata2 with the constant factor
>>> ydata2=map(lambda x: 0.35*x, input)
>>> plot.plot_many(xdata, [ydata, ydata2])
```

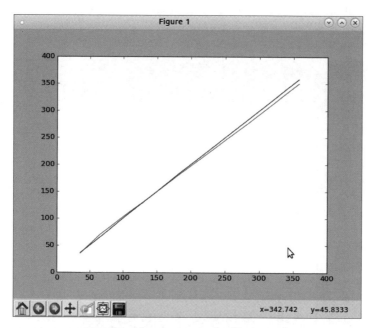

y=0.35*x 그래프의 comm_items 함수(v2)의 수행 시간

그래프가 상당히 많이 겹치는 것을 확인할 수 있다. 따라서 함수는 O(c*n) 로 수행되며 여기서 c 값은 대략 0.35이다.

 common_items 함수의 다른 구현법은 두 시퀀스의 세트를 변환하고 세트의 교차점 (intersection)을 반환하는 것이다. 이것은 코드를 변경하려는 독자들에게는 흥미로운 연습 이 될 것이다. 시간을 계산하고 시간 복잡도를 결정하기 위해 그래프를 그려라.

timeit을 사용한 CPU 시간 측정

Timer 모듈은 기본 타이머 함수로 time 모듈의 pref_counter 함수를 사용한다. pref_ counter 함수는 최대한의 정밀도로 짧은 기간 동안 사용한 벽시계 시간을 반환한다. 따 라서 모든 휴면 시간, I/O에 사용된 시간을 포함한다.

테스트 함수에 휴면 시간을 추가해 명확하게 만들 수 있다.

```
def test():
    """ Testing the common_items function using a given input size """

    sleep(0.01)
    common = common_items(a1, a2)
```

앞의 코드는 다음과 같은 결과를 제공한다.

```
>>> t=timeit.Timer('test()','from common_items import test,setup;
setup(100)')
>>> 1000000.0*t.timeit(number=100)/100
10545.260819926625
```

모든 호출 시 0.01초(10 밀리초)의 휴면 시간을 둬 시간이 300배나 증가했다. 결과가 10545.260819926625 마이크로초(또는 대략 10 밀리초)를 표시하기 때문에, 실제로 코드 실행에 사용된 시간은 대부분 휴면 시간에 의해 결정된다.

휴면 시간과 다른 차단/대기 시간을 갖기도 하지만 함수에 사용된 실제 CPU 시간만 측정하고 싶을 수도 있다. Timer 객체는 time 모듈의 process_time 함수를 timer 함수로 생성하면 가능하다.

Timer 객체를 생성할 때, timer 인수를 전달해 구현할 수 있다.

```
>>> from time import process_time
>>> t=timeit.Timer('test()','from common_items import
test,setup;setup(100)', timer=process_time)
>>> 1000000.0*t.timeit(number=100)/100
345.22438
```

인자를 통해 휴면 시간을 10으로 증가시키면 테스팅 시간은 인자에 따라 증가한다. 그러나 타이머의 반환 값은 같다.

가령 1초 동안 휴면하면 결과는 대략 100초 뒤에 나온다(100번 반복하기 때문이다). 그러나 반환 값(호출 당 소요된 시간)은 변하지 않는다.

```
>>> t=timeit.Timer('test()','from common_items import
test,setup;setup(100)', timer=process_time)
>>> 1000000.0*t.timeit(number=100)/100
369.8039100000002
```

프로파일링

프로파일러profilers를 설명하고 결정론적 프로파일링deterministic profiling을 지원하는 파이썬 표준 라이브러리의 모듈을 살펴본다. line_profiler와 memory_profiler 같은 프로파일링을 지원하는 서드 파티 라이브러리도 살펴본다.

결정론적 프로파일링

결정론적 프로파일링은 모든 함수의 호출과 함수의 반환 값, 예외 이벤트가 모니터링되고 이러한 이벤트들 사이의 간격이 정확하게 측정됨을 의미한다. 또 다른 유형의 프로파일링, 즉 통계적인 프로파일링은 명령어 포인터를 무작위로 샘플링하고 명령어 실행에 소비되는 시간을 추론한다. 통계 방법은 매우 정확하지 않을 수도 있다.

파이썬은 해석형 언어이므로 인터프리터가 메타데이터를 유지할 때 일정한 오버헤드가 존재한다. 결정론적 프로파일링 도구 대부분은 메타데이터 정보를 이용하므로 애플리케이션에 추가적인 처리를 위한 아주 적은 오버헤드만 추가한다. 따라서 파이썬에서 결정론적 프로파일링은 비용이 많이 드는 동작이 아니다.

cProfile과 profile을 사용한 프로파일링

파이썬 표준 라이브러리의 profile과 cProfile 모듈은 결정론적 프로파일링을 지원한다. profile 모듈은 순수하게 파이썬으로 작성됐다. cProfile 모듈은 C 확장 기능으로 profile 모듈을 모방한 인터페이스이지만 profile과 비교하면 더 적은 오버헤드를 추가한다.

두 모듈은 pstats 모듈을 사용해 보고할 수 있는 결과로 변환되는 모든 통계사항을 보고한다.

profile 모듈을 사용한 예제로 소수 이터레이터^{prime number iterator} 코드를 사용할 것이다.

```python
class Prime(object):
    """ A prime number iterator for first 'n' primes """

    def __init__(self, n):
        self.n = n
        self.count = 0
        self.value = 0

    def __iter__(self):
        return self

    def __next__(self):
        """ Return next item in iterator """

        if self.count == self.n:
            raise StopIteration("end of iteration")
        return self.compute()

    def is_prime(self):
        """ Whether current value is prime ? """

        vroot = int(self.value ** 0.5) + 1
        for i in range(3, vroot):
```

```
            if self.value % i == 0:
                return False
        return True

    def compute(self):
        """ Compute next prime """

        # Second time, reset value
        if self.count == 1:
            self.value = 1

        while True:
            self.value += 2

            if self.is_prime():
                self.count += 1
                break

        return self.value
```

소수 이터레이터는 n값이 주어지면 처음부터 n개의 소수를 생성한다.

```
>>> for p in Prime(5):
...   print(p)
...
2
3
5
7
11
```

코드를 프로파일링하려면 실행 코드를 문자열로 profile이나 cProfile 모듈의 run 메소드로 전달하면 된다. 다음 예제에서는 cProfile 모듈을 사용한다.

처음 100개 소수를 소수 이터레이터 함수로 프로파일링한 결과

프로파일러가 결과를 보고하는 방법을 살펴보자. 프로파일링 결과는 다음과 같이 6개의 열로 정렬돼 있다.

- `ncalls`: 함수당 호출 횟수
- `tottime`: 호출에 사용된 전체 시간
- `percall`: `percall` 시간 (tottime/ncalls의 지수)
- `cumtime`: 이 함수와 모든 자식 함수의 누적 시간
- `percall`: 다른 `peracall` 열(기본 호출에 대한 cumtime/number의 지수)
- `filename`: `lineno(function)`: 함수 호출에 대한 파일 이름과 라인 번호

함수는 실행 완료까지 4 마이크로초가 걸렸고 대부분의 시간(3 마이크로초)는 271회의 많은 호출 횟수를 갖는 `is_prime` 메소드 내부에서 사용됐다.

다음은 각각 n=1000과 10000에 대한 프로파일러의 출력 결과다.

```
anand@ubuntu-pro-book: /home/user/programs/chap4
File  Edit  View  Search  Terminal  Help
>>> cProfile.run("list(primes.Prime(1000))")
        5966 function calls in 0.043 seconds

   Ordered by: standard name

   ncalls  tottime  percall  cumtime  percall filename:lineno(function)
        1    0.001    0.001    0.043    0.043 <string>:1(<module>)
        1    0.000    0.000    0.000    0.000 primes.py:25(__init__)
        1    0.000    0.000    0.000    0.000 primes.py:30(__iter__)
     1001    0.001    0.000    0.042    0.000 primes.py:33(__next__)
     3960    0.035    0.000    0.035    0.000 primes.py:40(is_prime)
     1000    0.005    0.000    0.040    0.000 primes.py:49(compute)
        1    0.000    0.000    0.043    0.043 {built-in method builtins.exec}
        1    0.000    0.000    0.000    0.000 {method 'disable' of '_lsprof.Profiler' objects}

>>> ▮
```

처음 1,000개 소수를 소수 이터레이션 함수로 프로파일링한 결과

결과를 살펴보자.

```
anand@ubuntu-pro-book: /home/user/programs/chap4
File  Edit  View  Search  Terminal  Help
>>> cProfile.run("list(primes.Prime(10000))")
        72371 function calls in 0.458 seconds

   Ordered by: standard name

   ncalls  tottime  percall  cumtime  percall filename:lineno(function)
        1    0.006    0.006    0.458    0.458 <string>:1(<module>)
        1    0.000    0.000    0.000    0.000 primes.py:25(__init__)
        1    0.000    0.000    0.000    0.000 primes.py:30(__iter__)
    10001    0.006    0.000    0.452    0.000 primes.py:33(__next__)
    52365    0.417    0.000    0.417    0.000 primes.py:40(is_prime)
    10000    0.028    0.000    0.445    0.000 primes.py:49(compute)
        1    0.000    0.000    0.458    0.458 {built-in method builtins.exec}
        1    0.000    0.000    0.000    0.000 {method 'disable' of '_lsprof.Profiler' objects}

>>> ▮
```

처음 10,000개 소수를 소수 이터레이션 함수로 프로파일링한 결과

n=1000에서 대략 0.043 초(43 마이크로초)가 걸렸고, n=10000에서 0.485 초(458 마이크로
초)가 걸렸다. Prime 이터레이터는 O(n)과 유사한 차수로 수행되는 것처럼 보인다.

대부분의 시간은 is_primes에서 사용된다. 시간을 단축시킬 방법이 있을까?

코드를 분석해 보자.

Prime 이터레이터 클래스 – 성능 조정

코드를 분석해 보면 is_prime 내부에서 3부터 해당 값의 제곱근까지 모든 범위의 숫자로 나누는 것을 알 수 있다.

짝수도 많이 포함된다. 불필요한 계산을 수행하고 있으며 홀수만 나누는 것을 통해 불필요한 계산을 피할 수 있다.

수정된 is_prime 메소드는 다음과 같다.

```python
def is_prime(self):
    """ Whether current value is prime ? """

    vroot = int(self.value ** 0.5) + 1
    for i in range(3, vroot, 2):
        if self.value % i == 0:
            return False
    return True
```

n=1000과 n=10000의 코드 프로파일링 결과는 다음과 같다.

n=1000의 프로파일링 결과를 먼저 살펴보자.

수정된 코드를 통한 처음 1,000개 소수를 Prime 이터레이션 함수로 프로파일링한 결과

다음은 n=10000을 프로파일링한 결과다.

수정된 코드를 사용한 처음 10,000개 소수를 Prime 이터레이션 함수로 프로파일링한 결과

결과를 보면 1000개일 때는 시간이(43 마이크로초에서 38 마이크로초로) 약간 줄어들었다. 그러나 10000개의 경우, 458 마이크로초에서 232 마이크로초로 거의 50% 줄어들었다. 이때 함수는 O(n)보다 더 좋은 성능을 갖고 있다.

프로파일링 – 통계 수집 및 보고

cProfile을 사용해 직접 통계 처리를 실행하고 보고하는 예제를 확인했다. 또 다른 방법으로 통계를 작성하는 `filename` 인수를 전달하는 방법과 나중에 `pstats` 모듈에서 로드되고 해석할 수 있는 방법이 있다.

코드를 다음과 같이 수정한다.

```
>>> cProfile.run("list(primes.Prime(100))", filename='prime.stats')
```

이렇게 하면 통계는 화면에 출력되지 않고 `prime.stats` 파일에 저장된다.

다음은 `pstats` 모듈로 통계 결과의 구문을 분석하고, 호출 횟수에 따라 정렬된 결과를 출력하는 방법이다.

pstats 모듈을 사용해 저장된 프로파일링 결과의 파싱과 출력

`pstats` 모듈은 전체 시간(tottime), 기본 호출 수(pcalls), 누적 시간(cumtime) 같이 다양한 헤더에 따라 프로파일 결과를 정렬할 수 있다. 'ncalls'나 함수 호출 횟수를 기준으로 출

력 결과를 정렬하기 때문에 pstats 출력에서 is_prime 메소드가 소비하는 호출 횟수의 관점에서 처리 내용의 대부분을 확인할 수 있다.

pstats 모듈의 Stats 클래스는 모든 동작 후에 자신에 관한 참조를 반환하는 파이썬 클래스에 유용한 기능이다. 또한 메소드 호출을 연결해 간단한 한 줄 코드를 작성할 수 있다.

수신자^{callee}/호출자^{caller} 관계를 확인하는 메소드는 Stats 객체에 유용하다. 이것은 print _stats 대신 print_callers 메소드를 사용해 확인할 수 있다. 다음은 현재 통계 사항에 대한 출력 결과다.

pstats 모듈을 사용해 기본 호출에 따라 정렬된 수신자/호출자 관계 출력

서드 파티 프로파일러

파이썬 생태계에는 다양한 문제를 해결하기 위해 제공되는 서드 파티 모듈이 상당히 많다. 프로파일러도 마찬가지다. 파이썬 커뮤니티의 개발자들이 개발한 인기있는 서드 파티 프로파일러 애플리케이션을 살펴본다.

Line Profiler

라인 프로파일러^{Line profiler}는 파이썬 애플리케이션의 라인 단위 프로파일링을 수행하기 위해 로버트 컨^{Robert Kern}이 개발한 프로파일링 애플리케이션이다. 라인 프로파일러는 파이썬에 최적화된 정적 컴파일러인 Cython으로 작성됐으며 프로파일링 오버헤드를 감소시킨다.

라인 프로파일러는 pip를 통해 설치할 수 있다.

```
$ pip3 install line_profiler
```

파이썬의 프로파일링 모듈과는 달리 프로파일링 기능을 갖는 라인 프로파일러는 라인 단위로 프로파일링이 가능하며 더 세분화된 통계를 제공한다.

라인 프로파일러는 코드의 프로파일링을 쉽게 할 수 있는 krenprof.py라는 스크립트가 함께 제공된다. kernprof를 사용하면 프로파일링 대상 함수에 @profile로 데코레이션 처리를 하면 된다.

소수 이터레이터에서 대부분의 시간을 is_prime 메소드에서 사용한다는 사실을 알고 있다. 그러나 라인 프로파일러를 통해 더 자세한 사항을 알 수 있다. 즉 함수의 어느 라인에서 대부분의 시간을 사용하는지를 알 수 있다.

라인 프로파일러를 사용하려면 메소드에 @profile로 데코레이션 처리를 해주면 된다.

```python
@profile
def is_prime(self):
    """ Whether current value is prime ? """

    vroot = int(self.value ** 0.5) + 1
    for i in range(3, vroot, 2):
        if self.value % i == 0:
            return False
    return True
```

kernprof는 인수로 스크립트를 받아들이기 때문에 소수 이터레이터를 호출하기 위해서는 약간의 코드를 추가해야 한다. 이를 위해 primes.py 모듈의 마지막에 다음 코드를 추가한다.

```python
# Invoke the code.
if __name__ == "__main__":
    l=list(Prime(1000))
```

라인 프로파일러를 실행해 보자.

```
$ kernprof -l -v primes.py
```

kernprof 명령어에 -v를 전달하면 프로파일 결과를 저장하는 것뿐 아니라 화면에 표시할 수 있다.

다음은 출력 결과다.

n = 1000을 사용해 is_prime 메소드를 프로파일링한 라인 프로파일러의 결과

라인 프로파일러의 결과는 대부분의 시간(메소드에 사용된 전체 시간의 90% 가량)을 for 루프와 나머지를 확인하는 처음 두 라인에서 사용한다는 사실을 알려준다.

이 메소드를 최적화하고 싶다면 이러한 두 라인에 집중해야 함을 알려준다.

Memory profiler

메모리 프로파일러는 라인 단위로 파이썬 코드를 프로파일링 한다는 점에서 라인 프로파일러와 비슷하다. 그러나 메모리 프로파일러는 각 라인의 실행에 사용되는 시간을 프로파일링하지 않고 라인별 메모리 사용량을 프로파일링한다.

메모리 프로파일러는 라인 프로파일러와 같은 방법으로 설치할 수 있다.

```
$ pip3 install memory_profiler
```

설치가 끝나면 라인 프로파일러와 유사한 방법으로 함수를 @profile로 데코레이션 처리하면 라인들의 메모리 사용량을 출력할 수 있다.

간단한 예제로 살펴보자.

```
# mem_profile_example.py
@profile
def squares(n):
    return [x*x for x in range(1, n+1)]


squares(1000)
```

코드의 실행 방법을 알아보자.

처음 1,000개 숫자의 제곱수에 대한 리스트 축약을 프로파일링하는 메모리 프로파일러

메모리 프로파일러는 라인 단위로 메모리 증가분을 보여준다. 앞의 실행에서는 n이 작기 때문에, 제곱수(리스트 축약 부분)가 포함된 라인의 증가분은 거의 없다. 초기의 전체 메모리 사용량은 대략 32 MB다.

n을 값을 백만으로 변경하면 어떤 일이 발생할까? 다음과 같이 코드의 마지막 라인을 다시 작성해 작업을 수행하자.

```
squares(100000)
```

처음 백만 개 숫자의 제곱수에 대한 리스트 축약을 프로파일링하는 메모리 프로파일러

최종적으로 약 70 MB의 메모리 사용량을 가지며 제곱수를 계산하는 리스트 축약을 실행하는 데 대략 39 MB가 증가했음을 확인할 수 있다.

메모리 프로파일러의 유용함을 보여주는 다른 예제를 알아본다.

예제는 시퀀스에서 문자열을 찾는 것을 포함한다. 시퀀스[sequence]는 다른 시퀀스의 문자열을 나타내는 서브 시퀀스로 보통 대규모 문자열을 포함하고 있다.

부분 문자열 문제

다음과 같이 문자열이 포함된 시퀀스가 있다고 가정해 보자.

```
>>> seq1 = ["capital","wisdom","material","category","wonder"]
```

그리고 다음과 같은 또 다른 시퀀스가 있다고 가정한다.

```
>>> seq2 = ["cap","mat","go","won","to","man"]
```

문제는 seq1의 모든 문자열의 임의의 위치에서 연속적으로 발견되는 seq2의 부분 문자열[subsequence]을 찾는 것이다.

예제의 해답은 다음과 같다.

```
>>> sub=["cap","mat","go","won"]
```

무차별 검색을 통해 문제를 해결할 수 있다. 다음과 같이 모든 부모 문자열에 대해 각각에 각각의 문자열을 검사한다.

```
def sub_string_brute(seq1, seq2):
    """ Sub-string by brute force """

    subs = []
    for item in seq2:
        for parent in seq1:
            if item in parent:
```

```
        subs.append(item)

    return subs
```

간단한 분석을 통해 함수의 시간 복잡도는 시퀀스 크기가 증가할수록 크게 나빠짐을 알수 있다. 모든 단계는 두 시퀀스를 통한 반복이 필요하고, 첫 번째 시퀀스에서 각 문자열을 검색을 하기 때문에 각 시퀀스의 크기가 n1, n2라면 평균 성능은 $O(n1*n2)$가 된다.

다음은 길이가 2에서 10까지 변화하는 임의의 입력 크기(두 시퀀스는 같은 크기를 갖는다)를 갖는 문자열로 함수를 테스트한 결과다.

표 2: 무차별 대입을 통한 서브 시퀀스 솔루션에 관한 입력 크기 대 수행 시간

입력 크기	수행 시간
100	450 마이크로초
1000	52 마이크로초
10000	5.4 초

결과는 성능이 거의 정확하게 $O(n^2)$를 나타내는 것을 보여준다.

더욱 효율적인 성능을 위해 함수를 다시 작성할 수 있을까? 이런 방법은 다음 sub_string 함수에 나타나 있다.

```
def slices(s, n):
    return map(''.join, zip(*(s[i:] for i in range(n))))

def sub_string(seq1, seq2):
    """ Return sub-strings from seq2 which are part of strings in seq1
    """

    # Create all slices of lengths in a given range
    min_l, max_l = min(map(len, seq2)), max(map(len, seq2))
```

```
        sequences = {}

    for i in range(min_l, max_l+1):
        for string in seq1:
            # Create all sub sequences of given length i
            sequences.update({}.fromkeys(slices(string, i)))

    subs = []
    for item in seq2:
        if item in sequences:
            subs.append(item)

    return subs
```

앞의 방법에서는 **seq1**에 있는 문자열에서 주어진 크기 범위에 있는 모든 부분의 문자열을 미리 계산하고 딕셔너리에 저장한다. **seq2**의 문자열을 살펴보고 문자열이 딕셔너리에 있는지, 문자열을 리스트에 추가할지 확인한다.

계산을 최적화하기 위해 **seq2**에 있는 문자열의 최소 길이와 최대 길이 범위의 문자열에 대해서만 계산한다.

대부분의 성능 문제의 솔루션과 마찬가지로 이 해법은 시간과 공간을 맞바꾼다. 모든 부분 문자열을 미리 계산하면 더 많은 메모리를 소비하지만 계산 시간은 단축된다.

테스트 코드는 다음과 같다.

```
import random
import string

seq1, seq2 = [], []

def random_strings(n, N):
    """ Create N random strings in range of 4..n and append
    to global sequences seq1, seq2 """
```

```
        global seq1, seq2
        for i in range(N):
            seq1.append(''.join(random.sample(string.ascii_lowercase,
                                 random.randrange(4, n))))

        for i in range(N):
            seq2.append(''.join(random.sample(string.ascii_lowercase,
                                 random.randrange(2, n/2))))

    def test(N):
        random_strings(10, N)
        subs=sub_string(seq1, seq2)

    def test2():
        # random_strings has to be called before this
        subs=sub_string(seq1, seq2
```

다음은 timeit 모듈을 사용해 함수의 실행 시간을 측정한 결과다.

```
>>> t=timeit.Timer('test2()',setup='from sub_string import test2,
random_
strings;random_strings(10, 100)')
>>> 1000000*t.timeit(number=10000)/10000.0
1081.6103347984608
>>> t=timeit.Timer('test2()',setup='from sub_string import test2,
random_
strings;random_strings(10, 1000)')
>>> 1000000*t.timeit(number=1000)/1000.0
11974.320339999394
>>> t=timeit.Timer('test2()',setup='from sub_string import test2,
random_
strings;random_strings(10, 10000)')
>>> 1000000*t.timeit(number=100)/100.0124718.30968977883
124718.30968977883
>>> t=timeit.Timer('test2()',setup='from sub_string import test2,
random_
```

```
    strings;random_strings(10, 100000)')
>>> 1000000*t.timeit(number=100)/100.0
1261111.164370086
```

다음은 테스트의 요약된 결과를 표로 정리했다.

표 3: 계산된 문자열을 사용하는 최적화된 서브 시퀀스 솔루션에 대한 입력 크기 대 수행 시간

입력 크기	수행 시간
100	1.08 마이크로초
1000	11.97 마이크로초
10000	0.12 마이크로초
100000	1.26 초

간단한 계산을 통해 계산 알고리즘이 O(n)으로 수행되고 있음을 알 수 있다.

그러나 이 해법은 미리 계산된 문자열로 인해 메모리를 희생시킨다. 메모리 프로파일러를 호출해 이에 관한 추정치를 얻을 수 있다.

다음은 메모리 프로파일러를 실행하기 위해 데코레이션 처리를 한 함수다.

```
@profile
def sub_string(seq1, seq2):
    """ Return sub-strings from seq2 which are part of strings in seq1
    """

    # Create all slices of lengths in a given range
    min_l, max_l = min(map(len, seq2)), max(map(len, seq2))
    sequences = {}

    for i in range(min_l, max_l+1):
        for string in seq1:
```

```
            sequences.update({}.fromkeys(slices(string, i)))

        subs = []
        for item in seq2:
            if item in sequences:
                subs.append(item)
```

테스트 함수는 다음과 같다.

```
def test(N):
    random_strings(10, N)
        subs = sub_string(seq1, seq2)
```

시퀀스 크기 1,000과 10,000을 각각 테스트해 보자.

다음은 입력 크기 1,000을 테스트한 결과다.

크기가 1,000인 시퀀스의 부분 문자열을 메모리 프로파일러로 실행한 결과 다음은 입력 크기가 10,000일 때 테스트 결과다.

```
                anand@ubuntu-pro-book: /home/user/programs/chap4

File  Edit  View  Search  Terminal  Help
$ python3 -m memory_profiler sub_string.py
Filename: sub_string.py

Line #    Mem usage    Increment   Line Contents
================================================
    24   32.523 MiB    0.000 MiB   @profile
    25                             def sub_string(seq1, seq2):
    26                                 """ Return sub-strings from seq2 which are in seq1 """
    27
    28                                 # E.g: seq1 = ['introduction','discipline','animation']
    29                                 # seq2 = ['in','on','is','mat','ton']
    30                                 # Result = ['in','on','mat','is']
    31
    32                                 # Create all slices of lengths in a given range
    33   32.523 MiB    0.000 MiB       min_l, max_l = min(map(len, seq2)), max(map(len, seq2))
    34   32.523 MiB    0.000 MiB       sequences = {}
    35
    36   38.770 MiB    6.246 MiB       for i in range(min_l, max_l+1):
    37   38.770 MiB    0.000 MiB           for string in seq1:
    38   38.770 MiB    0.000 MiB               sequences.update({}.fromkeys(slices(string, i)))
    39
    40   38.770 MiB    0.000 MiB       subs = []
    41   38.770 MiB    0.000 MiB       for item in seq2:
    42   38.770 MiB    0.000 MiB           if item in sequences:
    43   38.770 MiB    0.000 MiB               subs.append(item)
    44
    45   38.770 MiB    0.000 MiB       return subs
```

크기가 10,000인 시퀀스의 부분 문자열을 메모리 프로파일러로 실행한 결과

크기가 1,000인 시퀀스의 메모리 사용량은 겨우 1.4 MB 증가했다. 크기가 10,000인 시퀀스는 6.2 MB 증가했다. 확실히 이 정도는 매우 큰 숫자는 아니다.

메모리 프로파일러를 사용한 테스트는 사용한 알고리즘이 성능 측면에서 효율적이면서도, 메모리 효율성도 있다는 사실을 분명하게 알려준다.

▌ 다른 도구들

프로그래머가 메모리 누수를 디버깅하고 객체와 객체 사이의 관계를 시각화하는 데 도움이 되는 몇 가지 도구를 설명한다.

Objgraph

Objgraph^{object graph}는 객체 참조 그래프를 그리기 위해 **graphviz**[1] 패키지를 사용하는 파이썬의 객체 시각화 도구다.

Objgraph는 프로파일링이나 측정 도구가 아니다. 하지만 복잡한 프로그램에서 미묘한 메모리 누수를 찾을 때 객체 트리와 참조 내역을 시각화하는 데 사용할 수 있다. 또한 어떤 참조가 객체를 살아있는 상태로 유지하게 하는지 객체에 관한 참조를 확인할 수 있게 한다.

파이썬의 대부분의 패키지와 마찬가지로 Objgraph는 **pip**를 통해 설치할 수 있다.

```
$ pip3 install objgraph
```

실제로 objgraph는 그래프를 생성할 수 있을 때만 유용하다. **graphviz** 패키지와 **xdot** 도구를 설치해야 한다.

데비안/우분트 시스템에서는 이러한 도구들을 다음과 같이 설치할 수 있다.

```
$ sudo apt install graphviz xdot -y
```

objgraph를 사용해 숨겨진 참조를 찾는 간단한 예제를 살펴보자.

```
import objgraph

class MyRefClass(object):
    pass

ref=MyRefClass()
```

---

1   http://www.graphviz.org/를 참조하라. – 옮긴이

```
class C(object):pass

c_objects=[]
for i in range(100):
    c=C()
    c.ref=ref
    c_objects.append(c)

import pdb; pdb.set_trace()
```

for 루프에서 생성된 클래스 C의 인스턴스 100개가 참조하는 단일 인스턴스 ref를 갖는 MyRefClass가 있다. 이러한 참조들은 메모리 누수의 원인이 되기도 한다. objgraph를 이용해 이들을 식별하는 방법을 확인해 보자.

앞의 코드를 실행하면 디버거(pdb)에서 멈춘다.

```
$ python3 objgraph_example.py
--Return--
[0] > /home/user/programs/chap4/objgraph_example.py(15)<module>()->None
-> import pdb; pdb.set_trace()
(Pdb++) objgraph.show_backrefs(ref, max_depth=2, too_many=2,
filename='refs.png')
Graph written to /tmp/objgraph-xxhaqwxl.dot (6 nodes)
Image generated as refs.png
```

다음은 objgraph에 의해 생성된 다이어그램이다.

 관련 부분만 보여주기 위해, 그림의 왼쪽 부분은 편집했다.

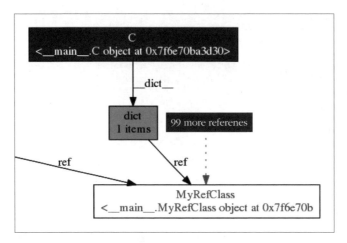

Objgraph은 객체 참조에 대한 시각화를 역으로 참조한다.

앞의 다이어그램의 중간의 박스는 99개의 추가적인 참조가 있다('99 more referenes')고 말하는데, 클래스 C의 인스턴스 하나가 표시되고, 이와 유사한 99개의 인스턴스가 더 있음을 뜻한다. 총 100개의 C 인스턴스들이 단일 객체 ref를 참조한다.

메모리 누수의 원인이 되는 객체 참조를 추적할 수 없는 복잡한 프로그래밍에서 같은 참조 그래프를 유용하게 사용할 수 있다.

Pympler

Pympler는 파이썬 애플리케이션에서 객체의 메모리 사용량을 모니터링하고 측정하는 도구다. Pympler는 파이썬 2.x와 3.x 모두에서 동작한다. Pympler는 `pip`를 사용해 설치할 수 있다.

```
$ pip3 install pympler
```

Pympler 문서는 빈약하다. 하지만 pympler는 `asizeof` 모듈을 통해 객체를 추적하고 객체의 실제 메모리 사용량을 출력해서 사용하는 방법이 가장 유명하다.

시퀀스 딕셔너리의 메모리 사용량을 출력하기 위해 수정된 **sub_string** 함수는 다음과 같다(생성된 모든 부분 문자열이 여기에 저장된다).

```python
from pympler import asizeof

def sub_string(seq1, seq2):
    """ Return sub-strings from seq2 which are part of strings in seq1
    """

    # Create all slices of lengths in a given range
    min_l, max_l = min(map(len, seq2)), max(map(len, seq2))
    sequences = {}

    for i in range(min_l, max_l+1):
        for string in seq1:
            sequences.update({}.fromkeys(slices(string, i)))

    subs = []
    for item in seq2:
        if item in sequences:
            subs.append(item)
    print('Memory usage',asizeof.asized(sequences).format())

    return subs
```

시퀀스의 크기가 10,000이면 실행 결과는 다음과 같다.

```
$ python3 sub_string.py
Memory usage {'awg': None, 'qlbo': None, 'gvap': No....te':
                        None, 'luwr':
                        None, 'ipat': None}
size=5874384
flat=3145824
```

5870408 바이트(대략 5.6 MB)의 메모리는 메모리 프로파일러가 보고한 사용량(대략 6 MB)과 일치한다.

Pympler의 실행 결과는 프로그램에서 모든 객체를 추적할 수 있게 해주는 muppy 패키지와 함께 제공된다. Pympler는 애플리케이션에서 타입에 따라 분류된 모든 객체의 메모리 사용량의 출력하는 summary 패키지를 통해 요약될 수 있다.

다음은 n = 10,000으로 실행되는 sub_string 모듈의 보고서다. 실행 부분을 다음과 같이 수정해야 한다.

```python
if __name__ == "__main__":
    from pympler import summary
    from pympler import muppy
    test(10000)
    all_objects = muppy.get_objects()
    sum1 = summary.summarize(all_objects)
    summary.print_(sum1)
```

다음과 같이 프로그램 마지막에 plympler가 요약한 결과가 출력된다.

```
                                    anand@ubuntu-pro-book: /home/user/programs/chap4
File  Edit  View  Search  Terminal  Help
$ python3 sub_string.py
Memory usage {'gra': None, 'usrq': None, 'slx': Non....gj': None, 'yzfp': None, 'egfa': None} size=588
7488 flat=3145824
                             types |   # objects |    total size
==================================== | =========== | =============
                      <class 'str |       30048 |        2.14 MB
                     <class 'dict |        1540 |        1.19 MB
                     <class 'type |         462 |      458.64 KB
                     <class 'code |        3067 |      431.45 KB
                     <class 'list |         413 |      229.49 KB
                      <class 'set |         363 |      139.91 KB
        <class 'wrapper_descriptor |        1106 |       86.41 KB
                    <class 'tuple |        1266 |       83.86 KB
                   <class 'weakref |         975 |       76.17 KB
    <class 'builtin_function_or_method |     920 |       64.69 KB
         <class 'method_descriptor |         828 |       58.22 KB
              <class 'abc.ABCMeta |          51 |       48.13 KB
                      <class 'int |        1489 |       41.66 KB
         <class 'getset_descriptor |         504 |       35.44 KB
                <class 'frozenset |          42 |       27.94 KB
$
```

pympler에 의해 객체 유형별로 분류된 메모리 사용량의 요약 정보

성능을 위한 프로그래밍 – 데이터 구조

성능 정의, 성능 복잡도 측정과 프로그램 성능을 측정하기 위한 다양한 도구를 살펴봤다. 코드 프로파일링을 통해 통계 사항, 메모리 사용량 등에 대한 통찰력도 얻을 수 있었다.

코드의 시간 성능을 향상시키기 위한 두 개의 프로그램 최적화 예제도 살펴봤다.

여기서는 일반적인 파이썬 데이터 구조를 살펴보고 구조의 최고 성능과 최악의 성능 시나리오를 설명한다. 어떤 상황에 이러한 데이터 구조가 적합하고, 어떤 순간에 최선의 선택이 될 수 없는지 알아본다.

변경 가능한 컨테이너 – 리스트, 딕셔너리, 세트

리스트^{list}, 딕셔너리^{dictionary}, 세트^{set}는 파이썬에서 가장 인기있고 유용하며 변경 가능한 컨테이너다.

리스트는 인덱스를 통한 객체의 액세스에 적합하다. 딕셔너리는 알려진 키를 가진 객체에 거의 일정한 검색 시간을 제공한다. 세트는 중복을 제거하고 선형적인 시간 안에 항목들의 차집합, 교집합, 합집합 등을 찾지만 항목 그룹을 유지하는 데 유용하다.

각각을 차례로 살펴보자.

리스트

리스트는 다음 동작을 O(1) 차수의 거의 일정한 시간을 제공한다.

- [] 연산자를 통한 get(index)
- .append 메소드를 통한 append(item)

그러나 다음의 경우에는 (O(n))의 나쁜 성능으로 수행된다.

- in 연산자를 통한 항목의 탐색
- .insert 메소드를 통한 index 삽입

리스트는 다음 상황에 이상적이다.

- 다른 타입이나 항목에 (이기종)클래스들을 유지하기 위해 변경 가능한 저장소가 필요할 때
- 알려진 인덱스를 통해 항목을 가져오는 객체를 검색할 때
- 리스트 검색item in list을 통한 조회가 많지 않을 때
- 요소 중 하나라도 해시를 사용할 수 없을 경우 딕셔너리와 세트는 항목에 해시를 사용할 수 있어야 한다. 해시를 사용할 수 없을 때는 대부분 리스트를 사용한다.

100,000개 이상의 항목이 있는 커다란 크기의 리스트에서 in 연산자를 통해 요소를 검색할 때는 리스트 대신 딕셔너리를 사용해야 한다.

비슷한 방식으로 대부분 시간 동안 리스트에 추가보단 삽입이 많을 때 리스트를 collections 모듈의 deque로 바꿔야 한다.

딕셔너리

딕셔너리는 다음 동작을 일정한 수행 시간에 수행한다.

- 키를 통한 항목 설정하기
- 키를 통한 항목 가져오기
- 키를 통한 항목 삭제하기

그러나 딕셔너리는 리스트보다 같은 데이터에 더 많은 메모리를 사용한다. 딕셔너리는 다음 같은 상황에 유용하다.

- 요소의 삽입 순서에 신경을 쓰지 않아도 될 때

- 키 관점에서 중복된 요소가 없을 때

딕셔너리는 애플리케이션의 시작 시점에 소스(데이터베이스나 디스크)에서 키를 통해 고유한 인덱스를 갖고 있는 많은 양의 데이터를 로드하고 데이터에 빠른 액세스가 필요할 때 이상적이다. 다시 말해 쓰기나 업데이트가 적은 반면, 무작위적인 읽기가 많을 경우 적합하다.

세트

세트의 사용 시나리오는 리스트와 딕셔너리 사이의 중간 부분이다. 파이썬에서 세트는 딕셔너리에 가깝게 구현돼 있다. 세트는 순서가 없으므로, 중복 요소를 지원하지 않으며 키를 통해 항목들에 대해 거의 O(1)의 시간에 접근할 수 있다. 세트는 pop 연산을 지원한다는 점에서 리스트와 유사하다(비록 인덱스 액세스를 허용하지 않더라도 말이다).

세트는 파이썬에서 다른 컨테이너들을 처리하기 위한 중간 데이터 구조로 사용된다. 중복 제거, 두 컨테이너에서 공통 항목 찾기와 같은 동작에 사용된다.

세트의 연산 순서는 딕셔너리의 연산 순서와 정확히 같으므로 키에 관련된 값이 없는 경우를 제외하면 딕셔너리가 사용되는 대부분의 경우에 세트를 사용할 수 있다.

세트의 예제는 다음을 포함한다.

- 중복 값을 제거하면서 다른 컬렉션으로부터의 정렬되지 않은 이기종 데이터를 유지하는 경우
- 특정 목적을 위해 애플리케이션에서 중간 데이터를 처리하는 경우. 공통 요소 찾기, 여러 컨테이너에 걸쳐 고유한 요소의 결합, 중복 제거 등의 처리를 할 때

변경이 불가능한 컨테이너 – 튜플

파이썬에서 튜플^{Tuples}은 리스트의 변경이 불가능한 버전이다. 튜플은 생성한 후에는 바

꿀 수 없어 insert, append 같이 리스트 변경에 관한 메소드를 지원하지 않는다.

튜플(item in tuple을 통한)은 인덱스 및 검색을 사용할 때 리스트와 같은 시간 복잡도를 갖는다. 그러나 튜플은 리스트에 비교하면 훨씬 더 적은 메모리 오버헤드를 갖는다. 튜플은 변경되지 않으므로 인터프리터가 최적화를 더 많이 한다.

튜플은 변경되지 않지만 반복이 필요한 데이터 컨테이너의 읽기, 반환, 생성 유즈케이스에 사용할 수 있다. 튜플의 사용 사례는 다음과 같다.

- 읽기 전용 액세스 권한을 갖는 데이터 저장소로부터 로드된 행 방식의 데이터. 가령 DB 쿼리 결과, CSV 파일 읽기로 처리된 행 등이 있다.
- 계속해서 반복이 필요한 상수 값의 집합. 구성 파일에서 로드된 구성 파라미터 리스트를 예로 들 수 있다.
- 함수에서 하나 이상의 값을 반환할 때 명시적으로 리스트를 반환하지 않으면, 기본적으로 파이썬은 항상 튜플을 반환한다.
- 변경 가능한 컨테이너가 딕셔너리 키가 돼야 할 때나 리스트나 세트가 딕셔너리 키 값으로 연결되어야 하는 경우, 가장 빠른 방법은 튜플로 변환하는 것이다.

고성능 컨테이너 - 컬렉션 모듈

파이썬에서 컬렉션 모듈은 내장된 기본 컨테이너 타입 즉, list, set, dict, tuple에 대비해 고성능의 대안을 제공한다.

collections 모듈에서 다음 컨테이너 타입을 간단히 살펴본다.

- deque: 양쪽 끝에서 빠른 insert와 pop을 지원하는 리스트 컨테이너의 대안
- defaultdict: 누락된 값들을 제공하기 위해, 타입에 대한 팩토리 기능을 제공하는 dict의 하위 클래스
- OrderedDict: 키의 삽입 순서를 기억하는 dict의 하위 클래스

- Counter: 해시 가능한 타입의 개수와 통계를 유지하기 위한 dict의 하위 클래스
- Chainmap: 다양한 매핑을 추적하기 위해 딕셔너리와 유사한 인터페이스를 갖는 클래스
- namedtuple: 명명된 필드를 갖는 튜플과 유사한 클래스들을 생성하기 위한 타입

deque

Deque나 double ended queue는 리스트와 유사하지만 왼쪽에서 pop과 insert에 관해 O(n)의 비용이 드는 리스트와는 달리 양쪽 끝에서 거의 일정한 시간(O(1))의 append와 pop을 지원한다.

Deque는 뒤에서 앞으로 k 요소를 회전하거나 역순으로 회전하는 동작을 O(k)의 평균 성능으로 지원한다. slice와 append 같은 리스트의 유사 동작보다 약간 더 빠르다.

```python
def rotate_seq1(seq1, n):
    """ Rotate a list left by n """
    # E.g: rotate([1,2,3,4,5], 2) => [4,5,1,2,3]

    k = len(seq1) - n
    return seq1[k:] + seq1[:k]

def rotate_seq2(seq1, n):
    """ Rotate a list left by n using deque """

    d = deque(seq1)
    d.rotate(n)
    return d
```

timeit 측정을 통해 deque는 리스트보다 약간의 성능 향상(대략 10~15%)이 있음을 알 수 있다.

defaultdict

defaultdict는 딕셔너리 키에 기본 값을 제공하기 위해 타입 팩토리를 사용하는 dict의 하위 클래스다.

파이썬에서 항목들의 리스트를 반복하면서 딕셔너리 카운트를 증가시킬 때 만나는 문제는 리스트 항목에 대한 기존 엔트리가 없을 수도 있다는 점이다.

예를 들어 텍스트에서 임의의 단어가 나타나는 횟수를 셀 때가 있다.

```
counts = {}
for word in text.split():
    word = word.lower().strip()
    try:
        counts[word] += 1
    except KeyError:
        counts[word] = 1
```

그러면 앞의 코드나 이에 대한 변경 코드를 작성해야 한다.

조건을 사용해 키에 따라 객체들을 그룹화하는 경우도 있다. 이에 대한 예는 사전에 같은 길이를 갖는 모든 문자열을 그룹화하는 것이다.

```
cities = ['Jakarta','Delhi','Newyork','Bonn','Kolkata','Bangalore',
'Seoul']
cities_len = {}
for city in cities:
  clen = len(city)
  # First create entry
  if clen not in cities_len:
    cities_len[clen] = []
  cities_len[clen].append(city)
```

defaultdict 컨테이너는 이러한 문제를 딕셔너리에 아직 없는 임의의 키를 기본 인자로 제공하는 타입 팩토리를 정의해 우아하게 해결한다. 기본 팩토리^{default factory} 타입은 모든 기본 타입을 지원하며 기본 값은 None이다.

각 타입에서 기본 값은 아무것도 없는 값^{empty value}인데 다음과 같다.

```
0 → default value for integers
[] → default value for lists
'' → default value for strings
{} → default value for dictionaries
```

word-count 코드는 다음과 같이 다시 작성될 수 있다.

```
counts = defautldict(int)
for word in text.split():
    word = word.lower().strip()
    # Value is set to 0 and incremented by 1 in one go
    counts[word] += 1
```

비슷한 방식으로, 문자열을 길이에 따라 그룹화하는 코드는 다음과 같이 작성한다.

```
cities = ['Jakarta','Delhi','Newyork','Bonn','Kolkata','Bangalore','Seoul']
cities_len = defaultdict(list)
for city in cities:
    # Empty list is created as value and appended to in one go
    cities_len[len(city)].append(city)
```

OrderedDict

OrderedDict는 항목의 삽입 순서를 기억하는 dict의 하위 클래스다. OrderedDict은 딕셔너리와 리스트를 혼합한 것처럼 동작한다. OrderedDict은 매핑 타입과 유사하지만 삽입 순서를 기억하는 리스트와 비슷한 동작을 할 뿐 아니라 마지막 항목이나 처음 항목을 제거하기 위한 popitem 같은 메소드도 지원한다.

예제는 다음과 같다.

```
>>> cities = ['Jakarta','Delhi','Newyork','Bonn','Kolkata',
'Bangalore','Seoul']
>>> cities_dict = dict.fromkeys(cities)
>>> cities_dict {'Kolkata': None, 'Newyork': None, 'Seoul': None, 'Jakarta':
None, 'Delhi': None, 'Bonn': None, 'Bangalore': None}

# Ordered dictionary
>>> cities_odict = OrderedDict.fromkeys(cities)
>>> cities_odict OrderedDict([('Jakarta', None), ('Delhi', None), ('Newyork',
None), ('Bonn', None), ('Kolkata', None), ('Bangalore', None), ('Seoul',
None)])
>>> cities_odict.popitem()
('Seoul', None)
>>> cities_odict.popitem(last=False)
('Jakarta', None)
```

딕셔너리가 순서를 변경하는 방법과 OrderedDict 컨테이너가 원래 순서를 유지하는 방법을 비교하고 차이점을 확인할 수 있다.

OrderedDict 컨테이너를 사용하는 몇 가지 레시피가 있다.

순서를 유지하면서 컨테이너에서 중복 항목 제외하기

중복 항목이 포함된 도시의 리스트를 수정해 보자.

```
>>> cities = ['Jakarta','Delhi','Newyork','Bonn','Kolkata',
            'Bangalore','Bonn','Seoul','Delhi','Jakarta','Mumbai']
>>> cities_odict = OrderedDict.fromkeys(cities)
>>> print(cities_odict.keys())
```

```
odict_keys(['Jakarta', 'Delhi', 'Newyork', 'Bonn', 'Kolkata',
            'Bangalore', 'Seoul', 'Mumbai'])
```

중복 항목은 제거됐지만 순서를 보존하는 방법을 살펴보자.

LRU 캐시 딕셔너리 구현

LRU 캐시는 최근 사용한(접근한) 항목에 대한 선호를 알려주며 가장 적게 사용된 항목을 삭제한다. Squid와 같은 HTTP 서버에서 사용하는 일반적인 캐싱 알고리즘이며, 최근 접근한 항목을 다른 항목보다 우선적으로 유지해야 하는 제한된 크기의 컨테이너에 유용하다.

다음은 OrderedDict:를 사용하는 경우로 기존 키가 제거되고 새로운 항목이 마지막 (오른쪽)에 추가되는 예다.

```python
class LRU(OrderedDict):
    """ Least recently used cache dictionary """

    def __init__(self, size=10):
        self.size = size

    def set(self, key):
        # If key is there delete and reinsert so
        # it moves to end.
        if key in self:
            del self[key]

        self[key] = 1
        if len(self)>self.size:
            # Pop from left
            self.popitem(last=False)
```

다음과 같이 코드를 실행한다.

```
>>> d=LRU(size=5)
>>> d.set('bangalore')
>>> d.set('chennai')
>>> d.set('mumbai')
>>> d.set('bangalore')
>>> d.set('kolkata')
>>> d.set('delhi')
>>> d.set('chennai')

>>> len(d)
5
>>> d.set('kochi')
>>> d
LRU([('bangalore', 1), ('chennai', 1), ('kolkata', 1), ('delhi', 1),
('kochi', 1)])
```

키 mumbai는 처음 설정되고 난 후 다시 설정되지 않아 가장 왼쪽 항목이 돼 제거됐다.

 제거될 다음 후보는 bangalore이고 다음은 chennai이다. channai는 bangalore가 설정된 후 한번 더 설정됐기 때문이다.

Counter

Counter는 해시 가능한 객체의 개수를 유지하기 위한 딕셔너리의 하위 클래스다. 각 요소Element들은 딕셔너리 키로 저장되며 이들의 카운트는 값으로 저장된다. Counter 클래스는 스몰토크와 유사한 C++나 Bag과 같은 언어의 멀티세트multiset[2]와 비슷하다.

---

2 멀티세트(multiset) 컨테이너는 기존의 세트(set) 컨테이너와 달리 중복된 키를 여러 개 가질 수 있다는 차이가 있다. 이외 부분은 set 컨테이너와 동일하며 사용 방법도 비슷하다. – 옮긴이

카운터는 임의의 컨테이너를 다룰 때 마주치는 항목의 빈도를 유지하기 위한 자연스러운 선택이다. 카운터는 텍스트를 파싱할 때 단어의 빈도를 유지하거나 단어를 파싱하는 경우에 사용할 수 있다.

다음 코드는 모두 같은 작업을 수행하지만, 카운터가 덜 복잡하고 간결하다.

두 버전의 코드 모두 유명한 소설인 셜록 홈즈의 구텐베르그 온라인 버전의 즉 『바스커빌 가의 사냥개(The Hound of Baskerville)』에서 가장 흔한 단어 10개를 반환한다.

- dafaultdict 컨테이너를 사용한 코드

```python
import requests, operator
    text=requests.get('https://www.gutenberg.org/
files/2852/2852-0.txt').text
    freq=defaultdict(int)
    for word in text.split():
        if len(word.strip())==0: continue
        freq[word.lower()] += 1
        print(sorted(freq.items(), key=operator.itemgetter(1),
reverse=True) [:10])
```

- Counter 클래스를 사용한 코드

```python
import requests
text = requests.get('https://www.gutenberg.org/files/2852/2852-0.
txt').text
freq = Counter(filter(None, map(lambda x:x.lower().strip(), text.
split())))
print(freq.most_common(10))
```

ChainMap

ChainMap은 업데이트할 수 있는 단일 뷰를 생성하기 위해 여러 딕셔너리나 유사한 매핑

데이터 구조를 그룹화하는 딕셔너리와 비슷한 클래스다.

일반적인 모든 딕셔너리 메소드들이 지원된다. 키를 발견할 때까지 계속 조회해 연속적인 맵을 검색한다.

ChainMap 클래스는 파이썬 3.3 버전에서 추가된 최신 기능이다.

소스 딕셔너리에서 대상 딕셔너리로 계속 반복해서 키를 업데이트하는 시나리오에서는 성능 측면에서 ChainMap 클래스로 작업하는 것을 선호할 수 있다. 특히 업데이트가 많을 때 더 선호하기도 한다.

ChainMap의 실용적인 사용 방법을 소개한다.

- 프로그래머는 웹 프레임워크의 GET과 POST 인자를 별도의 딕셔너리에 유지할 수 있다. 단일 ChainMap을 통해 업데이트된 구성을 유지할 수 있다.
- 애플리케이션에서 유지하는 다중 계층으로 된 구성을 오버라이드 한다.
- 중복 키가 없을 때는 여러 딕셔너리에 걸쳐 하나의 뷰로 반복한다.
- ChainMap 클래스는 maps 속성에 이전 매핑을 유지한다. 그러나 다른 딕셔너리로 딕셔너리를 업데이트하면 원래 딕셔너리의 상태를 잃게 된다. 다음 코드를 살펴보자.

```
>>> d1={i:i for i in range(100)}
>>> d2={i:i*i for i in range(100) if i%2}
>>> c=ChainMap(d1,d2)
# Older value accessible via chainmap
>>> c[5]
5
>>> c.maps[0][5]
5
# Update d1
>>> d1.update(d2)
# Older values also got updated
>>> c[5]
25
```

```
>>> c.maps[0][5]
25
```

namedtuple

namedtuple은 고정된 필드가 있는 클래스와 비슷하다. 필드는 일반 클래스처럼 속성 조회를 통해 액세스할 수 있지만 인덱스 처리도 가능하다. 전체 namedtuple는 컨테이너처럼 반복 처리할 수 있다. 다시 말해 namedtuple은 클래스와 튜플이 결합한 것처럼 동작한다.

```
>>> Employee = namedtuple('Employee', 'name, age, gender, title,
department')
>>> Employee
<class '__main__.Employee'>
```

Employee의 인스턴스를 생성해 보자.

```
>>> jack = Employee('Jack',25,'M','Programmer','Engineering')
>>> print(jack)
Employee(name='Jack', age=25, gender='M', title='Programmer',
department='Engineering')
```

인스턴스의 필드를 이터레이터^{iterator}처럼 반복할 수 있다.

```
>>> for field in jack:
... print(field)
...
Jack
25
M
Programmer
Engineering
```

namedtuple의 인스턴스가 생성되면 튜플과 유사하며 읽기 전용이다.

```
>>> jack.age=32
Traceback (most recent call last):
  File "<stdin>", line 1, in <module>
AttributeError: can't set attribute
```

값을 업데이트하려면, _replace 메소드를 사용할 수 있다. _replace 메소드는 지정된 키워드 인자가 새로운 값으로 대체된 새로운 인스턴스를 반환한다.

```
>>> jack._replace(age=32)
Employee(name='Jack', age=32, gender='M', title='Programmer',
department='Engineering')
```

같은 필드를 갖는 클래스와 비교하면 namedtuple이 훨씬 더 메모리에 효율적이다. namedtuple은 다음 시나리오에서 매우 유용하다.

- 저장소에서 많은 양의 데이터를 읽기 전용의 키와 값 형태로 로드해야 하는 경우, 가령 DB 쿼리나 큰 CSV 파일에서 데이터를 열과 값으로 로딩할 때 유용하다.
- 클래스의 인스턴스를 많이 생성해야 하지만 속성에 많은 쓰기나 설정 작업을 수행할 필요가 없을 때나 메모리에 저장하기 위해 클래스 인스턴스를 생성하는 대신 namedtuple 인스턴스를 생성할 수 있다.
- _make 메소드는 namedtuple 인스턴스를 반환하기 위해 같은 순서로 필드를 제공하는 기존의 반복 가능한 객체를 로드해 사용할 수 있다. 예를 들어 name, age, gender, title, department 순서로 열을 갖고 있는 employees.csv 파일에서 다음 명령행을 사용해 이들을 모두 namedtuples의 컨테이너로 로드할 수 있다.

```
employees = map(Employee._make, csv.reader(open('employees.csv'))
```

확률론적 데이터 구조 – 블룸 필터

파이썬에서 컨테이너 데이터 타입에 대한 논의를 마무리하기 전에 중요한 확률론적 데이터 구조인 블룸 필터[Bloom Filter]를 살펴보자. 블룸 필터는 파이썬에서 컨테이너처럼 동작하지만 실제로는 확률적으로 동작한다.

블룸 필터는 흔하게 사용되지 않는 데이터 구조로 세트 안 요소들이 존재하는지 테스트할 수 있다. 그러나 세트 안에 요소의 존재 여부만 알 수 있는데 즉, TN[true negative]에 관해서만 평가할 수 있다. 블룸 필터가 세트에 요소가 있다고 알려주는 경우, 그 요소는 세트 안에 있어야 한다. 실제로 요소가 누락될 확률이 0이 아니다.

보통 블룸 필터는 비트 벡터[bit vectors]로 구현된다. 블룸 필터는 해시 함수를 사용한다는 점에서 파이썬 딕셔너리와 비슷한 방법으로 동작한다. 그러나 블룸 필터는 딕셔너리와 달리 실제 요소를 저장하지 않고 한번 추가된 요소는 블룸 필터에서 제거할 수 없다.

해시 충돌 없이 모든 데이터를 저장할 수 있다면 블룸 필터는 많은 양의 소스 데이터가 많은 양의 메모리를 포함하는 특이한 경우에 사용된다.

파이썬에서 **pybloom** 패키지는 간단한 블룸 필터의 구현을 제공한다(그러나 이 책 집필 시점에는 Python 3.x에서 이 사항을 제공하지 않아서 여기에서 참조하는 예제들은 Python 2.7.x에서 볼 수 있다).

```
$ pip install pybloom
```

『바스커빌가의 사냥개』에서 단어를 읽고 인덱스를 작성하는 프로그램을 작성해 보자. 프로그램은 Counter 데이터 구조를 설명할 때 사용한 예제로 이번에는 블룸 필터를 사용해 작성한다.

```
# bloom_example.py
from pybloom import BloomFilter
import requests
```

```
f=BloomFilter(capacity=100000, error_rate=0.01)
text=requests.get('https://www.gutenberg.org/files/2852/2852-0.txt').text

for word in text.split():
    word = word.lower().strip()
    f.add(word)

print len(f)
print len(text.split())
for w in ('holmes','watson','hound','moor','queen'):
    print 'Found',w,w in f
```

코드를 실행하면 다음과 같은 결과를 얻는다.

```
$ python bloomtest.py
9403
62154
Found holmes True
Found watson True
Found moor True
Found queen False
```

 『바스커빌가의 사냥개』에서는 holmes, watson, hound, moor 같은 단어들이 가장 많이 사용된다. 따라서 블룸 필터가 이러한 단어를 발견하는 것에 관한 불안감을 없애준다. 한편, 단어 queen은 텍스트에 나타나지 않으므로 이 사실에 관해 블룸 필터는 참이다(true negative). 텍스트에서 단어의 길이는 62,154이며, 9,403개 단어만 필터에서 색인으로 처리된다.

카운터를 사용할 때와 달리 블룸 필터의 메모리 사용량을 측정해 보자. 메모리 사용량 측정을 위해서는 메모리 프로파일러를 사용한다.

테스트를 위해 다음과 같이 Counter 클래스를 사용하는 코드를 다시 작성한다.

```
# counter_hound.py
import requests
from collections import Counter

@profile
def hound():
    text=requests.get('https://www.gutenberg.org/files/2852/2852-0.txt').text
    c = Counter()
    words = [word.lower().strip() for word in text.split()]
    c.update(words)

if __name__ == "__main__":
    hound()
```

그리고 블룸 필터를 사용하는 코드는 다음과 같다.

```
# bloom_hound.py
from pybloom import BloomFilter
import requests

@profile
def hound():
    f=BloomFilter(capacity=100000, error_rate=0.01)
    text=requests.get('https://www.gutenberg.org/files/2852/2852-0.txt').text

    for word in text.split():
        word = word.lower().strip()
        f.add(word)

if __name__ == "__main__":
    hound()
```

첫 번째 코드의 메모리 프로파일러를 실행한 결과다.

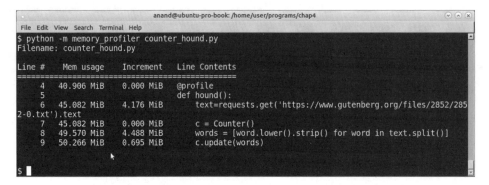

```
                    anand@ubuntu-pro-book: /home/user/programs/chap4
 File  Edit  View  Search  Terminal  Help
$ python -m memory_profiler counter_hound.py
Filename: counter_hound.py

Line #    Mem usage    Increment   Line Contents
================================================
     4    40.906 MiB    0.000 MiB   @profile
     5                              def hound():
     6    45.082 MiB    4.176 MiB       text=requests.get('https://www.gutenberg.org/files/2852/285
2-0.txt').text
     7    45.082 MiB    0.000 MiB       c = Counter()
     8    49.570 MiB    4.488 MiB       words = [word.lower().strip() for word in text.split()]
     9    50.266 MiB    0.695 MiB       c.update(words)

$
```

『바스커빌가의 사냥개』를 파싱할 때의 Counter 객체에 의한 메모리 사용량

다음은 두 번째 코드를 메모리 프로파일링한 결과다.

```
                    anand@ubuntu-pro-book: /home/user/programs/chap4
 File  Edit  View  Search  Terminal  Help
$ python -m memory_profiler bloom_hound.py
Filename: bloom_hound.py

Line #    Mem usage    Increment   Line Contents
================================================
     4    40.996 MiB    0.000 MiB   @profile
     5                              def hound():
     6    41.160 MiB    0.164 MiB       f=BloomFilter(capacity=100000, error_rate=0.01)
     7    45.621 MiB    4.461 MiB       text=requests.get('https://www.gutenberg.org/files/2852/285
2-0.txt').text
     8
     9    49.742 MiB    4.121 MiB       for word in text.split():
    10    49.742 MiB    0.000 MiB           word = word.lower().strip()
    11    49.742 MiB    0.000 MiB           f.add(word)
```

『바스커빌가의 사냥개』를 파싱할 때의 블룸 필터에 의한 메모리 사용량

최종적인 메모리 사용량은 모두 대략 50 MB로 같다. 카운터는 Counter 클래스를 생성할 때 메모리를 거의 사용하지 않는다. 그러나 카운터에 단어가 추가될 때 0.7 MB 정도가 사용된다.

두 데이터 구조 사이의 메모리 증가 패턴은 뚜렷한 차이가 있다.

블룸 필터에서는 생성 시 0.16 MB의 초기 메모리가 할당됐다. 단어를 추가하면 필터에 메모리가 거의 추가되지 않으므로 프로그램에 추가되는 것처럼 보인다.

그렇다면 파이썬에서 블룸 필터가 아닌 딕셔너리나 세트를 언제 사용해야 할까? 다음은 몇 가지 일반적인 원칙과 실제 사용 시나리오들이다.

- 실제 요소 자체를 저장하지 않고 요소의 존재(또는 부재)에만 관심이 있을 때. 즉 애플리케이션의 유즈케이스가 데이터의 존재보다 데이터의 부재 확인에 더 많이 의존하는 경우
- 입력 데이터의 크기가 너무 커서 메모리 안의 결정론적 데이터 구조(딕셔너리나 해시 테이블)에 모든 항목의 저장할 수 없는 경우 블룸 필터는 결정론적 데이터 구조와 달리 데이터에 메모리를 훨씬 적게 사용한다.
- 데이터 세트에서 잘 정의된 양성 오류$^{false\ positives}$ 비율(비율은 백만 개 데이터 중에 5%정도라고 하자)이 정상이면 구체적인 오류 비율을 블룸 필터에 설정할 수 있고 요구사항을 충족시키는 데이터 적중률을 얻을 수 있다.

블룸 필터를 사용하는 실제 예제는 다음과 같다.

- **보안 테스팅**$^{Security\ testing}$: 예를 들어 악의적인 URL 데이터를 브라우저에 저장
- **생물 정보학**$^{Bio-informatics}$: 특정 패턴(k-mer)의 존재 여부 테스팅
- 분산 웹 캐싱 인프라에서 단 한 번만 사용한 URL 저장 방지

▌ 요약

4장은 전체가 '성능'에 관한 내용이었다. 성능과 SPE에 관한 설명으로 4장을 시작해 성능 테스팅과 진단 도구에 대한 두 가지 범주 즉, 스트레스 테스팅 도구와 프로파일링/측정 도구를 살펴봤다.

빅오$^{Big-O}$ 표기법에서 성능 복잡도가 무엇을 의미하는지 논의했고 함수의 시간 차수를 설명했다. 함수가 수행된 시간을 살펴보고 시간 사용에 관한 세 가지 타입(POSIX 시스템에서의 real, user, sys)을 배웠다.

계속해서 성능과 시간의 측정 방법을 살펴봤다. 간단한 컨텍스트 관리자 타이머로 시작해, 더 정확한 측정을 위해 `timeit` 모듈을 사용했다. 임의의 입력 크기 범위에 관한 특정 알고리즘에 소요된 시간을 측정했다. 입력에 소요된 시간 그래프를 작성하고, 표준 시간 복잡도 그래프를 그 위에 중첩해 기능의 성능 복잡도를 시각적으로 이해할 수 있었다. 공통 항목 문제를 O(n*log(n)) 성능에서 O(n)으로 최적화하고 시간 활용 그래프를 그려 최적화 여부를 확인했다.

코드 프로파일링 논의를 시작하고, `cProfile` 모듈을 사용하는 몇 가지 프로파일링 예제를 알아봤다. O(n)의 성능으로 처음 n개의 소수를 반환하는 소수 이터레이터에 관한 예제로 이해를 더했다. 성능을 O(n)보다 더 좋게 만들기 위해 프로파일 데이터를 이용해 코드를 조금 최적화했다. 간단하게 `pstats` 모듈을 설명하고 프로파일 데이터를 읽기 위해 `pstats` 모듈의 `Stats` 클래스를 사용해 이용 가능한 데이터 필드로 정렬된 사용자 정의 보고서를 만들었다. 두 가지 서로 다른 서드 파티 프로파일러인 `liner_profile`와 `memory_profiler`를 설명했다(라인 단위로 프로파일링을 수행한다). 그리고 두 개의 문자열 시퀀스 사이에서 하위 시퀀스를 발견하는 문제, 즉 이들의 최적화 버전을 작성하고 프로파일러를 사용해 시간과 메모리 사용량을 측정하는 문제를 살펴봤다.

기타 도구 중에서 objgraph와 pympler를 알아봤다. objgrph는 객체 사이의 관계와 참조 사항을 발견하기 위한 시각화 도구로 메모리 누수 탐색에 도움이 된다. pympler는 모니터링 도구로 코드 안에서 객체의 메모리 사용량을 측정하고 요약 내용을 보고한다.

마지막 절에서는 파이썬 컨테이너를 살펴봤다. 표준 파이썬 컨테이너인 list, dict, set, tuple에 관한 최상의 유즈케이스 시나리오와 최악의 유즈케이스 시나리오를 살펴봤다. 그 다음 collections 모듈의 고성능 컨테이너 클래스에 대해 학습했다 `deque`, `deaultdict`, `OrderedDict`, `Counter`, `Chainmap`, `namedtuple`의 예제와 사용법도 알아봤다. 특히 `OrderedDict`를 사용해 자연스럽게 LRU 캐시를 생성하는 방법을 익혔다.

마지막으로, 블룸 필터라는 특별한 데이터 구조를 공부했다. 블룸 필터는 확률론적 데이터 구조로 확실성을 갖는 TN[true negative]과 미리 정의된 오류 비율 안에서 TP[true positives]의 보고에 매우 유용하다는 점을 확인하며 4장을 마무리했다.

5장에서는 성능과 밀접한 관계가 있는 확장성을 알아본다. 확장성을 갖는 애플리케이션의 작성 기법과 파이썬으로 확장성과 동시성을 갖는 프로그램 작성 방법을 살펴볼 것이다.

확장 가능한
애플리케이션 작성하기

일상적인 토요일 저녁, 슈퍼마켓 계산대를 생각해 보자. 구매한 물건을 계산하기 위해 기다리는 사람들의 긴 대기열을 흔하게 볼 수 있다. 상점 관리자는 이러한 혼잡과 대기시간을 줄이기 위해 무엇을 할 수 있을까?

전형적인 관리자는 계산원에게 계산 속도를 더 내라고 말하는 것을 포함해 각 대기열이 비슷한 시간을 기다리게끔 여러 대기열로 사람들을 분산시키려고 노력할 것이다. 즉 관리자는 기존 자원의 성능을 최적화하고 자원을 활용해 현재의 부하를 관리하려고 할 것이다.

그러나 점포에 운영되지 않는 계산대가 있고, 계산대에서 바로 일할 수 있는 점원들이 충분하다면 관리자는 운영되지 않는 계산대를 사용 가능하게 하고 계산을 기다리는 사람들을 새로운 계산대로 이동시킬 것이다. 다시 말해, 관리자는 점포의 작업 규모를 확장시키기 위해 자원을 추가할 것이다.

소프트웨어 시스템도 비슷한 방법으로 확장된다. 기존 소프트웨어 애플리케이션은 컴퓨팅 리소스를 추가해서 확장할 수 있다.

CPU나 RAM 같은 컴퓨터 노드에 자원을 추가하거나 더 잘 활용해서 시스템을 확장할 때를 수직 확장scale vertically 혹은 스케일 업scale up이라고 한다. 한편, 로드 밸런싱된 서버의 클러스터를 생성하는 것처럼 더 많은 컴퓨팅 노드를 추가해 시스템을 확장하는 경우는 수평 확장scale horizontally이나 스케일 아웃scale out이라고 한다.

리소스가 추가될 때 소프트웨어 시스템이 확장할 수 있는 정도를 확장성Scalability이라고 한다. 확장성은 리소스의 추가와 관련해 개선되는 처리량이나 지연시간 같은 시스템의 성능 특성이 얼마나 많은가 하는 관점에서 측정된다. 예를 들어 서버의 개수를 두 배로 늘려 시스템의 용량이 두 배로 늘어나면, 이것은 선형적인 확장이다.

시스템의 동시성concurrency을 증가시키면 시스템의 확장성이 높아지기도 한다. 앞서 제시된 수퍼마켓 예제에서 관리자는 추가적인 계산대를 열어 작업량을 확장시킬 수 있다. 즉 관리자는 매장에서 동시에 처리되는 작업량을 증가시킨다. 동시성은 시스템에서 동시에 처리되는 작업의 양이다.

5장에서는 파이썬에서 소프트웨어 애플리케이션을 확장하는 다양한 기법을 살펴본다.

5장에서 다루는 내용은 다음과 같다.

- 확장성과 성능
- 동시성
  - 동시성과 병렬 처리
  - 파이썬에서의 동시성 – 멀티스레딩
    썸네일 생성기
    썸네일 생성기 – 생산자/소비자 아키텍처
    썸네일 생성기 – 프로그램 종료 조건

- 웹에서 파이썬 제공하기 - WSGI

    uWSGI - 스테로이드상의 WSGI 미들웨어

    gunicorn - WSGI를 위한 유니콘

    gunicorn 대 uWSGI
- 확장성 아키텍처
  - 수직 확장성 아키텍처
  - 수평 확장성 아키텍처

▌ 확장성과 성능

시스템의 확장성^{scalability}을 어떻게 측정할 수 있는가? 예시를 통해 시스템 확장성을 측정하는 방법을 살펴보자.

애플리케이션이 직원에 관한 간단한 보고서를 생성하는 시스템이라고 가정해 보자. 애플리케이션은 직원 데이터를 데이터베이스에서 로드하고 급여 전표, 세금 공제 보고서, 직원 휴가 보고서 같은 다양한 보고서를 대량으로 생성할 수 있다.

시스템은 분당 120개의 보고서를 생성할 수 있으며 이것은 주어진 단위 시간에 성공적으로 완료된 작업 개수로 표현되는 시스템의 처리량^{throughput}이나 용량^{capacity}이다. 서버에서 보고서 생성에 걸리는 시간(대기 시간)은 대략 2초라고 해보자.

아키텍트가 서버의 RAM을 두 배로 늘려 시스템을 확장하기로 결정했다고 가정하자.

RAM 확장이 끝나면 테스트는 분당 180건의 보고서를 생성하는 것으로 시스템의 처리량이 증가할 수 있음을 보여준다. 대기 시간은 똑같이 2초로 유지된다.

따라서 이 시점에는 시스템이 추가되는 메모리에 따라 선형에 가깝게 확장됐다. 처리량의 증가 측면에서 표현된 시스템의 확장성은 다음과 같다.

$$확장성(처리량) = 180/120 = 1.5X$$

두 번째 단계로, 아키텍트는 백엔드에 같은 크기의 메모리를 갖는 서버를 두 배로 늘리기로 했다. 두 번째 단계 이후, 시스템의 성능 처리량이 분당 350개의 보고서를 생성하는 것으로 늘어났음을 알 수 있다. 2단계에서 달성된 확장성은 다음과 같다.

$$확장성_{(처리량)} = 350/180 = 1.9X$$

시스템은 거의 선형적으로 증가된 확장성과 더불어 응답성도 좋아졌다.

추가 분석 후, 아키텍트는 서버에서 보고서 처리를 단일 프로세스 대신 다중 프로세스로 실행할 수 있도록 코드를 다시 작성해 서버의 처리시간을 단축시킬 수 있다. 따라서 피크 시간에 각 요청의 대기시간은 요청 하나당 대략 1초가 된다. 대기시간은 2초에서 1초로 줄어들었다.

대기시간과 관련한 시스템의 성능은 다음과 같이 향상됐다.

$$성능_{(대기 시간)} = 2/1 = 2X$$

어떻게 확장성을 향상시켰을까? 이제 각 요청 처리에 걸리는 시간이 더 짧기 때문에, 전체 시스템은 비슷한 부하에서 이전에 가능했던 대응 속도보다 더 빠르게 응답할 수 있다. 따라서 정확하게 자원, 시스템 처리 성능과 더불어 다른 요소들이 똑같이 유지된다고 가정하면 확장성은 향상된다.

논의한 내용을 정리해 본다.

1. 첫 번째 단계에서, 아키텍트는 시스템의 전반적인 확장성을 증가시키는 여분의 메모리를 추가해 단일 시스템의 처리량을 증가시켰다. 즉 아키텍트는 확장scaling up을 통해 단일 시스템의 성능을 증가시켰으며, 전체 시스템의 전반적인 성능이 향상됐다.

2. 두 번째 단계에서, 아키텍트는 시스템에 더 많은 노드를 추가했다. 그래서 동시에 여러 작업을 수행할 수 있었으며 시스템이 거의 선형적인 확장성을 갖고 더 잘 대응할 수 있었다. 즉 아키텍트는 자원의 용량을 늘려 시스템의 처리량을 증

가시켰다. 아키텍트는 더 많은 계산을 하기 위한 노드를 추가해 수평 확장을 통해 시스템의 확장성을 증가시켰다.

3. 세 번째 단계에서, 아키텍트는 하나 이상의 프로세스에서 계산할 수 있도록 중요한 수정 작업을 했다. 다시 말해 계산을 하나 이상으로 나눠 단일 시스템의 동시성을 증가시켰다. 아키텍트는 지연시간을 감소시켜 애플리케이션의 성능 특성을 높였고 애플리케이션이 잠재적으로 높은 스트레스에서 작업 부하를 더 잘 처리할 수 있도록 설정했다.

여기서 확장성, 성능, 동시성, 지연시간 사이에 관계가 있음을 알 수 있으며 다음과 같이 정리할 수 있다.

1. 시스템 컴포넌트 중 하나의 성능이 올라가면 전체 시스템의 성능이 향상된다.
2. 동시성을 증가시켜 단일 머신에서 애플리케이션을 확장하면 잠재적으로 성능이 향상된다. 따라서 배포할 때 시스템의 순수한 확장성이 증가된다.
3. 서버에서 시스템의 실행시간이나 지연시간이 감소되면 확장성에 긍정적인 영향을 준다.

다음 표에 이러한 관계를 정리했다.

동시성	지연 시간	성능	확장성
높음	낮음	높음	높음
높음	높음	가변	가변
낮음	높음	나쁨	나쁨

이상적인 시스템은 좋은 동시성과 지연시간이 낮은 시스템이다. 이러한 시스템은 높은 성능을 갖고 수평 확장이나 수직 확장을 할 때 시스템의 부하에 더 잘 대응한다.

높은 동시성을 갖지만 높은 지연시간을 갖는 시스템은 다양한 특성을 갖고 있다. 잠재적으로 시스템의 성능과 확장성은 현재의 시스템 부하, 네트워크 지연, 컴퓨팅 자원의 지리적 분포와 요청 같은 다른 요소에 매우 민감할 수 있다.

낮은 동시성과 높은 지연시간을 갖는 시스템은 최악의 경우다. 이 시스템은 나쁜 성능 특성이 있어 확장이 어렵다. 아키텍트는 시스템을 수평적으로 확장할 것인지 또는 수직적으로 확장할 것인지 결정을 하기 전에 지연시간과 동시성 문제를 해결해야 한다.

확장성은 항상 성능 처리량의 변화 측면에서 설명할 수 있다.

▌ 동시성

시스템의 동시성^{concurrency}은 시스템이 작업을 순차적으로 처리하지 않고 동시에 수행할 수 있는 정도다. 보통 동시성을 갖도록 작성된 애플리케이션은 순차적이나 연속적으로 동작하게 작성된 애플리케이션에 비해 주어진 시간에 더 많은 작업을 실행할 수 있다.

순차적인 애플리케이션이 동시성을 갖게 하면 애플리케이션이 주어진 시간에 CPU나 RAM 같은 기존 컴퓨팅 자원을 더 잘 활용하도록 할 수 있다. 다시 말해, 동시성은 컴퓨팅 자원 측면에서 머신 안에서 애플리케이션을 확장하는 가장 저렴한 방법이다.

동시성은 다양한 기법을 통해 달성할 수 있다. 일반적인 기법은 다음과 같다.

1. **멀티 스레딩**^{Multithreading}: 동시성의 가장 간단한 형태는 애플리케이션이 여러 스레드에서 병렬로 작업하도록 하는 것이다. 스레드는 CPU가 수행할 있는 프로그래밍 명령의 가장 간단한 시퀀스다. 프로그램은 임의의 개수를 갖는 스레드로 구성될 수 있다. 그러면 프로그램은 작업을 여러 스레드로 분산해 동시에 더 많은 작업을 실행할 수 있다. 모든 스레드는 같은 프로세스에서 실행된다.

2. **멀티 프로세싱**^{Multiprocessing}: 프로그램이 동시성을 갖도록 확장하는 다른 방법은 단일 프로세스 대신 여러 프로세스에서 실행하는 것이다. 멀티 프로세싱은 메시지 전달과 공유 메모리 측면에서 멀티 스레딩보다 더 많은 오버헤드를 갖는다. 그러나 CPU 집약적인 계산을 많이 수행하는 프로그램에서는 멀티 스레드보다

멀티 프로세스에서 더 많은 혜택을 얻을 수 있다.

3. **비동기 처리**Asynchronous Processing : 비동기 처리 기법에서 작업은 시간 측면의 특정 작업 순서와 상관없이 비동기적으로 수행된다. 비동기 처리는 작업 대기열에서 작업을 선택하고 나중에 실행하기 위해 작업을 스케줄링한다. 콜백 함수나 특별한 future 객체를 통해 결과를 수신하기도 하며 대부분 단일 스레드에서 발생한다.

다른 형태의 동시 처리 기법이 있지만 5장에서는 이러한 세 가지 기법에 초점을 둔다.

파이썬, 특히 파이썬 3버전은 표준 라이브러리에 모든 유형의 동시 처리 기법을 지원하는 기능이 내장돼 있다. 파이썬은 threading 모듈을 통해 멀티 스레딩을, multiprocessing 모듈을 통해 멀티 프로세스를 지원한다. 비동기 실행 지원은 asyncio 모듈을 통해 사용할 수 있다. 스레드 및 프로세스와 비동기 실행을 결합하는 동시 처리 형태는 concurrent. futures 모듈을 통해 가능하다. 이런 사례들을 예제와 함께 살펴보자.

 asyncio 모듈은 파이썬 3버전에서만 사용할 수 있다.

동시성과 병렬처리

동시성과 가까운 개념인 병렬처리parallelism를 간단히 살펴보자.

동시성과 병렬처리는 모두 작업을 순차적으로 실행하기보단 동시에 작업을 실행하는 것이다. 동시성을 위해 두 작업이 정확히 같은 시간에 실행될 필요는 없다. 대신, 작업이 동시에 실행되도록 스케줄링돼야 한다. 반면, 병렬처리는 두 작업이 주어진 시간에 함께 실행돼야 한다.

실생활의 예로 집의 두 개 외벽에 페인트칠을 한다고 해보자. 한 명의 페인트공을 고용했고 생각보다 작업이 오래 걸린다는 사실을 알게 됐다. 그렇다면 다음과 같은 두 가지 방법으로 문제를 해결할 수 있다.

1. 다음 벽으로 전환하기 전에 페인트공에게 한 벽에 몇 번의 도장을 하도록 지시한다. 그리고 다음 벽에 똑같이 작업한다. 페인트공이 효율적으로 작업을 한다면 그는 두 벽을 동시에 작업할 것이고(두 벽 모두 같은 시간에 작업을 하는 것은 아니지만) 주어진 시간에 두 벽 모두를 같은 완성도로 마무리할 수 있을 것이다. 이것이 동시성을 갖는 솔루션이다.

2. 한 명의 페인트공을 더 고용한다. 첫 번째 페인트공에게 첫 번째 벽을, 두 번째 페인트 공에게는 두 번째 벽을 칠하라고 지시한다. 이것이 병렬 처리 솔루션이다.

CPU는 한 시점에 하나의 스레드만 수용할 수 있기 때문에 하나의 코어를 갖는 CPU에서 바이트 코드 계산을 수행하는 두 개의 스레드는 정확하게 병렬로 계산하지 못한다. 그러나 두 스레드는 프로그래머의 관점에서 동시성을 갖는다. CPU 스케줄러가 스레드를 빠르게 전환해 스레드가 동시에 수행되는 것처럼 보이기 때문이다.

그러나 멀티 코어 CPU에서 두 개의 스레드는 주어진 모든 시간에 서로 다른 코어에서 병렬로 계산을 수행할 수 있다. 이것이 진정한 병렬 처리라고 볼 수 있다.

병렬적인 계산에는 컴퓨팅 자원이 최소한의 확장에 따라 선형적으로 증가하는 것이 필요하다. 동시성을 갖는 계산은 멀티 태스킹 기법을 사용해 이루어질 수 있다. 반면, 일괄처리에서 스케줄링을 통해 실행되는 작업은 기존 자원을 더 잘 활용한다.

 5장에서는 두 가지 타입의 실행을 나타내기 위해 동시성(concurrent)라는 단어를 사용한다. 어떤 부분에서 '동시성'은 전통적인 방법의 동시 처리를 의미할 수도 있고, 다른 부분에서는 진정한 병렬 처리를 나타낼 수도 있다. 혼동하지 않도록 문맥을 보고 판단해야 한다.

파이썬에서의 동시성 – 멀티스레딩

멀티스레딩을 통해 파이썬에서의 동시 처리 기법을 알아보자.

파이썬은 threading 모듈을 통해 다중 스레드 프로그래밍을 지원한다. threading 모듈은 스레드의 실행을 캡슐화하는 Thread 클래스를 노출시킨다. 이와 더불어 다음과 같은 동기화 기본 요소들도 노출시킨다.

1. Lock 객체는 공유 리소스를 동기화한다. 안전한 접근에 유용하며 RLock과 유사하다.

2. Condition 객체는 임의의 조건을 기다리는 동안 스레드를 동기화시키는 데 유용하다.

3. Event 객체는 스레드 사이의 기본적인 시그널링 메커니즘을 제공한다.

4. Semaphore 객체를 통해 제한된 자원에 동기화된 접근을 할 수 있다.

5. Barrier 객체는 고정된 스레드의 집합이 서로 대기하고, 특정 상태를 동기화하며 작업을 진행할 수 있게 한다.

파이썬의 Thead 객체는 스레드에 안전한 생산자/소비자 워크플로우를 구현하기 위해 queue 모듈의 동기화된 Queue 클래스와 결합할 수 있다.

▌ 썸네일 생성기

이미지 URL들의 썸네일 생성에 사용하는 프로그램 예제를 통해 파이썬의 멀티스레딩을 살펴보자.

예제는 썸네일 생성을 할 수 있도록 파이썬 이미지 라이브러리^{PIL, Python Imaging Library}의 포크인 Pillow를 사용한다.

```
# thumbnail_converter.py
from PIL import Image
import urllib.request

def thumbnail_image(url, size=(64, 64), format='.png'):
    """ Save thumbnail of an image URL """

    im = Image.open(urllib.request.urlopen(url))
    # filename is last part of the URL minus extension + '.format'
    pieces = url.split('/')
    filename = ''.join((pieces[-2],'_',pieces[-1].split('.')[0],'_
    thumb',format))
    im.thumbnail(size, Image.ANTIALIAS)
    im.save(filename)
    print('Saved',filename)
```

앞의 코드는 단일 URL에 대해서는 매우 잘 동작한다.

5개의 이미지 URL을 썸네일로 변환하려 한다고 가정해 보자.

```
img_urls = ['https://dummyimage.com/256x256/000/fff.jpg',
            'https://dummyimage.com/320x240/fff/00.jpg',
            'https://dummyimage.com/640x480/ccc/aaa.jpg',
            'https://dummyimage.com/128x128/ddd/eee.jpg',
            'https://dummyimage.com/720x720/111/222.jpg']
for url in img_urls:
    thumbnail_image(urls)
```

수행 시간 관점에서 이 함수가 실행되는 방법을 다음 화면에서 살펴보자.

연속적인 5 URL의 썸네일 변환기 응답 시간

함수는 URL마다 대략 1.7초가 걸렸다.

동시에 변환을 수행할 수 있도록 멀티스레드 프로그램으로 확장해 보자. 다음은 각 변환 작업이 자체적인 스레드로 수행되도록 다시 작성된 코드다.

```
import threading

for url in img_urls:
    t=threading.Thread(target=thumbnail_image,args=(url,))
    t.start()
```

마지막으로 수정된 프로그램이 제공하는 시간 정보를 다음 화면에서 볼 수 있다.

스레드 처리된 5 URL의 썸네일 컨버터의 응답 시간

변경과 더불어 프로그램은 이전의 순차적 실행에서 단일 URL에 수행된 시간과 거의 똑같이 1.76초 안에 결과를 반환한다. 즉 프로그램은 스레드 수에 따라 선형적으로 확장됐다. 확장성을 높이기 위해 함수 자체는 아무것도 바꾸지 않았다는 사실을 유념하자.

썸네일 생성기 – 생산자/소비자 아키텍처

앞 예제에서 썸네일 생성기 함수에 여러 스레드를 사용해 URL 이미지 세트를 동시에 처리하는 방법을 살펴봤다. 여러 개의 스레드를 사용하면 순차적인 실행에 비해 거의 선형적인 확장성을 달성할 수 있었다.

현실에서는 고정된 URL 리스트 처리보다 URL 생성자를 통해 생성되는 URL 데이터의 처리가 더 일반적이다. 이런 데이터는 데이터베이스, CSV 파일, TCP 소켓에서 가져올 수 있다.

이런 시나리오에서는 URL마다 스레드를 생성하는 것은 엄청난 자원 낭비가 될 수 있다. 시스템에서 스레드를 생성하기 위해서는 약간의 오버헤드가 발생한다. 생성한 스레드를 재사용하기 위한 방법이 필요하다.

데이터를 사용하거나 처리하는 또 다른 스레드 세트를 생성하는, 특정 스레드 세트를 포함하는 시스템에서는 생산자/소비자 모델producer/consumer model이 이상적이다. 시스템은 다음과 같은 기능을 갖는다.

1. 생산자Producers는 데이터 생성에 특화된 워커(스레드) 클래스다. 이들은 특정 소스(들) 데이터를 수신하거나 자체적으로 데이터를 생성할 수 있다.
2. 생산자는 공유된 동기화 큐에 데이터를 추가한다. 파이썬에서 동기화 큐는 queue 모듈의 **Queue** 클래스에 의해 제공된다.
3. 특화된 다른 워커 클래스 세트인 소비자Consumers는 큐에서 대기하는 데이터를 가져온다(소비한다). 소비자는 데이터를 얻어 오면 데이터를 처리하고 결과를 산출한다.

4. 생산자가 데이터의 생성을 중단하고 소비자에게 데이터를 주지 않으면 프로그램이 종료된다. 타임 아웃^{timeout}, 폴링^{polling}, 포이즌 필^{poison pills} 같은 기법이 사용될 수 있다. 이런 일이 발생하면 모든 스레드가 종료되고 프로그램이 끝난다.

소비자/생산자 아키텍처로 썸네일 생성기를 다시 작성했다. 다시 작성된 코드는 다음과 같다. 코드에서 세부 사항을 다루고 있어 클래스를 하나씩 살펴볼 것이다.

먼저 import 부분을 보자. 설명이 없어도 이해가 가능하다.

```python
# thumbnail_pc.py
import threading
import time
import string
import random
import urllib.request
from PIL import Image
from queue import Queue
```

다음은 생산자 클래스를 위한 코드다.

```python
class ThumbnailURL_Generator(threading.Thread):
    """ Worker class that generates image URLs """

    def __init__(self, queue, sleep_time=1,):
        self.sleep_time = sleep_time
        self.queue = queue
        # A flag for stopping
        self.flag = True
        # choice of sizes
        self._sizes = (240,320,360,480,600,720)
        # URL scheme
        self.url_template = 'https://dummyimage.com/%s/%s/%s.jpg'
        threading.Thread.__init__(self, name='producer')
```

```python
    def __str__(self):
        return 'Producer'

    def get_size(self):
        return '%dx%d' % (random.choice(self._sizes),
        random.choice(self._sizes))

    def get_color(self):
        return ''.join(random.sample(string.hexdigits[:-6], 3))

    def run(self):
        """ Main thread function """

        while self.flag:
            # generate image URLs of random sizes and fg/bg colors
            url = self.url_template % (self.get_size(),
                                       self.get_color(),
                                       self.get_color())
            # Add to queue
            print(self,'Put',url)
            self.queue.put(url)
            time.sleep(self.sleep_time)

    def stop(self):
        """ Stop the thread """

        self.flag = False
```

생산자 클래스를 분석한 내용이다.

1. 클래스 이름은 ThumbnailURL_Generator이다. ThumbnailURL_Generator 클래스는(http://dummyimage.com 웹사이트의 서비스를 사용해) 다양한 크기의 전경색과 배경색을 갖는 URL을 생성한다. 클래스는 threading.Thread를 상속받는다.

2. 생산자 클래스는 루프로 들어가서 임의의 이미지 URL을 생성하고 URL을 공유 큐로 푸시하는 run 메소드를 갖고 있다. 스레드는 매번 sleep_time 파라미터에

구성된 대로 고정된 시간 동안 휴면 상태를 유지한다.

3. 내부 플래그를 False로 설정해 루프를 중단시키고 스레드 처리를 완료하는 stop 메소드가 노출돼 있다. stop 메소드는 다른 스레드, 주 메인 스레드가 외부에서 호출할 수 있다.

다음 코드는 썸네일 URL을 사용해 썸네일을 생성하는 URL 소비자 클래스다.

```python
class ThumbnailURL_Consumer(threading.Thread):
    """ Worker class that consumes URLs and generates thumbnails """

    def __init__(self, queue):
        self.queue = queue
        self.flag = True
        threading.Thread.__init__(self, name='consumer')

    def __str__(self):
        return 'Consumer'

    def thumbnail_image(self, url, size=(64,64), format='.png'):
        """ Save image thumbnails, given a URL """

        im=Image.open(urllib.request.urlopen(url))
        # filename is last part of URL minus extension + '.format'
        filename = url.split('/')[-1].split('.')[0] + '_thumb' + format
        im.thumbnail(size, Image.ANTIALIAS)
        im.save(filename)
        print(self,'Saved',filename)

    def run(self):
        """ Main thread function """

        while self.flag:
            url = self.queue.get()
            print(self,'Got',url)
            self.thumbnail_image(url)
```

```
def stop(self):
    """ Stop the thread """

    self.flag = False
```

소비자 클래스를 분석한 내용을 살펴보자.

1. 클래스 이름은 ThumbnailURL_Consumer으로 큐에서 URL을 소비하고 URL 썸네일 이미지를 만든다.
2. run 메소드는 루프에서 수행되며 큐에서 URL을 가져와 thumbnail_image 메소드에 전달해 썸네일로 변환한다(이전에 만든 thumbnail_image 함수의 코드와 정확하게 같다는 점에 주의하라).
3. stop 메소드는 루프에서 매번 중지 플래그를 점검하고 플래그가 해제되면 끝나는 것과 매우 유사하다.

다음은 코드의 주요 부분으로 각각의 생산자와 소비자 쌍을 설정해 실행한다.

```
q = Queue(maxsize=200)
producers, consumers = [], []

for i in range(2):
    t = ThumbnailURL_Generator(q)
    producers.append(t)
    t.start()

for i in range(2):
    t = ThumbnailURL_Consumer(q)
    consumers.append(t)
    t.start()
```

다음은 프로그램의 실제 화면이다.

4개의 스레드, 각 2개의 타입을 갖는 썸네일 생산자/소비자 프로그램의 실행

앞의 썸네일 생산자/소비자 프로그램에서는 생산자는 임의의 데이터를 계속 생성하기 때문에 소비자는 끝없이 데이터를 소비할 것이다. 프로그램은 적절한 종료 조건을 갖고 있지 않다.

따라서 프로그램은 네트워크 요청이 거부되거나 타임 아웃이 발생할 때까지 계속될 것이다. 아니면 썸네일 때문에 컴퓨터를 실행하기 위한 충분한 디스크 공간이 부족할 때까지 프로그램은 계속 실행될 것이다.

현실의 문제를 처리하는 프로그램은 많은 외부의 제약 조건들 때문에 예측 가능한 임의의 방법으로 끝나야 한다.

- 특정 최대시간 동안 소비자가 데이터를 기다릴 때 타임 아웃이 발생할 수 있는데, 그 시간 동안 이용 가능한 데이터가 없다면 종료한다. 예를 들어 큐의 get 메소드에서 타임아웃으로 설정될 수 있다.
- 다른 기술로는 특정 개수의 자원이 소비되거나 생성된 후의 프로그램이 종료 시그널이 될 수 있다. 이 프로그램에서는 생성된 썸네일의 고정된 제한 개수가 될 수 있다.

다음 절에서 잠금 및 세마포어 같은 스레드 동기화 기본 요소를 사용해 자원 제한을 강제화하는 방법을 살펴본다.

 Thread 서브클래스 안에 재정의된 메소드가 실행돼도 start 메소드를 사용해 스레드를 시작하는 것을 관찰했는데, 부모 Thread 클래스에서 start 메소드가 일부 상태를 설정한 다음 내부적으로 run 메소드를 호출하기 때문이다. 이 방법이 스레드의 run 메소드를 호출하는 올바른 방법이다. 스레드의 run 메소드는 절대로 직접 호출하면 안 된다.

썸네일 생성기 – 잠금을 사용하는 자원 제한

앞 절에서 생산자/소비자 아키텍처 형태를 갖는 썸네일 생성자 프로그램을 다시 작성하는 방법을 살펴봤다. 그러나 프로그램은 디스크 공간이나 네트워크 대역폭이 모두 소모될 때까지 끝없이 실행되는 문제가 있다.

프로그램을 끝내기 위해 생성된 이미지 수를 제한하는 카운터를 구현해 본다. 카운터를 만들기 위해 동기화 기본 요소인 잠금^{lock} 기능을 사용해 프로그램을 수정한다.

파이썬에서 Lock 객체는 스레드가 공유 자원에 배타적인 접근을 할 수 있게 한다.

의사 코드는 다음과 같다.

```
try:
    lock.acquire()
    # Do some modification on a shared, mutable resource
    mutable_object.modify()
finally:
    lock.release()
```

Lock 객체는 with 문장과 함께 컨텍스트 관리자를 지원한다. 보통 다음과 같이 작성한다.

```
with lock:
    mutable_object.modify()
```

실행할 때마다 고정 개수의 이미지를 구현하려면 코드에 카운터를 추가해야 한다. 그러나 여러 스레드가 이 카운터를 확인하고 증가시켜야 하므로 Lock 객체를 통한 동기화가 필요하다.

잠금을 사용하는 리소스 카운터 클래스의 첫 번째 구현 코드는 다음과 같다.

```
class ThumbnailImageSaver(object):
    """ Class which saves URLs to thumbnail images and keeps a counter """

    def __init__(self, limit=10):
        self.limit = limit
        self.lock = threading.Lock()
        self.counter = {}

    def thumbnail_image(self, url, size=(64,64), format='.png'):
        """ Save image thumbnails, given a URL """

        im=Image.open(urllib.request.urlopen(url))
        # filename is last two parts of URL minus extension +'.format'
        pieces = url.split('/')
        filename = ''.join((pieces[-2],'_',pieces[-1].split('.')[0],'_
        thumb',format))
        im.thumbnail(size, Image.ANTIALIAS)
        im.save(filename)
        print('Saved',filename)
        self.counter[filename] = 1
        return True

    def save(self, url):
        """ Save a URL as thumbnail """

        with self.lock:
```

```
        if len(self.counter)>=self.limit:
            return False
        self.thumbnail_image(url)
        print('Count=>',len(self.counter))
        return True
```

앞과 같이 바꾸면 소비자 클래스도 변경해야 하기 때문에 두 변경 사항을 함께 논의하는
것이 좋다. 다음은 이미지 추적에 필요한 추가 카운터를 수용하기 위해 변경한 소비자 클
래스다.

```
class ThumbnailURL_Consumer(threading.Thread):
    """ Worker class that consumes URLs and generates thumbnails """

    def __init__(self, queue, saver):
        self.queue = queue
        self.flag = True
        self.saver = saver
        # Internal id
        self._id = uuid.uuid4().hex
        threading.Thread.__init__(self, name='Consumer-'+ self._id)

    def __str__(self):
        return 'Consumer-' + self._id

    def run(self):
        """ Main thread function """

    while self.flag:
        url = self.queue.get()
        print(self,'Got',url)
        if not self.saver.save(url):
            # Limit reached, break out
            print(self, 'Set limit reached, quitting')
            break

    def stop(self):
```

```
        """ Stop the thread """

        self.flag = False
```

두 클래스를 분석해 보자. 먼저 새로운 클래스인 ThumbnailImageSaver를 분석해 보자.

1. ThumbnailImageSaver 클래스는 object 클래스에서 파생되는데 클래스는 Thread가 아니며 Thread가 될 수 없다.

2. ThumbnailImageSaver 클래스는 초기화 메소드에서 잠금 객체와 카운터 딕셔너리를 초기화한다. 잠금은 스레드에 의한 카운터 접근을 동기화하기 위한 것이다. 또한 저장해야 하는 이미지 개수와 같은 limit 파라미터도 허용한다.

3. thumbnail_image 메소드는 소비자 클래스에서 ThumbnailImageSaver 클래스로 이동한다. 이것은 잠금을 사용해 동기화된 컨텍스트의 save 메소드에서 호출된다.

4. save 메소드는 먼저 카운터가 설정된 한계를 초과했는지 확인한다. 한계를 초과하면 메소드는 False를 반환한다. 그렇지 않으면 이미지는 thumbnail_image 메소드 호출과 함께 저장된다. 이미지 파일 이름이 카운터에 추가되고 카운터가 증가한다.

수정된 ThumbnailURL_Consumer 클래스를 살펴보자.

1. ThumbnailURL_Consumer 클래스의 이니셜라이저는 saver 인수로 Thumbnail ImageSaver의 인스턴스를 허용할 수 있도록 수정됐다. 나머지 인수들은 똑같이 유지된다.

2. thumbnail_image 메소드는 새로운 클래스로 이동했기 때문에 더 이상 ThumbnailURL_Consumer 클래스에 존재하지 않는다.

3. run 메소드가 훨씬 더 단순해졌다. 이것은 saver 인스턴스의 save 메소드를 호출한다. False가 반환되면 한계치에 도달했음을 의미하며 루프가 종료되고 소비자 스레드가 종료된다.

4. 스레드마다 uuid 모듈을 사용해 이니셜라이저에서 설정되는 고유한 ID를 반환
하도록 __str__ 메소드도 수정됐는데 이는 스레드를 디버깅할 때 도움이 된다.

새로운 객체를 설정해야 하므로 호출 코드도 조금 바뀌었고 소비자 스레드도 이에 따라
설정된다.

```python
q = Queue(maxsize=2000)
# Create an instance of the saver object
saver = ThumbnailImageSaver(limit=100)

    producers, consumers = [], []
    for i in range(3):
        t = ThumbnailURL_Generator(q)
        producers.append(t)
        t.start()

    for i in range(5):
        t = ThumbnailURL_Consumer(q, saver)
        consumers.append(t)
        t.start()

    for t in consumers:
        t.join()
        print('Joined', t, flush=True)

    # To make sure producers don't block on a full queue
    while not q.empty():
        item=q.get()

    for t in producers:
        t.stop()
        print('Stopped',t, flush=True)

    print('Total number of PNG images',len(glob.glob('*.png')))
```

여기서 주의사항은 다음과 같다.

1. 새로운 `ThumbnailImageSaver` 클래스의 인스턴스를 생성하고 이들이 생성될 때 소비자 스레드로 전달한다.

2. 먼저 소비자를 기다린다. 메인 스레드는 **stop**을 호출하지 않지만 소비자 스레드에 **join**을 호출한다. 소비자가 한계에 도달하면 자동으로 종료하기 때문이다. 따라서 메인 스레드는 이들이 멈출 때까지 기다려야 한다.

3. 생산자가 종료하기 위한 조건이 없어 계속 동작하기 때문에 명시적으로 소비자가 종료된 후 생산자를 종료한다.

데이터의 특성으로 인해 정수형 대신 딕셔너리를 사용한다.

이미지가 무작위로 생성되므로 이미지 URL이 이전에 생성된 이미지 URL과 똑같을 수 있는 일말의 가능성이 있다. 이는 파일명 충돌의 원인이 될 수 있지만 딕셔너리로 중복 문제를 처리할 수 있다.

다음 화면은 100개의 이미지 제한을 갖는 프로그램의 실행 내용을 보여준다. 프로그램은 많은 출력을 생성해서 콘솔 로그의 마지막 부분만 출력했다.

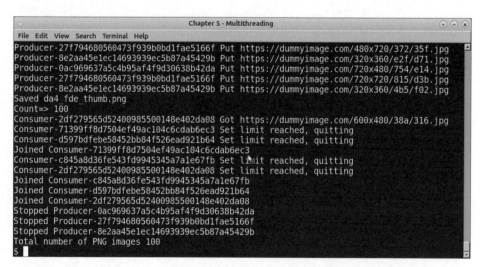

100개의 이미지 제한을 갖는 잠금을 사용하는 썸네일 생성기 프로그램의 실행

프로그램을 이미지 수에 제한이 없도록 설정할 수 있다. 그리고 앞의 프로그램은 항상 정확하게 같은 개수의 이미지를 가져온다.

다음 절에서는 세마포어라는 또 다른 동기화의 기본 요소를 살펴보고 세마포어를 사용해 유사한 방법으로 리소스를 제한하는 클래스의 구현 방법을 학습한다.

썸네일 생성기 – 세마포어를 사용하는 리소스 제한

잠금Locks은 동기화 제약사항을 구현하는 유일한 방법이 아니며, 시스템에서 사용/생성되는 자원의 제한 기능처럼 이들의 상위에서 로직을 작성한다.

컴퓨터 과학에서 세마포어Semaphore는 오래된 동기화 기본 요소 중 하나로 이러한 유즈케이스에 이상적이다.

세마포어는 0보다 큰 값으로 초기화된다.

1. 스레드가 양의 내부 값을 갖는 세마포어에 acuire를 호출하면 값은 1씩 감소하고 스레드가 계속 진행된다.
2. 다른 스레드가 세마포어에 release를 호출하면 값은 1씩 증가한다.
3. 값이 0에 도달하면 세마포어에 관한 모든 스레드의 release를 호출하는 다른 스레드에 의해 깨어날 때까지 acquire 호출이 차단된다.

세 가지 동작으로 세마포어는 공유 자원의 고정된 제한을 구현하는 데 적합하다.

다음 예제에서는 세마포어를 사용해 썸네일 생성기 프로그램의 자원 제한을 위한 또 다른 클래스를 구현한다.

```
class ThumbnailImageSemaSaver(object):
    """ Class which keeps an exact counter of saved images
    and restricts the total count using a semaphore """

    def __init__(self, limit = 10):
```

```python
        self.limit = limit
        self.counter = threading.BoundedSemaphore(value=limit)
        self.count = 0

    def acquire(self):
        # Acquire counter, if limit is exhausted, it
        # returns False
        return self.counter.acquire(blocking=False)

    def release(self):
        # Release counter, incrementing count
        return self.counter.release()

    def thumbnail_image(self, url, size=(64,64), format='.png'):
        """ Save image thumbnails, given a URL """

        im=Image.open(urllib.request.urlopen(url))
        # filename is last two parts of URL minus extension +'.format'
        pieces = url.split('/')
        filename = ''.join((pieces[-2],'_',pieces[-1].split('.')[0],format))

        try:
            im.thumbnail(size, Image.ANTIALIAS)
            im.save(filename)
            print('Saved',filename)
            self.count += 1
        except Exception as e:
            print('Error saving URL',url,e)
            # Image can't be counted, increment semaphore
            self.release()

        return True

    def save(self, url):
        """ Save a URL as thumbnail """

        if self.acquire():
```

```
            self.thumbnail_image(url)
            return True
        else:
            print('Semaphore limit reached, returning False')
            return False
```

새로운 세마포어 기반 클래스는 저장 메소드와 더불어 이전의 잠금 기반 클래스와 정확히 같은 인터페이스를 유지하기 때문에 소비자 클래스는 어떤 코드도 변경할 필요가 없다.

호출 코드만 바꾸면 된다.

ThumbnailImageSaver 인스턴스를 초기화한 이전 버전의 코드 라인은 다음과 같다.

```
saver = ThumbnailImageSaver(limit=100)
```

앞의 라인은 다음과 같이 바뀌어야 한다.

```
saver = ThumbnailImageSemaSaver(limit=100)
```

코드의 나머지 부분은 이전 코드와 모두 같다.

실제로 코드를 살펴보기 전에 세마포어를 사용하는 새로운 클래스를 간단히 살펴보자.

1. acquire와 release 메소드는 세마포어의 같은 메소드에 대한 단순 래퍼다.
2. 초기화 메소드의 제한 값과 같은 값으로 세마포어를 초기화한다.
3. save 메소드에서 acuire 메소드를 호출한다. 세마포어의 한계치에 도달하면 False가 반환된다. 그렇지 않으면 스레드는 이미지를 저장하고 True를 반환한다. False가 반환되면 스레드 호출이 종료된다.

클래스의 내부 count 속성은 디버깅을 위한 것인데 이것은 이미지를 제한하는 논리에 아무
런 영향을 주지 않는다.

클래스는 이전 클래스와 유사한 방법으로 동작하며 리소스를 정확하게 제한한다. 다음
예제는 200개의 이미지 제한을 갖는다.

```
Chapter 5 - Multithreading                                               ⊙ ⊙ ⊗
File  Edit  View  Search  Terminal  Help
Consumer-275279a36ff049c38c77b506c5fa4010 Got https://dummyimage.com/720x360/47e/76b.jpg
Semaphore limit reached, returning False
Consumer-275279a36ff049c38c77b506c5fa4010 Set limit reached, quitting
Producer-cac6092edbbf40fa89ebdb530f1afc40 Put https://dummyimage.com/480x720/172/1fe.jpg
Producer-cc88bd03b49b43348aa3d6128869aea4 Put https://dummyimage.com/320x320/2f1/75c.jpg
Producer-b6fa5b443b8045e792278b4c49c6037f Put https://dummyimage.com/720x360/eab/570.jpg
Saved f96_3d0.png
Consumer-8b3103b9076640b1a4387b6cdc81f7c7 Got https://dummyimage.com/360x320/5be/567.jpg
Semaphore limit reached, returning False
Consumer-8b3103b9076640b1a4387b6cdc81f7c7 Set limit reached, quitting
Joined Consumer-8b3103b9076640b1a4387b6cdc81f7c7
Joined Consumer-275279a36ff049c38c77b506c5fa4010
Joined Consumer-ef6c97e1618744c9af41cc31c70552da
Joined Consumer-92460417f9984080bea7417159a9112b
Producer-cac6092edbbf40fa89ebdb530f1afc40 Put https://dummyimage.com/240x320/4fb/bc5.jpg
Producer-b6fa5b443b8045e792278b4c49c6037f Put https://dummyimage.com/360x320/792/491.jpg
Stopped Producer-cc88bd03b49b43348aa3d6128869aea4
Stopped Producer-cac6092edbbf40fa89ebdb530f1afc40
Stopped Producer-b6fa5b443b8045e792278b4c49c6037f
Total number of PNG images 200
$
```

세마포어를 사용하는 200개의 이미지 제한을 갖는 썸네일 생성기 프로그램의 실행

리소스 제한 – 세마포어 대 잠금

앞의 두 예제에서 고정 자원의 제한 기능을 구현하는 두 개의 경쟁 버전을 살펴봤다. 한
버전은 잠금을 사용하고 다른 버전은 세마포어를 사용한다.

두 버전의 차이점은 다음과 같다.

1. 잠금을 사용하는 버전은 데이터의 불일치를 확인하기 위해 리소스를 수정하는
   모든 코드를 보호한다. 카운터를 확인하고 썸네일을 저장한 후 카운터를 증가
   한다.

2. 세마포어 버전은 카운터가 제한 값보다 작으면 스레드가 통과할 수 있고, 제한에 도달할 때만 닫히는 문과 유사하게 구현된다. 세마포어 버전은 썸네일 저장 기능을 호출해 스레드에 대한 상호배제를 하지 않는다.

따라서 세마포어 버전이 잠금을 사용하는 버전보다 더 빠르다.

얼마나 더 빠를까? 100개의 이미지를 실행하는 다음 예제는 이에 관한 아이디어를 제공한다.

다음 그림은 잠금 버전이 100개의 이미지를 저장하는 데 걸리는 시간을 보여준다.

100개 이미지에 대한 썸네일 생성기 프로그램의 실행 시간–잠금 버전

다음 그림은 세마포어 버전에서 유사한 개수의 이미지 저장 시간을 보여준다.

```
Chapter 5 - Multithreading
File  Edit  View  Search  Terminal  Help
$ time python3 thumbnail_limit_sema.py > /dev/null

real    0m43.206s
user    0m1.256s
sys     0m0.220s
$
```

100개 이미지에 대한 썸네일 생성기 프로그램의 실행 시간–세마포어 버전

같은 로직에서 세마포어 버전이 잠금 버전보다 4배 더 빠른 것을 볼 수 있다. 즉 세마포어 버전이 잠금 버전보다 4배 더 확장된다.

썸네일 생성기 – 조건을 사용하는 URL 비율 컨트롤러

스레딩의 중요한 동기화 기본 요소인 Condition 객체를 간단히 살펴본다.

먼저 Condition 객체를 사용하는 예제를 작성할 것이다. 그리고 URL 생성 비율을 관리하기 위한 썸네일 생성기의 조절기^{throttler}를 구현한다.

실제 생산자/소비자 시스템에서는 데이터 생성과 소비 비율에 따라 다음과 같은 세 가지 상황이 생길 수 있다.

1. 소비자가 소비하는 것보다 더 빠른 속도로 생산자가 데이터를 생산한다. 이것은 소비자가 생산자를 따라잡아야 하는 원인이 된다. 생산자에 의한 초과 데이터는 큐에 누적될 수 있으며, 큐가 더 많은 메모리와 CPU 사용량을 소비하게 만들어 프로그램이 느려지는 원인이 된다.

2. 소비자가 생산자보다 더 빠른 비율로 데이터를 소비한다. 이것은 소비자가 항상 큐의 데이터를 기다리는 원인이 된다. 생산자가 너무 지체하지 않는 한 그 자체로는 문제가 아니지만 최악의 경우, 시스템의 절반 즉 소비자를 유휴 상태에 있게 한다. 반면, 다른 절반인 생산자는 수요를 따라잡기 위한 시도를 한다.

3. 생산자와 소비자 모두 큐 크기를 제한 범위 안으로 유지하면서 거의 같은 속도로 동작한다.

이러한 문제를 해결할 수 있는 방법이 많은데 몇 가지 해결책을 소개한다.

1. **고정된 크기를 갖는 큐**: 큐 크기의 한도에 도달하면, 생산자는 소비자가 데이터를 소비할 때까지 기다려야 한다. 그러나 대부분은 대기열을 가득 채우게 된다.

2. **타임아웃에 더해 다른 책임을 워커에게 제공한다**: 큐를 차단된 상태로 유지하기보다는 생산자 또는 소비자가 큐에서 데이터를 기다리기 위한 타임아웃을 사용할 수 있다. 시간이 초과하면 이들은 큐로 돌아가 대기하기 전에 휴지 상태가 되거나 다른 책임에 관련된 작업을 수행할 수 있다.

3. **동적으로 워커의 수를 설정한다**: 수요에 따라 워커 풀 크기가 자동으로 증가하거나 감소되는 방법이다. 하나의 워커 클래스가 앞에 있다면 시스템은 균형을 유지하기 위해 대응에 필요한 수의 워커 클래스를 시작할 것이다.

4. **데이터 생성 비율을 조정한다**: 정적 또는 동적으로 생산자의 데이터 생성 비율을 조정한다. 예를 들어 시스템은 고정 비율로 데이터를 생성하도록 설정될 수 있다. 즉, 1분에 50개 URL이나 소비자가 소비하는 비율을 계산하고 균형을 유지하기 위해 생산자의 데이터 생산 비율을 동적으로 조정할 수 있다.

다음 예제에서는 URL의 생산 속도를 고정된 제한 값으로 제한하기 위해 Condition 객체를 사용해 마지막 방법으로 구현한다.

Condition 객체는 정교한 동기화 기본 요소로 명시적으로 내장된 잠금 기능을 갖고 있다. Condition 객체는 임의의 조건이 True가 될 때까지 기다릴 수 있다. 스레드가 조건에 대해 **wait**를 호출하는 순간, 내부 잠금은 해제되지만 스레드 자체는 차단된다.

```
cond = threading.Condition()
# In thread #1
with cond:
    while not some_condition_is_satisfied():
        # this thread is now blocked
        cond.wait()
```

이제, 다른 스레드가 조건을 True로 설정해서 선행 스레드를 깨울 수 있다. 그 다음, Condition 객체에 notify나 notify_all을 호출한다. 이 시점에 앞서 차단된 스레드가 깨어나 작업을 계속 진행한다.

```
# In thread #2
with cond:
    # Condition is satisfied
    if some_condition_is_satisfied():
```

```
        # Notify all threads waiting on the condition
        cond.notify_all()
```

다음은 Condition 객체를 사용해 URL 생성 속도를 제어하는 새로운 클래스인 Thumbnail URLController다.

```
class ThumbnailURLController(threading.Thread):
    """ A rate limiting controller thread for URLs using conditions
    """

    def __init__(self, rate_limit=0, nthreads=0):
        # Configured rate limit
        self.rate_limit = rate_limit
        # Number of producer threads
        self.nthreads = nthreads
        self.count = 0
        self.start_t = time.time()
        self.flag = True
        self.cond = threading.Condition()
        threading.Thread.__init__(self)

    def increment(self):
        # Increment count of URLs
        self.count += 1

    def calc_rate(self):
        rate = 60.0*self.count/(time.time() - self.start_t)
        return rate

    def run(self):
        while self.flag:
            rate = self.calc_rate()
            if rate<=self.rate_limit:
                with self.cond:
                # print('Notifying all...')
                self.cond.notify_all()
```

```
def stop(self):
    self.flag = False

def throttle(self, thread):
    """ Throttle threads to manage rate """
    # Current total rate
    rate = self.calc_rate()
    print('Current Rate',rate)
    # If rate > limit, add more sleep time to thread
    diff = abs(rate - self.rate_limit)
    sleep_diff = diff/(self.nthreads*60.0)

    if rate>self.rate_limit:
        # Adjust threads sleep_time
        thread.sleep_time += sleep_diff
        # Hold this thread till rate settles down with a 5% error
        with self.cond:
            print('Controller, rate is high, sleep more by',rate,sleep_
                diff)
            while self.calc_rate() > self.rate_limit:
                self.cond.wait()
    elif rate<self.rate_limit:
        print('Controller, rate is low, sleep less by',rate,sleep_diff)
        # Decrease sleep time
        sleep_time = thread.sleep_time
        sleep_time -= sleep_diff
        # If this goes off < zero, make it zero
        thread.sleep_time = max(0, sleep_time)
```

이 클래스를 사용할 생산자 클래스의 변경을 논의하기 전에 앞의 코드를 살펴보자.

1. ThumbnailURLController 클래스는 Thread의 인스턴스이므로 자체적인 실행 스레드에서 실행된다. Condition 객체도 갖고 있다.

2. ThumbnailURLController 클래스는 카운터를 유지하고 타임스탬프를 사용해 URL 생성 속도를 계산하는 calc_rate 메소드를 갖고 있다.

3. run 메소드에서 속도가 확인된다. 설정된 한계보다 아래면 Condition 객체는 대기 중인 모든 스레드에 통보한다.

4. 가장 중요한 방법은 throttle 메소드의 구현이다. throttle 메소드는 calc_rate를 통해 계산된 현재 속도를 이용하며 이를 생산자의 휴면 시간을 조절하고 조정하는 데 사용한다.

   1. 속도가 설정된 한계보다 크면 속도가 내려갈 때까지 Condition 객체에 스레드 호출을 대기시키는 원인이 된다. 또한 추가적인 휴면 시간을 계산해 필요한 수준으로 속도를 조절하기 위해 스레드가 루프에서 휴면 상태여야 한다.

   2. 속도가 구성된 한계보다 낮으면 스레드는 더 빠르게 작업하고 더 많은 데이터를 생성해야 한다. 따라서 생산자와 소비자의 휴면 시간의 차이를 계산하고 이에 따라 휴면 한계를 낮춘다.

다음은 변경사항을 통합할 생산자 클래스의 코드다.

```python
class ThumbnailURL_Generator(threading.Thread):
    """ Worker class that generates image URLs and supports throttling
        via an external controller """

    def __init__(self, queue, controller=None, sleep_time=1):
        self.sleep_time = sleep_time
        self.queue = queue
        # A flag for stopping
        self.flag = True
        # sizes
        self._sizes = (240,320,360,480,600,720)
        # URL scheme
        self.url_template = 'https://dummyimage.com/%s/%s/%s.jpg'
        # Rate controller
        self.controller = controller
        # Internal id
        self._id = uuid.uuid4().hex
        threading.Thread.__init__(self, name='Producer-'+ self._id)
```

```python
    def __str__(self):
        return 'Producer-'+self._id

    def get_size(self):
        return '%dx%d' % (random.choice(self._sizes),
                          random.choice(self._sizes))

    def get_color(self):
        return ''.join(random.sample(string.hexdigits[:-6], 3))

    def run(self):
        """ Main thread function """

        while self.flag:
            # generate image URLs of random sizes and fg/bg colors
            url = self.url_template % (self.get_size(),
                                       self.get_color(),
                                       self.get_color())

            # Add to queue
            print(self,'Put',url)
            self.queue.put(url)
            self.controller.increment()

            # Throttle after putting a few images
            if self.controller.count>5:
                self.controller.throttle(self)

            time.sleep(self.sleep_time)

    def stop(self):
        """ Stop the thread """

        self.flag = False
```

앞의 코드가 어떻게 동작하는지 살펴보자.

1. 이제 클래스는 이니셜라이저에서 추가적인 컨트롤러 객체를 허용한다. 이것은 이전에 주어진 컨트롤러 클래스의 인스턴스다.

2. URL을 입력한 후 컨트롤러의 카운터를 증가시킨다. 카운터가 최소 한계치(생산자의 초기 조절을 피하기 위해 5로 설정)에 도달하면 컨트롤러에 대해 **throttle**를 호출하고 자신을 인수로 전달한다.

호출 코드도 변경이 필요하다. 수정된 코드는 다음과 같다.

```
q = Queue(maxsize=2000)
# The controller needs to be configured with exact number of
# producers
controller = ThumbnailURLController(rate_limit=50, nthreads=3)
saver = ThumbnailImageSemaSaver(limit=200)

controller.start()

producers, consumers = [], []
for i in range(3):
    t = ThumbnailURL_Generator(q, controller)
    producers.append(t)
    t.start()

for i in range(5):
    t = ThumbnailURL_Consumer(q, saver)
    consumers.append(t)
    t.start()

for t in consumers:
    t.join()
    print('Joined', t, flush=True)

# To make sure producers dont block on a full queue
while not q.empty():
    item=q.get()
controller.stop()
```

```
for t in producers:
    t.stop()
    print('Stopped',t, flush=True)

print('Total number of PNG images',len(glob.glob('*.png')))
```

변경한 내용은 다음과 같다.

1. 생성해야 하는 정확한 생산자 개수와 함께 컨트롤러 객체가 생성됐다. 스레드마다 정확한 휴면 시간을 계산해야 할 때 도움이 된다.
2. 생산자 스레드 자체는 이니셜라이저에서 컨트롤러의 인스턴스로 전달된다.
3. 컨트롤러는 다른 모든 스레드보다 먼저 스레드로 시작된다.

다음은 분당 50개 이미지 생성 비율로 200개의 이미지를 갖도록 구성된 프로그램의 실행 결과다. 실행되는 프로그램의 출력 이미지 두 개를 볼 수 있다. 하나는 프로그램의 시작 부분에, 하나는 끝 부분에 나타난다.

URL 속도 컨트롤러를 갖는 썸네일 프로그램 시작-분당 50 URL

프로그램이 시작하면 처음 속도가 빠르기 때문에 대부분은 곧바로 속도가 느려지면서 거의 중단 상태가 된다. 여기서 일어나는 일은 생산자가 throttle 메소드를 호출하고 속도가 빠르기 때문에 모두 Condition 객체에서 차단된다.

몇 초가 지나면 더 이상 URL이 생성되지 않기 때문에 속도는 규정된 한도로 내려간다. 그러면 이것은 컨트롤러의 루프에서 감지되고 컨트롤러는 스레드에 대해 notify_all을 호출해 모든 스레드를 깨운다.

잠시 후, 속도가 분당 50 URL로 설정된 제한 값 근처로 가는 것을 볼 수 있다.

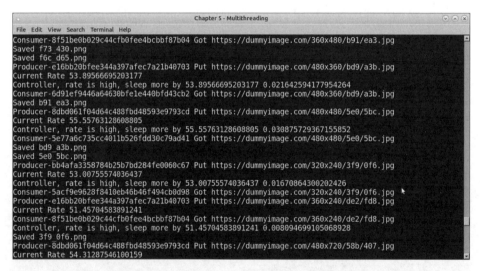

시작 후 5~6초 이후의 URL 속도 컨트롤러를 갖는 썸네일 프로그램

프로그램이 끝나갈 때 속도가 정확한 한계에 거의 도달했음을 볼 수 있다.

```
Chapter 5 - Multithreading
File  Edit  View  Search  Terminal  Help
Consumer-c2a30ea8d7494631a8203f5c90abea50 Got https://dummyimage.com/320x240/92f/f1c.jpg
Semaphore limit reached, returning False
Consumer-c2a30ea8d7494631a8203f5c90abea50 Set limit reached, quitting
Producer-ace34b3fc9644cd0a5760373db9aa0fa Put https://dummyimage.com/720x480/0a1/c69.jpg
Current Rate 50.15528364068437
Consumer-e0c93e3825df407a9d452b993eedd7ca Got https://dummyimage.com/720x480/0a1/c69.jpg
Controller, rate is high, sleep more by 50.15528364068437 0.0008626868926909263
Semaphore limit reached, returning False
Consumer-e0c93e3825df407a9d452b993eedd7ca Set limit reached, quitting
Producer-198415b202dc4b979d68d423c6ba0f16 Put https://dummyimage.com/360x720/7ad/6f4.jpg
Current Rate 50.08487818479042
Controller, rate is high, sleep more by 50.08487818479042 0.00047154547105788446
Consumer-d82287478e0d4a07afa4085b0a666160 Got https://dummyimage.com/360x720/7ad/6f4.jpg
Semaphore limit reached, returning False
Consumer-d82287478e0d4a07afa4085b0a666160 Set limit reached, quitting
Joined Consumer-d82287478e0d4a07afa4085b0a666160
Joined Consumer-1cbb1331c886469abd9892b5219abb9e
Joined Consumer-e0c93e3825df407a9d452b993eedd7ca
Joined Consumer-c2a30ea8d7494631a8203f5c90abea50
Stopping controller
Stopping producers...
Stopped Producer-198415b202dc4b979d68d423c6ba0f16
Stopped Producer-bd2baedf319e45298bc320a1346a46c6
Stopped Producer-ace34b3fc9644cd0a5760373db9aa0fa
Total number of PNG images 200
```

URL 속도 컨트롤러를 갖는 썸네일 프로그램이 끝나갈 때

스레드를 처리하는 기본 요소와 프로그램에서 동시성을 향상시키기 위해 스레드를 사용하는 방법을 알아봤다. 또한 공유된 자원에 대한 제약과 통제를 구현하는 방법도 거의 마무리되고 있다.

결론을 내리기 전에 파이썬에서 멀티스레드 프로그램이 CPU를 모두 사용하지 못하게 막는 파이썬 스레드의 한 측면인 GIL^{Global Interpreter Lock}을 살펴보자.

▌ 멀티스레딩 – 파이썬과 GIL

파이썬에는 멀티스레드가 네이티브 바이트 코드를 즉시 실행하는 것을 방지하는 전역적인 잠금이 있다. 파이썬의 네이티브 구현인 CPython의 메모리 관리는 스레드에 안전성이 없기 때문에 잠금이 필요하다. 이러한 잠금을 Global Interpreter Lock 또는 GIL로 부른다.

파이썬은 GIL 때문에 CPU에서 바이트 코드 연산을 동시에 수행할 수 없다. 따라서 다음 상황에는 파이썬이 적합하지 않다.

- 프로그램이 동시에 수행해야 하는 많은 바이트 코드 연산에 의존하는 경우
- 프로그램이 단일 머신에서 여러 CPU 코어의 완전한 기능을 활용하기 위해 멀티 스레드를 사용하는 경우

I/O 호출과 장시간 실행되는 동작은 GIL 외부에서 발생한다. 따라서 파이썬에서 멀티스레딩은 이미지 처리 같은 작업이나 어느 정도 I/O를 포함하는 경우에 효율적이다. 이때는 동시에 단일 프로세스 이상으로 확장할 수 있도록 프로그램을 확장시키는 방법이 편리한데 파이썬은 multiprocessing 모듈을 통해 이를 지원한다.

파이썬의 동시성 처리 – 멀티 프로세싱

파이썬 표준 라이브러리는 프로그래머가 스레드 대신 여러 프로세스를 사용해 동시에 확장 가능한 프로그램을 작성할 수 있도록 멀티 프로세싱 모듈을 제공한다.

멀티 프로세싱은 여러 프로세스에 걸쳐 계산을 확장하기 때문에 파이썬에서 GIL이 갖는 모든 문제를 효과적으로 제거한다. 프로그램은 멀티 프로세싱 모듈을 사용해 효과적으로 여러 CPU 코어를 사용할 수 있다.

멀티 프로세싱 모듈의 주요 클래스는 Process 클래스로 스레딩 모듈의 Thread 클래스와 유사하다. Process 클래스는 스레딩 모듈의 Thread와 거의 정확하게 대응하는 동기화 기본요소를 많이 제공한다.

멀티 프로세싱 모듈에서 제공하는 Pool 객체의 사용 예제로 시작하며, Pool 객체의 사용은 프로세스를 사용해 여러 입력을 병렬로 실행할 수 있게 된다.

소수 검사기

다음 함수는 입력 번호가 소수인지 아닌지를 판별하는 간단한 소수 검사 기능을 갖는다.

```python
def is_prime(n):
    """ Check for input number primality """

    for i in range(3, int(n**0.5+1), 2):
        if n % i == 0:
            print(n,'is not prime')
            return False

    print(n,'is prime')
    return True
```

다음은 소수 큐에서 숫자를 검사하기 위해 앞의 함수를 사용하는 스레드로 처리된 클래스다.

```python
# prime_thread.py
import threading

class PrimeChecker(threading.Thread):
    """ Thread class for primality checking """

    def __init__(self, queue):
        self.queue = queue
        self.flag = True
        threading.Thread.__init__(self)

    def run(self):

        while self.flag:
            try:
                n = self.queue.get(timeout=1)
                is_prime(n)
            except Empty:
                break
```

우리는 1,000개의 커다란 소수를 갖고 테스트한다. 표시되는 리스트 공간을 절약하기 위해 수행한 작업은 숫자 10개를 택해 리스트에 100을 곱하는 것이다.

```
numbers = [1297337, 1116281, 104395303, 472882027, 533000389,
          817504243, 982451653, 112272535095293, 115280095190773,
          1099726899285419]*100

q = Queue(1000)

for n in numbers:
    q.put(n)

threads = []
for i in range(4):
    t = PrimeChecker(q)
    threads.append(t)
    t.start()

for t in threads:
    t.join()
```

테스트를 위해 네 개의 스레드를 사용했다. 다음 화면에서 프로그램의 동작 방법을 살펴보자.

4개의 스레드 풀을 사용하는 1,000개 숫자에 대한 소수 검사기

이제 멀티 프로세싱 Pool 객체를 사용하는 같은 코드가 있다.

```
numbers = [1297337, 1116281, 104395303, 472882027, 533000389,
           817504243, 982451653, 112272535095293, 115280095190773,
           1099726899285419]*100
pool = multiprocessing.Pool(4)
pool.map(is_prime, numbers)
```

다음 화면은 같은 숫자의 집합에 대한 멀티 프로세싱의 성능을 보여준다.

4개의 프로세스로 멀티 프로세싱 Pool을 사용하는 1,000개 숫자를 검사하는 소수 검사기

숫자들을 비교하면 다음 사항을 알 수 있다.

1. 실시간 즉, 프로세스 풀 버전에서 사용한 벽시계 시간은 1분 9.6초(69.6초)는 스레드 풀 버전의 벽 시계 시간 2분 12초(132초)보다 거의 50% 더 짧다.

2. 그러나 프로세스 풀 버전의 사용자 시간(즉, 사용자 코드에 대해 CPU 내부에서 보낸 시간)인 4분 22초(262초)는 스레드 풀 버전의 사용자 시간(132초) 2분 12초의 거의 두 배가 된다.

3. 스레드 풀 버전의 실제 CPU 시간과 사용자 CPU 시간은 2분 12초로 정확히 같다. 이것은 스레드 처리 버전은 CPU 코어 중 하나에서만 효과적으로 실행될 수 있다는 명백한 표시다.

이것은 프로세스 풀 버전이 모든 CPU 코어를 더 잘 사용할 수 있음을 의미하며, 스레드 풀 버전의 실제 시간 대비 50%이므로 CPU 시간을 두 배 이상 사용할 수 있다.

따라서 CPU 시간/실제 시간 측면에서 두 프로그램의 실제 성능 향상은 다음과 같다.

1. 스레드 버전 → 132초/132초=1
2. 프로세스 버전→ 262초/69.6초=3.76〜=4

스레드 버전에 대한 프로세스 버전의 실제 성능 비율은 다음과 같다.

$$4/1 = 4$$

프로그램이 실행된 머신에는 4개의 코어가 있는 CPU가 있다. 멀티 프로세스 버전의 코드는 4개의 CPU 코어 모두를 거의 똑같이 활용할 수 있음을 분명하게 보여준다. 스레드 버전은 GIL에 의해 제한되는 반면, 프로세스 버전은 제한없이 모든 코어를 자유롭게 이용할 수 있기 때문이다.

다음 절에서는 디스크 기반 파일의 정렬에 관련된 더 복잡한 문제를 살펴볼 것이다.

디스크 파일 정렬

디스크에 수십 만 개의 파일이 있고, 파일마다 주어진 범위에서 고정된 임의의 정수를 포함하고 있다고 하자. 파일을 정렬해 하나의 파일로 병합해야 한다고 가정해 보자.

모든 데이터를 메모리에 로드시키려면 엄청나게 많은 양의 RAM이 필요하다. 수백 만 개의 파일을 대상으로 간단히 계산해 보면, 각 파일이 1에서 10,000 범위의 정수 100개를 포함하면 총 천 만개 혹은 1억 개의 정수가 된다.

각 파일이 디스크에서 정수의 리스트로 로드됐다고 가정한다. 당분간 문자열 처리는 무시할 것이다.

sys.getsizeof를 사용해 대략적인 계산을 할 수 있다.

```
>>> sys.getsizeof([100000]*1000)*100000/(1024.0*1024.0)
769.04296875
```

전체 데이터가 한 번에 메모리에 로드되면 메모리 사용량은 800MB에 가깝게 된다. 이제 사용량은 큰 메모리 공간이 아닌 것처럼 보일 수 있다. 그러나 리스트가 커질수록 메모리에서 데이터를 하나의 커다란 리스트로 정렬하는 데는 더 많은 시스템 자원이 필요하다.

다음은 디스크 파일을 메모리에 로딩한 후 모든 정수를 정렬하는 가장 간단한 코드다.

```python
# sort_in_memory.py
import sys

all_lists = []

for i in range(int(sys.argv[1])):
    num_list = map(int, open('numbers/numbers_%d.txt' % i).readlines())
    all_lists += num_list

    print('Length of list',len(all_lists))
    print('Sorting...')
    all_lists.sort()
    open('sorted_nums.txt','w').writelines('\n'.join(map(str, all_lists))
    + '\n')
    print('Sorted')
```

앞의 코드는 디스크에서 특정 개수의 파일을 로드하며 각 파일은 1에서 10,000 사이의 정수 100개를 포함하고 있다. 각 파일을 읽어 정수의 리스트에 매핑하고 각 리스트를 누적 리스트에 추가한다. 마지막으로 리스트가 정렬되고 파일에 기록된다.

다음 표는 특정 개수의 디스크 파일을 정렬하는 데 걸리는 시간을 보여준다.

파일 개수(n)	정렬 수행 시간
1,000	17.4 초
10,000	101 초
100,000	138 초

파일 개수(n)	정렬 수행 시간
1,000,000	NA

수행 시간은 상당히 합리적이며 O(n)보다 적다. 그러나 시간보다 더 중요한 한 가지 문제가 있다. 메모리와 동작 관점에서는 메모리 공간이 문제다.

예를 들어 8GB RAM, 4코어 CPU를 갖는 64비트 리눅스 노트북에서 테스트를 수행하면 백만 개의 숫자 테스트는 끝나지 않는다. 대신, 시스템이 중단된다.

디스크 파일 정렬 – 카운터 사용

데이터를 살펴보면 시간보다 공간 문제로 다룰 수 있는 측면이 더 많이 있다는 사실을 알 수 있는데, 최대 한계가 10,000으로 고정된 범위에 있는 정수이기 때문이다.

따라서 모든 데이터를 분리된 리스트로 로딩하고 병합하는 대신 카운터 같은 데이터 구조를 사용할 수 있다.

동작 방법의 기본적인 아이디어는 다음과 같다.

1. 데이터 구조를 초기화한다. 1에서 시작해 최대 항목 10,000까지 각 항목은 카운터가 0으로 초기화된다.

2. 각 파일을 로드하고 데이터를 리스트로 변환한다. 리스트에서 발견된 숫자에 대해, 1단계에서 초기화된 카운터 데이터 구조에 해당하는 숫자의 카운트를 증가시킨다.

3. 마지막으로 카운터를 반복해 0보다 큰 카운트를 갖는 각 숫자를 출력한 후 파일로 출력을 저장한다. 출력 결과는 정렬되어 병합된 하나의 파일이다.

```
# sort_counter.py
import sys
import collections
```

```
MAXINT = 100000

def sort():
    """ Sort files on disk by using a counter """
    counter = collections.defaultdict(int)
    for i in range(int(sys.argv[1])):
        filename = 'numbers/numbers_%d.txt' % i
        for n in open(filename):
            counter[n] += 1
            print('Sorting...')

    with open('sorted_nums.txt','w') as fp:
    for i in range(1, MAXINT+1):
        count = counter.get(str(i) + '\n', 0)
        if count>0:
            fp.write((str(i)+'\n')*count)

    print('Sorted')
```

앞의 코드에서 카운터로 collections 모듈의 defaultdict를 사용한다. 정수를 만날 때마다 정수의 카운트가 증가한다. 결국 카운터는 반복되고 각 항목은 발견된 횟수만큼 출력된다.

문제를 정수를 정렬하는 것에서 카운터를 유지하고 자연적으로 정렬된 순서로 출력하는 것으로 변환하기 때문에, 정렬과 병합은 이러한 방법으로 발생한다.

다음 표는 입력 크기에 따라 숫자를 정렬하는 데 걸린 시간을 디스크 파일 개수 관점에서 요약한 것이다.

파일 개수(n)	정렬 수행 시간
1,000	16.5 초
10,000	83 초
100,000	86 초

파일 개수(n)	정렬 수행 시간
1,000,000	359 초

파일 개수가 가장 작을 때의 성능 즉, 1,000개 파일의 성능은 인메모리 정렬의 성능과 비슷하지만 성능은 입력 크기가 증가할수록 향상된다. 예제 코드는 백만 개의 파일이나 1억 개의 정수를 정렬하는데 약 5분 59초 정도가 걸린다.

 파일을 읽는 프로세스의 시간 측정에는 항상 커널 안의 버퍼 캐시 효과가 있다. 리눅스는 버퍼 캐시에 파일 내용을 임시로 저장하기 때문에 같은 성능 테스트를 연속해서 실행하면 개선 효과가 엄청나다는 사실을 확인할 수 있다. 따라서 같은 입력 크기를 연속으로 테스트 하려면 버퍼 캐시를 비운 후 수행해야 한다. 리눅스에서 이러한 작업은 다음 명령어를 통해 수행할 수 있다.

```
$ echo 3 > /proc/sys/vm/drop_caches
```

연속적인 숫자를 테스트할 때는 앞서 본 것처럼 버퍼 캐시를 재설정하지 않았다. 이것은 더 높은 카운트 값을 갖는 숫자를 테스트할 때는 이전 테스트 수행 동안 생성된 캐시의 성능 향상 효과를 누린다는 사실을 의미한다. 그러나 효과는 테스트마다 같아서 결과는 비슷하 다. 특정 알고리즘을 위한 테스트 스위트를 시작하기 전에 캐시는 재설정된다.

알고리즘은 테스트를 실행할 때마다 훨씬 더 적은 메모리가 필요하다. MAXINT까지 정수 배열을 사용하고 있으며 카운트를 증가시키기 때문에 메모리 요구사항은 같다.

다음은 memory_profiler를 사용하는 100,000개 파일을 인메모리 정렬할 때의 메모리 사용량으로 4장에서 본 적이 있다.

100,000개 파일을 입력할 때 인메모리 정렬 시 프로그램의 메모리 사용량

같은 개수의 파일에 대한 정렬 카운터의 메모리 사용량을 보여주는 그림이다.

100,000개 파일 입력 시 카운터 정렬 프로그램의 메모리 사용량

인메모리 정렬 프로그램의 메모리 사용량인 465 MB는 카운터 정렬 프로그램의 메모리 사용량인 70 MB의 6배보다 크다. 그리고 정렬 작업 자체는 인메모리 버전에서 약 10 MB의 추가 메모리가 필요하다.

디스크 파일 정렬 – 멀티 프로세싱 사용

멀티 프로세스를 사용하는 카운터 정렬 프로그램을 다시 작성한다. 이 방법은 프로세스 풀로 파일 경로 리스트를 분할하고, 입력 파일 처리를 한 개 프로세스 이상으로 확장하기 위한 것으로 결과로 나오는 데이터 병렬 처리에 따른 혜택을 활용한다.

다시 작성된 코드는 다음과 같다.

```
# sort_counter_mp.py
import sys
import time
import collections
from multiprocessing import Pool

MAXINT = 100000

def sorter(filenames):
    """ Sorter process sorting files using a counter """

    counter = collections.defaultdict(int)

    for filename in filenames:
        for i in open(filename):
            counter[i] += 1

    return counter

def batch_files(pool_size, limit):
    """ Create batches of files to process by a multiprocessing Pool """
    batch_size = limit // pool_size
```

```python
    filenames = []

    for i in range(pool_size):
        batch = []
        for j in range(i*batch_size, (i+1)*batch_size):
            filename = 'numbers/numbers_%d.txt' % j
            batch.append(filename)

        filenames.append(batch)

    return filenames

def sort_files(pool_size, filenames):
    """ Sort files by batches using a multiprocessing Pool """
    with Pool(pool_size) as pool:
        counters = pool.map(sorter, filenames)
        with open('sorted_nums.txt','w') as fp:
            for i in range(1, MAXINT+1):
                count = sum([x.get(str(i)+'\n',0) for x in counters])
                if count>0:
                    fp.write((str(i)+'\n')*count)
    print('Sorted')

if __name__ == "__main__":
    limit = int(sys.argv[1])
    pool_size = 4
    filenames = batch_files(pool_size, limit)
    sort_files(pool_size, filenames)
```

코드는 다음 변경사항이 반영됐으며 이전 코드와 같다.

1. 단일 리스트로 모든 파일을 처리하는 대신 파일 이름을 일괄처리 작업들에 넣어 풀의 크기를 일괄처리 작업들과 똑같이 만든다.

2. 파일 이름의 리스트를 받아 처리하고 카운트가 있는 딕셔너리로 반환하는 정렬 기능을 사용한다.

3. 카운트는 각 정수 즉, 1부터 MAXINT 범위까지 합산되며 많은 수가 정렬된 파일로 기록된다.

다음 표는 풀 크기가 각각 2와 4일 때 파일 개수에 따른 처리 데이터를 보여준다.

파일 개수(n)	풀의 크기	정렬 수행 시간
1,000	2	18 초
	4	20 초
10,000	2	92 초
	4	77 초
100,000	2	96 초
	4	86 초
1,000,000	2	350 초
	4	329 초

표의 숫자들은 흥미로운 내용을 알려준다.

1. (머신 안의 코어 개수와 같은) 4개의 프로세스를 갖는 멀티 프로세스 버전 1은 2개의 프로세스를 갖는 단일 프로세스 버전과 비교해 전반적으로 더 좋은 수치를 갖는다.

2. 그러나 멀티 프로세스 버전은 단일 프로세스 버전에 비교해 성능적인 혜택을 많이 제공하지 않는 것처럼 보인다. 성능 수치는 매우 유사하며 모든 개선 사항은 오류와 변동의 범위 안에 있다. 가령 백만 개의 입력에 4개의 프로세스를 갖는 멀티 프로세스는 단일 프로세스에 비해 8% 정도의 향상을 보여준다.

3. 정렬은 카운터의 증가분이므로, 여기서의 병목 현상은 계산(정렬) 때문이 아니라 메모리로 파일을 로드(파일 입출력)하는 데 걸리는 처리시간 때문이다. 따라서 단일 프로세스 버전은 모든 파일 데이터를 같은 주소 공간에 로드할 수 있어 상당

히 효율적이다. 멀티 프로세스 버전은 여러 주소 공간에 파일을 로드해 약간만 개선할 수 있다.

예제에서는 많은 계산이 이뤄지지 않으며 병목 현상이 디스크나 파일 입출력인 경우로, 멀티 프로세싱에 따른 확장이 그다지 효과가 없는 상황을 보여준다.

▌ 멀티스레딩 대 멀티 프로세싱

멀티 프로세싱의 설명에 이어 파이썬에서 단일 프로세스의 스레드를 확장하는 것과 멀티 프로세스를 사용하는 것을 선택해야 하는 시나리오를 비교해야 하는 시점이다. 이에 대한 일부 가이드라인을 소개한다.

다음 경우에는 멀티스레딩을 사용한다.

1. 프로그램이 많은 공유 상태 특히, 가변적인 상태를 유지해야 할 때, 리스트, 딕셔너리 같이 파이썬에 있는 많은 표준 데이터 구조들은 스레드에 안전하다. 따라서 프로세스를 사용하는 것보다 스레드를 사용해 가변적인 공유 상태를 유지하면 비용이 훨씬 더 적게 든다.
2. 프로그램이 메모리 사용량을 낮게 유지해야 할 때
3. 프로그램이 I/O 수행에 많은 시간을 쓸 때. GIL은 I/O를 수행하는 스레드에 의해 해제되므로 스레드가 I/O를 수행하는 시간에 영향을 주지 않는다.
4. 프로그램이 여러 프로세스에 걸쳐 확장할 수 있는 많은 양의 데이터 병렬 작업을 하지 않을 때

다음 시나리오에서는 멀티 프로세싱을 사용한다.

1. 프로그램이 바이트 코드 연산, 수치 처리, 대규모 입력 등 합리적인 많은 양의 CPU 제약을 갖는 컴퓨팅을 수행할 때

2. 프로그램이 데이터 덩어리^{chunks}로 동시처리될 수 있는 입력을 갖고 결과가 나중에 결합될 수 있을 때 즉, 프로그램의 입력이 병렬 계산에 적합할 때

3. 프로그램이 메모리 사용량에 아무런 제한도 없고 멀티코어 CPU와 충분히 많은 RAM을 갖는 최신 기계를 사용할 때

4. 프로세스 사이에 동기화가 필요한 가변적인 공유 상태가 적을 때. 동기화는 시스템을 느려지게 만들 수 있으며 멀티 프로세스에서 얻는 이점을 상쇄할 수 있다.

5. 프로그램이 I/O(파일이나 디스크 I/O 또는 소켓 I/O)에 많이 의존하지 않을 때

파이썬에서의 동시성 – 비동기 실행

멀티스레드와 멀티 프로세스를 사용해 동시실행을 수행하는 두 가지 방법을 살펴봤다. 스레드와 동기화 기본요소를 사용하는 다양한 예제와 약간 변형된 결과를 갖는 멀티 프로세싱의 몇 가지 사용 예제도 살펴봤다.

동시성 프로그래밍^{concurrent programming}을 수행하는 두 가지 방법 외에 비동기 프로그래밍이나 비동기 I/O를 사용하는 방법도 일반적이다.

비동기 실행 모델에서 태스크는 인터리브 방식^{interleaved manner}으로 태스크를 실행하는 스케줄러에 의해 태스크 큐에서 실행을 위해 선택된다. 여기에는 태스크가 특정 순서로 실행된다는 보장이 없다. 태스크의 실행 순서는 태스크가 큐에서 다른 태스크에게 얼마나 많은 처리시간을 양보하는가에 따라 달라진다. 다르게 표현하면 비동기 실행은 협력적인 멀티 태스킹을 통해 이루어진다.

비동기 실행은 보통 단일 스레드에서 발생한다. 진정한 데이터 병렬 처리나 병렬 실행이 발생하지 않을 수도 있음을 의미하는 대신, 모델은 병렬 처리와 유사한 모습을 제공한다.

비동기 시스템은 순서대로 실행되지 않기 때문에 함수의 실행 결과를 호출자^{callers}에게 반환하는 방법이 필요하다. 이것은 결과가 준비되거나 결과를 받는 futures라고 하는 특

별한 객체를 사용할 때 호출돼야 하는 함수인 콜백에서 발생한다.

파이썬 3는 coroutines를 사용하는 asyncio 모듈을 통해 이러한 종류의 실행을 제공한다. 내용을 논의하기에 앞서 선점형 멀티태스킹pre-emptive multitasking 대 협력형 멀티태스킹co-operative multitasking을 이해하고 파이썬에서 생성기를 사용해 간단한 협업형 멀티태스킹 스케줄러를 구현하는 방법을 살펴본다.

▌ 선점형 멀티태스킹 대 협력형 멀티태스킹

앞서 멀티스레드를 사용해 작성한 프로그램은 동시성 예제였다. 운영체제가 스레드를 실행하는 방법과 시기를 걱정할 필요가 없었다. 스레드(또는 프로세스)를 준비하고 대상 기능을 제공하고 실행했다. 스케줄링은 운영체제가 처리했다.

운영체제는 CPU 클럭의 모든 틱ticks마다 실행 중인 스레드를 선점하고 특정 코어에서 다른 스레드로 교체한다. 이것은 여러가지 이유로 발생할 수 있지만 프로그래머는 세부사항을 걱정할 필요가 없다. 스레드를 생성하고 처리해야 하는 데이터와 함께 스레드를 설정하고 올바른 동기화 요소를 사용해 스레드를 시작하면 된다. 운영체제가 스위칭과 스케줄링을 포함한 나머지 작업을 수행한다.

이것이 현대 운영체제가 동작하는 방법이며 각 스레드가 실행시간을 공평하게 공유하고 다른 모든 사항이 동일해지는 것을 보장한다. 이 방법은 선점형 멀티태스킹pre-emptive multitasking으로 알려져 있다.

선점형 멀티태스킹에 반대되는 스케줄링 타입이 있다. 협력형 멀티태스킹으로 우선 순위와 경쟁하는 스레드나 프로세스의 실행에 운영체제가 아무런 역할도 하지 않는다. 대신, 프로세스나 스레드는 다른 프로세스나 스레드가 실행되도록 기꺼이 통제권을 양보한다. 또는 스레드는 유휴 상태(대기)나 I/O를 기다리는 또 다른 스레드로 교체될 수 있다.

협력형 멀티태스킹 기법은 공동 루틴을 사용하는 동시 실행을 위한 비동기 모델에 사용된다. 데이터를 기다리는 동안이나 네트워크에 반환 값을 요청하는 동안, 아직 반환되지 않은 네트워크를 호출을 하는 함수는 다른 기능이나 태스크가 실행되도록 통제권을 양보할 수 있다.

asyncio를 사용하는 실제 공동 루틴을 알아보기 전에 파이썬 생성기를 사용하는 자체적인 협력형 멀티태스킹 스케줄러를 작성해 보자. 다음 코드에서 확인할 수 있듯 코드 작성은 그다지 어렵지 않다.

```python
# generator_tasks.py
import random
import time
import collections
import threading

def number_generator(n):
    """ A co-routine that generates numbers in range 1..n """

    for i in range(1, n+1):
        yield i

def square_mapper(numbers):
    """ A co-routine task for converting numbers to squares """

    for n in numbers:
        yield n*n

def prime_filter(numbers):
    """ A co-routine which yields prime numbers """

    primes = []
    for n in numbers:
        if n % 2 == 0: continue
        flag = True
```

```
        for i in range(3, int(n**0.5+1), 2):
            if n % i == 0:
                flag = False
                break

        if flag:
            yield n

def scheduler(tasks, runs=10000):
    """ Basic task scheduler for co-routines """

    results = collections.defaultdict(list)

    for i in range(runs):
        for t in tasks:
            print('Switching to task',t.__name__)
            try:
                result = t.__next__()
                print('Result=>',result)
                results[t.__name__].append(result)
            except StopIteration:
                break

    return results
```

코드를 분석해 보자.

- 4개의 함수를 갖고 있다. yield 키워드를 사용해 데이터를 반환하기 때문에 3개의 생성자와 특정 태스크의 세트를 실행하는 스케줄러 함수를 갖고 있다.

- square_mapper 함수는 반복되는 정수를 반환하고 멤버의 제곱을 산출하는 반복자를 받아들인다.

- prime_filter 함수는 소수가 아닌 숫자를 필터링하고 소수만 생성하는 유사 반복자를 허용한다.

- number_generator 함수는 앞의 두 함수에 대한 입력 반복자로 동작하며, 정수의 입력 스트림을 제공한다.

4개의 함수 모두를 묶는 호출 코드를 살펴보자.

```
import sys

tasks = []
start = time.clock()

limit = int(sys.argv[1])

# Append sqare_mapper tasks to list of tasks
tasks.append(square_mapper(number_generator(limit)))
# Append prime_filter tasks to list of tasks
tasks.append(prime_filter(number_generator(limit)))

results = scheduler(tasks, runs=limit)
print('Last prime=>',results['prime_filter'][-1])
end = time.clock()
print('Time taken=>',end-start)
```

호출 코드를 분석한 내용을 살펴보자.

- 숫자 생성기는 명령행 인자를 통해 받는 카운트를 갖고 초기화된다. 이 값은 squre_mapper 함수로 전달된다. 결합된 함수는 tasks 리스트에 태스크로 추가된다.
- 유사한 동작이 prime_filter 함수에서도 수행된다.
- scheduler 메소드는 각 태스크를 하나씩 실행하는 for 루프를 통해 반복 실행되는 태스크 리스트에 전달돼 실행된다. 결과는 함수 이름을 키로 사용해 딕셔너리에 추가되며 실행이 끝날 때 반환된다.

- 실행이 올바른지 검증하기 위해 마지막 소수값과 스케줄러가 처리를 위해 수행한 시간도 출력한다.

10개의 제한 값을 갖는 간단한 협력형 멀티태스킹 스케줄러의 출력을 살펴보자. 다음 화면에서 볼 수 있듯이 단일 명령창에서 모든 입력을 확인할 수 있다.

```
Chapter 5 - Asynchronous Execution
File Edit View Search Terminal Help
$ python3 generator_tasks.py 10
Switching to task square_mapper
Result=> 1
Switching to task prime_filter
Result=> 1
Switching to task square_mapper
Result=> 4
Switching to task prime_filter
Result=> 3
Switching to task square_mapper
Result=> 9
Switching to task prime_filter
Result=> 5
Switching to task square_mapper
Result=> 16
Switching to task prime_filter
Result=> 7
Switching to task square_mapper
Result=> 25
Switching to task prime_filter
Switching to task square_mapper
Result=> 36
Switching to task prime_filter
Switching to task square_mapper
Result=> 49
Switching to task prime_filter
Switching to task square_mapper
Result=> 64
Switching to task prime_filter
Switching to task square_mapper
Result=> 81
Switching to task prime_filter
Switching to task square_mapper
Result=> 100
Switching to task prime_filter
Last prime=> 7
Time taken=> 0.00021399999999999197
$
```

10개를 입력했을 때 간단한 협력적 멀티태스킹 프로그램의 예제 출력 결과

출력 결과를 분석해 보자.

1. 콘솔에 square_mapper와 prime_filter 함수의 출력이 번갈아 나타나는데 스케줄러가 루프에서 함수 간의 전환 작업을 하기 때문이다. 각 함수는 공동 루틴(생성자)로 실행을 양보하는데, 제어를 한 함수에서 다른 함수로 전달하며 반대 경우도 마찬가지다. 두 함수를 동시에 실행할 수 있는 반면, 상태를 유지하면서 결과를 생성할 수 있다.

2. 여기서는 생성기를 사용했기 때문에 이들은 yield 키워드를 사용해 결과를 생성하고 제어권을 양보하며 더해 결과를 한 번에 생성하는 자연스러운 방법을 제공한다.

█ 파이썬의 asyncio 모듈

파이썬의 asyncio 모듈은 공동 루틴을 사용해 동시성을 갖는 단일 스레드 프로그램의 작성을 지원한다. asyncio 모듈은 파이썬 3에서만 사용이 가능하다.

공동 루틴^{co-routine}을 사용하는 asyncio 모듈은 다음과 같은 방법 중 하나를 사용한다.

- 함수를 정의하기 위해 aysnc def문 사용
- @asyncio.coroutine 표현식을 사용한 데코레이션 처리

생성기 기반 공동 루틴은 두 번째 방법을 사용하며 이들은 표현식에서 넘겨진다.

보통 첫 번째 방법을 사용해 생성된 공동 루틴은 미래에 완료되는 것을 기다리기 위해 await <future> 표현을 사용한다.

공동 루틴은 객체를 연결하고 이들을 태스크로 스케줄링하는 event 루프를 사용해 실행되도록 예약된다. 다양한 운영체제를 위한 여러 타입의 이벤트 루프가 제공된다.

다음 코드는 간단한 협력형 멀티태스킹 스케줄러의 이전 예제를 asyncio 모듈을 사용하도록 작성한 것이다.

```
# asyncio_tasks.py
import asyncio

def number_generator(m, n):
    """ A number generator co-routine in range(m...n+1) """
    yield from range(m, n+1)
```

```python
async prime_filter(m, n):
    """ Prime number co-routine """

    primes = []
    for i in number_generator(m, n):
        if i % 2 == 0: continue
        flag = True

        for j in range(3, int(i**0.5+1), 2):
            if i % j == 0:
                flag = False
                break

        if flag:
            print('Prime=>',i)
            primes.append(i)

    # At this point the co-routine suspends execution
    # so that another co-routine can be scheduled
    await asyncio.sleep(1.0)
    return tuple(primes)

async def square_mapper(m, n):
    """ Square mapper co-routine """
    squares = []

    for i in number_generator(m, n):
        print('Square=>',i*i)
        squares.append(i*i)

    # At this point the co-routine suspends execution
    # so that another co-routine can be scheduled
    await asyncio.sleep(1.0)
    return squares

def print_result(future):
    print('Result=>',future.result())
```

다음은 앞의 코드의 동작 방식이다.

1. number_generator 함수는 이터레이터인 하위 생성자 range(m, n+1)에서 나오는 공동 루틴이다. 공동 루틴이 다른 공동 루틴을 호출할 수 있게 한다.

2. square_mapper 함수는 async def 키워드를 사용하는 첫 번째 타입의 공동 루틴이다. 이 함수는 숫자 생성기에서 숫자들을 사용해 제곱수의 리스트를 반환한다.

3. prime_filter 함수는 같은 타입이다. 숫자 생성기를 사용하며 리스트에 소수를 추가해 반환한다.

4. 두 공동 루틴 모두 asyncio.sleep 함수를 사용하는 휴면 상태를 통해 다른 공동 루틴에 실행을 양보하고 대기한다. 두 공동 루틴이 인터리브 방식으로 동시에 동작할 수 있게 한다.

다음은 이벤트 루프를 갖는 호출 코드와 나머지 코드다.

```
loop = asyncio.get_event_loop()
future = asyncio.gather(prime_filter(10, 50), square_mapper(10, 50))
future.add_done_callback(print_result)
loop.run_until_complete(future)

loop.close()
```

다음은 프로그램의 출력 결과다. 각 작업의 결과가 인터리브 방식으로 출력되는 것을 확인해 보자.

소수와 제곱 값을 계산하는 asyncio 태스크 실행 결과

코드가 동작하는 방법을 처음부터 끝까지 한 줄씩 분석해 본다.

1. 먼저 asyncio.get_event_loop의 factory 함수를 이용해 asyncio 이벤트 loop 를 얻는다. 이것은 운영체제를 위한 기본 이벤트 루프의 구현을 반환한다.

2. asyncio 모듈의 gather 메소드를 이용해 asyncio future 객체를 설정한다. gather 메소드는 인수로 전달된 공동 루틴 세트나 futures에서 결과를 집계하는 데 사용된다. 우리는 prime_filter와 squere_mapper 모두 gether 메소드에 전 달한다.

3. future 객체에 콜백(print_result 함수)이 추가된다. 콜백은 future의 실행이 끝 나면 자동으로 호출된다.

4. 루프는 future의 실행이 완료될 때까지 수행된다. future 실행이 끝나는 시점 에 콜백이 호출되고 결과가 출력된다. 출력이 인터리브 방식으로 보여지는 것 에 주의하자. 각 태스크가 asyncio 모듈의 sleep 함수를 사용해 다른 태스크에

실행권을 넘겨준다.

5. 루프가 닫히고 동작이 끝난다.

■ future의 실행 완료 대기하기 – async와 await

await를 사용하는 공동 루틴 내부에서 미래의 데이터를 기다리는 방법을 알아봤다. 다른 공동 루틴에는 제어권을 양보하기 위해 await를 사용하는 예제였는데, 이제 웹에서 데이터를 반환하는 미래의 I/O 완료를 기다리는 예제를 살펴보자.

예제에서는 asyncio 모듈과 함께 동작하는 HTTP 클라이언트와 서버를 제공하며 futures를 지원하는 aiohttp 모듈이 필요하다. 또한 비동기 공동 루틴에서 타임아웃을 허용하는 async_timeout 모듈도 필요하다. aiohttp 모듈과 async_timeout 모듈 모두 pip 를 사용해 설치할 수 있다.

다음은 이에 대한 코드로 타임아웃을 이용해 URL을 가져오고 future 즉, 동작 결과를 기다린다.

```python
# async_http.py
import asyncio
import aiohttp
import async_timeout

@asyncio.coroutine
def fetch_page(session, url, timeout=60):
    """ Asynchronous URL fetcher """

    with async_timeout.timeout(timeout):
    response = session.get(url)
    return response
```

다음은 이벤트 루프가 있는 호출 코드다.

```
loop = asyncio.get_event_loop()
urls = ('http://www.google.com',
        'http://www.yahoo.com',
        'http://www.facebook.com',
        'http://www.reddit.com',
        'http://www.twitter.com')

session = aiohttp.ClientSession(loop=loop)
tasks = map(lambda x: fetch_page(session, x), urls)
# Wait for tasks
done, pending = loop.run_until_complete(asyncio.wait(tasks,
                                        timeout=120))
loop.close()

for future in done:
    response = future.result()
    print(response)
    response.close()
    session.close()

loop.close()
```

앞의 코드는 어떤 작업을 수행할까?

1. 이벤트 루프와 가져올 URL 리스트를 생성한다. 또한 URL 패칭을 위한 헬퍼인
    aiohttp.ClientSession 객체의 인스턴스도 생성한다.

2. `fetch_page` 함수에 각 URL을 매핑해 태스크 맵을 생성한다. 세션 객체가
    `fetch_page` 함수의 첫 번째 인수로 전달된다.

3. 태스크가 120초의 타임아웃을 갖는 **asyncio**의 **wait** 메소드에 전달된다.

4. 루프가 완료될 때까지 실행되고 두 세트의 futures(done과 pending)를 반환한다.

5. 완료된 future를 통해 작업을 반복하고 future의 **result** 메소드를 사용하는 패
    칭을 통해 응답을 출력한다.

다음 화면에서 작업 결과를 확인할 수 있다(여러 줄로 보이는 처음 몇 줄이 출력이다).

5개 URL의 비동기 패칭을 수행하는 프로그램의 출력 결과

확인한 것처럼 간단한 요약 정보의 관점으로 응답을 출력할 수 있다. 실제 응답 텍스트, 콘텐츠 길이, 상태 코드 같은 더 자세한 사항을 얻기 위해 응답을 처리하는 방법은 무엇 일까?

다음 함수는 완료된 future의 리스트를 파싱한다. 응답의 read 메소드에 대한 await를 통해 응답 데이터를 기다린다. 이것은 각 응답의 데이터를 비동기적으로 반환한다.

```python
async def parse_response(futures):
""" Parse responses of fetch """
for future in futures:
    response = future.result()
    data = await response.text()
        print('Response for URL',response.url,'=>', response.status,
        len(data))
        response.close()
```

response 객체의 응답이 마무리되기 전, 해당 메소드에 의해 각 응답의 세부사항인 마지막 URL, 상태 코드, 데이터의 길이가 출력된다.

완료된 응답 리스트에 이 작업을 하려면 처리 단계를 하나만 추가하면 된다.

```
session = aiohttp.ClientSession(loop=loop)
# Wait for futures
tasks = map(lambda x: fetch_page(session, x), urls)
done, pending = loop.run_until_complete(asyncio.wait(tasks, timeout=300))

# One more processing step to parse responses of futures
loop.run_until_complete(parse_response(done))

session.close()
loop.close()
```

공동 루틴을 연결하는 방법에 주의해야 한다. 체인의 마지막 링크는 루프가 끝나기 전에 완료된 futures 리스트를 처리하는 parse_response 공동 루틴이다.

다음 화면은 프로그램의 출력 결과를 보여준다.

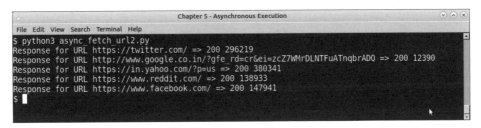

5개의 URL을 비동기적으로 가져와 응답을 처리하는 프로그램의 출력 결과

복잡한 많은 프로그램이 asyncio 모듈을 사용해 수행될 수 있다. 프로그램은 future를 기다리다 실행을 취소하고, 여러 스레드에서 asyncio 작업을 실행할 수 있다(관련 내용을 설명하려면 이 책의 범위를 벗어난다).

이제 파이썬에서 태스크를 동시에 실행하는 다른 모델인 concurrent.futures 모듈을 알아본다.

▌동시 실행되는 future 객체들 – 고수준의 동시 처리

concurrent.futures 모듈은 future 객체를 사용해 데이터를 비동기적으로 반환하는 반면, 스레드나 프로세스를 사용하는 고수준의 동시 처리를 제공한다.

concurrent.futures 모듈은 다음과 같은 두 개의 주요 메소드를 갖는 실행 인터페이스를 제공한다.

- submit: 비동기적으로 실행돼야 하는 callable을 제출하고, callable의 실행을 의미하는 future 객체를 반환한다.
- map: iterable의 세트를 callable에 매핑하고, future 객체에서 비동기적으로 실행을 스케줄링한다. 그러나 메소드는 future들의 리스트를 반환하는 대신 처리 결과를 직접 반환한다.

실행자 인터페이스executor interface를 구현한 방법이 두 가지가 있다. ThreadPoolExecutor 는 스레드 풀에서 callable을 실행하고, ProcessPoolExecutor는 프로세스 풀에서 callable을 실행한다.

다음은 정수 집합에 대한 팩토리얼을 비동기적으로 계산하는 future 객체의 간단한 예제다.

```
from concurrent.futures import ThreadPoolExecutor, as_completed
import functools
import operator

def factorial(n):
    return functools.reduce(operator.mul, [i for i in range(1, n+1)])
```

```
with ThreadPoolExecutor(max_workers=2) as executor:
    future_map = {executor.submit(factorial, n): n for n in range(10,21)}
    for future in as_completed(future_map):
        num = future_map[future]
        print('Factorial of',num,'is',future.result())
```

앞의 코드에 대한 설명이다.

- factorial 함수는 functools.reduce와 곱셈 연산자를 사용해 주어진 숫자에 팩토리얼을 반복적으로 계산한다.
- 두 개의 워커를 갖는 실행자를 생성한다. 10부터 20까지 숫자들을 submit 메소드를 통해 제출한다.
- 딕셔너리 내포^{dictionary comprehension}를 통해 제출이 끝나면 future 키로 숫자 값을 갖는 딕셔너리가 반환된다.
- concurrent.futures 모듈의 as_completed 메소드를 사용해, 계산이 완료 처리된 future로 반복 작업을 한다.
- 결과는 result 메소드를 통해 future 결과를 가져와 출력된다.

실행될 때 프로그램은 다음 화면처럼 순서대로 출력 결과를 인쇄한다.

동시 처리되는 future들의 팩토리얼 프로그램의 출력 결과

디스크 썸네일 생성기

앞에서 스레드가 동작하는 방법과 정보를 처리 방법을 보여주기 위해 웹에 있는 임의의 이미지에 대한 썸네일 생성기 예제를 사용했다.

이번 예제에서도 비슷한 작업을 한다. 웹에서 임의의 이미지 URL을 처리하는 대신, 디스크에서 이미지를 로드하고 concurrent.futures 함수를 사용해 썸네일로 변환한다.

이전 예제의 썸네일 생성 함수를 재사용하고 동시 처리 기능을 추가할 것이다.

먼저 import 처리 부분이다.

```
import os
import sys
import mimetypes
from concurrent.futures import ThreadPoolExecutor, ProcessPoolExecutor, as_
completed
```

다음은 익숙한 썸네일 생성 함수다.

```
def thumbnail_image(filename, size=(64,64), format='.png'):
    """ Convert image thumbnails, given a filename """

    try:
        im=Image.open(filename)
        im.thumbnail(size, Image.ANTIALIAS)

        basename = os.path.basename(filename)
        thumb_filename = os.path.join('thumbs', basename.rsplit('.')[0] + '_
        thumb.png')
        im.save(thumb_filename)
        print('Saved',thumb_filename)
        return True

    except Exception as e:
```

```
        print('Error converting file',filename)
        return False
```

특정 폴더에서 이미지를 처리할 것이다. 예제에서는 home 폴더 아래의 Pictures 디렉토리에서 이미지를 처리한다. 이미지 처리를 위해 이미지 파일명을 생성하는 반복자가 필요하다. os.walk 함수를 사용해 다음 코드를 작성했다.

```
def directory_walker(start_dir):
    """ Walk a directory and generate list of valid images """

    for root,dirs,files in os.walk(os.path.expanduser(start_dir)):
        for f in files:
            filename = os.path.join(root,f)
            # Only process if its a type of image
            file_type = mimetypes.guess_type(filename.lower())[0]
            if file_type != None and file_type.startswith('image/'):
                yield filename
```

앞의 함수는 일종의 생성기다.

다음은 실행자를 설정하고 폴더에서 실행하는 호출 코드다.

```
root_dir = os.path.expanduser('~/Pictures/')
if '--process' in sys.argv:
    executor = ProcessPoolExecutor(max_workers=10)
else:
    executor = ThreadPoolExecutor(max_workers=10)

with executor:
    future_map = {executor.submit(thumbnail_image, filename):
    filename for filename in directory_walker(root_dir)}
    for future in as_completed(future_map):
        num = future_map[future]
        status = future.result()
```

```
        if status:
            print('Thumbnail of',future_map[future],'saved')
```

앞의 코드는 비동기적으로 함수에 인수를 제출하고 결과 future들을 딕셔너리에 저장하는 동일 기법을 사용한다. 그리고 루프에서 future가 마무리될 때 결과를 처리한다.

프로세스를 사용하기 위해 실행기를 바꾸려면 간단히 ThreadPoolExecutor를 ProcessPoolExecutor로 교체하기만 하면 된다. 그리고 나머지 코드를 똑같이 유지하는데, 이를 쉽게 하기 위해 같은 명령행 플래그 --process를 제공했다.

다음은 ~/Pictures 폴더에 스레드와 프로세스 풀 모두를 사용하는 프로그램의 실행 결과이다. 대략 같은 시간에 2,000개 이상의 이미지를 생성한다.

스레드와 프로세스 실행기를 사용하는 동시 처리 future 디스크 썸네일 프로그램의 출력 결과

동시성 옵션 – 선택 방법

파이썬의 동시성 기법들을 거의 확인했다. 스레드, 프로세스, 비동기 I/O, 동시성을 갖는 future를 학습했다. 자연스럽게 질문 하나가 떠오른다. 언제 어떤 옵션을 선택할까?

결정 사항이 GIL에 영향을 받는 대부분의 경우, 스레드와 프로세스 사이의 선택에서 답은 이미 정했다.

동시성 옵션의 선택을 위한 대략적인 가이드라인은 다음과 같다.

- **동시성을 갖는 future 대 멀티 프로세싱**: 동시성을 갖는 future는 스레드나 프로세스 풀 실행기를 사용해 태스크를 병렬화하는 방법을 제공한다. 예제에서 봤듯, 한 종류에서 다른 종류로 전환하기가 매우 쉽기 때문에 기본 애플리케이션이 스레드나 프로세스 같이 유사한 확장성 메트릭을 갖는 경우에 이상적이다. 작업 결과를 바로 사용할 필요가 없을 때도 동시성을 갖는 future는 선택할 수 있다. 동시성을 갖는 future는 데이터가 세밀하게 병렬화되고, 작업이 비동기적으로 실행될 때나 복잡한 비동기 기법이 필요하지 않은 간단한 callable들을 포함하고 있을 때 좋은 선택이다.

  동시 실행이 더 복잡하면서 데이터 병렬 처리를 기반으로 하지 않고, 동기화, 공유 메모리를 사용하는 경우는 멀티 프로세싱을 선택할 수 있다. 예를 들어 프로그램이 프로세스, 동기화 기본 요소, IPC가 필요한 경우 실제로 확장할 수 있는 유일한 방법은 멀티 프로세싱 모듈이 제공하는 기본 요소를 사용하는 동시성 프로그램을 작성하는 것이다.

  마찬가지로, 멀티스레드를 사용하는 로직이 여러 태스크를 사용하는 데이터의 간단한 병렬 처리를 포함한다면 스레드 풀을 갖는 동시성 future들을 선택할 수 있다

  그러나 복잡한 스레드 동기화 객체로 관리해야 하는 공유 상태가 많다면 스레드 객체를 사용해야 하며 상태를 더 세밀히 제어하기 위해 **threading** 모듈을 사용하는 멀티스레드로 전환해야 한다.

- **비동기 I/O 대 스레드 처리된 동시성**: 프로그램이 진정한 동시성(병렬 처리)을 필요로 하지 않지만 비동기 처리나 콜백에 더 의존적이면 **asyncio**를 사용해야 한다. asyncio는 사용자 입력 대기, I/O 입력 대기와 같이 애플리케이션이 많은 대기 및 휴면 주기를 포함하고 있는 경우와 공동 루틴을 통해 다른 태스크를 시작해 대기 시간이나 휴면 시간을 활용해야 할 때 좋다. asyncio는 CPU를 많이 사

용하는 동시 처리나 진정한 데이터 병렬 처리를 포함하는 태스크에는 적합하지
않다.

asyncio는 많은 I/O가 발생하는 요청 응답 루프에 적합하다. 따라서 실시간 데
이터 요구사항이 없는 웹 애플리케이션 서버 작성에 적합하다.

애플리케이션을 위한 적절한 동시성 패키지를 결정해야 할 때 대략적인 가이드라인으로
앞에 나열된 사항을 활용할 수 있다.

병렬 처리 라이브러리

지금까지 설명한 표준 라이브러리 모듈 이외에도 파이썬은 대칭형 멀티 프로세싱^{SMP}이
나 멀티 코어 시스템에서 병렬 처리를 지원하는 풍부한 서드 파티 라이브러리 생태계를
갖추고 있다.

이러한 일부 패키지와 흥미로운 기능을 살펴보자.

Joblib

joblib은 코드를 루프에서 병렬로 실행하기 위해 멀티 프로세싱에 대한 래퍼를 제공하
는 패키지다. 코드는 생성자 표현식으로 작성되며 내부적으로 멀티 프로세싱 모듈을 사
용하는 CPU 코어들을 사용해 코드가 병렬로 실행되도록 해석된다.

예를 들어 처음 10개 숫자의 제곱근을 계산하는 코드는 다음과 같다.

```
>>> [i ** 0.5 for i in range(1, 11)]
[1.0, 1.4142135623730951, 1.7320508075688772, 2.0, 2.23606797749979,
2.449489742783178, 2.6457513110645907, 2.8284271247461903, 3.0,
3.1622776601683795]
```

앞의 코드는 다음과 같이 두 개의 CPU 코어에서 실행되도록 변환할 수 있다.

```
>>> import math
>>> from joblib import Parallel, delayed
    [1.0, 1.4142135623730951, 1.7320508075688772, 2.0,
    2.23606797749979, 2.449489742783178, 2.6457513110645907,
    2.8284271247461903, 3.0, 3.1622776601683795]
```

다른 예제를 살펴보자. joblib 패키지를 사용하기 위해 예제는 이전에 작성된 소수 검사기를 멀티 프로세싱을 사용해 실행되도록 다시 작성된 코드다.

```
# prime_joblib.py
from joblib import Parallel, delayed

def is_prime(n):
    """ Check for input number primality """

    for i in range(3, int(n**0.5+1), 2):
        if n % i == 0:
            print(n,'is not prime')
            return False

    print(n,'is prime')
    return True

if __name__ == "__main__":
    numbers = [1297337, 1116281, 104395303, 472882027, 533000389,
               817504243, 982451653, 112272535095293, 115280095190773,
               1099726899285419]*100
    Parallel(n_jobs=10)(delayed(is_prime)(i) for i in numbers)
```

앞의 코드를 실행하고 시간을 측정하면 성능 메트릭이 멀티 프로세싱을 사용하는 버전의 성능 메트릭과 유사하다는 사실을 확인할 수 있다.

PyMP

OpenMP는 개방형 API로 C/C++과 포트란에서 공유 메모리 멀티 프로세싱을 지원한다. 이 라이브러리는 스레드나 프로세스 사이에서 작업 분할 방법을 나타내는 pragmas(컴파일러에 관한 특수 명령어)같은 특별한 작업 공유 구조를 사용한다.

다음 C 코드는 멀티스레드를 사용해 병렬로 배열을 초기화하는 OpenMP API를 사용한다.

```c
int parallel(int argc, char **argv)
{
    int array[100000];

    #pragma omp parallel for
    for (int i = 0; i < 100000; i++) {
        array[i] = i * i;
    }

    return 0;
}
```

PyMP는 OpenMP의 기반 아이디어에서 영감을 얻었지만 프로세스의 루프 표현식에서 코드 실행을 병렬화하기 위해 fork 시스템 콜을 사용한다. 이를 위해 PyMP는 리스트 딕셔너리와 같은 공유 데이터 구조와 numpy 배열을 위한 래퍼도 제공한다.

코드를 병렬화하기 위해 PyMP의 사용법을 설명하고 성능을 개선하기 위해 흥미롭고 이국적인 프렉탈 예제를 살펴본다.

 PyMP를 위한 PyPI 패키지는 pymp-pypi로 불린다. 따라서 pip를 통해 패키지를 설치하면 그 이름을 사용해야 한다. 또한 numpy 같은 의존성을 제거하는 것은 좋지 않으므로 의존성은 별도로 설치해야 한다.

프렉탈 – 만델브로트 세트

다음은 그래프로 그릴 때 프랙털 기하^{fractal geometries}를 만드는 복잡한 숫자에 관한 클래스의 코드 리스트인 멘델브로트 세트^{Mandelbrot set}다.

```python
# mandelbrot.py
import sys
import argparse
from PIL import Image

def mandelbrot_calc_row(y, w, h, image, max_iteration = 1000):
    """ Calculate one row of the Mandelbrot set with size wxh """

    y0 = y * (2/float(h)) - 1 # rescale to -1 to 1

    for x in range(w):
        x0 = x * (3.5/float(w)) - 2.5 # rescale to -2.5 to 1

        i, z = 0, 0 + 0j
        c = complex(x0, y0)
        while abs(z) < 2 and i < max_iteration:
            z = z**2 + c
            i += 1

        # Color scheme is that of Julia sets
        color = (i % 8 * 32, i % 16 * 16, i % 32 * 8)
        image.putpixel((x, y), color)

def mandelbrot_calc_set(w, h, max_iteration=10000, output='mandelbrot.png'):
    """ Calculate a mandelbrot set given the width, height and
    maximum number of iterations """

    image = Image.new("RGB", (w, h))

    for y in range(h):
        mandelbrot_calc_row(y, w, h, image, max_iteration)
```

```
        image.save(output, "PNG")

    if __name__ == "__main__":
        parser = argparse.ArgumentParser(prog='mandelbrot',
        description='Mandelbrot fractal generator')
        parser.add_argument('-W','--width',help='Width of the image',type=int,
        default=640)
        parser.add_argument('-H','--height',help='Height of the image',type=int,
        default=480)
        parser.add_argument('-n','--niter',help='Number of iterations',type=int,
        default=1000)
        parser.add_argument('-o','--output',help='Name of output image
        file',default='mandelbrot.png')

        args = parser.parse_args()
        print('Creating Mandelbrot set with size %(width)sx%(height)s,
        #iterations=%(niter)s' % args.__dict__)
        mandelbrot_calc_set(args.width, args.height, max_iteration=args.niter,
        output=args.output)
```

앞의 코드는 특정 숫자의 c와 가변 지오메트리(너비×높이)를 이용해 멘델브로트 세트를
계산한다. 코드는 변화하는 지오메트리의 프렉탈 이미지를 생성하는 인수 파싱으로 끝나
며 서로 다른 이터레이션을 지원한다.

 멘델브로트가 일반적으로 생성하는 그림보다 더 아름다운 그림을 생성하기 위해 이 코드는
어느 정도의 자유로움이 필요하며 관련된 프랙털 클래스 즉, 줄리아 세트(Julia sets)의 색
구성을 사용한다.

코드는 어떻게 동작할까? 코드 설명을 살펴보자.

1. mandelbrot_calc_row 함수는 특정 수의 최대 반복치의 특정 y 좌표 값에 대한
   멘델브로트 집합의 행을 계산한다. x 좌표에 대해 0부터 너비 w까지 전체 행에

대한 픽셀 색상 값이 계산된다. 픽셀 값은 이 함수에 전달된 Image 객체에 넣어진다.

2. mandelbrot_calc_set 함수는 0에서 이미지 높이 h까지 범위의 y 좌표의 모든 값에 mandelbrot_calc_row 함수를 호출한다. 주어진 지오메트리 (너비 x 높이)에 대해 (Pillow 라이브러리를 통해) Image 객체가 생성되고 픽셀 값으로 채워진다. 마지막으로 이 이미지를 파일에 저장하면 프랙털을 얻게 된다.

더 이상 고민하지 말고 코드를 실행해 보자.

다음은 기본 반복 횟수인 1,000에 대해 생성된 멘델브로트 프로그램의 이미지다.

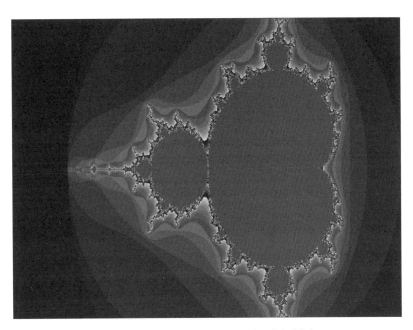

1,000번 반복했을 때 멘델브로트 세트의 프랙털 이미지

다음은 프렉탈 이미지를 생성하는 데 걸린 시간이다.

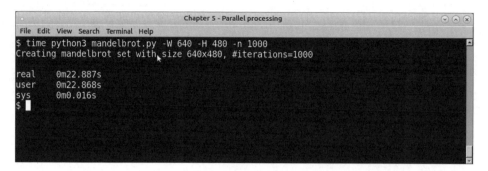

1,000번 반복했을 때 멘델브로트 프로그램의 단일 처리 시간 측정

반복 횟수를 증가시키면 단일 프로세스 버전은 상당히 느려진다. 다음은 반복 횟수를 10배 즉, 10,000번으로 증가시켰을 때의 결과다.

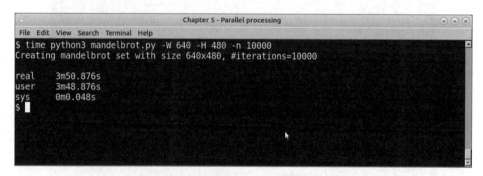

10,000번 반복했을 때 멘델로브 프로그램의 단일 처리 시간 측정

코드를 보면 필요한 동작을 설정하는 부분이 mandelbrot_calc_set 함수의 루프 안에 있음을 확인할 수 있다. 이것은 y 좌표에 의해 변하는 0부터 함수의 높이까지, 이미지의 각 행에 mandelbrot_calc_row를 호출한다.

mandelbrot_calc_row 함수를 호출할 때마다 이미지의 한 행이 계산되기 때문에 데이터 병렬 문제에 적합하며 쉽게 병렬화될 수 있다.

다음 절에서는 PyMP를 사용 방법을 살펴본다.

프렉탈 – 멘델브로트 세트의 구현 확장하기

솔루션에 내재된 데이터 병렬 처리의 장점을 활용하기 위해, 앞의 간단한 멘델브로트 세트를 다시 작성한다. 루프 외부에서 많은 프로세스를 병렬화하기 위해 PyMP를 사용한다.

다음은 멘델로브 프로그램의 두 함수를 PyMP 버전으로 만든 것이다. 코드의 나머지 부분은 같다.

```python
# mandelbrot_mp.py
import sys
from PIL import Image
import pymp
import argparse

def mandelbrot_calc_row(y, w, h, image_rows, max_iteration = 1000):
    """ Calculate one row of the mandelbrot set with size wxh """

    y0 = y * (2/float(h)) - 1 # rescale to -1 to 1
    for x in range(w):
        x0 = x * (3.5/float(w)) - 2.5 # rescale to -2.5 to 1

        i, z = 0, 0 + 0j
        c = complex(x0, y0)
        while abs(z) < 2 and i < max_iteration:
            z = z**2 + c
            i += 1

        color = (i % 8 * 32, i % 16 * 16, i % 32 * 8)
        image_rows[y*w + x] = color

def mandelbrot_calc_set(w, h, max_iteration=10000, output='mandelbrot_
mp.png'):
    """ Calculate a mandelbrot set given the width, height and
    maximum number of iterations """

    image = Image.new("RGB", (w, h))
```

```
image_rows = pymp.shared.dict()

with pymp.Parallel(4) as p:
    for y in p.range(0, h):
        mandelbrot_calc_row(y, w, h, image_rows, max_iteration)

for i in range(w*h):
    x,y = i % w, i // w
    image.putpixel((x,y), image_rows[i])

image.save(output, "PNG")
print('Saved to',output)
```

코드 재작성은 기존 코드에서 멘델로브 이미지를 한 줄씩 만드는 코드로 다시 작성하는 것을 포함하며 각 데이터 라인은 개별적으로 계산된다. 이 방식은 개별 프로세스에서 병렬로 계산될 수 있다.

- 단일 프로세스 버전에서는 mandelbrot_calc_row 함수에서 이미지에 픽셀 값을 직접 넣는다. 그러나 새로운 코드는 mandelbrot_calc_row 함수를 병렬 프로세스에서 실행하기 때문에, 이미지 데이터를 직접 수정할 수 없다. 대신 새로운 코드가 공유 딕셔너리를 함수에 전달하고, 위치를 key로 사용하며 value를 RGB 값으로 사용해 픽셀의 색상 값을 설정한다.

- 결국 새로운 공유 데이터 구조인 공유 딕셔너리는 mandelbrot_calc_set 함수에 추가되고 반복 처리돼 픽셀 데이터가 Image 객체에 채워진다. 그 후, 최종 출력에 저장된다.

- 머신이 4개의 CPU 코어를 갖고 있기 때문에 4개의 PyMP 병렬 프로세스를 사용한다. 이러한 컨텍스트를 사용해 프로세스 내부에서 외부 for 루프를 둘러싼다. 이것은 4개의 코어에서 코드가 병렬로 실행되도록 하며 각 코어는 대략 전체 행의 25%를 계산한다. 최종 데이터는 메인 프로세스에서 이미지에 기록된다.

다음은 PyMP 버전의 코드의 시간을 측정한 결과다.

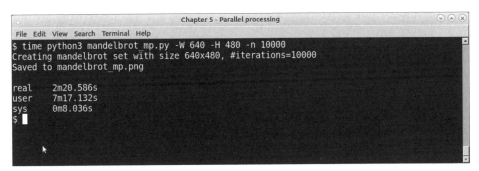

10,000번 반복할 때 PyMP를 사용하는 멘델브로트 프로그램의 병렬처리 시간 측정

이 프로그램은 실제 시간으로 33% 정도 빠르다. CPU 사용량 측면에서 PyMP 버전이 실제 CPU 시간보다 더 높은 사용자 CPU 시간 비율을 갖는 것을 확인할 수 있다. 이것은 단일 프로세스 버전보다 여러 프로세스를 사용하는 버전의 CPU 사용이 더 높음을 의미한다.

 이미지의 픽셀 값의 유지에 사용되는 공유 데이터 구조 image_rows를 제외하고, 프로그램을 보다 더 효율적인 버전으로 작성할 수 있다. 그러나 이 버전은 PyMP의 특징을 보여준다. 이 책의 코드 아카이브에는 추가적인 두 가지 버전의 프로그램을 포함한다. 한 버전은 멀티 프로세싱을, 다른 버전은 공유 딕셔너리 없이 PyMP를 사용한다.

다음은 프로그램의 실행에 따라 생성된 프렉탈 이미지의 출력 결과다.

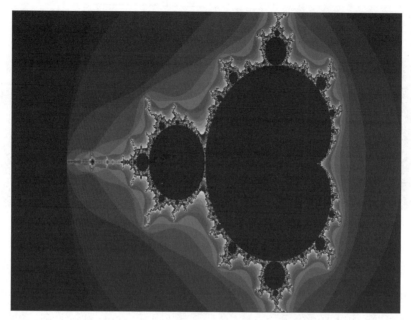

10,000번 반복할 때 PyMP를 사용한 멘델브로트 집합의 프렉탈 이미지

이전 이미지보다 반복 횟수가 늘어나 이미지의 색상이 다르며 더 세밀하고 상세한 구조를 제공함을 볼 수 있다.

▌웹 스케일링

지금까지 알아본 모든 확장성과 동시성 기법들은 단일 서버나 머신 경계 안의 확장성, 다른 말로 스케일링 업$^{scaling up}$을 포함한다. 실제로 애플리케이션은 여러 머신에 계산을 분산시키는 스케일링 아웃을 통해 확장할 수 있다. 대부분의 웹 애플리케이션이 실행되고 확장되는 방법이기도 하다.

이제 커뮤니케이션/워크플로우 확장 관점에서 애플리케이션을 스케일링, 계산 확장, 다양한 프로토콜을 사용하는 수평 확장 같은 몇 가지 방법을 살펴볼 것이다.

워크플로우 확장 – 메시지 큐와 태스크 큐

확장성의 중요한 측면 중 하나는 시스템 사이의 결합도^{coupling}를 감소시키는 것이다. 두 시스템이 강하게 결합돼 있으면 시스템은 서로 특정 한계 이상으로 확장하는 것을 방해한다.

예를 들어 데이터와 계산이 같은 함수에 함께 있다면 연속적으로 작성된 코드는 프로그램이 여러 CPU 코어 같은 기존 리소스를 활용하지 못하게 만든다. 같은 프로그램을 멀티스레드(또는 멀티 프로세스)와 이들 사이의 큐 같은 메시지 전달 시스템을 사용하도록 다시 작성하면, 프로그램이 여러 CPU로 잘 확장된다는 사실을 확인할 수 있다. 동시성을 설명할 때 이런 예를 많이 살펴봤다.

비슷한 방법으로 웹을 통한 시스템은 분리가 되는 경우는 더 잘 확장된다. 고전적인 예로 클라이언트/서버 아키텍처가 있다. 클라이언트는 HTTP와 같은 유명한 RestFUL 프로토콜을 통해 상호작용하며 서버가 전 세계에 걸쳐 여러 곳에 위치한다.

메시지 큐^{Message queue}는 애플리케이션들이 서로 메시지를 보내는 분리된 방식으로 통신할 수 있도록 하는 시스템이다. 애플리케이션은 보통 서로 다른 머신이나 인터넷을 통해 연결된 서버에서 실행되며, 큐잉 프로토콜을 통해 통신한다.

메시지 큐를 서로 다른 머신의 스레드를 대체하는 멀티스레드 처리된 동기화 큐의 확장 버전인 애플리케이션으로 생각할 수 있으며, 간단한 내부 프로세스 큐를 공유하는 분산 큐로 대체했다고 생각할 수 있다.

메시지 큐는 송신 애플리케이션에서 수신 애플리케이션으로 전달되는 메시지인 데이터 패킷을 전달한다. 대부분 메시지 큐는 수신자가 메시지를 처리할 수 있을 때까지 메시지를 큐에 저장되는 저장하고 전달^{store and forward}하는 의미 체계를 제공한다.

메시지 큐의 간단한 개념 모델은 다음과 같다.

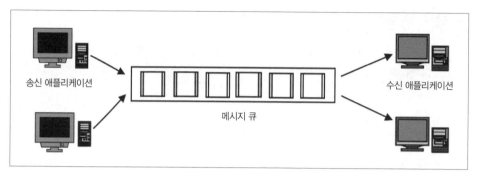

분산 메시지 큐의 개념 모델

메시지 큐나 메시지 지향 미들웨어^{MoM}의 가장 인기있고 표준화된 구현은 AMQP^{Advanced} ^{Message Queuing Protocol}다. AMQP는 큐잉, 라우팅, 신뢰성 있는 전달, 보안 기능을 제공한다. AMQP은 신뢰성 있고, 안전한 메시지 전달 체계를 매우 중요하게 생각하는 금융업계에서 비롯됐다.

가장 많이 사용되는 AMQP(버전 1.0)의 구현은 Apache Active MQ, RabbitMQ, Apache Qpid다.

RabbitMQ는 얼랭^{Erlang}으로 작성된 메시지 지향 미들웨어다. RabbitMQ는 파이썬을 포함한 여러 언어로 라이브러리를 제공한다. RabbitMQ에서 메시지는 항상 라우팅 키를 사용하는 교환기^{exchanges}를 통해 전달된다. 교환기는 전달할 메시지의 큐를 의미한다.

이번 절에서는 RabbitMQ은 논의하지 않고 RabbitMQ와 관련 있지만 약간 다른 관점을 갖는 미들웨어인 셀러리를 알아본다.

▌ 셀러리 – 분산 태스크 큐

셀러리^{Celery}는 분산 메시지를 사용해 동작하는 파이썬으로 작성된 분산 태스크 큐다. 셀러리 안에서 각 실행 단위를 태스크^{task}라고 한다. 태스크는 워커^{worker}라고 하는 프로세스를 사용해 하나 이상의 서버에서 동시에 실행될 수 있다. 셀러리는 보통 multi processing 모듈로 작업하지만 gevent 같이 다른 백엔드를 사용할 수도 있다.

태스크는 객체 같이 미래에 이용 가능한 결과를 갖고 동기적, 비동기적으로 실행될 수 있다. 또한 태스크의 결과는 Redis, 데이터베이스, 파일 같은 저장소 백엔드에도 저장될 수 있다.

셀러리는 기본 단위가 메시지라기보다는 실행 가능한 태스크(파이썬의 callable)라는 점에서 메시지 큐와 다르다.

셀러리는 메시지 큐와 함께 동작하게 만들 수 있다. 실제로 셀러리에서 메시지 전달을 위한 기본 브로커는 AMQP의 인기있는 구현인 RabbitMQ다. 셀러리는 브로커 백엔드로 Redis와 함께 동작할 수 있다.

셀러리는 태스크를 수행하고 여러 서버에 있는 여러 워커로 태스크를 확장하기 때문에 컴퓨터를 사용하는 계산의 확장뿐 아니라 데이터 병렬 처리를 포함하는 문제에도 적합하다. 셀러리는 큐로부터 메시지를 수락하고 여러 머신으로 태스크로 분배할 수 있다. 예를 들어 분산 이메일 전달 시스템 구현하고 수평 확장성을 달성할 수 있다. 또한 단일 함수를 수행하고 여러 프로세스로 데이터를 분할해 병렬로 데이터를 처리할 수 있다.

다음 예제에서는 멘델브로트 프렉탈 프로그램을 사용한다. 셀러리와 함께 동작하도록 이전 프로그램을 다시 작성한다. PyMP가 수행한 것과 비슷한 방법으로 여러 셀러리 워커에 멘델브로트 세트의 행을 계산할 때 데이터를 병렬 처리하도록 프로그램을 확장한다.

셀러리를 사용하는 멘델로브 세트

셀러리를 활용하는 프로그램을 구현하려면 프로그램을 태스크로 만들어야 하는데 그리 어렵지 않다. 선택된 브로커 백엔드를 사용해 셀러리 애플리케이션의 인스턴스를 준비하고 병렬로 처리하고픈 callable을 데코레이션으로 처리하면 된다. 애플리케이션이 셀러리의 인스턴스라면 @app.task 데코레이터를 사용한다.

프로그램에 몇 가지 새로운 사항이 있으므로 프로그램을 단계별로 살펴본다. 소프트웨어 요구사항은 다음과 같다.

- 셀러리^{Celery}
- AMQP 백엔드: RabbitMQ가 선호된다.
- 결과를 저장하는 백엔드로 Redis 사용

먼저, 멘델브로트 태스크 모듈의 리스트를 제공한다.

```python
# mandelbrot_tasks.py
from celery import Celery

app = Celery('tasks', broker='pyamqp://guest@localhost//',
             backend='redis://localhost')

@app.task
def mandelbrot_calc_row(y, w, h, max_iteration = 1000):
    """ Calculate one row of the mandelbrot set with size w x h """

    y0 = y * (2/float(h)) - 1 # rescale to -1 to 1

    image_rows = {}
    for x in range(w):
        x0 = x * (3.5/float(w)) - 2.5 # rescale to -2.5 to 1

        i, z = 0, 0 + 0j
        c = complex(x0, y0)
        while abs(z) < 2 and i < max_iteration:
            z = z**2 + c
            i += 1

        color = (i % 8 * 32, i % 16 * 16, i % 32 * 8)
```

```
            image_rows[y*w + x] = color

    return image_rows
```

코드를 분석해 보자.

- 셀러리에 필요한 import문을 수행한다. `celery` 모듈의 `Celery` 클래스의 import가 필요하다.
- 메시지 브로커로 AMQP를, 결과 백엔드로 Redis를 사용하는 셀러리 애플리케이션으로 `Celery` 클래스의 인스턴스를 준비한다. AMQP 구성은 시스템에서 사용할 수 있는 AMQP MoM 중 하나를 사용한다(예제에서는 RabbitMQ를 사용한다).
- `mandelbrot_calc_row` 수정 버전을 갖고 있다. PyMP 버전에서 `image_rows` 딕셔너리가 함수의 인수로 전달됐다. 함수는 로컬에서 계산하고 결과를 반환한다. 반환 값은 이미지를 생성하기 위해 수신측에서 사용한다.
- 애플리케이션이 Celery 인스턴스이므로 `@app.task`를 사용해 함수를 데코레이션 처리했다. 이것은 셀러리 워커가 셀러리 태스크를 실행할 준비를 하게 한다.

다음은 y 입력 값의 범위에 대해 태스크를 호출하고 이미지를 생성하는 메인 프로그램이다.

```python
# celery_mandelbrot.py
import argparse
from celery import group
from PIL import Image
from mandelbrot_tasks import mandelbrot_calc_row

def mandelbrot_main(w, h, max_iterations=1000, output='mandelbrot_celery.png'):
    """ Main function for mandelbrot program with celery """

    # Create a job - a group of tasks
    job = group([mandelbrot_calc_row.s(y, w, h, max_iterations) for y in
```

```
    range(h)])
    # Call it asynchronously
    result = job.apply_async()

    image = Image.new('RGB', (w, h))

    for image_rows in result.join():
        for k,v in image_rows.items():
            k = int(k)
            v = tuple(map(int, v))
            x,y = k % args.width, k // args.width
            image.putpixel((x,y), v)

    image.save(output, 'PNG')
    print('Saved to',output)
```

인수 파서^{argument parser}는 같으므로 다시 만들지 않는다.

코드의 마지막 부분은 셀러리에 새로운 개념을 도입했기 때문에 어느 정도 설명이 필요하다. 코드를 자세히 분석해 보자.

1. mandelbrot_main 함수는 인수들이 이전 mandelbrot_calc_set 함수와 유사하다.

2. mandelbrot_main 함수는 태스크 그룹을 설정한다. 각 태스크는 0부터 이미지 높이까지의 y 입력의 전체 범위에서 주어진 y 입력에 mandelbrot_calc_row를 실행하는데 이때 셀러리의 그룹 객체를 사용한다. 그룹은 함께 실행될 수 있는 태스크의 집합이다.

3. 태스크들은 그룹에 관한 apply_async 함수를 호출해 작업을 실행한다. 여러 워커에서 백그라운드로 태스크들을 비동기적으로 실행한다. 태스크가 아직 끝나지 않았기 때문에 비동기 result 객체를 반환 받는다.

4. 결과를 반환하는 객체에 join을 호출해 결과로 반환되는 mandelbrot_calc_row 태스크의 단일 실행마다 딕셔너리로 반환되는 이미지의 행들을 기다리며 작업

338

을 반복한다. 셀러리는 문자열로 데이터를 반환하고 픽셀 값을 이미지에 저장하기 때문에 값을 정수로 변환한다.

5. 마지막으로 이미지가 출력 파일에 저장된다.

그렇다면 셀러리는 어떻게 태스크를 실행할까? 태스크를 실행할 때 셀러리 프로그램의 실행과 특정 개수의 워커로 tasks 모듈을 처리해야 한다. 시작 방법을 살펴본다.

```
Chapter 5 - Parallel processing
File  Edit  View  Search  Terminal  Tabs  Help
Chapter 5 - Parallel processing                    anand@ubuntu-pro-book: /home/user/programs/chap5
$ celery -A mandelbrot_tasks worker -c 4 --loglevel info

 -------------- celery@ubuntu-pro-book v4.0.2 (latentcall)
---- **** -----
--- * ***  * -- Linux-4.4.0-57-generic-x86_64-with-Ubuntu-16.04-xenial 2017-01-17 01:55:05
-- * - **** ---
- ** ---------- [config]
- ** ---------- .> app:         tasks:0x7fee7c7e84e0
- ** ---------- .> transport:   amqp://guest:**@localhost:5672//
- ** ---------- .> results:     redis://localhost/
- *** --- * --- .> concurrency: 4 (prefork)
-- ******* ---- .> task events: OFF (enable -E to monitor tasks in this worker)
--- ***** -----
 -------------- [queues]
                .> celery           exchange=celery(direct) key=celery

[tasks]
  . mandelbrot_tasks.mandelbrot_calc_row

[2017-01-17 01:55:05,511: INFO/MainProcess] Connected to amqp://guest:**@127.0.0.1:5672//
[2017-01-17 01:55:05,519: INFO/MainProcess] mingle: searching for neighbors
[2017-01-17 01:55:06,540: INFO/MainProcess] mingle: all alone
[2017-01-17 01:55:06,583: INFO/MainProcess] celery@ubuntu-pro-book ready.
```

셀러리 콘솔 – 대상으로 멘델브로트 태스크를 갖는 워커들의 시작

앞의 명령은 4개의 워커 프로세스를 갖는 모듈 mandelbrot_tasks.py에서 로드된 태스크로 셀러리를 시작한다. 머신은 4개의 CPU 코어를 갖고 있어서 동시 실행을 선택했다.

 구체적인 설정 값이 없으면 셀러리는 코어 개수를 자동으로 워커의 기본값으로 설정한다.

프로그램은 단일 프로세스 버전 및 PyMP 버전보다 두 배 이상 빠른 15초 미만으로 실행됐다.

셀러리 콘솔을 살펴보면 셀러리를 INFO 로그 수준으로 구성했기 때문에 많은 메시지가 나오는 것을 발견할 수 있다. 모든 메시지는 태스크의 데이터와 결과를 갖는 정보 메시지다.

다음 화면은 10,000번 반복했을 때 실행 결과를 보여준다. 성능은 20초 정도로 이전 PyMP 버전을 실행했을 때보다 약간 더 좋다.

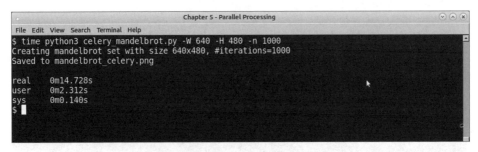

셀러리 멘델브로트 프로그램의 10,000번 반복

셀러리는 많은 조직의 프로덕션 시스템에서 사용된다. 셀러리는 더 인기있는 일부 파이썬 웹 애플리케이션 프레임워크를 위한 플러그인을 갖고 있다. 예를 들어, 셀러리는 Django에서 바로 사용할 수 있는 기본적인 방식plumbing 및 구성을 지원한다. 또한 프로그래머가 셀러리의 결과 백엔드로 Django ORM을 사용할 수 있게 만드는 **django-celery-results** 같은 확장 모듈도 있다(자세한 논의는 5장과 이 책의 범위를 넘어선다. 관심이 있다면 독자는 셀러리 프로젝트 웹사이트의 문서를 참조하자).

파이썬으로 웹 서비스하기 – WSGI

웹 서버 게이트웨이 인터페이스WSGI는 파이썬 웹 애플리케이션 프레임워크와 웹 서버 사이의 표준 인터페이스 명세다.

파이썬 웹 애플리케이션 관련해 초기에는 일반적인 표준이 없어 웹 애플리케이션 프레임워크를 웹 서버에 연결하는 데 문제가 있었다. 파이썬 웹 애플리케이션은 GCI, FastCGI,

340

mod_python(Apache) 같은 기존 표준 중 하나와 함께 동작하도록 설계됐다. 이는 하나의 웹 서버에서 동작하도록 작성된 애플리케이션이 또 다른 웹 서버에서는 동작하지 않는 것을 의미했다. 즉 고유한 애플리케이션과 웹 서버 사이의 상호운용성이 누락됐었다.

WSGI는 이식 가능한 웹 애플리케이션을 개발하기 위해 서버와 웹 애플리케이션 프레임워크 사이의 간단하지만 같은 인터페이스를 지정해 문제를 해결했다.

WSGI는 서버(또는 게이트웨이) 측면과 애플리케이션이나 프레임워크 측면, 두 측면의 표준을 정의한다. WSGI 요청은 다음과 같이 처리된다.

- 서버 측은 애플리케이션을 실행하고 환경과 콜백 함수를 함께 제공한다.
- 애플리케이션은 요청을 처리하고 제공된 콜백 함수를 이용해 서버에 응답을 반환한다.

다음은 WSGI를 사용하는 웹 서버와 웹 애플리케이션 사이의 상호 작용을 보여주는 개념적인 다이어그램이다.

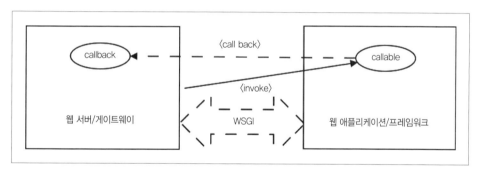

WSGI 프로토콜 상호작용을 보여주는 개념적 다이어그램

다음은 WSGI의 애플리케이션이나 프레임워크 측면에 호환되는 가장 간단한 함수다.

```python
def simple_app(environ, start_response):
    """Simplest possible application object"""
```

```
status = '200 OK'
response_headers = [('Content-type', 'text/plain')]
start_response(status, response_headers)
return ['Hello world!\n']
```

함수를 설명한다.

1. `environ` 변수는 CGI^Common Gateway Interface 명세에 정의된 서버에서 전달받은 애플리케이션의 환경 변수에 관한 딕셔너리다. WSGI는 이러한 환경 변수의 일부를 해당 사양에서 필수로 만든다.

2. `start_response`는 서버에서 애플리케이션으로 응답 처리를 시작하기 위해 콜백으로 제공된 callable이다. 이것은 두 개의 위치 인수를 가져야 한다. 첫 번째는 정수 상태의 코드를 갖는 상태 문자열이며, 두 번째는 HTTP 응답 헤더를 설명하는(header_name, header_value), 튜플의 리스트여야 한다.

> ⓘ 더 자세한 내용은 파이썬 언어 웹사이트에 PEP 3333으로 공표된 WSGI 명세 v1.0.1을 참조하면 된다.

> ⓘ PEP(Python Enhancement Proposal)은 웹상의 설계 문서로 파이썬의 새로운 기능이나 기능 제안을 설명하거나 기존 기능에 대해 정보를 파이썬 커뮤니티에 제공한다. 파이썬 커뮤니티는 PEP를 파이썬 프로그래밍 언어와 파이썬 표준 라이브러리의 새로운 기능과 개선점을 설명하고 논의하거나 적용을 위한 표준 프로세스로 사용한다.

WSGI 미들웨어 컴포넌트는 두 측면 모두에서 명세를 구현하는 소프트웨어다. 따라서 다음 기능을 제공한다.

- 서버에서 애플리케이션으로 하는 여러 요청의 로드 밸런싱
- 네트워크를 통한 요청과 응답의 전달을 통한 요청의 원격처리

- 같은 프로세스 안의 멀티테넌시^{Multi-tenancy}나 여러 서버 또는 애플리케이션의 공동 호스팅
- 다양한 애플리케이션 객체에 대한 요청의 URL 기반 라우딩

미들웨어는 서버와 애플리케이션 사이에 위치한다. 미들웨어는 서버의 요청을 애플리케이션으로 전달하고 응답을 애플리케이션에서 서버로 전달한다.

아키텍트가 선택할 수 있는 많은 WSGI 미들웨어가 있다. 가장 인기 있는 두 미들웨어인 uWSGI와 Gunicorn를 간단히 살펴본다.

uWSGI – 강력한 WSGI 미들웨어

uWSGI는 호스팅 서비스를 위한 전체 스택 구축을 목표로 하는 오픈소스 프로젝트이자 애플리케이션이다. uWSGI 프로젝트의 WSGI 프로젝트는 파이썬용 WSGI 인터페이스 플러그인으로, Uwsgi 프로젝트에서 개발된 첫 번째 플러그인이다.

WSGI 이외에도 uWSGI 프로젝트는 펄 웹 애플리케이션을 위한 PSGI^{Perl Webserver Gateway Interface}를 지원하며 루비 웹 애플리케이션을 위한 Rack 웹 서버 인터페이스도 지원한다. 그리고 uWSGI 프로젝트는 게이트웨이, 로드 밸런서, 요청과 응답을 위한 라우터도 제공한다. uWSGI의 Emperor 플러그인은 서버들이 있는 프로덕션 시스템에 다양한 uWSGI 배포 관리와 모니터링도 제공한다.

uWSGI의 컴포넌트는 미리 포크되고 스레드 처리된, 비동기 그린 스레드/공동 루틴 모드에서 실행될 수 있다.

uWSGI는 웹 애플리케이션의 응답을 uWSGI 서버상의 여러 캐시에 저장할 수 있는 빠른 인메모리 캐싱 프레임워크를 제공한다. 캐시는 파일 같은 영구적인 저장소에 백업될 수 있다. 다른 많은 것을 제외하고, uWSGI는 파이썬에서 virtualenv 기반의 배포도 지원한다.

uWSGI는 uWSGI 서버에서 사용되는 네이티브 프로토콜도 제공한다. uWSGI 1.9 버전에는 웹 소켓을 위한 네이티브 지원이 추가됐다.

다음은 uWSGI 구성 파일의 전형적인 예다.

```
[uwsgi]

# the base directory (full path)
chdir                   = /home/user/my-django-app/
# Django's wsgi file
module                  = app.wsgi
# the virtualenv (full path)
home                    = /home/user/django-virtualenv/
# process-related settings
master                  = true
# maximum number of worker processes
processes               = 10
# the socket
socket                  = /home/user/my-django-app/myapp.sock
# clear environment on exit
vacuum                  = true
```

uWSGI를 갖는 전형적인 배포 아키텍처는 다음 다이어그램에 묘사돼 있다. 예제에서 웹 서버는 Nginx이고 웹 애플리케이션 프레임워크는 Django이다. uWSGI는 Nginx과 함께 역방향 프록시 구성으로 배포되며 Nginx과 Django 사이에 요청과 응답을 전달한다.

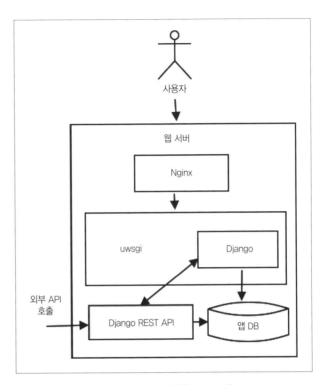

Nginx과 Django를 사용한 uWSGI 배포

 Nginx 웹 서버는 버전 0.8.40부터 uWSGI의 네이티브 구현을 지원한다. 또한 mod_proxy_uwsgi라 불리는 아파치 안의 uWSGI를 위한 프록시 모듈도 지원한다.

uWSGI는 높은 성능과 기능의 적절한 균형이 필요할 때 파이썬 웹 애플리케이션 프로덕션 배포를 위한 이상적인 선택이다. uWSGI는 WSGI 웹 애플리케이션 배포를 위한 다목적 맥가이버 칼$^{swiss-army-knife}$ 같은 컴포넌트다.

Gunicorn – WSGI용 유니콘

Gunicorn 프로젝트는 인기있는 WSGI 미들웨어 구현이자 오픈소스다. Gunicorn 프리

포크 모델^{preforked model}을 사용하며 루비의 unicon 프로젝트의 이식 버전이다. uWSGI가 요청에 동기 및 비동기 처리를 지원하는 것처럼 Gunicorn에는 다양한 타입의 워커들이 있다. 비동기 워커는 gevent의 상단에 구축된 `Greenlet` 라이브러리를 사용한다.

Gunicorn에는 이벤트 루프를 실행하고 다양한 신호를 처리하고 반응하는 마스터 프로세스가 있다. 마스터는 워커를 관리하고 워커 프로세스는 요청의 처리와 응답을 전송한다.

Gunicorn 대 uWSGI

다음은 파이썬 웹 애플리케이션의 배포를 위해 Gunicorn이나 uWSGI를 선택하기 위한 가이드라인이다.

- 많은 커스터마이즈가 필요 없는 간단한 애플리케이션을 배포할 때 Gunicorn은 좋은 선택지다. uWSGI는 Gunicorn에 비해 더 큰 학습 곡선을 갖는데, 익숙해 지려면 시간이 걸린다. 기본적으로 Gunicorn은 대부분 배포에 잘 작동한다.
- 배포가 파이썬 한 가지라면 Gunicorn은 좋은 대안이다. uWSGI는 PSGI와 Rack 같은 다른 스택을 지원하기 때문에 이기종 배포를 수행할 수 있다.
- 더 많이 커스터마이징할 수 있는 기능이 있는 WSGI 미들웨어를 원한다면 uWSGI가 안전한 선택이다. 예를 들어 uWSGI는 파이썬 virtualenv 기반 배포를 간단하게 만든다. 반면, Gunicorn은 virtualenv를 지원하지 않는다. 대신 Gunicorn 자체는 가상 환경으로 배포돼야 한다.
- Nginx는 uWSGI를 기본으로 지원하기 때문에 대부분 프로덕션 시스템에 Nginx와 함께 배포된다. Nginx를 사용하고 완전한 기능의 많은 커스터마이징을 할 수 있는 캐싱 기능이 있는 WSGI 미들웨어를 찾을 때는 uWSGI가 기본적인 선택이다.
- 성능과 관련해 Gunicorn과 uWSGI 모두 웹상에 게시된 다양한 벤치마크에서 비슷한 점수를 받고 있다.

확장 아키텍처

앞에서 설명했지만 시스템은 수직적이나 수평적으로, 또는 두 가지 방법 모두로 확장이 가능하다. 시스템을 프로덕션으로 배포할 때 아키텍트가 선택할 수 있는 확장 옵션으로 사용할 수 있는 아키텍처를 간단히 살펴본다.

수직적 확장 아키텍처

수직적 확장 기법은 다음과 같은 두 측면에서 나온다.

- **기존 시스템에 더 많은 리소스를 추가한다**: 물리적인 머신이나 가상 머신에 더 많은 RAM을 추가하거나 가상 머신에 vCPU를 추가하는 등의 작업이다. 그러나 시스템의 중단, 재구성, 인스턴스의 재시작이 필요하기 때문에 동적 옵션은 없다.
- **시스템의 기존 자원을 더 잘 활용한다**: 5장에서는 이 방법을 설명하는 데 많은 분량을 할애했다. 스레딩, 멀티 프로세스, 비동기 처리 같은 동시성 기법으로 기존 자원을 사용할 수 있도록 다중 CPU 코어를 활용하게 애플리케이션을 다시 작성하는 경우에 사용하는 방법이다. 새로운 자원이 시스템에 추가되지 않기 때문에 동적으로 확장된다. 따라서 시스템을 중단하거나 시작할 필요가 없다.

수평적 확장 아키텍처

수평적 확장성은 아키텍트가 자신의 툴 박스에 추가 및 선택할 수 있는 많은 기법을 포함한다. 수평적 확장 기법에는 다음 내용이 들어 있다.

- **능동적인 중복**Active redundancy: 스케일 아웃의 가장 간단한 기법으로 앞 단에 로드 밸런서를 갖는 여러 개의 같은 처리 노드의 추가를 포함한다. 웹 애플리케이션 서버를 확장하는 일반적인 방법인 다중 노드는 일부 시스템이 실패하더라도 나머지 시스템이 계속해서 요청을 처리하며 애플리케이션에 중단 시간이 없음을 보장한다. 중복 시스템에서 모든 노드는 능동적으로 운영되지만 특정 시간에 오

직 하나, 또는 소수 노드만이 요청에 응답할 수 있다.

- **상시 대기 서버** ^{Hot standby}: 상시 대기 서버는 서버 요청을 준비할 때 시스템 전환에 사용되는 기법으로 메일 시스템이 다운될 때까지 활성화되지 않는다. 상시 대기 서버는 여러 측면에서 애플리케이션을 제공하는 메인 노드와 매우 비슷하다. 치명적인 실패가 발생하면 로드 밸런서는 상시 대기 서버로 전환되도록 구성된다.

상시 대기 서버 자체는 단일 노드를 대신하는 중복 노드의 집합일 수 있다. 상시 대기 서버를 갖는 중복 시스템들의 결합은 신뢰성과 실패 처리를 최대한으로 보장한다.

 상시 대기 서버의 변형은 극단적인 부하에서 전체 기능을 제공하는 대신 시스템이 애플리케이션에서 최소 QoS(Quality of Service)로 전환하는 모드를 제공하는 소프트웨어 스탠바이(software standby)다. 한 가지 예로 높은 부하에서 대부분 사용자에게 서비스를 제공하지만 쓰기는 허용하지 않는 읽기 전용 모드로 전환하는 웹 애플리케이션이다.

- **읽기 복제본** ^{Read replicas}: 많은 읽기 작업에 의존하는 시스템의 응답은 데이터베이스에 읽기 전용 복제본을 추가해 향상시킬 수 있다. 읽기 복제본은 핫 백업(온라인 백업)을 제공하는 데이터베이스 노드로 메인 데이터베이스 노드와 계속해 동기화된다. 주어진 시점의 읽기 복제본은 메인 데이터베이스 노드와 정확하게 일치하지 않을 수도 있다. 그러나 이들은 SLA 보장과 함께 궁극적인 일관성을 제공한다.

아마존과 같은 클라우드 서비스 공급업체는 읽기 복제본을 선택할 수 있는 RDS 데이터베이스 서비스를 만들었다. 복제본은 마스터 노드가 다운되거나 응답하지 않으면 더 적은 응답 시간과 실패 처리를 보장하기 위해 액티브 사용자와 가까운 곳으로 지리적인 분산을 하게 된다.

기본적으로 읽기 복제본은 시스템에 일종의 데이터 중복성을 제공한다.

- **블루-그린 배포** ^{Blue-green deployments}: blue와 green으로 표시되는 두 개의 분리된 시스템을 나란히 실행하는 기법이다. 주어진 임의의 시간에 오직 하나의 시스템

만 액티브 상태로 요청을 처리한다. 예를 들어 블루는 활성 상태^{active}이며, 그린은 유휴 상태^{idle}다.

새로운 배포를 준비할 때 유휴 시스템으로 배포를 수행한다. 시스템이 준비되면 로드 밸런서는 유휴 시스템(그린)을 전환하고, 활성 시스템(블루)이 해제된다. 이 시점에는 그린이 활성 상태고 블루가 유휴상태다. 다음 전환에서 위치가 다시 반전된다.

블루 그린 배포가 올바르게 수행된다면 프로덕션 애플리케이션의 중단 시간은 없거나 최소 시간을 보장한다.

- **장애 모니터링 및 재시작**$^{Failure\ monitoring\ and/or\ restart}$: 실패 모니터는 배포에 있어 중요한 컴포넌트(소프트웨어나 하드웨어)의 실패를 감지하고 통지하거나 중단 시간을 감소시키는 조치를 하는 시스템이다.

  가령 서버에 중요한 컴포넌트 즉, 셀러리나 rqbbitmq 서버가 다운된 것을 감지하면 데브옵스 담당자에게 이메일을 보내고 데몬의 재시작을 시도하는 모니터링 애플리케이션을 설치할 수 있다.

  하트비트 모니터링$^{Heartbeat\ monitoring}$은 소프트웨어가 같은 머신이나 다른 서버에 있는 모니터링 소프트웨어나 하드웨어로 능동적으로 핑^{ping}을 하거나 하트비트를 보내는 기법이다. 특정 시간 간격 이후 하트비트 전송에 실패하면 모니터는 시스템의 중단 시간을 감지한다. 그러면 이를 담당자에게 통보하고 컴포넌트의 재시작을 시도한다.

  Nagios는 전형적인 프로덕션 모니터링 서버의 예로, 일반적으로 별도의 환경으로 배포하고 배포 서버를 모니터링한다. 시스템 전환 모니터와 컴포넌트 재시작의 다른 예는 Monit과 Supervisord다.

  이러한 기법들과 달리 확장성, 가용성, 중복성 및 실패처리를 보장하기 위해 시스템에 배포할 때는 다음 모범 사례를 따라야 한다.

- **캐시를 사용하라**$^{Cache\ it}$: 시스템에 가능한 많이 캐시를 사용하고, 할 수 있다면 분산 캐시를 사용하라. 다양한 캐시 타입을 사용할 수 있는데 가장 간단하고 적용

가능한 캐시는 애플리케이션 서비스 공급자의 CDN^{Content Delivery Network}에 정적 리소스를 캐싱하는 것이다. 캐시는 사용자에 더 가까운 자원의 지리적인 분산을 보장하며 응답 시간을 감소시킨다. 따라서 페이지 로딩 시간이 단축된다.

두 번째 종류의 캐시는 응답과 데이터베이스 쿼리 결과를 캐시하는 애플리케이션 캐시다. 이때는 대부분 Memcached와 Redis가 사용된다. 그리고 이들은 일반적으로 마스터/슬레이브 모드에서 분산 배포를 제공한다. 이러한 캐시는 데이터가 너무 오래 보관되지 않도록 적절한 만료 시간을 설정해 애플리케이션에서 가장 일반적으로 요청되는 컨텐츠를 로드하고 캐시할 때 사용돼야 한다.

효율적이고 잘 설계된 캐시는 시스템 부하를 최소화하며 인위적으로 시스템의 부하를 증가시키고 성능을 감소시키는 다중적인 중복적인 작업을 방지한다.

- **분리**^{Decouple}: 네트워크의 공유된 부분을 가능한 많이 활용하기 위해 컴포넌트를 분리한다. 예를 들어 메시지 큐는 동일 머신에서 로컬 데이터베이스나 소켓을 사용하는 대신, 데이터를 게시하고 구독하기 위해 애플리케이션에서 컴포넌트를 분리하는 데 사용될 수 있다. 분리하기 위해 추가하는 새로운 컴포넌트(메시지 큐, 태스크 큐, 분산 캐시)는 자체 상태를 갖는 스토리지와 클러스터링 기능을 함께 제공하기 때문에 컴포넌트를 분리하면 자동으로 시스템에 중복성과 데이터 백업이 도입된다.

  분리에 따라 추가적인 시스템의 구성으로 인해 복잡성이 높아진다. 그러나 요즘 시스템은 대부분 자동 구성을 수행하거나 간단한 웹 기반 구성을 제공해서 문제가 되지 않는다.

  관찰자 패턴, 중개자 및 미들웨어 같은 효과적인 분리 방법을 제공하는 애플리케이션 아키텍처 자료를 참고할 수 있다.

- **우아한 감소**^{Gracefully degrade}: 요청에 응답하고 타임아웃을 제공하지 못하는 것보다 시스템이 우아하게 저하된 동작을 하도록 해야 한다. 예컨대 쓰기가 많은 웹 애플리케이션은 과도한 부하 아래서 데이터베이스 노드가 응답하지 않을 때 읽기 전용 모드로 전환할 수 있다. 또 다른 예는 서버에 과부하가 있어 JS 미들웨어가

잘 응답하지 않는 경우, 무겁고 JS 의존적인 동적 웹 페이지를 제공하는 시스템을 유사한 정적 페이지로 전환하는 것이다.

우아한 감소는 애플리케이션 자체 구성이나 로드 밸런서, 두 가지 모두에 의해 구성할 수 있다. 우아하게 저하된 동작을 제공하고 과부하 상태에서 해당 라우트로 전환하도록 로드 밸런서를 구성하도록 애플리케이션에 미리 설정할 수 있다.

- **데이터를 코드와 밀접하게 유지한다** Keep data close to the code : 성능이 우수한 소프트웨어의 황금률은 계산이 되는 곳에 데이터를 제공하는 것이다. 예를 들어 애플리케이션이 모든 요청에 원격 데이터베이스로부터 데이터를 로드하기 위해 50개의 SQL 쿼리를 만드는 것은 황금률을 제대로 지킨 것이 아니다.

계산 위치에 가까운 곳에서 데이터를 제공하면 데이터 액세스 및 전송 시간이 감소된다. 이것은 처리시간, 즉 애플리케이션의 지연 시간을 감소시키고 시스템을 더욱 더 확장 가능하게 만든다.

이를 위한 다양한 기법들이 있는데 앞서 설명한 캐싱Caching이 가장 선호되는 기법이다. 다른 기법은 데이터베이스를 로컬 데이터베이스와 원격 데이터베이스로 나누는 것이다. 읽기는 대부분 로컬 읽기 복제본에서 발생하고, 쓰기(시간이 걸릴 수 있다)는 원격 쓰기 마스터 데이터베이스에서 발생한다. 로컬은 같은 머신을 의미하지 않을 수도 있으며, 일반적으로 동일한 서브넷을 공유하는 같은 데이터 센터라는 것을 주의해야 한다.

일반적인 구성 사항은 SQLite나 로컬 JSON 파일 같은 디스크상의 데이터베이스에서 로드될 수 있으며 애플리케이션 인스턴스를 준비하는 데 걸리는 시간을 감소시킨다.

애플리케이션 계층이나 프론트엔드에 트랜잭션의 상태를 저장하지 않고 상태를 계산이 발생하는 백엔드 가까운 곳으로 이동하는 기법도 있다. 모든 애플리케이션 서버 노드를 중간 상태를 갖지 않는 동일한 상태로 만들기 때문에 로드 밸런서와 함께 이들을 앞쪽으로 가져갈 수 있으며, 주어진 요청을 처리할 수 있는 같은 중복 클러스터를 제공한다.

- **SLA에 따른 설계**Design according to SLAs: 애플리케이션이 사용자에게 제공하는 보증 항목을 아키텍트가 이해하고, 이에 따라 배포 아키텍처를 이해해야 한다.

CAP 정리CAP theorem는 분산 시스템에서 네트워크 파티션이 실패한다면 시스템은 주어진 시간에 일관성이나 가용성 중 하나만 보장할 수 있음을 알려준다. 이것은 분산 시스템을 두 가지 일반적인 타입, 즉 CP 시스템과 AP 시스템으로 그룹화한다.

현대 웹 애플리케이션의 대부분 AP 시스템이다. AP 시스템은 가용성은 보장하지만 데이터는 궁극적으로만 일관성을 갖는다. 네트워크 파티션 안에 있는 시스템 중 하나가 사용자에게 부실한 데이터를 제공할 것이란 사실, 즉 마스터 DB 노드가 실패할 것임을 뜻하기도 한다.

금융, 재무 같은 많은 비즈니스와 의료 서비스는 네트워크 파티션이 실패했을 때도 일관된 데이터를 보장해야 한다. 이들은 CP 시스템인데, CP 시스템 데이터는 절대 부실해서는 안 되며 가용성과 일관성 있는 데이터 중에서 선택하라면 아마 후자를 선택할 것이다.

소프트웨어 컴포넌트의 선택, 애플리케이션 아키텍처, 최종적인 배포 아키텍처는 이와 같은 제한사항에 영향을 받는다. 예를 들어 AP 시스템은 궁극적으로 일관성 있는 행동을 보장하는 NoSQL 데이터베이스와 함께 동작할 수 있다. AP 시스템은 캐시를 더 잘 사용할 수 있다. 다른 한편으로 CP 시스템은 관계형 데이터베이스 시스템RDBM이 제공하는 ACID[1] 보장이 필요할 수도 있다.

---

1 ACID는 데이터베이스 트랜잭션이 안전하게 수행된다는 것을 보장하기 위한 성질을 가리키는 약어로 각각 원자성(Atomicity), 일관성(Consistency), 독립성(Isolation), 지속성(Durability) 앞자를 조합해 만들어진 용어다. – 옮긴이

▌ 요약

5장에서는 4장에서 학습한 '성능'의 아이디어와 개념을 재사용했다.

확장성의 정의로 시작해 동시성, 지연 시간, 성능 같은 확장성에 관련된 다양한 측면을 살펴봤다. 동시성과 병렬 처리를 간단히 비교해 봤다.

다양한 예제와 성능 비교를 통해 파이썬의 동시성 기법들을 논의했다. 웹에서 임의의 URL을 갖는 썸네일 생성기를 예제로 사용했다. 또한 파이썬에서 멀티스레딩을 사용하는 다양한 동시성을 구현 기법을 설명하기 위해, 생산자/소비자 패턴의 몇 가지 예를 살펴보고, 동기화 기본요소를 사용해 리소스에 제한을 구현하는 방법을 학습했다.

멀티 프로세싱을 사용해 애플리케이션을 확장하는 방법을 논의하고, `multiprocessing` 모듈을 사용하는 일련의 예제를 살펴봤다. 예로는 파이썬에서 다중 스레드에 GIL의 영향을 보여주는 소수 검사기와 많은 디스크 I/O를 사용해 멀티 프로세싱의 한계를 보여주는 디스크 정렬 프로그램이 있었다.

동시성의 다음 기술로 비동기 처리를 배웠다. 협력적인 멀티 테스팅 스케줄러에 기반한 생성기와 `asyncio`를 사용하는 대응 프로그램을 살펴봤다. `asyncio`를 사용하는 몇 가지 예제와 aiohttp 모듈을 사용해 비동기적으로 URL 패칭을 수행하는 방법을 익혔다. 동시 처리 절에서도 예제를 살펴보면서 파이썬에서 동시성에 다른 옵션을 갖는 동시 처리 기능을 비교했다.

데이터 병렬 프로그램의 구현 방법을 보여주는 예제로 만델브로트 프렉탈을 사용했다. 그리고 멀티 프로세스와 멀티 코어에 대해 멘델브로트 프렉탈 프로그램을 확장하기 위해 PyMP를 사용하는 예제를 알아봤다.

웹에서 프로그램을 확장하는 방법을 논의했고 메시지 큐와 태스크 큐의 이론적인 측면도 간단히 살펴봤다. 파이썬 태스크 큐 라이브러리인 셀러리를 살펴보고, 셀러리 워커를 사용한 확장을 위해 멘델로브 프로그램을 다시 작성하고 성능을 비교했다.

파이썬이 웹 서버를 통해 웹 애플리케이션을 제공하는 방식인 WSGI을 설명했다. WSGI 명세를 소개하고 두 개의 인기있는 WSGI 미들웨어인 uWSGI와 Gunicorn을 비교했다.

5장을 마무리하면서 확장성 아키텍처을 논의했다. 웹에서 수직 및 수평으로 확장하기 위한 다양한 옵션을 알아봤다. 또한 웹에서 분산 애플리케이션을 설계, 구현, 배포할 때 높은 확장성을 달성하기 위해 아키텍트가 따라야 하는 모범 사례도 간략히 살펴봤다.

6장에서는 소프트웨어 아키텍처의 보안 측면을 논의한다. 그리고 아키텍트가 알아야 하는 보안 측면과 애플리케이션을 더 안전하게 만들기 위한 전략도 살펴본다.

06

보안 – 안전한 코드 작성하기

지난 몇 년 동안 애플리케이션 보안(또는 보안의 부족)은 업계와 대중매체에서 많은 주목을 받았다. 이틀에 한 번 꼴로 세계 여러 곳의 소프트웨어 시스템에서 수백만 달러의 손실을 초래하는 엄청난 데이터 유출 사례나 두 명의 악의적인 해커 소식도 듣는다. 정부 부처, 금융 기관, 패스워드, 신용카드 같이 민감한 고객 데이터를 다루는 회사의 피해도 더불어 말이다.

소프트웨어와 하드웨어 시스템을 통해 전례없이 많은 양의 데이터가 공유되기 때문에 소프트웨어 보안과 안전한 코딩Secure Coding은 어느 때보다 더 중요하다. 스마트폰, 스마트 워치, 스마트 뮤직 플레이어, 스마트 시스템 등 스마트 개인 기술이 폭발적으로 늘어나면서 인터넷에 엄청난 양의 데이터 트래픽이 증가하고 있다. 향후 몇 년 안에 IPv6의 확산과 IoT(사물 인터넷) 디바이스가 대규모로 적용돼 데이터의 양은 기하급수적으로 증가할 것이다.

1장에서 다뤘듯이 보안은 소프트웨어 아키텍처의 중요한 측면이다. 아키텍트는 보안 원칙을 통해 시스템에 아키텍처 작업을 수행하는 일 외에도 팀이 작성한 코드의 보안 위험을 최소화하기 위해 팀이 안전한 코딩 원칙을 흡수할 수 있도록 해야 한다.

6장에서는 안전한 시스템^{Secure system} 아키텍처의 설계 원칙과 파이썬에서 안전한 코드를 작성하기 위한 팁과 기법을 알아본다.

6장에서 다룰 주제를 소개한다.

- 정보보안 아키텍처
- 안전한 코딩
- 일반적인 보안 취약점
- 파이썬은 안전한가?
  - 입력 값 읽기
  - 임의의 입력 값 평가
  - 오버플로우 오류
  - 객체 직렬화
  - 웹 애플리케이션이 갖는 보안 문제
- 파이썬 보안 전략
- 안전한 코딩 전략

▌ 정보보안 아키텍처

안전한 아키텍처^{Secure architecture}는 권한이 없는 모든 액세스를 방지하고 권한이 있는 사람과 시스템이 데이터와 정보에 액세스할 수 있는 시스템을 만드는 일을 포함한다. 시스템을 위한 정보보안 아키텍처를 생성할 때는 다음 측면을 고려한다.

- **기밀성**^{Confidentiality}: 시스템 내부 정보의 액세스 범위를 제한하는 일련의 규칙이나

절차다. 기밀성은 데이터가 권한이 없는 액세스나 변경에 노출되지 않게 한다.

- **무결성**^{Integrity}: 무결성은 정보 채널이 확실하고 신뢰할 수 있음을 보장하는 시스템의 특성이다. 따라서 시스템은 외부의 조작으로부터 자유롭다. 즉 무결성은 데이터가 시스템의 컴포넌트를 통해 시스템을 통과하면 신뢰할 수 있는 데이터라고 보장한다.

- **가용성**^{Availability}: 서비스 수준 계약^{SLA}에 따라 시스템이 승인된 사용자에게 서비스의 수준을 보장하는 특성이다. 가용성은 시스템이 승인된 사용자에게 서비스를 거부하지 않는다는 사실을 보장한다.

기밀성, 무결성, 가용성의 세 가지 측면(CIA 3요소라고 한다)은 시스템의 정보보안 아키텍처를 구축하는 초석을 이룬다.

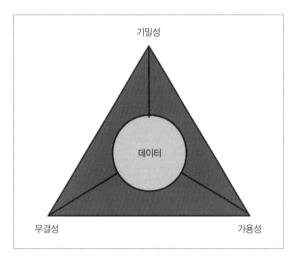

정보보안 아키텍처의 초석을 이루는 세 가지 측면

소개한 세 가지 측면은 다음과 같은 다른 특성을 통해 지원된다.

- **인증**^{Authentication}: 트랜잭션 참가자의 신원 유효성을 확인하고 참가자가 실제로 주장하는 사람임을 보장한다. 이메일에 사용되는 디지털 인증서, 시스템 로그인

에 사용되는 공개 키 등이 예다.

- **권한 부여** ^{Authorization}: 특정 태스크나 관련 태스크 그룹을 수행하기 위한 특정 사용자나 역할에 권한을 부여한다. 권한 부여는 특정 사용자 그룹이 시스템에서 액세스(읽기)와 변경(쓰기)을 제한하는 특정 역할에 관련돼 있음을 보장한다.
- **나쁜 평판** ^{Non-reputability}: 보안 기법들은 트랙잭션에 포함된 사용자들이 나중에 발생한 트랜잭션을 부정할 수 없음을 보장한다. 예로는 '이메일 송신자는 나중에 이메일을 보낸 사실을 부정할 수 없다.', '은행 송금의 수신자는 돈을 나중에 송금 받은 사실을 부정할 수 없다.' 등이 있다.

▌ 안전한 코딩

안전한 코딩^{Secure coding}은 보안 취약점으로부터 프로그램을 보호하는 소프트웨어의 개발 단계의 실천방법이며 프로그램 설계에서 구현까지 악의적인 공격에 저항하게 한다. 안전한 코딩은 '보안'을 나중에 추가하는 단계로 여기지 않으며 '본질적으로 안전한 코드 작성'을 지향한다.

안전한 코딩의 철학은 다음과 같다.

- 보안은 프로그램이나 애플리케이션의 설계 및 개발부터 고려해야 하는 측면이다. 보안은 사후에 검토하는 것이 아니다.
- 보안 요구사항은 개발 주기의 초기에 식별해야 한다. 규정의 준수를 보장하기 위해 요구사항들은 시스템의 후속 개발 단계로 전파돼야 한다.
- 시스템의 보안 위협을 예측하기 위해 초기부터 위협 모델링^{Threat modeling}을 사용한다. 위협 모델링은 다음 내용을 포함한다.
  1. 중요한 자산(코드/데이터)을 식별한다.
  2. 애플리케이션을 컴포넌트로 분해한다.

3. 각 자산이나 컴포넌트에 대한 위협을 식별하고 분류한다.

4. 확립된 위험 모델을 기반으로 위협 순위를 매긴다.

5. 위협 완화 전략을 개발한다.

안전한 코딩의 실천방법이나 전략들은 다음과 같은 주요 작업을 포함한다.

1. **애플리케이션의 관심 분야 정의**: 매우 중요하면서 보안이 필요한 애플리케이션의 코드/데이터 안의 중요 자산을 식별한다.

2. **소프트웨어 아키텍처 분석**: 명백한 보안 결함에 대한 소프트웨어의 아키텍처를 분석한다. 데이터 기밀성과 무결성을 보장하기 위해 뷰를 갖는 컴포넌트 사이의 상호작용을 안전하게 만든다. 적절한 인증 및 권한부여 기법을 통해 기밀 데이터가 보호되고 있는지 확인한다. 처음부터 아키텍처에 가용성이 내장돼 있는지 확인한다.

3. **구현 세부사항 검토**: 안전한 코딩 기법을 사용해 코드를 검토한다. 보안 취약점을 찾기 위해 동료 사이에 리뷰를 수행했는지 확인한다. 개발자에게 피드백을 제공하고 변경사항이 적용됐는지 확인한다.

4. **로직과 구문의 검증**: 구현에 명백한 루프 관련 취약점이 없는지 확인하기 위해, 코드 로직과 구문을 검토한다. 이용 가능한 프로그래밍 언어/플랫폼의 안전한 코딩 가이드라인을 준수하면서 프로그래밍이 완료됐는지 확인한다.

5. **화이트박스 테스팅/단위 테스팅**: 개발자가 기능을 확인하는 테스트가 아닌 코드의 보안 테스트와 함께 단위 테스트를 수행한다. 모의 데이터와 API들은 테스팅에 필요한 서드 파티 데이터/API의 가상화에 사용할 수 있다.

6. **블랙박스 테스팅**: 데이터에 대한 무단 접근, 잘못해서 코드나 데이터를 노출시키는 경로, 취약한 패스워드나 해시와 같은 보안 취약점을 찾는 노련한 QA 엔지니어가 애플리케이션을 테스트한다. 확인된 취약점이 수정됐는지 확인할 수 있도록 테스팅 결과가 아키텍트를 포함한 이해당사자에게 제공된다.

앞서 언급한 것 같이 안전한 코딩이란 안전한 코딩 전략을 활용한 신중한 개발과 검토를 통해 소프트웨어 개발 조직에게 전달해야 하는 실천 방법이자 습관이다.

▌ 일반적인 보안 취약점

오늘날, 전문 프로그래머가 자신의 경력을 돌아볼 때 대비가 필요한 보안 취약점은 무엇인가? 문헌을 살펴보면 이러한 취약점은 몇 가지 카테고리로 분류할 수 있다.

- **오버플로우 오류**Overflow errors : 가장 흔하면서 자주 남용되는 버퍼 오버플로우 오류와 산술 오버플로우 오류, 정수 오버플로우 오류 등이 있다.
  - **버퍼 오버플로우**The buffer overflow : 버퍼 오버플로우는 애플리케이션이 버퍼의 마지막이나 시작 부분의 바깥쪽에 쓰기 동작을 할 수 있는 프로그래밍 오류로 인해 발생한다. 버퍼 오버플로우는 공격자가 신중하게 만든 공격 데이터를 이용해 애플리케이션의 스택이나 힙 메모리에 대한 접근 권한을 획득해 시스템을 제어할 수 있게 한다.
  - **정수 또는 산술 오버플로우**The integer or arithmetic overflow : 정수에 대한 산술 계산이나 수학적 연산 결과를 생성할 때 결과 값이 결과를 저장하는 데이터 타입의 최대 크기에 비해 너무 클 때 발생한다.

정수 오버플로우를 적절히 처리하지 않으면 보안 취약점이 생긴다. 프로그래밍 언어에서 부호가 있는 정수와 부호가 없는 정수를 지원할 때 오버플로우는 데이터가 뒤틀려 음수를 만드는 원인이 될 수 있으며, 공격자가 프로그램의 실행 범위를 벗어난 힙이나 스택 메모리에 접근 권한을 얻기 위해 버퍼 오버플로우와 유사한 결과를 만들 수 있게 한다.

- **검증되지 않은 입력/잘못 검증된 입력**Unvalidated/Improperly validated input : 현대 웹 애플리케이션의 보안 문제는 검증되지 않은 입력이 주된 취약점이 될 수 있다. 취약점은 공격자가 코드 데이터나 시스템 명령어 같은 악의적인 입력을 받아들이도록

프로그램을 속이기 쉬운 부분이다. 프로그램이 실행될 때 시스템을 손상시킬 수 있다. 공격을 완화하려면 시스템에 악성 콘텐츠를 검사하고 제거하는 필터가 있어야 하며 시스템에 적합하면서도 안전한 데이터만 수락해야 한다.

공격 유형의 일반적인 하위 타입은 SQL 주입^{SQL injections}, 서버 사이드 템플릿 주입^{Server-Side Template Injections}, 크로스 사이트 스크립팅^{XSS}, 셸 실행 취약성^{Shell Execution Exploits} 등이 있다.

현대 웹 애플리케이션 프레임워크는 코드와 데이터가 혼합된 HTML 템플릿을 사용하기 때문에 검증되지 않은 입력 공격에 취약하다. 그러나 상당수의 프레임워크는 입력 이스케이프 처리나 필터링 같은 표준적인 위험 완화 절차를 갖고 있다.

- **부적절한 접근 제어**^{Improper access control}: 현대 애플리케이션은 일반 유저와 특별 권한을 갖는 슈퍼 유저나 관리자 같이 사용자 그룹에 따라 역할 분리를 정의해야 한다. 애플리케이션이 역할 분리가 제대로 하지 못하거나 잘못 수행하게 되면 경로(URL)나 워크플로우(공격 벡터를 포함한 특정 URL에 지정된 일련의 행동)가 노출될 수 있으며, 이는 공격자에게 민감한 데이터를 노출시키거나 최악의 경우 공격자가 침입해 시스템을 제어할 수 있게 한다.

- **암호화 문제**^{Cryptography issues}: 액세스 제어 보장만으로 시스템을 강화하거나 안전하다고 하기엔 충분하지 않다. 보안 수준과 강도를 검증하고 확인하지 않으면 시스템은 해킹 당하거나 손상될 수 있다. 사례를 소개한다.

  - **HTTPS 대신 HTTP**: RestFUL 웹 서비스를 구현할 때 HTTP보다 HTTPS(SSL/TLS)가 선호되는지 확인해야 한다. HTTP에서 클라이언트와 서버 사이의 모든 통신은 일반 텍스트로 하며, 이것은 패시브 네트워크 스니퍼나 주의 깊게 만들어진 패킷 캡처나 라우터에 설치된 디바이스에서 쉽게 캡처할 수 있다.

    letsencrypt와 같은 프로젝트는 무료 SSL 인증서를 조달하고 업데이트하는 시스템 관리자를 편하게 만든다. 요즘은 SSL/TLS를 이용해 서버를 보호하는 것이 전보다 쉬워졌다.

- ○ **안전하지 않은 인증**Insecure authentication : 웹 서버에 안전하지 않은 인증 기법보다 안전한 인증 기법을 선호한다. 가령 웹 서버의 기본 인증보다 HTTP Digest 인증을 선호한다. 기본 인증은 패스워드가 명백히 전송되기 때문이다. 유사하게 대규모 공유 네트워크에서는 LDAP Lightweight Directory Access Protocol이나 NTLM NT LAN Manager보다 더 안전한 커베로스 인증Kerberos authentication을 사용한다.

- ○ **취약한 패스워드의 사용**Use of weak passwords : 쉽게 추측할 수 있거나 간단한 암호는 많은 현대의 웹 애플리케이션의 골칫거리다.

- ○ **보안 해시/비밀 키의 재사용**Reuse of secure hashes/secret keys : 보안 해시나 비밀 키는 애플리케이션이나 프로젝트에 특화돼 있으므로 절대로 다른 애플리케이션에 재사용하면 안 된다. 항상 새로운 해시나 키를 생성해야 한다.

- ○ **취약한 암호화 기술**Weak encryption techniques : 서버(SSL 인증서)나 개인 컴퓨터 (GPG/PGP 키)에서 통신 암호화에 사용되는 암호는 최소한 2048 비트로 하고 피어를 사용하는, 검증된 우수한 보안 기법과 암호 안전 알고리즘을 사용해야 한다.

- ○ **취약한 해싱 기법**Weak hashing techniques : 암호와 마찬가지로 패스워드 같은 민감한 데이터의 비밀과 내용 유지에 사용되는 해싱 기법은 강력한 알고리즘으로 신중히 선택해야 한다. 오늘날 해시를 계산하고 저장하는 애플리케이션을 작성한다면 취약한 MD5보단 SHA-1이나 SHA-2 알고리즘을 이용하는 것이 더 좋다.

- ○ **유효하지 않거나 만료된 인증서/키**Invalid or expired certificates/keys : 웹 마스터들은 SSL 인증서의 업데이트를 잊기도 한다. 잘못된 인증서는 아무런 보고 기능을 제공하지 않기 때문에, 웹 서버의 보안을 손상시키는 커다란 문제를 발생시킬 수 있다. 유사하게 GPG나 PGP 공개키/개인키public/private key 쌍 같이 이메일 통신을 위해 사용되는 개인 키personal keys는 계속 업데이트해야 한다.

- **암호 사용이 가능한 SSH**^{Password enabled SSH}: 텍스트 암호를 사용해 원격 시스템에 액세스하는 SSH는 보안의 취약점이다. 특정 사용자의 액세스 기반 패스워드를 비활성화 하고 인증된 SSH를 통한 액세스만 활성화해야 한다. root 사용자의 원격 SSH 액세스를 비활성화한다.
- **정보 유출**^{Information leak}: 웹 서버 시스템은 대부분 구성이 공개돼 있거나 구성이 잘못됐거나 입력의 검증이 부족해 공격자에게 많은 정보를 누설할 수 있다. 사례를 소개한다.
  - **서버 메타 정보**^{Server meta information}: 많은 웹 서버는 그들의 404 페이지나 랜딩 페이지를 통해 정보를 유출한다. 예를 그림으로 살펴보자.

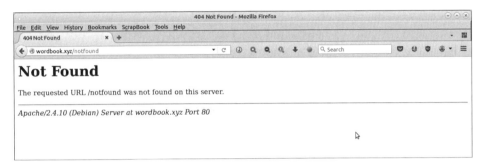

서버 메타 정보를 노출시키는 웹 서버의 404 페이지

단순히 존재하지 않는 페이지를 요청해 앞의 화면에서 본 사이트가 데비안 서버의 아파치 2.4.10 버전을 실행한다는 것을 알게 됐다. 교활한 공격자가 특정 웹 서버/OS 조합에 특화된 공격을 시도하기에 충분한 정보다.

  - **인덱스 페이지 열기**^{Open index pages}: 많은 웹 사이트는 그들의 디렉토리 페이지를 보호하지 않고 모든 액세스에 공개된 상태로 놔둔다. 다음 화면은 이러한 예다.

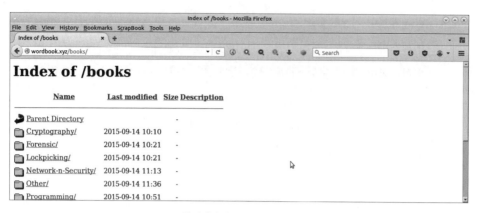

웹 서버의 인덱스 페이지 열기

- **열린 포트**^{Open ports}: 일반적인 오류는 특정 IP 주소나 iptable 같은 방화벽을 사용해 보안 그룹만 애플리케이션에 액세스하도록 제한하는 대신 원격 웹 서버에서 실행되는 애플리케이션 포트에 모든 액세스를 제공하는 것이다. 비슷한 오류로 로컬 호스트에서만 사용되는 서비스를 0.0.0.0(서버의 모든 IP 주소)에서 실행할 수 있도록 허용하는 것이 있는데, 이는 공격자가 nmap/hping3 같은 네트워크 정찰 도구로 해당 포트를 검색하고 공격을 계획하기 쉽게 만든다.

- **파일/폴더/데이터베이스에 대한 접근 공개**^{Open access to files/folders/databases}: 매우 나쁜 실천 방법이다. 애플리케이션 구성 파일, 로그 파일, 프로세스 ID 파일 등 다른 아티펙트에 대한 액세스를 공개하거나 모두에게 접근 권한을 줘 로그인한 사용자는 누구나 파일에 접근해 정보를 얻을 수 있게 하는 것이다. 파일을 모두에게 여는 대신, 필요한 권한을 갖는 특정 역할만 해당 파일에 접근할 수 있도록 보안 정책을 유지해야 한다.

- **경쟁 조건**^{Race conditions}: 경쟁 조건은 프로그램에서 두 개 이상의 액터가 특정 자원에 액세스를 시도하지만 결과가 접근 순서에 의존하기 때문에 올바른 결과를 보장할 수 없을 때 발생한다. 경쟁 조건의 예는 두 스레드가 적절한 동기화 없이 공유 메모리에서 숫자 값을 증가시키는 경우다.

교활한 공격자는 이런 상황을 이용해 악성 코드를 주입하거나 파일명을 바꾸기도 하며 동작 순서를 방해하기 위해 코드를 처리하는 작은 시간 간격을 이용하기도 한다.

- **시스템 클럭 이동**System clock drifts: 시스템 클럭이나 로컬 클럭 시간이 서버상의 부적절한 동기화나 누락된 동기화 때문에 기준 시간에서 서서히 벗어나는 현상이다. 시간이 지나면서 공격자가 암호화 알고리즘을 실행하는 데 걸린 시간을 분석해 시스템을 제어하려고 할 때가 있다. 클럭 이동은 타이밍 공격 같은 고도로 정교한 기법에 악용될 수 있는 SSL 인증서 검사 오류처럼 심각한 보안 결함의 원인이 된다. NTP와 같은 시간 동기화 프로토콜이 이런 위험을 완화하는 데 사용될 수 있다.

- **안전하지 않은 파일/폴더 작업**Insecure file/folder operations: 프로그래머는 사실이 아닐 수도 있는 폴더나 파일의 소유권과 위치, 속성을 가정한다. 이로 인해 보안 결함이 발생하거나 시스템의 부당한 변경을 감지하는 못하는 상황이 일어난다. 관련 사례를 소개한다.
  - 쓰기 동작이 성공했다고 가정한 이후 결과 검사에 실패
  - 로컬 파일의 경로가 항상 로컬이라고 가정(반면, 이러한 파일은 애플리케이션이 접근할 수 없는 시스템 파일의 심볼릭 링크일 수도 있다)
  - 시스템 명령어를 실행할 때 sudo를 부적절하게 사용할 때 올바르게 수행되지 않으면 시스템의 root 권한을 얻는 데 사용 가능한 보안 취약점의 원인이 될 수 있다.
  - 공유 파일이나 폴더에 광범위한 사용 권한이 있는 경우, 예를 들어 일부 그룹에 제한돼야 하는 프로그램의 모든 실행 비트를 켜거나 로그인한 사용자가 읽을 수 있도록 홈 폴더를 개방하는 경우
  - 코드나 데이터 객체의 안전하지 않은 직렬화 및 역직렬화 사용

모든 유형의 취약점을 살펴보기는 어렵지만 파이썬에 영향을 미치는 소프트웨어 취약점

의 공통적인 부류를 검토하고 살펴보려고 한다. 웹 프레임워크의 취약점은 다음 절에서 설명한다.

▌ 파이썬은 안전한가?

파이썬은 구문이 간단하고 가독성이 높은 언어로 간단한 구문은 동작하려는 바를 명확하게 진술하는 방법이다. 파이썬은 잘 테스트된 작은 크기의 압축된 표준 라이브러리 모듈과 함께 제공된다. 파이썬이 매우 안전한 언어임을 뒷받침하는 증거다.

파이썬은 과연 안전한가?

파이썬의 예제를 살펴보면서 파이썬과 파이썬의 표준 라이브러리의 보안 측면을 분석해보자.

이번 절에서는 파이썬 2.x와 파이썬 3.x 버전의 예제 코드를 모두 살펴볼 것이다. 파이썬 2.x 버전에 있는 많은 보안 취약점이 3.x 버전에서는 수정됐기 때문이다. 파이썬 개발자들은 여전히 파이썬 2.x 형식이나 기능을 일부 사용하고 있어 소개할 예제는 모든 버전에서 동작한다는 사실과 함께 파이썬 3.x로 이전하는 것이 중요하다는 사실을 전하고 싶다.

 예제에서 사용되는 파이썬 3.x 버전은 파이썬 3.5.2이며, 파이썬 2.x 버전은 파이썬 2.7.12 버전이 사용된다. 모든 예제는 리눅스(우분투 16.0), x86_64 아키텍처 머신에서 실행된다.

```
$ python3
Python 3.5.2 (default, Jul 5 2016, 12:43:10)
[GCC 5.4.0 20160609] on linux
Type "help", "copyright", "credits" or "license" for more information.
```

```
>>> import sys
>>> print (sys.version)
3.5.2 (default, Jul 5 2016, 12:43:10)
[GCC 5.4.0 20160609]

$ python2
Python 2.7.12 (default, Jul 1 2016, 15:12:24)
[GCC 5.4.0 20160609] on linux2
Type "help", "copyright", "credits" or "license" for more information.
>>> import sys
>>> print sys.version
2.7.12 (default, Jul 1 2016, 15:12:24)
[GCC 5.4.0 20160609]
```

 대부분 예제는 파이썬 2.x와 파이썬 3.x 모두에서 실행되는 한 버전의 코드를 사용한다. 이 것이 가능하지 않으면 두 버전의 코드가 모두 나열된다.

입력 읽기

소개할 프로그램은 간단한 추측 게임이다. 프로그램은 표준 입력에서 숫자를 읽어 임의의 숫자와 비교한다. 비교한 후 일치하면 사용자가 이기고 일치하지 않으면 다시 시도해야 한다.

```
# guessing.py
import random

# Some global password information which is hard-coded
passwords={"joe": "world123",
           "jane": "hello123"}

def game():
```

```
    """A guessing game """

    # Use 'input' to read the standard input
    value=input("Please enter your guess (between 1 and 10): ")
    print("Entered value is",value)

    if value == random.randrange(1, 10):
        print("You won!")
    else:
        print("Try again")

if __name__ == "__main__":
    game()
```

앞의 코드는 시스템의 일부 사용자 패스워드를 민감한 전역 데이터로 갖고 있다는 점을 제외하고 간단하다. 실제로 이런 데이터는 일부 다른 함수가 패스워드를 읽고 이들을 메모리에 캐싱하기도 한다.

표준 입력으로 프로그램을 시험해 보자. 처음에는 다음과 같이 파이썬 2.7을 실행한다.

```
$ python2 guessing.py
Please enter your guess (between 1 and 10): 6
('Entered value is', 6)
Try again
$ python2 guessing.py
Please enter your guess (between 1 and 10): 8
('Entered value is', 8)
You won!
```

이제 '표준적이지 않은non-standard'입력으로 시험해 보자.

```
$ python2 guessing.py
Please enter your guess (between 1 and 10): passwords
```

```
('Entered value is', {'jane': 'hello123', 'joe': 'world123'})
Try again
```

앞에서 실행할 때 전역 패스워드 데이터가 노출된 것을 주의하라.

문제는 파이썬 2버전에 있으며 입력 값에 어떠한 검사도 수행되지 않고 표현식으로 평가된다. 표현식은 값으로 출력된다. 예제에서는 전역 변수와 일치하기 때문에 값이 출력된다.

다음 사항을 살펴보자.

```
$ python2 guessing.py
Please enter your guess (between 1 and 10): globals()
('Entered value is', {'passwords': {'jane': 'hello123',
'joe' : 'world123'}, '__builtins__': <module '__builtin__' (builtin)>,
'__file__': 'guessing.py', 'random':
<module 'random' from '/usr/lib/python2.7/random.pyc'>,
'__package__': None, 'game':
<function game at 0x7f6ef9c65d70>,
'__name__': '__main__', '__doc__': None})
Try again
```

패스워드뿐 아니라 패스워드를 포함한 코드 안의 모든 전역 변수가 노출됐다. 프로그램에 민감한 데이터가 없더라도 이 방법을 사용하는 해커는 변수 이름, 함수 이름, 사용된 패키지와 같은 프로그램의 중요 정보를 알아 낼 수 있다.

문제를 어떻게 해결할 수 있을까? 파이썬 2버전에서의 해결책 중 하나는 내용을 평가하지 않는 raw_input과 함께 eval에 내용을 직접 전달해 평가하도록 입력을 대체하는 것이다. raw_input은 숫자를 반환하지 않으므로 대상 타입으로 변환돼야 한다(이것은 반환 데이터를 int 타입으로 변환해 수행할 수 있다). 다음 코드는 그뿐 아니라 추가적인 안전을 위해 타입 변환의 예외 처리를 추가한다.

```
# guessing_fix.py
import random

passwords={"joe": "world123",
           "jane": "hello123"}

def game():
    value=raw_input("Please enter your guess (between 1 and 10): ")
    try:
        value=int(value)
    except TypeError:
        print ('Wrong type entered, try again',value)
        return

    print("Entered value is",value)
    if value == random.randrange(1, 10):
        print("You won!")
    else:
        print("Try again")

if __name__ == "__main__":
    game()
```

입력을 평가하면서 코드 버전의 보안 취약점을 수정하는 방법을 살펴보자.

```
$ python2 guessing_fix.py
Please enter your guess (between 1 and 10): 9
('Entered value is', 9)
Try again
$ python2 guessing_fix.py
Please enter your guess (between1 and 10): 2
('Entered value is', 2)
You won!

$ python2 guessing_fix.py
```

```
Please enter your guess (between 1 and 10): passwords
(Wrong type entered, try again =>, passwords)

$ python2 guessing_fix.py
Please enter your guess (between 1 and 10): globals()
(Wrong type entered, try again =>, globals())
```

새로운 프로그램은 첫 번째 버전보다 더 안전해졌다.

해당 문제는 다음과 같이 파이썬 3.x에서는 존재하지 않는다(이를 위해 원래 버전을 사용하고 있다).

```
$ python3 guessing.py
Please enter your guess (between 1 and 10): passwords
Entered value is passwords
Try again

$ python3 guessing.py
Please enter your guess (between 1 and 10): globals()
Entered value is globals()
Try again
```

임의의 입력 값 평가

파이썬의 eval 함수는 잠재적으로 위험한 코드나 명령을 평가할 수 있는 임의의 문자열을 전달할 수 있어 매우 강력하지만 위험하기도 하다.

eval이 무엇을 할 수 있는지 알아보기 위해 테스트할 프로그램으로 다음과 같이 바보 같은 코드를 살펴보자.

```
# test_eval.py
import sys
```

```
import os

def run_code(string):
    """ Evaluate the passed string as code """

    try:
eval(string, {})
    except Exception as e:
        print(repr(e))

if __name__ == "__main__":
    run_code(sys.argv[1])
```

공격자가 이 코드를 악용해 애플리케이션이 실행되는 디렉토리의 내용을 알아내려고 시도하는 시나리오를 가정해 보자(얼마 동안 웹 애플리케이션을 통해 코드를 실행할 수 있지만, 머신 자체에는 직접 액세스 할 수 없다고 가정할 수 있다).

공격자가 현재 폴더의 내용을 나열하려 한다고 가정해 보자.

```
$ python2 test_eval.py "os.system('ls -a')"
NameError("name 'os' is not defined",)
```

eval은 평가하는 동안에 이용하는 전역 변수를 제공하는 두 번째 인수를 취하기 때문에, 선행 공격은 동작하지 않는다. 코드에서 두 번째 인수로 빈 딕셔너리를 전달해서 파이썬은 OS 이름을 해석할 수 없고 오류를 발생시킨다.

이것은 eval이 안전하다는 의미일까? 그렇지 않다. 그 이유를 살펴보자.

다음 입력 내용을 코드에 전달하면 어떤 일이 발생할까?

```
$ python2 test_eval.py "__import__('os').system('ls -a')"
.  guessing_fix.py  test_eval.py   test_input.py
..  guessing.py     test_format.py  test_io.py
```

여전히 내장 함수 __import__를 사용해 eval에 얻게 될 점수를 알려줄 수 있다는 사실을 확인할 수 있다.

앞의 명령어가 동작하는 이유는 __import__ 같은 이름을 기본으로 내장된 __builtins__ 전역변수에서 사용할 수 있기 때문이다. 두 번째 인수로 빈 딕셔너리에 __builtins__을 전달해 eval을 거부할 수 있다. 다음은 수정된 버전이다.

```python
# test_eval.py
import sys
import os

def run_code(string):
    """ Evaluate the passed string as code """

    try:
        # Pass __builtins__ dictionary as empty
        eval(string, {'__builtins__':{}})
    except Exception as e:
        print(repr(e))

if __name__ == "__main__":
run_code(sys.argv[1])
```

이제 공격자는 내장된 __import__을 통한 부당한 사용이 불가능하다.

```
$ python2 test_eval.py "__import__('os').system('ls -a')"
NameError("name '__import__' is not defined",)
```

그러나 코드는 여전히 개방적이므로 eval이 영리한 공격으로부터 더 안전해진 것이 아니다. 앞의 경우보다 더 영리한 공격이다.

```
$ python2 test_eval.py "(lambda f=(lambda x: [c for c in [].__
class__.__bases__[0].__subclasses__() if c.__name__ == x][0]):
```

```
f('function')(f('code')(0,0,0,0,'BOOM',(),(),(),'','',0,''),{})())()"
Segmentation fault (core dumped)
```

다소 이해하기 어려워 보이는 악의적인 코드를 파이썬 인터프리터로 코어 덤프할 수 있다. 어떻게 이런 일이 발생하는가? 좀 더 자세하게 살펴보자.

먼저, 다음 사항을 살펴보자.

```
>>> [].__class__.__bases__[0]
<type 'object'>
```

이것은 기본 클래스 object일 뿐이다. 내장 함수에 액세스할 수 없으므로 이것이 내장 함수에 접근하기 위한 간접적인 방법이다.

뒤따르는 코드 라인은 파이썬 인터프리터에 현재 로드된 객체의 모든 하위 클래스를 로드한다.

```
>>> [c for c in [].__class__.__bases__[0].__subclasses__()]
```

이들 중에서 우리가 원하는 것은 code 객체 타입이다. code 객체는 __name__ 속성을 통해 항목 이름을 검사해 액세스할 수 있다.

```
>>> [c for c in [].__class__.__bases__[0].__subclasses__() if c.__name__ == 'code']
```

다음은 익명 lambda 함수를 사용해 같은 동작을 수행한 것이다.

```
>>> (lambda x: [c for c in [].__class__.__bases__[0].__subclasses__()
if c.__name__ == x])('code')
[<type 'code'>]
```

이 코드 객체를 실행하기 원하지만 코드 객체는 직접 호출할 수 없다. 코드 객체를 호출하려면 함수와 연결할 필요가 있는데 외부 lambda 함수에 이전 lambda 함수를 래핑하면 된다.

```
>>> (lambda f: (lambda x: [c for c in []].__class__.__bases__[0].__
subclasses__() if c.__name__ == x])('code'))
<function <lambda> at 0x7f8b16a89668
```

이제 내부 lambda 함수는 두 단계로 호출될 수 있다.

```
>>> (lambda f=(lambda x: [c for c in []].__class__.__bases__[0].__
subclasses__() if c.__name__ == x][0]): f('function')(f('code')))
<function <lambda> at 0x7fd35e0db7d0>
```

대부분의 기본 인수를 전달하고 외부 lambda 함수를 통해 code 객체를 호출한다. 코드 문자열은 문자열 BOOM으로 전달된다. 이것은 파이썬 인터프리터에서 세그먼트 폴트의 원인이 돼 코어 덤프를 발생시키는 가짜 코드 문자열이다.

```
>>> (lambda f=(lambda x:
[c for c in []].__class__.__bases__[0].__subclasses__() if c.__name__
== x][0]):
f('function')(f('code')(0,0,0,0,'BOOM',(), (),(),'','',0,''),{})())())
Segmentation fault (core dumped)
```

앞의 코드는 내장 모듈을 지원해 주는 혜택에도 불구하고 모든 컨텍스트에서 eval이 안전하지 못하고, 파이썬 인터프리터를 망가뜨려 시스템의 제어권을 얻으려는 영리하고 악의적인 해커가 악용할 수 있음을 보여준다. 따라서 파이썬 3에서도 악의적인 동작을 하지만 파이썬 3에서 code 객체는 추가적인 인수를 가져야 해서 code 객체의 인수에 약간의 수정이 필요하다. 또한 코드 문자열과 일부 인수들은 반드시 byte 타입이어야 한다.

다음은 파이썬 3에서 실행되는 악의적인 코드로 최종 결과는 같다.

```
$ python3 test_eval.py
"(lambda f=(lambda x: [c for c in ().__class__.__bases__[0].__
  subclasses__()
  if c.__name__ == x][0]): f('function')(f('code')(0,0,0,0,0,b't\x00\
  x00j\x01\x00d\x01\x00\x83\x01\x00\x01d\x00\x00S',(),
  (),(),'','',0,b''),{})())())"
Segmentation fault (core dumped)
```

오버플로우 오류

파이썬 2에서 xrange() 함수는 범위가 파이썬의 정수 값의 범위에 들어 있지 않으면 오
버플로우 오류를 발생시킨다.

```
>>> print xrange(2**63)
Traceback (most recent call last):
    File "<stdin>", line 1, in <module>
OverflowError: Python int too large to convert to C long
```

range() 함수도 약간 다른 오류와 함께 오버플로우를 발생시킨다.

```
>>> print range(2**63)
Traceback (most recent call last):
    File "<stdin>", line 1, in <module>
OverflowError: range() result has too many items
```

문제는 xrange()와 range()는 시스템 메모리에 의해서만 제한되는 long 타입으로 자동
변환되지 않고 평범한 정수 객체인 (type <int>)를 사용한다는 점이다.

그러나 타입 int와 long이 하나(int 타입)로 통합되고 range() 객체가 메모리를 내부적으로 관리하기 때문에 파이썬 3.x 버전에서 이 문제는 수정됐다. 더 이상 별도의 xrange() 객체는 존재하지 않는다.

```
>>> range(2**63)
range(0, 9223372036854775808)
```

다음은 파이썬에서 다른 정수 오버플로우의 예로 이번에는 len() 함수다.

다음 예제는 두 클래스 A와 B의 인스턴스에서 len() 함수를 시험한다. 두 클래스에서 매직 메소드 __len__은 len() 함수를 지원하기 위해 오버라이딩됐다. A는 object를 상속하는 새로운 스타일의 클래스이며, B는 이전 스타일의 클래스다.

```
# len_overflow.py

class A(object):
    def __len__(self):
        return 100 ** 100

class B:
    def __len__(self):
        return 100 ** 100


try:
    len(A())
    print("OK: 'class A(object)' with 'return 100 ** 100' - len
calculated")
except Exception as e:
    print("Not OK: 'class A(object)' with 'return 100 ** 100' - len
raise Error: " + repr(e))

try:
    len(B())
```

```
    print("OK: 'class B' with 'return 100 ** 100' - len calculated")
except Exception as e:
    print("Not OK: 'class B' with 'return 100 ** 100' - len raise
Error: " + repr(e))
```

다음은 파이썬 2버전에서 실행될 때의 출력 코드다.

```
$ python2 len_overflow.py
Not OK: 'class A(object)' with 'return 100 ** 100' - len raise Error:
OverflowError('long int too large to convert to int',)
Not OK: 'class B' with 'return 100 ** 100' - len raise Error:
TypeError('__len__() should return an int',)
```

같은 코드가 파이썬 3버전에서 실행될 때의 출력 코드는 다음과 같다.

```
$ python3 len_overflow.py
Not OK: 'class A(object)' with 'return 100 ** 100' - len raise Error:
OverflowError("cannot fit 'int' into an index-sized integer",)
Not OK: 'class B' with 'return 100 ** 100' - len raise Error:
OverflowError("cannot fit 'int' into an index-sized integer",)
```

앞 코드의 문제는 len()이 정수 객체를 반환한다는 점이다. 예제에서는 실제 값이 너무 커서 int 내부에 들어가지 않아 파이썬은 오버플로우 오류를 발생시킨다. 그러나 파이썬 2버전에서 클래스가 object로부터 유도되지 않을 때는 코드가 약간 다르게 실행돼 int 타입의 객체를 예상하지만 long 타입의 객체를 얻게 된다. 이것은 TypeError를 발생시킨다. 파이썬 3에서는 두 예제 모두 오버플로우 오류를 발생시킨다.

정수 오버플로우 오류가 갖는 보안 이슈가 무엇인가?

보안 이슈는 사용된 애플리케이션 코드와 의존성 모듈 코드, 오버플로우 오류를 처리하거나 캐치하는 방법 그리고 이를 방지하는 방법에 따라 다르다.

378

파이썬은 C로 작성됐기 때문에 공격자가 오버플로우 버퍼에 쓰기 작업을 할 수 있다. 기본 프로세스/애플리케이션을 하이재킹hijack하면 기본 C 코드에서 올바르게 처리되지 않은 모든 오버플로우 오류는 버퍼 오버플로우 오류를 유도할 수 있다.

모듈이나 데이터 구조가 오버플로우 오류를 처리할 수 있고 추가적인 코드의 실행을 방지하는 예외를 발생시킨다면 코드를 악의적으로 사용할 수 있는 기회가 줄어든다.

객체 직렬화

파이썬 개발자들은 pickle 모듈과 파이썬의 객체 직렬화와 유사한 C 구현인 cPickle을 매우 일반적으로 사용한다. 그러나 이런 모듈은 모든 종류의 타입 검사나 검증을 위해 직렬화돼야 하는 객체에 규칙을 강요하지 않는다. 그래서 두 모듈 모두 파이썬 객체나 시스템을 잠재적으로 악용할 수 있는 명령어인지 여부에 상관없이 확인되지 않은 코드의 실행을 허용한다.

 파이썬 3에서 cPickle과 pickle 모듈 모두 pickle 모듈 하나에서 관리된다.

다음은 Linux/POSIX 시스템에서 루트 폴더(/)의 내용을 나열하는 셸의 부정 사용에 관한 설명이다.

```
# test_serialize.py
import os
import pickle

class ShellExploit(object):
    """ A shell exploit class """

    def __reduce__(self):
        # this will list contents of root / folder.
```

```python
        return (os.system, ('ls -al /',)

    def serialize():
        shellcode = pickle.dumps(ShellExploit())
        return shellcode

    def deserialize(exploit_code):
        pickle.loads(exploit_code)

    if __name__ == '__main__':
        shellcode = serialize()
        deserialize(shellcode)
```

마지막 코드는 피클링^{pickling}에 따라 단순하게 **ShellExploit** 클래스를 패키지로 만들고, **os.system()** 메소드를 통해 root 파일 시스템 /의 내용을 나열하는 명령어를 반환한다. 따라서 Exploit 클래스는 언피클링^{unpickling}에 따라 **pickle** 객체로 가장한 악의적인 코드를 실행한다. 그리고 머신의 루트 폴더 내용을 공격자에게 노출시킨다.

코드의 출력 결과는 다음과 같다.

/ 폴더의 내용을 노출시키는 pickle을 사용한 직렬화 경우의 셸 부정 사용 코드의 출력

출력 결과는 명확하게 루트 폴더의 내용을 나열한다.

부정 사용을 방지하기 위한 대책은 무엇인가?

무엇보다 애플리케이션에서 직렬화를 위해 pickle 같이 안전하지 않은 모듈을 사용하지 말아야 한다. 대신 json이나 yaml 같이 더 안전한 대안에 의존해야 한다. 여러 가지 사정에 따라 애플리케이션이 pickle 모듈의 사용에 의존한다면, 시스템에 악의적인 코드가 실행되지 않게 예방하는 안전한 환경을 만들기 위해 샌드박스 소프트웨어나 codeJail의 사용을 권한다.

다음은 앞의 코드를 약간 변경한 코드다. 간단한 shroot jail과 함께 실제 루트 폴더의 코드가 실행되지 않도록 방지한다. 컨텍스트 관리자 후크를 통한 새로운 루트로 로컬의 safe_root/ 서브 폴더를 사용한다. 간단한 예제일 뿐이지만 실제로 jail은 예제보다 훨씬 정교하다.

```python
# test_serialize_safe.py
import os
import pickle
from contextlib import contextmanager

class ShellExploit(object):
    def __reduce__(self):
        # this will list contents of root / folder.
        return (os.system, ('ls -al /',))

@contextmanager
def system_jail():
    """ A simple chroot jail """

    os.chroot('safe_root/')
    yield
    os.chroot('/')

def serialize():
```

```
    with system_jail():
        shellcode = pickle.dumps(ShellExploit())
        return shellcode

def deserialize(exploit_code):
with system_jail():
        pickle.loads(exploit_code)

if __name__ == '__main__':
    shellcode = serialize()
    deserialize(shellcode)
```

jail을 적절히 사용하면 코드는 다음과 같이 실행된다.

간단한 chroot jail과 함께 pickle을 사용한 직렬화 경우의 셸 부정 사용 코드의 출력

이제 가짜 jail이 생성되기 때문에 어떤 결과도 생성되지 않는다. 그리고 파이썬은 새로운 루트에서 ls 명령어를 찾을 수 없다. 물론 프로덕션 시스템에서 동작하게 만들기 위해 jail은 적절하게 설정돼야 한다. jail은 프로그램 실행은 허용되지만 동시에 악의적인 프로그램의 실행은 방지하거나 제한한다.

JSON 같은 또 다른 직렬화 형식은 어떤가? 부정 사용이 가능한가? 다음 예제를 사용해보자.

다음은 json 모듈로 작성된 직렬화 코드다.

```
# test_serialize_json.py
import os
import json
```

```
import datetime

class ExploitEncoder(json.JSONEncoder):
    def default(self, obj):
        if any(isinstance(obj, x) for x in (datetime.datetime,
                                            datetime.date)):
            return str(obj)

        # this will list contents of root / folder.
        return (os.system, ('ls -al /',))

def serialize():
    shellcode = json.dumps([range(10),
                            datetime.datetime.now()],
                            cls=ExploitEncoder)
    print(shellcode)
    return shellcode

def deserialize(exploit_code):
    print(json.loads(exploit_code))

if __name__ == '__main__':
    shellcode = serialize()
    deserialize(shellcode)
```

기본 JSON 인코더가 ExploitEncoder라는 사용자 정의 인코더를 사용해 오버라이드된 것에 주의하라. 그러나 JSON 형식은 이러한 직렬화를 지원하지 않기 때문에 입력으로 전달된 리스트에 관한 올바른 직렬화 결과를 반환한다.

```
$ python2 test_serialize_json.py
[[0, 1, 2, 3, 4, 5, 6, 7, 8, 9], "2017-04-15 12:27:09.549154"]
[[0, 1, 2, 3, 4, 5, 6, 7, 8, 9], u'2017-04-15 12:27:09.549154']
```

파이썬 3 버전에서는 파이썬 예외가 발생하기 때문에 부정 사용은 실패한다.

```
$ python3 test_serialize_json.py
Traceback (most recent call last):
  File "test_serialize_json.py", line 27, in <module>
    shellcode = serialize()
  File "test_serialize_json.py", line 17, in serialize
    cls=ExploitEncoder)
  File "/usr/lib/python3.5/json/__init__.py", line 237, in dumps
    **kw).encode(obj)
  File "/usr/lib/python3.5/json/encoder.py", line 198, in encode
    chunks = self.iterencode(o, _one_shot=True)
  File "/usr/lib/python3.5/json/encoder.py", line 256, in iterencode
    return _iterencode(o, 0)
ValueError: Circular reference detected
$
```

파이썬 3 버전에서 json으로 직렬화했을 때 셸 부정 사용 코드의 출력

▌ 웹 애플리케이션의 보안 문제

지금까지 파이썬의 보안 문제 유형 네 가지 즉, 입력 읽기, 표현식 평가, 오버플로우 오류, 직렬화 문제를 살펴봤다. 모든 예제는 파이썬을 콘솔에서 사용했다.

그러나 거의 모든 사람들이 매일 웹 애플리케이션과 상호작용하고, 웹 앱 중 상당수는 장고, 플라스크, 피라미드 같은 파이썬 웹 프레임워크로 작성됐다. 따라서 이러한 애플리케이션에서 보안 문제가 노출될 가능성이 더 높다. 몇 가지 예제를 살펴보자.

서버 사이드 템플릿 주입

서버 사이드 템플릿 주입SSTI은 공격 벡터로 일반적인 웹 프레임워크의 서버 사이드 템플릿을 사용하는 공격이다. 공격자는 사용자 입력이 템플릿에 포함되는 방법의 약점을 이용한다. SSTI 공격은 웹 프로그램 내부의 이해, 셸 명령어 실행, 서버를 완전히 손상시키는 데 사용될 수 있다.

파이썬에서 가장 인기있는 웹 애플리케이션 프레임워크인 플라스크를 사용하는 예제를
살펴본다.

다음은 인라인 템플릿을 갖는 플라스크의 간단한 웹 애플리케이션의 샘플 코드다.

```python
# ssti-example.py
from flask import Flask
from flask import request, render_template_string, render_template

app = Flask(__name__)

@app.route('/hello-ssti')
defhello_ssti():
    person = {'name':"world", 'secret':
'jo5gmvlligcZ5YZGenWnGcol8JnwhWZd2lJZYo=='}
    if request.args.get('name'):
        person['name'] = request.args.get('name')

    template = '<h2>Hello %s!</h2>' % person['name']
    return render_template_string(template, person=person)

if __name__ == "__main__":
app.run(debug=True)
```

콘솔에서 코드를 실행하고 브라우저에서 hello-ssti 경로를 이용할 수 있다.

```
$ python3 ssti_example.py
 * Running on http://127.0.0.1:5000/ (Press CTRL+C to quit)
 * Restarting with stat
 * Debugger is active!
 * Debugger pin code: 163-936-023
```

양성 입력을 시험해 보자.

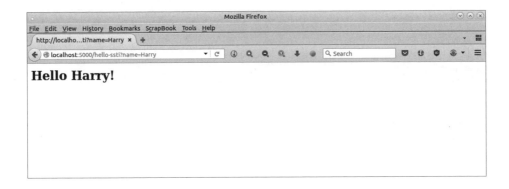

다음은 또 다른 예제다.

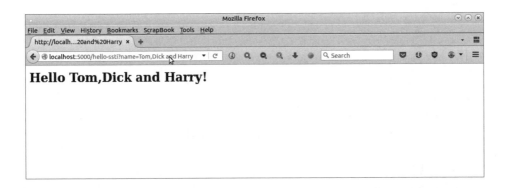

공격자가 사용할 수 있는 약간 교활한 입력을 통해 시험해 보자.

어떤 일이 발생하는가?

템플릿은 안전하지 않은 %s 문자열 템플릿을 사용하기 때문에 파이썬 표현식으로 전달되는 모든 것을 표시한다. 우리는 플라스크 템플릿에 {{ person.secret }}를 전달했다(플라스크는 Jinja2 템플릿을 사용한다). 딕셔너리 person의 핵심 비밀 값을 표시하고, 효과적으로 응용 프로그램의 비밀 키를 노출한다.

코드 안에 취약점은 공격자가 루프를 포함해 Jinja 템플릿이 할 수 있는 모든 사항을 시도할 수 있게 만들어 더 야심찬 공격을 수행할 수 있게 한다. 예시를 보자.

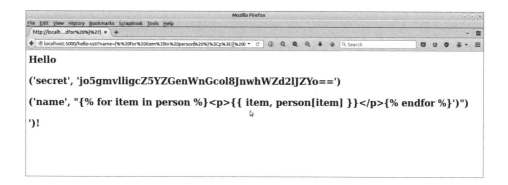

공격에 사용된 URL은 다음과 같다.

```
http://localhost:5000/hello-ssti?name={% for item in person %}<p>{{
item, person[item] }}</p>{% endfor %}
```

이는 URL은 루프를 통해 person 딕셔너리의 모든 내용을 출력하려고 한다.

공격자가 민감한 서버 사이드 구성 파리미터에 쉽게 접근할 수 있게 한다. 예를 들어 공격자는 {{ config }}를 name 파라미터로 전달해 플라스크의 구성사항을 출력할 수 있다.

다음은 위와 같은 공격으로 서버 구성을 출력하는 브라우저 화면이다.

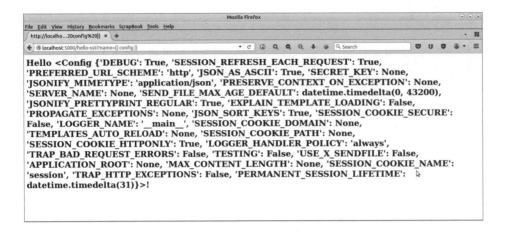

Hello <Config {'DEBUG': True, 'SESSION_REFRESH_EACH_REQUEST': True,
'PREFERRED_URL_SCHEME': 'http', 'JSON_AS_ASCII': True, 'SECRET_KEY': None,
'JSONIFY_MIMETYPE': 'application/json', 'PRESERVE_CONTEXT_ON_EXCEPTION': None,
'SERVER_NAME': None, 'SEND_FILE_MAX_AGE_DEFAULT': datetime.timedelta(0, 43200),
'JSONIFY_PRETTYPRINT_REGULAR': True, 'EXPLAIN_TEMPLATE_LOADING': False,
'PROPAGATE_EXCEPTIONS': None, 'JSON_SORT_KEYS': True, 'SESSION_COOKIE_SECURE':
False, 'LOGGER_NAME': '__main__', 'SESSION_COOKIE_DOMAIN': None,
'TEMPLATES_AUTO_RELOAD': None, 'SESSION_COOKIE_PATH': None,
'SESSION_COOKIE_HTTPONLY': True, 'LOGGER_HANDLER_POLICY': 'always',
'TRAP_BAD_REQUEST_ERRORS': False, 'TESTING': False, 'USE_X_SENDFILE': False,
'APPLICATION_ROOT': None, 'MAX_CONTENT_LENGTH': None, 'SESSION_COOKIE_NAME':
'session', 'TRAP_HTTP_EXCEPTIONS': False, 'PERMANENT_SESSION_LIFETIME':
datetime.timedelta(31)}>!

서버 사이드 템플릿 주입 – 완화 전략

웹 애플리케이션/서버의 민감한 정보를 노출시키기 위해 서버 사이드 템플릿을 공격 벡터로 사용하는 예제를 살펴봤다. 이번에는 공격으로부터 코드를 보호하는 방법을 살펴본다.

이 경우에는 문제를 수정하기 위해 모든 것이 허용되는 **%s** 문자열보다 템플릿에서 원하는 특정 변수를 사용하는 것이 좋다.

다음은 문제가 수정된 코드다.

```python
# ssti-example-fixed.py
from flask import Flask
from flask import request, render_template_string, render_template

app = Flask(__name__)

@app.route('/hello-ssti')

defhello_ssti():
    person = {'name':"world", 'secret':
```

```
'jo5gmvlligcZ5YZGenWnGcol8JnwhWZd2lJZYo=='}
    if request.args.get('name'):
        person['name'] = request.args.get('name')

    template = '<h2>Hello {{ person.name }} !</h2>'
    return render_template_string(template, person=person)

if __name__ == "__main__":
app.run(debug=True)
```

이제 이전의 공격들이 모두 처리된다.

다음은 첫 번째 공격을 받았을 때 브라우저 화면이다.

그 다음 공격을 받았을 때 브라우저 화면이다.

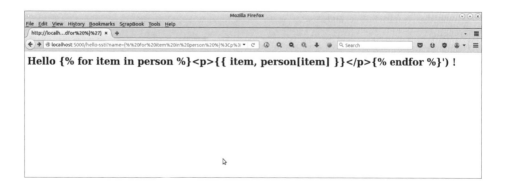

서비스 거부

악의적인 해커가 사용하는 또 다른 공격인 서비스 거부[DoS]를 알아본다.

DoS 공격은 취약한 경로나 웹 애플리케이션의 URL을 대상으로 한다. 그리고 서버가 무한 루프나 CPU 집약적인 계산을 수행하도록 교묘하게 패킷이나 URL을 취약 경로나 애플리케이션의 URL로 보내거나 엄청난 양의 데이터를 데이터베이스에서 로드하도록 한다. 이로 인해 서버 CPU에 엄청난 부하를 줘 다른 요청의 실행을 방해한다.

 DDoS나 분산 DoS 공격은 단일 도메인을 대상으로 여러 시스템을 이용해 안무 방식으로 수행되는 DoS 공격이다. 보통 수천 개의 IP 주소가 사용되며 DDoS 공격을 위한 봇넷(botnets)을 통해 관리된다.

이전 예제를 변형한 코드를 이용하는 DoS 공격 예제를 살펴보자.

```
# ssti-example-dos.py
from flask import Flask
from flask import request, render_template_string, render_template

app = Flask(__name__)

TEMPLATE = '''
<html>
  <head><title> Hello {{ person.name }} </title></head>
  <body> Hello FOO </body>
</html>
'''

@app.route('/hello-ssti')
defhello_ssti():
    person = {'name':"world", 'secret':
'jo5gmvlligcZ5YZGenWnGcol8JnwhWZd2lJZYo=='}
    if request.args.get('name'):
```

```
        person['name'] = request.args.get('name')

    # Replace FOO with person's name
    template = TEMPLATE.replace("FOO", person['name'])
    return render_template_string(template, person=person)

if __name__ == "__main__":
app.run(debug=True)
```

앞의 코드에서는 TEMPLATE으로 명명된 전역 템플릿 변수를 사용하며, SSTI 수정에 사용되는 템플릿으로 safer {{ person.name }} 템플릿 변수를 사용한다. 그러나 여기서 추가 코드는 보유하고 있는 이름인 FOO를 name의 값으로 대체한 것이다.

이 버전은 %s 코드가 제거된 상태에서도 원래 코드의 모든 취약점을 갖고 있다. 가령 본문의 {{ person.secret }} 변수 값을 노출하지만 페이지 제목은 없는 다음 브라우저 이미지를 살펴보자.

이는 다음 코드를 추가했기 때문이다.

```
# Replace FOO with person's name
template = TEMPLATE.replace("FOO", person['name'])
```

산술 표현식을 포함해 전달된 모든 표현식이 표시된다. 예를 들어

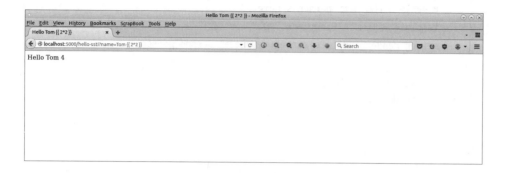

이것은 서버가 처리할 수 없는 CPU 집약적인 계산을 전달해 간단한 DoS 공격을 위한 경로를 열어준다. 다음 공격에서 시스템의 CPU를 점유하는 엄청나게 큰 계산식을 전달하면 시스템이 느려지고 애플리케이션은 응답할 수 없게 된다.

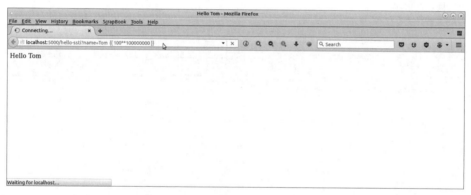

계산 집약적인 코드를 사용한 DoS 스타일 공격을 보여주는 예, 요청은 절대로 완료되지 않는다

공격에 사용된 URL은 `http://localhost:5000/hello-ssti?name=Tom`이다.

계산 집약적인 산술 표현식 `{{ 100**100000000 }}`을 전달해 서버에 과부하가 걸리고 다른 요청을 처리할 수 없게 된다.

앞의 화면에서 볼 수 있듯, 요청은 절대로 완료되지 않고 서버가 다른 요청에 응답하는

것도 방해한다. 오른쪽에 열어놓은 새로운 탭의 같은 애플리케이션은 DoS 스타일 공격 효과가 원인으로 일반적인 요청이 응답하지 않음을 확인할 수 있다.

공격 벡터가 있는 탭의 오른쪽에 열린 새로운 탭은 애플리케이션이 응답하지 않는 것을 보여준다

크로스 사이트 스크립팅

최소한의 DOS 공격을 보여주는 앞 절에서 사용한 코드는 스크립트 주입 공격에도 취약하다. 크로스 사이트 스크립팅을 그림으로 살펴보자.

서버 사이드 템플릿과 자바스크립트 주입을 사용하는 XSS 스크립팅의 간단한 데모

공격에 사용된 URL은 다음과 같다.

```
http://localhost:5000/hello-ssti?name=Tom<script>alert("You are under
attack!")</script>
```

이러한 스크립트 주입 취약점은 XSS를 유도할 수 있으며 공격자가 서비스 코드에 악의적인 스크립트를 주입할 수 있을 때 웹을 악용하는 일반적인 형태다. 이 경우 웹사이트에서 코드가 로드되면 통제권을 가져갈 수 있다.

DoS와 XSS 공격 완화

앞 절에서는 DoS 공격과 간단한 XSS 공격의 몇 가지 예를 살펴봤는데 코드로 공격을 완화시킬 수 있는 방법을 살펴보자.

설명을 위해 앞에 사용한 예제에서 문자열 FOO를 name 값으로 대체하는 줄을 없애고 파라미터 템플릿으로 바꾼다. 올바른 측정을 위해, Jinja 2의 이스케이프 필터 |e를 사용해 출력이 적절하게 이스케이프 처리됐는지 확인해야 한다. 다음은 다시 작성된 코드다.

```python
# ssti-example-dos-fix.py
from flask import Flask
from flask import request, render_template_string, render_template

app = Flask(__name__)

TEMPLATE = '''
<html>
  <head><title> Hello {{ person.name | e }} </title></head>
  <body> Hello {{ person.name | e }} </body>
</html>
'''

@app.route('/hello-ssti')
```

```
defhello_ssti():
    person = {'name':"world", 'secret':
'jo5gmvlligcZ5YZGenWnGcol8JnwhWZd2lJZYo=='}
    if request.args.get('name'):
        person['name'] = request.args.get('name')
    return render_template_string(TEMPLATE, person=person)


if __name__ == "__main__":
app.run(debug=True)
```

이제 두 가지 취약점이 모두 완화됐으므로 공격은 아무런 효과가 없으며 손해를 입히지 못하고 실패한다. 다음은 DOS 공격을 보여주는 그림이다.

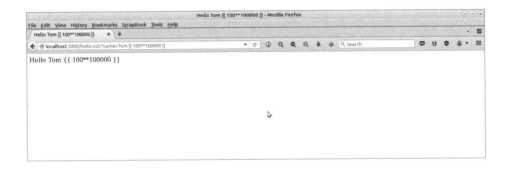

다음은 XSS 공격을 보여주는 그림이다.

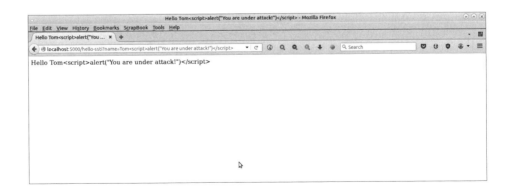

서버 사이드 템플릿 안의 나쁜 코드로 인해 유사한 취약점이 장고, 피라미드, 토네이도 Tornado과 같은 파이썬 웹 프레임워크에 있지만 각각을 설명하려면 6장의 범위를 벗어 난다. 관심이 있다면 웹상의 보안 리소스 부분을 참조하길 바란다.

▌ 파이썬 보안 전략

파이썬 프로그래밍 언어의 중요한 취약점과 파이썬 웹 애플리케이션에 영향을 주는 일반 적인 보안 문제을 알아봤다.

이제 전략 즉, 보안 아키텍트가 사용할 수 있는 팁과 기술을 살펴볼 차례다. 보안 문제를 완화시키기 위해 팀은 프로그램 설계와 개발 단계에 안전한 코딩 원칙을 적용할 수 있다.

- **입력 읽기**Reading input: 콘솔 입력을 읽는 동안, 로우레벨 입력은 파이썬 표현식을 평가하지 않지만 입력을 일반 문자열로 반환하기 때문에 입력보다 로우레벨 입 력rawinput을 선호한다. 모든 타입 변환이나 유효성 검사는 수동으로 수행해야 하 며, 타입이 일치하지 않을 때는 예외가 발생하거나 오류가 반환된다. 패스워드 를 읽기 위해 getpass 같은 라이브러리를 사용하고 반환된 데이터에 유효성 검 사를 수행한다. 유효성 검사가 성공하면 데이터의 모든 평가가 안전하게 수행될 수 있다.

- **표현식 평가**Evaluating expressions: 예제에서 살펴보았듯, eval은 항상 사용 방법에 허 점을 갖고 있다. 따라서 파이썬이 갖는 최상의 전략은 eval과 exec의 사용을 회 피하는 것이다. eval을 사용해야 한다면 eval을 사용자 입력 문자열이나 서드 파 티 라이브러리에서의 데이터 읽기 그리고 통제할 수 없는 API와 함께 사용하지 않는 것이다. 입력 소스와 통제 가능하고 신뢰할 수 있는 함수의 반환 값에 대해 서만 eval을 사용하라.

- **직렬화** Serialization: 직렬화를 위해 pickle이나 cPickle을 사용하지 않는다. JSON 이나 YAML과 같은 다른 모듈을 선호해야 한다. 반드시 pickle/cPickle을 사

용해야 한다면 악의적인 코드 실행가 실행됐을 때 생길 수 있는 나쁜 영향을 방지하기 위해 chroot jail이나 sandbox처럼 완화 전략을 사용하라.

- **오버플로우 오류**Overflow errors: 예외처리 핸들러를 사용해 정수 오버플로우를 방지한다. 파이썬은 항상 경계를 넘어서는 읽기/쓰기 액세스에 대해 컨테이너를 검사하고 예외 처리를 하기 때문에, 순수한 오버플로우 오류로 고통을 받지 않는다. 클래스의 __len__ 메소드를 오버라이드해서 Overflow나 TypeError 예외를 발생시킨다.

- **문자열 형식 지정**String formatting: 오래되고 안전하지 않은 %s 처리보다 새롭고 안정한 템플릿 문자열의 format 메소드를 선호한다.

예를 들면 다음과 같다.

```
def display_safe(employee):
    """ Display details of the employee instance """

    print("Employee: {name}, Age: {age},
            profession: {job}".format(**employee))

def display_unsafe(employee):
    """ Display details of employee instance """

    print ("Employee: %s, Age: %d,
            profession: %s" % (employee['name'],
                                employee['age'],
                                employee['job']))

>>> employee={'age': 25, 'job': 'software engineer', 'name': 'Jack'}
>>> display_safe(employee)
Employee: Jack, Age: 25, profession: software engineer
>>> display_unsafe(employee)
Employee: Jack, Age: 25, profession: software engineer
```

- **파일**Files: 파일로 작업할 때는 작업 후 파일 기술자가 닫혀 있는지 확인하기 위해

컨텍스트 관리자와 함께 사용하는 것이 좋다.
보통 다음과 같은 방법을 선호한다.

```
with open('somefile.txt','w') as fp:
<?>fp.write(buffer)
```

다음 경우는 회피해야 한다.

```
fp = open('somefile.txt','w')
fp.write(buffer)
```

파일 읽기나 쓰기를 하는 동안 예외가 발생한다면 시스템에 열려 있는 파일 핸들러를 유지하는 대신 파일 기술자가 닫혀 있는지도 확인한다.

- **패스워드와 민감한 정보 처리**Handling passwords and sensitive information: 패스워드 같이 민감한 정보의 유효성을 검사할 때는 메모리에서 원래 데이터와 비교하기보다 암호화 해시를 비교하는 것이 좋다.
  - 이 방법은 실제로 셸 실행을 부당하게 사용하거나 입력 데이터 평가의 취약점 같은 부정 행위를 통해 공격자가 프로그램에서 민감한 데이터를 알아낼 수 있을 때도 즉각적인 위반으로부터 민감한 데이터가 보호된다. 간단한 보호 방법을 코드로 소개한다.

    ```python
    # compare_passwords.py - basic
    import hashlib
    import sqlite3
    import getpass

    def read_password(user):
        """ Read password from a password DB """
        # Using an sqlite db for demo purpose

        db = sqlite3.connect('passwd.db')
    ```

```
        cursor = db.cursor()
        try:
            passwd=cursor.execute("select password from passwds where
            user='%(user)s'" % locals()).fetchone()[0]
            return hashlib.sha1(passwd.encode('utf-8')).
            hexdigest()
        except TypeError:
            pass

    def verify_password(user):
        """ Verify password for user """

        hash_pass = hashlib.sha1(getpass.getpass("Password:").
        encode('utf-8')).hexdigest()
        print(hash_pass)
        if hash_pass==read_password(user):
            print('Password accepted')
        else:
            print('Wrong password, Try again')

    if __name__ == "__main__":
        import sys
        verify_password(sys.argv[1])
```

더 정확한 암호적인 관점은 내장된 salt 스택과 고정된 수의 해싱 라운드를 갖는 강력한 패스워드 해싱 라이브러리를 사용하는 것이다.

파이썬에서 **passlib** 라이브러리를 사용하는 예제는 다음과 같다.

```
# crypto_password_compare.py
import sqlite3
import getpass
from passlib.hash import bcrypt

def read_passwords():
    """ Read passwords for all users from a password DB """
```

```
# Using an sqlite db for demo purpose

db = sqlite3.connect('passwd.db')
cursor = db.cursor()
hashes = {}

for user,passwd in cursor.execute("select user,password from
passwds"):
    hashes[user] = bcrypt.encrypt(passwd, rounds=8)

return hashes

def verify_password(user):
    """ Verify password for user """

    passwds = read_passwords()
    # get the cipher
    cipher = passwds.get(user)
    if bcrypt.verify(getpass.getpass("Password: "), cipher):
        print('Password accepted')
    else:
        print('Wrong password, Try again')

if __name__ == "__main__":
    import sys
    verify_password(sys.argv[1])
```

설명을 위해 passwd.db.sqlite 데이터베이스는 다음 그림에 보이는 것처럼 두 명의 사용자와 패스워드 두 개를 생성했다.

```
Terminal                                                  _ + x
(env) $ sqlite3 passwd.db
SQLite version 3.11.0 2016-02-15 17:29:24
Enter ".help" for usage hints.
sqlite> select * from passwds;
jack|reacher123
frodo|ring123
sqlite>
```

앞의 그림에서는 명확함을 위해 입력된 패스워드가 표시되지만 실제 프로그램에서는 getpass 라이브러리를 사용하기 때문에 패스워드가 보이지 않는다.

다음은 실제 코드다.

```
$ python3 crytpo_password_compare.py jack
Password: test
Wrong password, Try again

$ python3 crytpo_password_compare.py jack
Password: reacher123
Password accepted
```

- **로컬 데이터**Local data: 함수에 민감한 데이터를 저장하지 않도록 한다. 함수의 모든 입력 유효성 검사나 평가 취약점은 악용될 수 있으며 로컬 스택 즉, 로컬 데이터의 접근 권한을 얻는 데 사용될 수 있다. 항상 민감한 데이터를 암호화하거나 해시 처리된 별도 모듈에 저장하자.
  다음은 간단한 예제다.

```
def func(input):
    secret='e4fe5775c1834cc8bd6abb712e79d058'
    verify_secret(input, secret)
    # Do other things
```

위 함수는 함수 스택의 액세스 권한을 획득한 공격자가 비밀 키에도 접근할 수 있기 때문에 비밀 키 'secret'이 안전하지 않다.

비밀 키는 별도 모듈에 보관하는 것이 좋다. 해싱 및 검증을 위해 비밀 키를 사용한다면 'secret'의 원래 값이 노출되지 않아 다음 코드가 첫 번째 코드보다 훨씬 더 안전하다.

```
# This is the 'secret' encrypted via bcrypt with eight rounds.
secret_hash=''$2a$08$Q/lrMAMe14vETxJC1kmxp./JtvF4vI7/b/
VnddtUIbIzgCwA07Hty'
def func(input):
  verify_secret(input, secret_hash)
```

- **경쟁 조건**Race conditions: 파이썬은 뛰어난 스레딩 기본 요소들을 제공한다. 프로그램이 멀티 스레드와 공유 리소스를 사용할 때가 있다. 경쟁 조건과 교착 상태를 방지하기 위해 리소스에 대한 액세스를 동기화하려면 다음 가이드라인을 따라야 한다.

  ○ 뮤텍스(threading.Lock)를 통해 동시에 쓰기가 가능한 자원을 보호한다.

  ○ 제한된 동시 접근 측면에서 세마포어(threading.BoundedSemaphore)를 통해 직렬화돼야 하는 다중 자원을 보호한다.

  ○ 프로그래밍 가능한 조건이나 함수 동기화를 기다리는 여러 스레드를 깨우기 위해 Condition 객체(threading.Condition)를 사용한다.

  ○ 일정 기간 동안 유휴 상태 후 깨어나서 조건이나 기준을 폴링하는 루프를 피하라. 대신 동기화를 위해 Condition이나 Event 객체(threading.Event)를 사용한다.

  멀티 프로세스를 사용하는 프로그램이면 자원 동시 접근을 관리하기 위해 multiprocessing 라이브러리에서 제공하는 유사한 기능을 사용해야 한다.

- **시스템을 최신 상태로 유지하라**Keep your system up to date: 진부할 수도 있으나 시스템의 패키지들, 특히 애플리케이션에 영향을 주는 패키지의 보안 업데이트와 보안 이슈를 최신으로 유지하는 방법이 시스템과 애플리케이션을 안전하게 유지하는 쉬운 방법이다. 파이썬과 파이썬의 표준 라이브러리 모듈을 포함하는 많은 오픈소스 프로젝트의 보안 상태를 꾸준히 업데이트하는 웹사이트가 많다.

  보통 이런 보고서를 CVE Common Vulnerabilities and Exposures라고 하며 Mitre(http://cve.mitre.org)와 같은 사이트는 지속적인 업데이트 스트림을 제공한다.

이 사이트에서 파이썬을 검색하면 213개의 결과를 볼 수 있다.

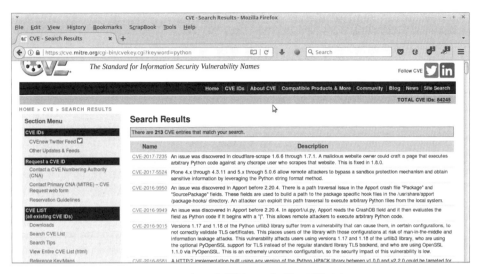

Mitre CVE 리스트에 대한 'python' 키워드 검색 결과

아키텍트, 데브옵스 엔지니어, 웹 마스터들은 시스템 패키지 업데이트를 조정하고 보안 업데이트를 언제든지 활성화시킬 수 있다. 원격 서버에서는 최신 보안 패치 관련 업그레이드를 2~3개월마다 반드시 한 번은 실행해야 한다.

- OWASP^{Python Open Web Application Security Project}는 표준 Cpython보다 보안 위협에 더 탄력적이고 강화된 버전의 파이썬 생성을 목적으로 하는 무료 서드 파티 프로젝트다. OWASP는 더 큰 규모의 OWASP 이니셔티브의 일부다.

- 파이썬 OWASP 프로젝트는 웹사이트와 관련 GitHub 프로젝트를 통해 파이썬의 버그 보고서, 도구, 다른 산출물을 제공한다. 관련 웹사이트와 코드는 깃허브 프로젝트 페이지인 https://github.com/ebranca/owasp-pysec/에서 이용할 수 있다.

OWASP 파이썬 보안 프로젝트의 홈페이지

이러한 프로젝트를 계속 살펴보면서 테스트를 실행하고, 파이썬 보안을 최신 상태로 유지하기 위해 보안 보고서를 읽어두면 이해당사자에게 좋다.

▌ 안전한 코딩 전략

소프트웨어 아키텍처의 보안 측면 논의가 끝나간다. 보안 아키텍처 관점에서 소프트웨어 개발팀이 취할 전략 중 상위 10개를 요약해 표로 정리했다. 내용을 보면 앞에서 살펴본 내용도 포함돼 있다.

순위	전략	어떻게 도움이 되는가?
1	입력의 유효성 검사 (Validate inputs)	신뢰할 수 없는 모든 데이터 소스로부터의 입력을 검사한다. 적절한 입력 검사는 소프트웨어 취약점의 대부분을 제거할 수 있다.

순위	전략	어떻게 도움이 되는가?
2	단순하게 유지한다 (Keep it simple)	프로그램 디자인을 가능한 단순하게 유지한다. 복잡한 디자인은 구현, 구성, 배포에서 보안 오류가 발생할 가능성을 증가시킨다.
3	최소 권한의 원칙 (Principle of least privilege)	모든 프로세스는 작업을 완료하는 데 필요한 최소한의 시스템 권한들로 실행돼야 한다. 가령 /tmp에서 데이터를 읽기 위해서는 root 권한은 필요하지 않으며, 권한이 없는 사용자도 읽기가 가능하다.
4	불필요한 데이터 제거 (Sanitize data)	데이터베이스, 명령 셸, 상용 컴포넌트, 서드 파티 미들웨어 같은 모든 서드 파티 시스템에서 읽고 보내는 데이터에서 불필요한 부분을 제거한다. 이는 SQL 주입, 셸 악용, 다른 유사한 공격의 기회를 감소시킨다.
5	액세스 권한 부여 (Authorize access)	로그인이나 기타 권한을 통해, 특정 인증이 필요한 역할에 따라 애플리케이션의 각 부분을 분리한다. 같은 코드에서 다른 접근 수준이 필요한 애플리케이션의 서로 다른 부분을 함께 사용하지 않는다. 보호되지 않는 경로를 통해 중요하고 민감한 데이터가 노출되지 않도록 적절한 라우팅을 사용한다.
6	효과적인 QA 수행 (Perform effective QA)	훌륭한 보안 테스팅 기법들은 취약점을 효과적으로 식별하고 제거한다. 퍼지 테스팅, 침입 테스팅, 소스 코드 감사가 프로그램의 일부로 수행돼야 한다.
7	계층 내의 방어 연습 (Practice defense in layers)	여러 보안 계층으로 위험을 완화한다. 예를 들어, 보안 프로그래밍 기법을 안전한 런타임 구성과 결합하면 남아 있는 코드 취약점이 런타임 환경에서 노출되는 기회를 줄일 수 있다.
8	보안 요구사항을 정의한다 (Define security requirements)	시스템의 수명주기 초기에 보안 제약사항을 식별하고 문서화해야 한다. 그리고 이러한 요구사항을 더 많은 기능과 일치하게 업데이트해야 한다.
9	위협을 모델링한다 (Model threats)	소프트웨어가 받을 수 있는 위협을 예측하기 위해 위협 모델링을 사용해야 한다.
10	보안 정책을 위한 아키텍처와 설계 (Architect and design for security policies)	시스템과 시스템의 서브 시스템에 일관적인 보안 정책 패턴을 적용하기 위한 소프트웨어 아키텍처를 생성하고 유지해야 한다.

█ 요약

6장은 보안을 구축하는 시스템 아키텍처의 세부사항을 알아보는 것으로 시작했다. 안전한 코딩이 무엇인지 정의하고, 안전한 코딩 실천 방법의 배경이 되는 철학과 원칙을 살펴봤다.

버퍼 오버플로우, 입력 유효성 문제, 액세스 제어 문제, 암호화 취약점, 정보 누수, 안전하지 않은 파일 조작 같이 소프트웨어 시스템에서 마주치는 일반적이고 다양한 보안 취약점도 알아봤다.

많은 예제와 더불어 파이썬 보안 이슈를 상세히 공부했다. 입력의 읽기 및 평가, 오버플로우, 직렬화 문제를 자세히 살펴보고 선택지가 될 수 있는 플라스크를 통해 파이썬 웹 애플리케이션 프레임워크의 일반적인 취약점도 배웠다. 웹 애플리케이션 템플릿의 취약점을 악용하는 방법과 SSTI, XSS, DOS 같은 공격의 수행 방법을 살펴보고, 다양한 예제 코드를 통해 이러한 공격을 완화시키는 방법도 익혔다.

파이썬에서 안전한 코드를 작성하기 위한 방법을 살펴봤다. 패스워드의 암호화 해시와 코드의 민감한 데이터를 관리하는 방법을 자세하게 알아보고, 올바른 방법으로 작업을 수행하는 몇 가지 예도 다뤘다. 보안 뉴스와 프로젝트를 통한 지속적인 업데이트의 중요성과 보안 패치를 통한 시스템 업데이트도 이야기했다.

보안 아키텍트가 안전한 코드와 시스템을 생성하기 위해 팀에 전수할 수 있는 10가지 안전한 코딩 전략을 정리했다.

7장에서는 소프트웨어 엔지니어링과 디자인의 흥미로운 측면인 디자인 패턴을 공부한다.

07

파이썬 디자인 패턴

디자인 패턴^{Design Patterns}은 디자인과 아키텍처의 성공적인 재사용을 통해 소프트웨어 구축을 쉽게 만든다. 패턴은 소프트웨어 엔지니어와 아키텍트의 공통 경험을 바탕으로 만들어진다. 새로운 코드를 작성해야 하는 문제를 만났을 때는 숙련된 소프트웨어 아키텍트는 활용 가능한 디자인/아키텍처 패턴 생태계를 이용하기도 한다.

패턴은 특정 디자인이 특정 유형의 문제 해결에 성공적이라는 사실이 반복적으로 증명될 때 발전한다. 전문가들은 특정 디자인이나 아키텍처가 일관성 있게 관련된 유형의 문제를 해결할 수 있다는 가능성을 발견하게 되면 특정 디자인이나 아키텍처를 점점 더 많이 적용하게 되며 점차 솔루션의 구조를 패턴으로 체계화시킨다.

파이썬은 동적 타입과 클래스, 메타 클래스, 퍼스트 클래스 함수^{first-class function}, 공동 루틴^{co-routine}, Callable 객체 같은 고수준의 객체 지향 구조를 지원하는 언어다. 파이썬은 재사용 가능한 디자인과 아키텍처 패턴을 구성하기 매우 좋은 놀이터다. 실제로 C++나 자바와 같은 언어와 달리 파이썬은 특정 디자인 패턴을 구현하기 위한 다양한 방법이 있음을 알게 될 것이다. 자주는 아니지만 파이썬 스타일로 패턴을 구현하는 것이 C++/Java에서 파이썬으로 표준 구현을 복사하는 것보다 더 직관적이고 설명적이라는 사실을 알 수 있다.

7장은 디자인 패턴을 좀 더 파이썬 스타일에 가깝게 구축하는 방법을 설명한다. 디자인 패턴의 포괄적인 지침을 담고 있지는 않지만 대부분의 측면을 다루려고 한다.

7장에서는 다음 주제를 다룬다.

- 디자인 패턴의 요소
- 디자인 패턴의 분류
- 플러그 가능한 해싱 알고리즘
- 플러그 가능한 해싱 알고리즘 요약
- 파이썬의 생성 패턴
  - 싱글톤Singleton 패턴
  - 보그Borg 패턴
  - 팩토리Factory 패턴
  - 프로토타입Prototype 패턴
  - 빌더Builder 패턴
- 파이썬의 구조 패턴
  - 어댑터Adapter 패턴
  - 파사드Facade 패턴
  - 프록시Proxy 패턴
- 파이썬의 행위 패턴
  - 이터레이터Iterator 패턴

- 옵저버^{Observer} 패턴
- 상태^{State} 패턴

▌ 디자인 패턴의 요소

디자인 패턴은 객체 지향 시스템에서 일련의 문제들을 해결하기 위해 반복되는 디자인 측면을 기록하기 위해 노력한다.

디자인 패턴은 대부분 다음 요소를 갖고 있다.

- **이름**^{Name}: 패턴을 설명할 때 잘 알려진 핸들^{handle}이나 제목이 사용된다. 디자인 패턴에 표준적인 이름을 사용하면 의사소통이 쉽고 디자인 관련 어휘도 늘어난다.
- **컨텍스트**^{Context}: 컨텍스트는 문제가 발생하는 상황이다. 컨텍스트는 웹 애플리케이션 소프트웨어 개발처럼 일반적인 상황이 될 수도 있고, 발행/구독 시스템의 공유 메모리 구현 같은 자원 변경에 대한 알림 구현처럼 특화된 상황일 수도 있다.
- **문제**^{Problem}: 패턴이 적용돼야 하는 실제 문제를 설명한다. 문제는 다음 항목들로 설명할 수 있다.
  - **요구사항**^{Requirements}: 요구사항은 솔루션이 반드시 만족해야 하는 사항이다. 예를 들어 게시자-구독자 패턴의 구현은 반드시 HTTP를 지원해야 한다.
  - **제약사항**^{Constraints}: 솔루션의 제약사항이다. 가령 확장 가능한 피어 투 피어^{peer-to-peer} 게시자 패턴은 알림을 게시하기 위해, 세 개 이상의 메시지를 교환해서는 안 된다.
  - **속성**^{Properties}: 솔루션이 가져야 하는 속성이다. 예를 들어 솔루션은 윈도우와 리눅스 플랫폼에서 동일하게 동작해야 한다.
- **솔루션**^{Solution}: 문제의 실제 해결책을 보여준다. 솔루션은 솔루션을 구성하는 요

소들의 구조와 책임, 정적 관계와 런타임 시 상호작용(협업)을 기술한다. 솔루션은 문제가 해결되는 방법도 설명해야 한다. 솔루션은 결과도 언급해야 한다. 다시 말해, 적용 패턴의 결과와 트레이드 오프에 관해서도 이야기해야 한다.

 디자인 패턴은 솔루션을 유도하는 모든 문제를 해결할 수는 없기 때문에 관련 구현사항이나 구현의 대안으로 남기도 한다.

▌ 디자인 패턴의 분류

디자인 패턴은 선택 기준에 따라 다양한 방법으로 분류할 수 있다. 일반적으로는 패턴의 목적을 기준으로 사용한다. 즉 패턴이 어떤 종류의 문제를 해결하는지 묻는다.

이러한 분류는 크게 세 가지 패턴이 있는데 다음과 같다.

- **생성 패턴**Creational : 객체의 생성과 초기화에 관련된 문제를 해결한다. 이들은 수명주기에서 가장 먼저 발생하는 문제들로 객체와 클래스를 통해 문제를 해결한다. 다음 예제들을 살펴보자.
  - **팩토리 패턴**The Factory pattern : '반복적이고 예측 가능한 방법으로 관련된 클래스의 인스턴스를 확실하게 생성할 수 있는 방법은 무엇입니까?'라는 질문은 팩토리 패턴으로 해결된다.
  - **프로토타입 패턴**The Prototype pattern : '객체를 인스턴스화하고 객체를 복사해, 유사한 수백 개의 객체를 만드는 현명한 방법은 무엇인가?'라는 질문은 프로토타입 패턴을 통해 해결할 수 있다.
  - **싱글톤과 관련 패턴**Singleton and related patterns : '내가 생성하는 클래스의 인스턴스를 한 번만 생성하고 초기화하는 방법은 무엇인가?' 또는 '클래스의 모든 인스턴스들이 똑같은 초기 상태를 공유하는 방법은 무엇인가?'라는 질문은 싱

글톤 관련 패턴을 통해 해결할 수 있다.

- **구조 패턴**^{Structural}: 의미 있는 구조로 객체를 합성하고 조립하는 것과 관련이 있으며 아키텍트와 개발자에게 재사용 가능한 동작을 제공한다. 구조 패턴에서는 '전체가 그 부분의 합보다 더 크다'. 즉, 구조 패턴은 객체가 생성되고 객체를 통한 문제 해결의 다음 단계에서 발생한다. 문제의 예는 다음과 같다.

  - **프록시 패턴**^{The Proxy pattern}: '래퍼^{wrapper}, 상위 동작^{behavior on top}을 통해 객체와 객체의 메소드 접근을 제어하려면 어떻게 해야 하는가?'

  - **복합 패턴**^{The Composite pattern}: '동시에 부분과 전체를 표현하기 위해 많은 컴포넌트로 구성된 객체를 같은 클래스를 사용해 어떻게 표현할 수 있는가? 예를 들어, 위젯 트리 같은 경우는?'

- **행위 패턴**^{Behavioral}: 행위 패턴은 객체의 런타임 시 상호 작용에 기인한 문제와 객체들이 책임을 분산시키는 방법을 해결한다. 이 패턴은 클래스가 생성되고 더 큰 구조로 결합되면, 그 이후 단계에서 발생하는데 예는 다음과 같다.

  - **다음 경우는 메디안 패턴을 사용하라**^{Using the Median pattern in such case}: 상호작용의 런타임 동적 특성을 향상시키기 위해 런타임 시 모든 객체가 서로 참조할 때 느슨한 결합^{loose coupling}의 사용을 보장한다.

  - **다음 경우는 옵저버 패턴을 사용하라**^{Using the Observer pattern in such case}: 객체가 리소스의 상태 변경을 통보받기 원하지만 통보를 위해 자원의 폴링^{polling}은 원치 않을 때, 시스템에는 이런 객체의 인스턴스가 많이 있을 수 있다.

> ⓘ 생성 패턴, 구조 패턴, 행위 패턴의 순서는 런타임 시 시스템에서의 객체 수명주기를 함축적으로 포함하고 있다. 먼저 객체가 생성되고(생성 패턴) 유용한 구조로 결합된다(구조 패턴). 그리고 서로 상호작용을 한다(행위 패턴).

패턴을 파이썬 고유한 방식으로 구현하는 것을 본격적으로 살펴보자. 예제로 설명을 진행한다.

플러그 가능한 해싱 알고리즘

다음 문제를 살펴보자.

입력 스트림(파일이나 네트워크 소켓)에서 데이터를 읽고 청크 방식chunked manner으로 콘텐츠를 해싱하기 원한다면 다음과 같이 코드를 작성할 수 있다.

```
# hash_stream.py
from hashlib import md5

def hash_stream(stream, chunk_size=4096):
    """ Hash a stream of data using md5 """

    shash = md5()

    for chunk in iter(lambda: stream.read(chunk_size), ''):
        shash.update(chunk)

    return shash.hexdigest()
```

 특별히 명시하지 않는 한 모든 코드는 파이썬 3 버전으로 작성됐다.

```
>>> import hash_stream
>>> hash_stream.hash_stream(open('hash_stream.py'))
'e51e8ddf511d64aeb460ef12a43ce480'
```

코드가 예상대로 동작한다.

재사용이 더 쉬워지면서 다양한 해싱 알고리즘과 함께 동작하는 다용도의 구현을 원한다고 가정해 보자. 첫 번째 시도는 이전 코드를 수정하는 것이지만, 많은 양의 코드를 다시 작성해야 하기 때문에 그리 현명한 방법이 아니라는 사실을 곧 알게 될 것이다.

```
# hash_stream.py
from hashlib import sha1
from hashlib import md5

def hash_stream_sha1(stream, chunk_size=4096):
    """ Hash a stream of data using sha1 """

    shash = sha1()

    for chunk in iter(lambda: stream.read(chunk_size), ''):
        shash.update(chunk.encode('utf-8'))

    return shash.hexdigest()

def hash_stream_md5(stream, chunk_size=4096):
    """ Hash a stream of data using md5 """

    shash = md5()

    for chunk in iter(lambda: stream.read(chunk_size), ''):
        shash.update(chunk.encode('utf-8'))

    return shash.hexdigest()
```

```
>>> import hash_stream
>>> hash_stream.hash_stream_md5(open('hash_stream.py'))
'e752a82db93e145fcb315277f3045f8d'
>>> hash_stream.hash_stream_sha1(open('hash_stream.py'))
'360e3bd56f788ee1a2d8c7eeb3e2a5a34cca1710'
```

여러분은 클래스를 사용해 많은 코드를 재사용할 수 있다. 몇 번을 반복하면 다음과 같은
결과를 얻을 수 있다.

```
# hasher.py
class StreamHasher(object):
```

```
""" Stream hasher class with configurable algorithm """

def __init__(self, algorithm, chunk_size=4096):
    self.chunk_size = chunk_size
    self.hash = algorithm()

def get_hash(self, stream):

    for chunk in iter(lambda: stream.read(self.chunk_size), ''):
        self.hash.update(chunk.encode('utf-8'))

    return self.hash.hexdigest()
```

다음과 같이 md5로 시도해 보자.

```
>>> import hasher
>>> from hashlib import md5
>>> md5h = hasher.StreamHasher(algorithm=md5)
>>> md5h.get_hash(open('hasher.py'))
'7d89cdc1f11ec62ec918e0c6e5ea550d'
```

sha1으로 시도해 보자.

```
>>> from hashlib import sha1
>>> shah_h = hasher.StreamHasher(algorithm=sha1)
>>> shah_h.get_hash(open('hasher.py'))
'1f0976e070b3320b60819c6aef5bd6b0486389dd'
```

각각의 특정 알고리즘에 관련된 스트림의 해시 다이제스트(예제에서는 파일)를 반환하는 서로 다른 hasher 객체를 만들 수 있다는 점은 분명해졌다.

수행한 작업을 정리해 본다.

stream 객체를 사용하는 hash_stream 함수를 개발했다. 그리고 md5 알고리즘을 사용해 청크를 해시 처리를 했다. 그 다음, 한 번에 하나의 알고리즘을 사용하도록 구성하기 위한 StreamHasher 클래스를 개발해 코드를 더 많이 재사용할 수 있게 했다. 스트림 객체를 인수로 받아들이는 get_hash 메소드를 통해 해시 다이제스트를 획득했다.

이제 파이썬으로 무엇을 더 할 수 있는지 살펴보자.

클래스는 다양한 해싱 알고리즘 관점에서 다목적이며 더 많이 재사용할 수 있다. 그러나 함수처럼 클래스를 호출할 수 있는 방법이 있는가? 그 방법이 더 깔끔한 것이 맞는가?

다음은 StreamHasher 클래스를 호출할 수 있도록 다시 구현한 코드다.

```
# hasher.py
class StreamHasher(object):
    """ Stream hasher class with configurable algorithm """

    def __init__(self, algorithm, chunk_size=4096):
        self.chunk_size = chunk_size
        self.hash = algorithm()

    def __call__(self, stream):

        for chunk in iter(lambda: stream.read(self.chunk_size), ''):
            self.hash.update(chunk.encode('utf-8'))

        return self.hash.hexdigest()
```

마지막 코드에서 무엇을 했는가? 함수 이름을 get_hash에서 Get_Call로만 변경했다. 어떤 영향을 미치는지 확인해 보자.

```
>>> from hashlib import md5, sha1
>>> md5_h = hasher.StreamHasher(md5)
>>> md5_h(open('hasher.py'))
'ad5d5673a3c9a4f421240c4dbc139b22'
```

```
>>> sha_h = hasher.StreamHasher(sha1)
>>> sha_h(open('hasher.py'))
'd174e2fae1d6e1605146ca9d7ca6ee927a74d6f2'
```

단순히 파일 객체를 전달해 함수처럼 클래스의 인스턴스를 호출할 수 있다.

따라서 클래스는 재사용 가능하며 다목적 코드를 제공할 뿐 아니라 함수처럼 동작한다. 매직 메소드 __call__을 구현해 클래스를 파이썬의 callable 클래스로 만듦으로써 가능하다.

 파이썬의 callable 객체는 모든 객체가 호출할 수 있는 객체다. 다시 말해 x()를 실행할 수 있으면 x는 callable 객체이며, __call__ 메소드가 오버라이드되는 방식에 따라 파라미터가 있을 수도 있고 없을 수도 있다. 함수들은 가장 간단하면서도 익숙한 callable 객체다. 파이썬에서 foo(args)는 foo.__call__(args)의 문법적 설탕(syntactic sugar)[1]이다.

플러그 가능한 해싱 알고리즘 요약

앞 예제에서 알 수 있는 것은 무엇인가? 다른 프로그래밍 언어에서 전통적으로 해결해야 하는 문제들에서 파이썬의 강력함을 보여주고 있다. 파이썬의 강력함과 문제를 처리하는 방법으로 인해 더 실험적이고 강력한 방법으로 문제를 처리할 수 있다. 예제에서는 특별한 메소드를 오버라이드해 모든 객체를 callable로 만들고 있다.

어떤 패턴을 사용했는가? 7장을 시작할 때 패턴은 어떤 부류의 문제를 해결할 수 있는 것이라고 잠깐 설명했는데 이 설명에 어떤 패턴이 숨어 있는가?

그렇다. 전략 행위 패턴의 구현이다.

---

1 문법적 기능은 그대로인데, 읽는 사람이 쉽고 직관적으로 코드를 읽을 수 있도록 만들었다는 의미이다. – 옮긴이

전략 패턴^{Strategy pattern}은 클래스와 다른 행위가 필요할 때 사용된다. 그리고 다
양한 행위와 알고리즘 중 하나로 클래스를 이용할 수 있어야 한다.

이러한 경우 같은 청크를 사용해 스트림에서 데이터를 해싱하고 다이제스트를 반환하기
위해 다양한 알고리즘을 지원하는 클래스가 필요하다. 클래스는 알고리즘을 파라미터로
받아들이고 모든 알고리즘은 데이터를 반환하기 위해 같은 메소드(hexdigest 메소드)를 지
원하기 때문에 매우 간단한 방법으로 클래스를 구현할 수 있었다.

생성 패턴, 구조 패턴, 행위 패턴의 순서를 따라 파이썬을 사용해 작성할 수 있는 흥미로
운 패턴들과 문제 해결하는 고유한 방법을 알아내기 위한 여정을 계속해 보자.

 이 책의 패턴 논의 방법은 매우 실용적이다. 가장 기초적인 방법이자 인기 디자인 패턴인
GoF(Gang-of-four: G4) 패턴에서 사용하는 공식 언어를 사용하지 않을 수도 있다. 올바
른 형식을 따르는 것보다 패턴을 구축하는 데 있어 파이썬의 강력함을 보여주는 것에 초점
을 둔다.

▌ 파이썬의 생성 패턴

일반적인 몇 가지 생성 패턴을 살펴볼 것이다. 싱글톤 패턴으로 시작해 프로토타입 패턴,
빌더 패턴, 팩토리 패턴의 순서로 살펴볼 것이다.

싱글톤 패턴

싱글톤 패턴^{Singleton pattern}은 전체 디자인 패턴 중에서 가장 잘 알려진 패턴 중 하나로 이
해하기도 쉽다. 싱글톤 패턴의 정의는 다음과 같다.

싱클톤은 오직 하나의 인스턴스와 잘 정의된 액세스 포인트를 갖는 클래스다.

싱글톤의 요구사항은 다음과 같이 요약할 수 있다.

- 클래스는 잘 알려진 액세스 포인트를 통해 접근 가능하며 단 하나의 인스턴스만 가져야 한다.
- 클래스는 패턴을 망치지 않으면서 상속을 통해 확장할 수 있어야 한다.
- 파이썬에서 가장 단순한 싱글톤 구현은 다음과 같다. 기본 객체 타입의 __new__ 메소드를 오버라이드해 수행된다.

```python
# singleton.py
class Singleton(object):
    """ Singleton in Python """

    _instance = None

    def __new__(cls):
        if cls._instance == None:
            cls._instance = object.__new__(cls)
        return cls._instance
```

```python
>>> from singleton import Singleton
>>> s1 = Singleton()
>>> s2 = Singleton()
>>> s1==s2
True
```

- 잠시 동안 이러한 검사가 필요하므로 이를 함수로 정의해 보자.

```python
def test_single(cls):
    """ Test if passed class is a singleton """
    return cls() == cls()
```

- 구현한 싱글톤이 두 번째 요구사항을 만족하는지 살펴보자. 요구사항을 테스트하기 위해 간단한 서브클래스를 정의할 것이다.

```
class SingletonA(Singleton):
    pass

>>> test_single(SingletonA)
True
```

구현한 내용이 테스트를 통과했다. 하지만 여기서 끝내야 하는가?

앞에서 설명한 것처럼 파이썬은 역동성과 유연성으로 인해 많은 구현 패턴을 제공한다. 잠깐 싱글톤을 계속 살펴보자. 예제를 통해 파이썬의 강력함에서 통찰력을 얻을 수 있는지 살펴보자.

```
class MetaSingleton(type):
    """ A type for Singleton classes (overrides __call__) """

    def __init__(cls, *args):
        print(cls,"__init__ method called with args", args)
        type.__init__(cls, *args)
        cls.instance = None

    def __call__(cls, *args, **kwargs):
        if not cls.instance:
            print(cls,"creating instance", args, kwargs)
            cls.instance = type.__call__(cls, *args, **kwargs)
        return cls.instance

class SingletonM(metaclass=MetaSingleton):
    pass
```

앞의 구현은 해당 클래스 유형, 즉 메타클래스에 관한 싱글톤의 생성 로직을 이동시킨다.

먼저 metaclass의 타입 확장 및 __init__과 __call__ 메소드의 오버라이드를 통해
MetaSingleton으로 불리는 싱글톤 유형을 생성한다. 그 다음 SingletonM 클래스를 선
언하고 메타클래스로 SingletonM을 사용한다.

```
>>> from singleton import *
<class 'singleton.SingletonM'> __init__ method called with args
('SingletonM', (), {'__module__': 'singleton', '__qualname__':
'SingletonM'})
>>> test_single(SingletonM)
<class 'singleton.SingletonM'> creating instance ()
True
```

새로운 싱글톤 구현에서 어떤 일이 발생했는지 자세히 살펴보자.

- **클래스 변수 초기화**Initializing a class variable: 앞의 구현에서 봤듯, 클래스 수준에서 클
  래스 변수의 초기화를 수행하거나(클래스 선언 다음에) 메타클래스의 __init__ 메
  소드에서 클래스 변수를 초기화할 수 있다. 클래스의 단일 인스턴스를 유지하는
  _instance 클래스 변수에 수행하는 작업이다.

- **클래스 생성 오버라이딩**Overriding class creation: 클래스의 __new__ 메소드를 오버라이
  딩해 클래스 수준에서 수행하거나 이와 똑같이 메타클래스에서 __call__ 메소
  드를 오버라이딩할 수 있다. 이것이 새로운 구현에서 하는 작업이다.

> ℹ️ 클래스의 __call__ 메소드를 오버라이드하면 클래스의 인스턴스에 영향을 미치며 인스턴
> 스를 호출할 수 있게 된다. 이와 비슷하게 메타클래스의 _call_ 메소드를 오버라이드하면
> 클래스에 영향을 미치고 클래스들이 호출되는 방법, 즉, 클래스가 인스턴스를 생성하는 방
> 법을 변경시킨다.

클래스 방식 대 메타클래스 방식의 장점과 단점을 살펴보자.

- 메타클래스를 통해 싱글톤 동작을 하는 새로운 최상위 수준의 클래스를 여러 개 생성할 수 있는 것이 이점 중 하나다. 기본 구현을 사용해, 모든 클래스는 최상위 클래스인 Singleton이나 이 클래스의 하위 클래스를 상속받아 싱글톤 동작을 가져갈 수 있다. 메타클래스 방식은 클래스 계층 구조 측면에서 더 많은 유연성을 제공한다.
- 메타클래스 방식은 클래스 방식과 달리 약간 모호하고 유지하기 어려운 코드를 생성하는 것으로 해석되기도 한다. 클래스를 이해하는 프로그래머의 수에 비해 메타클래스와 메타 프로그래밍을 이해하는 파이썬 프로그래머가 적기 때문인데, 이는 메타클래스 솔루션의 단점이기도 하다.

더 넓게 생각해보고 싱글톤 문제를 다른 방법으로 해결할 수 있는지 살펴보자.

싱글톤 패턴 – 싱글톤이 필요한가?

싱글톤의 첫 번째 요구사항을 원래 구문과 약간 다른 방법으로 바꿔 본다.

> '클래스는 모든 인스턴스가 같은 초기 상태를 공유하기 위한 방법을 제공해야 한다.'

싱글톤 패턴이 실제로 이루고자 하는 것이 무엇인지 간단하게 살펴보자.

싱글톤이 하나의 인스턴스를 갖는 것이 확실하다면 클래스가 생성되고 초기화될 때 오직 하나의 단일 상태만 제공하는 것이 보장된다. 다시 말해, 실제로 싱글톤이 클래스에 제공하는 것은 모든 인스턴스에 걸쳐 단일한 공유 상태를 보장하는 방법이다.

싱글톤의 첫 번째 요구사항은 약간 다른 형태로 바꿔 말할 수 있으며 최종 결과는 첫 번째 형식과 같다.

> '클래스는 모든 인스턴스에 같은 초기 상태를 공유하기 위한 방법을 반드시 제공해야 한다.'

'특정 메모리 위치에서 실제로 단 하나의 인스턴스를 보장하는 기법은 싱글톤
을 달성하기 위한 방법 중 하나일 뿐이다.'

지금까지 우리가 실제로 한 일은 덜 유연한 구현의 세부사항과 다양한 프로그래밍 언어
측면에서 해당 패턴을 표현했다는 것이다.

파이썬 같은 언어를 사용하면서 현학적인 원래의 정의를 고집할 필요는 없다.

다음 클래스를 살펴보자.

```python
class Borg(object):
    """ I ain't a Singleton """

    __shared_state = {}
    def __init__(self):
        self.__dict__ = self.__shared_state
```

앞의 패턴은 클래스를 생성하면 확실하게 모든 인스턴스를 클래스가 속한 공유 상태로
초기화하는 것을 보장한다(이것은 클래스 수준에서 선언되기 때문이다).

싱클톤에서 정말로 주의해야 하는 사항은 실제 공유된 상태다. 따라서 Borg는 모든 인스
턴스가 정확하게 똑같아야 한다는 걱정없이 동작한다.

파이썬은 클래스에 공유 상태 딕셔너리를 초기화해 이를 수행한다. 그리고 인스턴스의
딕셔너리를 해당 값으로 인스턴스화 시킨다. 이에 따라 모든 인스턴스가 같은 상태를 공
유하는 것이 보장된다.

다음은 Borg의 예제다.

```python
class IBorg(Borg):
    """ I am a Borg """

    def __init__(self):
```

```
        Borg.__init__(self)
        self.state = 'init'

    def __str__(self):
        return self.state

>>> i1 = IBorg ()
>>> i2 = IBorg ()
>>> print(i1)
init
>>> print(i2)
init
>>> i1.state='running'
>>> print(i2)
running
>>> print(i1)
running
>>> i1==i2
False
```

Borg를 사용해 실제로 인스턴스가 동일하지 않더라도 같은 상태를 공유하는 인스턴스를 갖는 클래스를 생성했다. 그리고 상태 변경은 인스턴스로 전파됐다. 앞의 예에서 볼 수 있듯 i1에서 상태 값을 바꾸면 i2에서도 상태 값이 변경된다.

동적인 값들은 어떻게 될까? 항상 같은 객체이기 때문에 싱글톤이 동작하는 것을 알고 있다. 그러나 Borg의 경우는 어떤가?

```
>>> i1.x='test'
>>> i2.x
'test'
```

동적 속성 x를 인스턴스 i1에 추가하면 인스턴스 i2에도 x가 나타난다.

이제 싱글톤보다 보그 패턴이 어떤 장점이 있는지 살펴보자.

- 기본 Singleton 클래스를 상속하는 여러 개의 클래스를 갖는 복잡한 시스템에서 임포트 문제나 경쟁 조건으로 인해 싱글톤 인스턴스의 요구사항을 강제하는 것이 어려울 수 있다. 예를 들어 시스템이 스레드를 사용한다면 보그 패턴 메모리에서 단일 인스턴스 요구사항을 제거해 문제를 깔끔하게 회피한다.
- 보그 패턴은 보그 클래스와 모든 서브클래스에 걸쳐 간단하게 상태를 공유할 수 있다. 각 서브클래스가 자체적인 상태를 생성하기 때문에 싱글톤이 아니다. 관련 설명은 다음 절에서 예제를 통해 다음 절에서 확인할 것이다.

상태 공유 – 보그 대 싱글톤

보그 패턴은 최상위 클래스(Borg)에서 모든 서브클래스까지 항상 같은 상태를 공유한다는 점에서 싱글톤의 경우와 다르다. 이에 대해 자세히 알아본다.

실습을 위해 Singleton 클래스에 관한 두 개의 서브클래스, 즉 SingletonA와 SingletonB를 생성할 것이다.

```
>>> class SingletonA(Singleton): pass
...
>>> class SingletonB(Singleton): pass
...
```

SingletonA의 서브클래스 SingletonA1을 생성해 보자.

```
>>> class SingletonA1(SingletonA): pass
...
```

이제 인스턴스를 생성해 보자.

```
>>> a = SingletonA()
>>> a1 = SingletonA1()
>>> b = SingletonB()
```

a에 100의 값을 갖는 동적 속성을 추가해 보자.

```
>>> a.x = 100
>>> print(a.x)
100
```

이 속성을 서브클래스 SingletonA1의 인스턴스 a1에서 사용할 수 있는지 확인해 보자.

```
>>> a1.x
100
```

좋다! 이제 인스턴스 b에서도 이 속성을 사용할 수 있는지 확인해 보자.

```
>>> b.x
Traceback (most recent call last):
  File "<stdin>", line 1, in <module>
AttributeError: 'SingletonB' object has no attribute 'x'
```

SingletonA와 SingletonB는 같은 상태를 공유하지 않는 것으로 보인다. 이것이 SingletonA의 인스턴스에 연결된 동적 속성이 SingletonA의 하위 클래스의 인스턴스에 나타나지만 형제나 동료 서브클래스, 즉 SingletonB의 인스턴스에는 나타나지 않는 이유다. 이것은 최상위 수준의 Singleton 클래스로부터 분기가 다른 클래스 계층구조이기 때문이다.

보그 패턴이 더 좋은 것인지 살펴보자.

먼저 클래스와 인스턴스를 생성해 보자.

```
>>> class ABorg(Borg):pass
...
>>> class BBorg(Borg):pass
...
>>> class A1Borg(ABorg):pass
...
>>> a = ABorg()
>>> a1 = A1Borg()
>>> b = BBorg()
```

100을 값으로 갖는 동적 속성을 x에 추가해 보자.

```
>>> a.x = 100
>>> a.x
100
>>> a1.x
100
```

형제 클래스 보그의 인스턴스가 해당 속성 값을 얻을 수 있는지 확인해 보자.

```
>>> b.x
100
```

이것은 보그 패턴이 싱글톤 패턴보다 클래스와 서브클래스에 걸쳐 상태를 공유하는 데 훨씬 더 우수하다는 것을 증명한다. 보그 패턴은 하나의 인스턴스를 보장하는 번거로움 이나 오버헤드없이 상태를 공유할 수 있다.

이제 창조적인 다른 패턴으로 넘어가 보자.

팩토리 패턴

팩토리 패턴^{Factory pattern}은 다른 클래스에 관련된 클래스들의 인스턴스 생성 문제를 해결하며, 단일 메소드를 통해 인스턴스의 생성을 구현한다. 단일 메소드는 부모 Factory 클래스에 정의돼(필요에 따라) 서브클래스에서 오버라이드된다.

팩토리 패턴은 클래스의 클라이언트(사용자)에게 클래스와 서브클래스의 인스턴스 생성을 위한 단일 진입점을 제공하는 편리한 방법을 제공한다. 보통 Factory 클래스의 특정 메소드, 즉 Facotry 메소드로 파라미터를 전달한다.

구체적인 예를 살펴보자.

```python
from abc import ABCMeta, abstractmethod

class Employee(metaclass=ABCMeta):
    """ An Employee class """

    def __init__(self, name, age, gender):
        self.name = name
        self.age = age
        self.gender = gender

    @abstractmethod
    def get_role(self):
        pass

    def __str__(self):
        return "{} - {}, {} years old {}".format(self.__class__.__name__,
                                                 self.name,
                                                 self.age,
                                                 self.gender)

class Engineer(Employee):
    """ An Engineer Employee """
```

```
        def get_role(self):
            return "engineering"

    class Accountant(Employee):
        """ An Accountant Employee """

        def get_role(self):
            return "accountant"

    class Admin(Employee):
        """ An Admin Employee """

        def get_role(self):
            return "administration"
```

몇 가지 속성과 세 개의 서브클래스, Engineer, Account, Admin을 갖는 공통의 Empolyee 클래스를 생성했다.

모든 클래스가 관련되기 때문에 Factory 클래스는 이러한 클래스들의 인스턴스 생성을 추상화하는 데 유용하다.

다음은 EmployFactory 클래스다.

```
    class EmployeeFactory(object):
        """ An Employee factory class """

        @classmethod
        def create(cls, name, *args):
            """ Factory method for creating an Employee instance """

            name = name.lower().strip()

                if name == 'engineer':
                    return Engineer(*args)
                elif name == 'accountant':
```

```
            return Accountant(*args)
        elif name == 'admin':
            return Admin(*args)
```

EmployFactory 클래스는 name 파라미터를 허용하는 단일 create 팩토리 메소드를 제공한다. name 파라미터는 클래스 이름과 그에 따라 생성된 인스턴스와 일치한다.

인수의 나머지는 클래스의 인스턴스를 생성할 때 필요한 파라미터들로 변경되지 않고 클래스 생성자에 전달된다.

Factory 클래스를 살펴보자.

```
>>> factory = EmployeeFactory()
>>> print(factory.create('engineer','Sam',25,'M'))
Engineer - Sam, 25 years old M
>>> print(factory.create('engineer','Tracy',28,'F'))
Engineer - Tracy, 28 years old F

>>> accountant = factory.create('accountant','Hema',39,'F')
>>> print(accountant)

Accountant - Hema, 39 years old F
>>> accountant.get_role()

accounting
>>> admin = factory.create('Admin','Supritha',32,'F')
>>> admin.get_role()
'administration'
```

Factory 클래스에 관한 흥미로운 사항을 정리했다.

- 단일 팩토리 클래스는 Employee 계층의 모든 클래스에 대한 인스턴스를 생성할 수 있다.

- 팩토리 패턴에서는 클래스 패밀리(클래스와 해당 클래스의 하위 클래스 계층)에 관련된 하나의 Factory 클래스를 사용한다. 예를 들어 Person 클래스는 Person Factory를 사용할 수 있으며, automobile 클래스는 AutomobileFactory를 사용할 수 있다.

- Factory 메소드는 파이썬의 classmethod로 데코레이션된다. 이렇게 하면, 메소드를 클래스 네임스페이스를 통해 직접 호출될 수 있다. 다음의 예를 보자.

```
>>> print(EmployeeFactory.create('engineer','Vishal',24,'M'))
Engineer - Vishal, 24 years old M
```

즉 Factory 클래스의 인스턴스는 이 패턴에서는 실제로 필요하지 않다.

프로토타입 패턴

프로토타입 패턴Prototype pattern은 프로그래머가 템플릿 인스턴스로 클래스의 인스턴스를 생성하고 프로토타입을 복사하거나 복제해 새로운 인스턴스를 생성할 수 있게 한다.

프로토타입 패턴은 다음 상황일 때 가장 유용하다.

- 시스템에서 인스턴스화된 클래스가 동적일 때 즉, 인스턴스가 구성의 일부로 명시되거나 런타임에 변경 가능한 경우
- 인스턴스가 초기 상태의 몇 가지 조합만 가질 때, 상태를 추적하고 매번 인스턴스를 인스턴스화하는 대신, 각 상태에 일치하는 프로토타입을 생성하고 이들을 복제하는 것이 더 편리하다.

프로토타입 객체는 clone 메소드를 통해 자체 복제cloning하는 기능을 지원한다.

다음은 파이썬에서 간단한 프로토타입을 구현한 경우다.

```
import copy

class Prototype(object):
    """ A prototype base class """

    def clone(self):
        """ Return a clone of self """
        return copy.deepcopy(self)
```

clone 메소드는 copy 모듈을 사용해 구현되며 객체를 완전히 복사^{deep copy}하고 복제본을 반환한다.

clone 메소드는 copy 모듈을 사용해 구현되며 객체를 완전히 복사 deep copy 하고 복제본을 반환한다.

이 동작을 살펴보기 위해 의미 있는 서브클래스를 생성해야 한다.

```
class Register(Prototype):
    """ A student Register class """

    def __init__(self, names=[]):
        self.names = names

>>> r1=Register(names=['amy','stu','jack'])
>>> r2=r1.clone()
>>> print(r1)
<prototype.Register object at 0x7f42894e0128>
>>> print(r2)
<prototype.Register object at 0x7f428b7b89b0>


>>> r2.__class__
<class 'prototype.Register'>
```

프로토타입 – 깊은 복사 대 얕은 복사

프로토타입 클래스의 세부 구현 사항을 심도 있게 살펴보자.

객체를 복제하기 위해 copy 모듈의 deepcopy 메소드를 사용한다는 사실을 알 수 있다. copy 모듈은 얕은 복사를 구현하는 copy 메소드도 갖고 있다.

얕은 복사shallow copying를 하면 모든 객체가 참조를 통해 복사됨을 알 수 있다. 이것은 튜플이나 문자열 같은 불변 객체는 변경할 수 없기 때문에 아무런 문제가 되지 않는다.

그러나 리스트나 딕셔너리 같이 변경 가능한 객체는 인스턴스의 상태가 인스턴스에 의해 완전히 소유되지 않고 공유되기 때문에 문제가 된다. 그리고 한 인스턴스에서 변경한 모든 수정 사항은 복제된 인스턴스의 동일한 객체를 수정할 것이다.

예를 살펴보자. 얕은 복사를 사용하는 프로토타입 클래스의 수정된 구현 방법을 사용한다.

```python
class SPrototype(object):
    """ A prototype base class using shallow copy """

    def clone(self):
        """ Return a clone of self """
        return copy.copy(self)
```

SRegister 클래스는 새로운 프로토타입 클래스에서 상속받는다.

```python
class SRegister(SPrototype):
    """ Sub-class of SPrototype """

    def __init__(self, names=[]):
        self.names = names
```

```python
>>> r1=SRegister(names=['amy','stu','jack'])
>>> r2=r1.clone()
```

인스턴스 r1의 names 레지스터에 이름을 추가한다.

```
>>> r1.names.append('bob')
```

그리고 r2.names를 확인해 보자.

```
>>> r2.names
['amy', 'stu', 'jack', 'bob']
```

원한 것은 아니지만 얕은 복사로 인해 객체 전체가 아닌 참조만 복사되기 때문에, 결국 r1과 r2는 모두 같은 names 리스트를 공유한다. 간단한 검사로 확인할 수 있다.

```
>>> r1.names is r2.names
True
```

깊은 복사는 복제된(복사된) 객체에 포함된 모든 객체를 재귀적으로 복사한다. 따라서 아무 것도 공유되지 않지만 모든 복제본마다 참조된 객체의 자체 복사본을 갖게 된다.

메타클래스를 사용하는 프로토타입

클래스를 사용하는 프로토타입 패턴의 작성 방법을 살펴봤다. 싱글톤 패턴 예제를 통해 파이썬의 메타프로그래밍을 어느 정도 살펴봤기 때문에 프로토타입 패턴에서도 같은 작업을 수행할 수 있는지 확인할 수 있다.

이제 모든 프로토타입 클래스에 clone 메소드를 추가해야 한다. 이런 방법으로 클래스에 동적으로 메소드를 추가하는 것은 메타클래스의 __init__ 메소드를 사용해 수행할 수 있다.

다음은 메타클래스를 사용하는 간단한 프로토타입의 구현이다.

```
import copy

class MetaPrototype(type):

    """ A metaclass for Prototypes """

    def __init__(cls, *args):
        type.__init__(cls, *args)
        cls.clone = lambda self: copy.deepcopy(self)

class PrototypeM(metaclass=MetaPrototype):
    pass
```

PrototypeM 클래스는 프로토타입 패턴을 구현한다. 서브클래스를 사용해 설명을 확인해 보자.

```
class ItemCollection(PrototypeM):
    """ An item collection class """

    def __init__(self, items=[]):
        self.items = items
```

먼저 ItemCollection 객체를 생성한다.

```
>>> i1=ItemCollection(items=['apples','grapes','oranges'])
>>> i1
<prototype.ItemCollection object at 0x7fd4ba6d3da0>
```

다음과 같이 객체를 복제한다.

```
>>> i2 = i1.clone()
```

복제본은 분명하게 다른 객체다.

```
>>> i2
<prototype.ItemCollection object at 0x7fd4ba6aceb8>
```

복제본은 자체 속성의 복사본을 갖고 있다.

```
>>> i2.items is i1.items
False
```

메타클래스를 사용하는 패턴들의 결합

메타클래스의 강력함을 사용해 흥미롭고 최적화된 패턴을 생성할 수 있다. 다음 예제는 싱글톤과 프로토타입 모두를 사용한다.

```python
class MetaSingletonPrototype(type):
    """ A metaclass for Singleton & Prototype patterns """

    def __init__(cls, *args):
        print(cls,"__init__ method called with args", args)
        type.__init__(cls, *args)
        cls.instance = None
        cls.clone = lambda self: copy.deepcopy(cls.instance)

    def __call__(cls, *args, **kwargs):
        if not cls.instance:
            print(cls,"creating prototypical instance", args, kwargs)
            cls.instance = type.__call__(cls,*args, **kwargs)
        return cls.instance
```

이 메타클래스를 사용하는 클래스는 싱글톤과 프로토타입의 동작을 모두 보여준다.

싱글톤은 하나의 인스턴스만 허용하고 프로토타입은 여러 인스턴스를 유도하는 복제를 허용하기 때문에 한 클래스에 서로 충돌하는 행동들을 결합하는 것으로 약간 이상해 보일 수 있다. 그러나 API 관점에서 패턴을 생각한다면 좀 더 자연스럽다.

- 생성자를 사용하는 클래스의 호출은 항상 같은 인스턴스를 반환한다. 인스턴스는 싱글톤 패턴처럼 행동한다.
- 클래스 인스턴스에 관한 clone의 호출은 늘 복제된 인스턴스들을 반환한다. 인스턴스들은 항상 싱글톤 인스턴스를 소스로 사용해 복제된다. 인스턴스는 프로토타입 패턴처럼 동작한다.

이제 새로운 메타클래스를 사용하는 수정된 PrototypeM를 갖게 된다.

```
class PrototypeM(metaclass=MetaSingletonPrototype):
    pass
```

ItemCollection는 계속해서 PrototypeM을 서브클래스로 사용하기 때문에 ItemCollection은 자동으로 새로운 동작을 한다.

다음 코드를 살펴보자.

```
>>> i1=ItemCollection(items=['apples','grapes','oranges'])
<class 'prototype.ItemCollection'> creating prototypical instance ()
{'items': ['apples'
, 'grapes', 'oranges']}
>>> i1
<prototype.ItemCollection object at 0x7fbfc033b048>
>>> i2=i1.clone()
```

clone 메소드는 예상대로 동작하고 복제본을 생성한다.

```
>>> i2
<prototype.ItemCollection object at 0x7fbfc033b080>
>>> i2.items is i1.items
False
```

그러나 생성자를 통한 인스턴스의 생성은 생성자가 싱글톤 API를 호출하기 때문에 항상 싱글톤(프로토타입) 인스턴스만 반환한다.

```
>>> i3=ItemCollection(items=['apples','grapes','mangoes'])
>>> i3 is i1
True
```

메타클래스는 클래스를 생성할 때 강력한 사용자 정의를 가능하게 한다. 예제에서는 싱글톤 패턴과 프로토타입 패턴을 메타클래스를 통해 모두 하나의 클래스에 포함하는 행위의 조합을 만들었다. 메타클래스를 사용하는 파이썬의 강력함은 프로그래머에게 전통적인 패턴을 넘어 창조적인 기법을 찾게 한다.

프로토타입 팩토리

프로토타입 클래스는 프로토타입 방식으로 구성 패밀리나 제품 그룹의 인스턴스 생성을 위한 팩토리 함수를 제공할 수 있는 프로토타입 팩토리Prototype factory나 레지스트리Registry 클래스를 사용해 개선할 수 있다. 이 패턴은 팩토리 패턴의 변형으로 생각할 수 있다.

다음은 프로토타입 팩토리 클래스의 코드다. 자동으로 상태를 공유하기 위해 Borg에서 상속받은 것을 계층의 최상단에서 확인하자.

```
class PrototypeFactory(Borg):
    """ A Prototype factory/registry class """

    def __init__(self):
```

```python
        """ Initializer """

        self._registry = {}

    def register(self, instance):
        """ Register a given instance """

        self._registry[instance.__class__] = instance

    def clone(self, klass):
        """ Return cloned instance of given class """

        instance = self._registry.get(klass)
        if instance == None:
            print('Error:',klass,'not registered')
        else:
            return instance.clone()
```

팩토리에 등록할 수 있는 인스턴스를 갖는 프로토타입의 서브클래스를 몇 개 생성해 보자.

```python
class Name(SPrototype):
    """ A class representing a person's name """

    def __init__(self, first, second):
        self.first = first
        self.second = second

    def __str__(self):
        return ' '.join((self.first, self.second))

class Animal(SPrototype):
    """ A class representing an animal """

    def __init__(self, name, type='Wild'):
        self.name = name
        self.type = type
```

```python
    def __str__(self):
        return ' '.join((str(self.type), self.name))
```

우리는 두 개의 클래스를 갖고 있다. Name 클래스와 Animal 클래스로 두 클래스 모두 SPrototype에서 상속받는다.

먼저 name과 animal 객체를 생성한다.

```python
>>> name = Name('Bill', 'Bryson')
>>> animal = Animal('Elephant')
>>> print(name)
Bill Bryson
>>> print(animal)
Wild Elephant
```

프로토타입 팩토리의 인스턴스를 생성해 보자.

```python
>>> factory = PrototypeFactory()
```

팩토리에 두 개의 인스턴스를 등록한다.

```python
>>> factory.register(animal)
>>> factory.register(name)
```

팩토리는 구성된 인스턴스에서 임의의 개수만큼 복제할 준비가 됐다.

```python
>>> factory.clone(Name)
<prototype.Name object at 0x7ffb552f9c50>

>> factory.clone(Animal)
<prototype.Animal object at 0x7ffb55321a58>
```

등록되지 않은 클래스를 복제하려고 하면 팩토리는 오류를 발생시킨다.

```
>>> class C(object): pass
...
>>> factory.clone(C)
Error: <class '__main__.C'> not registered
```

 여기서 보이는 팩토리는 등록된 모든 클래스가 프로토타입 클래스의 API를 준수하는지 확인하기 위해 등록된 클래스에 clone 메소드가 있는지 검사하도록 개선할 수 있다. 이것은 여러분에게 연습 문제로 남긴다.

예제의 몇 가지 사항을 논의해 보려고 한다.

- PrototypeFactory 클래스는 팩토리 클래스이므로 거의 싱글톤이다. 이때 클래스 계층에 걸쳐 상태를 공유하는데 Borgs가 더 나은 작업을 수행하는 것을 봤기 때문에 이것을 보그로 만들었다.

- Name 클래스와 Animal 클래스는 속성이 불변인 정수와 문자열이기 때문에, Name 클래스와 Animal 클래스는 SPrototype에서 상속받는다. 따라서 여기에는 얕은 복사가 좋다. 이것은 첫 번째 프로토타입 서브클래스와 다르다.

- 프로토타입은 프로토타입의 인스턴스, 즉 clone 메소드에서 클래스 생성 시그니처를 유지한다. 프로그래머가 클래스 생성 시그니처 즉, __new__와 __init__ 메소드의 파라미터 순서와 타입을 걱정할 필요가 없기 때문에 프로그래머는 고민할 필요가 없다. 그러나 기존 인스턴스에서 clone을 호출해야만 한다.

빌더 패턴

빌더 패턴Builder pattern은 객체의 표현과 객체의 생성을 분리한다(조립). 따라서 같은 생성 프로세스가 서로 다른 표현을 만드는 데 사용될 수 있다.

빌더 패턴을 사용하면 각각 약간 다른 구축 프로세스나 조립 프로세스를 사용해 편리하게 다양한 타입이나 같은 클래스의 대표 인스턴스를 생성할 수 있다.

빌더 패턴은 공식적으로 Builder 객체에게 대상 클래스의 인스턴스를 만들도록 지시하는 Director 클래스를 사용한다. 빌더의 다양한 타입(클래스)은 동일한 클래스의 약간 다른 변형들을 작성할 때 도움이 된다.

예제를 살펴보자.

```python
class Room(object):
    """ A class representing a Room in a house """

    def __init__(self, nwindows=2, doors=1, direction='S'):
        self.nwindows = nwindows
        self.doors = doors
        self.direction = direction

    def __str__(self):
        return "Room <facing:%s, windows=#%d>" % (self.direction,
                                                  self.nwindows)

class Porch(object):
    """ A class representing a Porch in a house """

    def __init__(self, ndoors=2, direction='W'):
        self.ndoors = ndoors
        self.direction = direction

    def __str__(self):
        return "Porch <facing:%s, doors=#%d>" % (self.direction,
                                                 self.ndoors)

class LegoHouse(object):
    """ A lego house class """
```

```python
    def __init__(self, nrooms=0, nwindows=0,nporches=0):
        # windows per room
            self.nwindows = nwindows
            self.nporches = nporches
            self.nrooms = nrooms
            self.rooms = []
            self.porches = []

    def __str__(self):
        msg="LegoHouse<rooms=#%d, porches=#%d>" % (self.nrooms,
                                                    self.nporches)

        for i in self.rooms:
            msg += str(i)

        for i in self.porches:
            msg += str(i)

        return msg

def add_room(self,room):
    """ Add a room to the house """

    self.rooms.append(room)

def add_porch(self,porch):
    """ Add a porch to the house """

    self.porches.append(porch)
```

예제는 다음과 같은 세 개의 클래스를 보여준다.

- Room과 Porch 클래스는 각각 집의 방과 현관을 나타낸다. 방은 창문과 문을 갖고 있으며 현관은 문을 갖고 있다.

- LegoHouse 클래스는 실제 집에 대한 장난감 예제를 나타낸다(여기에서는 아이가

레고 블록을 갖고 방과 현관이 있는 집을 만든다고 상상하고 있다). 레고로 만든 집은 여러 개의 방과 현관으로 구성된다.

방 하나와 하나의 현관을 갖는 간단한 기본 구성의 **LegoHouse** 인스턴스를 생성해 보자.

```
>>> house = LegoHouse(nrooms=1,nporches=1)
>>> print(house)
LegoHouse<rooms=#1, porches=#1>
```

이제 끝났는가? 아니다! **LegoHouse**는 생성자에서 완전하게 자체 구성이 되지 않는 클래스다. 실제로 방과 현관은 아직 만들어지지 않았고 카운터만 초기화됐다.

따라서 방과 현관을 따로 만들어서 집에 추가해야 한다. 코드를 실행해 보자.

```
>>> room = Room(nwindows=1)
>>> house.add_room(room)
>>> porch = Porch()
>>> house.add_porch(porch)
>>> print(house)
LegoHouse<rooms=#1, porches=#1>
Room <facing:S, windows=#1>
Porch <facing:W, doors=#1>
```

집이 완전하게 만들어진 것을 확인할 수 있다. 집의 내용을 출력하면 방과 현관의 개수뿐 아니라 이들의 세부 사항도 출력된다. 아무런 문제가 없다.

서로 다른 100개 집에 대한 인스턴스를 만들 필요가 있다고 상상해 보자. 각 집은 방과 현관 구성이 다르다. 방은 다양한 수의 창문을 갖고 있으며 창은 다른 방향에 위치한다.

(아마도 여러분은 작고 귀여운 트롤이나 미니언 같은 캐릭터들이 머물고 재미있는 일을 하는, 레고 하우스를 이용한 모바일 게임을 만들고 있을 것이다)

마지막 예제와 같은 코드의 작성으로 문제가 해결되지 않는다는 것이 분명하다.

빌더 패턴을 사용하면 이러한 문제를 해결할 수 있다. 간단한 LegoHouse 빌더로 시작해
보자.

```python
class LegoHouseBuilder(object):
    """ Lego house builder class """

    def __init__(self, *args, **kwargs):
        self.house = LegoHouse(*args, **kwargs)

    def build(self):
        """ Build a lego house instance and return it """

        self.build_rooms()
        self.build_porches()
        return self.house

    def build_rooms(self):
        """ Method to build rooms """

        for i in range(self.house.nrooms):
            room = Room(self.house.nwindows)
            self.house.add_room(room)

    def build_porches(self):
        """ Method to build porches """

        for i in range(self.house.nporches):
            porch = Porch(1)
            self.house.add_porch(porch)
```

LegoHouseBuilder 클래스의 핵심 내용을 살펴보자.

- 대상 클래스와 함께 빌더 클래스를 구성한다. 이를 통해 방과 현관의 개수를 설
  정한다.

444

- 집의 컴포넌트를 생성하고 조립(빌드)하는 build 메소드를 제공한다. 예제에서는 지정된 구성에 따라 Rooms와 Porches를 생성한다.
- build 메소드는 생성되고 조립된 집을 반환한다.

2줄의 코드만으로 서로 다른 방과 현관 디자인을 갖는 다양한 유형의 레고 하우스를 지을 수 있다.

```
>>> builder=LegoHouseBuilder(nrooms=2,nporches=1,nwindows=1)
>>> print(builder.build())
LegoHouse<rooms=#2, porches=#1>
Room <facing:S, windows=#1>
Room <facing:S, windows=#1>
Porch <facing:W, doors=#1>
```

방마다 두 개의 창문을 갖는 유사한 집을 만들어 보자.

```
>>> builder=LegoHouseBuilder(nrooms=2,nporches=1,nwindows=2)
>>> print(builder.build())
LegoHouse<rooms=#2, porches=#1>
Room <facing:S, windows=#2>
Room <facing:S, windows=#2>
Porch <facing:W, doors=#1>
```

이런 구성의 레고 하우스를 계속 많이 만들고 싶다고 하자. 빌더의 서브클래스 안에 캡슐화를 통해 코드가 많이 중복되지 않게 할 수 있다.

```
class SmallLegoHouseBuilder(LegoHouseBuilder):
    """ Builder sub-class building small lego house with 1 room and 1
    porch and rooms having 2 windows """

    def __init__(self):
        self.house = LegoHouse(nrooms=2, nporches=1, nwindows=2)
```

집의 구성은 새로운 빌더 클래스에 포함되고 새로운 집을 만드는 것은 다음과 같이 간단하다.

```
>>> small_house=SmallLegoHouseBuilder().build()
>>> print(small_house)
LegoHouse<rooms=#2, porches=#1>
Room <facing:S, windows=#2>
Room <facing:S, windows=#2>
Porch <facing:W, doors=#1>
```

다음과 같이 많은 집을 생성할 수 있다(트롤을 위해 50개, 미니언을 위해 50개, 총 100개의 집이 필요하다고 가정하자).

```
>>> houses=list(map(lambda x: SmallLegoHouseBuilder().build(),
range(100)))
>>> print(houses[0])
LegoHouse<rooms=#2, porches=#1>
Room <facing:S, windows=#2>
Room <facing:S, windows=#2>
Porch <facing:W, doors=#1>

>>> len(houses)
100
```

몇 가지 특별한 일을 하는 이국적인 빌더 클래스를 생성할 수 있다. 다음 코드는 항상 북쪽을 향하는 방과 현관을 갖는 집을 생성하는 빌더 클래스다.

```
class NorthFacingHouseBuilder(LegoHouseBuilder):
    """ Builder building all rooms and porches facing North """

    def build_rooms(self):

        for i in range(self.house.nrooms):
```

```
            room = Room(self.house.nwindows, direction='N')
            self.house.add_room(room)

    def build_porches(self):

        for i in range(self.house.nporches):
            porch = Porch(1, direction='N')
            self.house.add_porch(porch)
```

```
>>> print(NorthFacingHouseBuilder(nrooms=2, nporches=1, nwindows=1).
build())
LegoHouse<rooms=#2, porches=#1>
Room <facing:N, windows=#1>
Room <facing:N, windows=#1>
Porch <facing:N, doors=#1>
```

파이썬의 강력한 다중 상속을 이용하면 이런 빌더들을 새롭고 흥미로운 서브클래스로 결합할 수 있다. 예컨대 다음은 북향의 작은 집들을 만들어 내는 빌더 클래스다.

```
class NorthFacingSmallHouseBuilder(NorthFacingHouseBuilder,
SmallLegoHouseBuilder):
    pass
```

NorthFacingSmallHouseBuilder 클래스는 항상 북쪽을 바라보는 2개의 창을 가진 방들을 갖는 작은 집들을 반복적으로 만든다. 흥미롭지 않을 수도 있지만 신뢰할 만 하다.

```
>>> print(NorthFacingSmallHouseBuilder().build())
LegoHouse<rooms=#2, porches=#1>
Room <facing:N, windows=#2>
Room <facing:N, windows=#2>
Porch <facing:N, doors=#1>
```

생성 패턴 학습을 마무리하기 전에 다음과 같이 생성 패턴과 이들의 상호 작용에서 흥미로운 점을 정리해 본다.

- **빌더와 팩토리**Builder and Factory: 빌더 패턴은 클래스의 인스턴스 조립 과정을 인스턴스의 생성과 분리한다. 반면 팩토리는 같은 인터페이스를 사용해 같은 계층에 속한 다양한 하위 클래스의 인스턴스의 생성에 관련된다. 빌더는 마지막 단계로 빌드된 인스턴스를 반환한다. 팩토리는 별도의 빌드 단계가 없기 때문에 인스턴스를 즉시 반환한다.

- **빌더와 프로토타입**Builder and Prototype: 빌더는 인스턴스를 생성하기 위해 내부적으로 프로토타입을 사용할 수 있다. 그 다음, 같은 빌더에서 나온 인스턴스들은 이 인스턴스에서 복제될 수 있다. 예를 들어 프로토타입의 인스턴스를 복제하기 위해서는 항상 프로토타입 메타클래스 중 하나를 사용하는 빌더 클래스를 만드는 것이 좋다.

- **프로토타입과 팩토리**Prototype and Factory: 프로토타입 팩토리는 논의되고 있는 클래스들의 초기 인스턴스를 생성하기 위해, 내부적으로 팩토리 패턴을 사용할 수 있다.

- **팩토리와 싱글톤**Factory and Singleton: 팩토리 클래스는 전통적인 프로그래밍 언어에서의 싱글톤이다. 다른 옵션은 팩토리의 메소드를 클래스 메소드나 정적 메소드를 만드는 것이다. 따라서 팩토리 자체의 인스턴스를 작성할 필요가 없다. 예제에서는 대신 보그를 만들었다.

패턴의 다음 분류 즉, 생성 패턴으로 넘어가 보자.

▋ 파이썬의 구조 패턴

구조 패턴은 클래스나 객체들이 그들의 합보다 더 큰 구조를 형성하는 복잡한 결합과 관련이 있다.

더 큰 구조를 구별하는 두 가지 방법을 통해 구조적 패턴을 구현한다.

- 상속^{Inheritance}을 사용해 클래스를 하나로 통합한다. 이것은 정적인 방법이다.
- 런타임에 객체의 합성^{object composition}을 사용해 결합된 기능을 구현하는데, 더 동적이며 유연한 방법이다.

파이썬은 다중 상속을 지원하기 때문에 위의 두 가지 방법을 모두 구현할 수 있다. 파이썬은 동적인 속성을 지닌 언어이며 매직 메소드의 강력함을 사용하기 때문에 객체를 합성할 수 있으며 그 결과 생성된 메소드도 래핑할 수 있다. 따라서 파이썬을 사용하면 프로그래머는 구조적 패턴을 구현하는 관점에서 좋은 상황에 있게 된다.

이번 절에서는 어댑터^{Adapter}, 파사드^{Facade}, 프록시^{Proxy}와 같은 구조적 패턴을 논의한다.

어댑터 패턴

이름에서 알 수 있듯이 어댑터 패턴은 특정 인터페이스의 기존 구현을 클라이언트가 예상하는 또 다른 인터페이스로 래핑하거나 적용한다. 어댑터는 래퍼^{Wrapper}라고도 한다.

프로그래밍을 할 때 대부분은 거의 인식하지 못하고 객체를 원하는 인터페이스나 타입으로 변환한다.

예제로 과일의 인스턴스와 그 개수를 포함하는 다음 목록을 살펴보자.

```
>>> fruits=[('apples',2), ('grapes',40)]
```

과일의 이름이 주어지면 바로 과일의 개수를 알고 싶다고 가정해 보자. 목록은 키로 과일을 사용하는 것을 허용하지 않는다. 키는 동작에 더 적합한 인터페이스다.

어떻게 해야 할까? 간단히 목록을 딕셔너리로 변환하면 된다.

```
>>> fruits_d=dict(fruits)
>>> fruits_d['apples']
2
```

프로그래밍 요구에 맞는 더 편리한 형태로 객체를 얻었는데 이는 일종의 데이터나 객체에 대한 적용이다.

프로그래머는 거의 깨닫지 못하고 이러한 데이터나 객체의 적용을 계속 수행한다. 코드나 데이터의 적용은 생각보다 더 일반적이다.

규칙적이거나 불규칙적인 임의의 모양을 나타내는 Polygon 클래스를 생각해 보자.

```python
class Polygon(object):
    """ A polygon class """

    def __init__(self, *sides):
        """ Initializer - accepts length of sides """
        self.sides = sides

    def perimeter(self):
        """ Return perimeter """

        return sum(self.sides)

    def is_valid(self):
        """ Is this a valid polygon """

        # Do some complex stuff - not implemented in base class
        raise NotImplementedError

    def is_regular(self):
        """ Is a regular polygon ? """

        # True: if all sides are equal
        side = self.sides[0]
```

```
        return all([x==side for x in self.sides[1:]])

    def area(self):
        """ Calculate and return area """

        # Not implemented in base class
        raise NotImplementedError
```

앞의 클래스는 기하학에서 일반적인 닫혀진 모양의 다각형을 기술한다.

 perimeter와 is_regular 같은 몇 가지 기본 메소드를 구현했다. is_regular는 다각형이 육각형이나 오각형 같은 일반 도형인지 여부를 반환한다.

삼각형이나 사각형과 같은 일반적인 기하학 모양의 구체적인 클래스를 구현한다고 가정해 보자. 물론, 처음부터 구현할 수 있지만 Polygon 클래스를 사용할 수 있으므로 클래스를 재사용해 필요에 따라 적용할 수 있다.

Triangle 클래스는 다음과 같은 메소드가 필요하다고 가정해 보자.

- is_equilateral: 삼각형이 정삼각형인지 여부를 반환한다.
- is_isosceles: 삼각형이 이등변 삼각형인지 여부를 반환한다.
- is_valid: 삼각형의 is_valid 메소드를 구현한다.
- area: 삼각형의 area 메소드를 구현한다.

Rectangle 클래스는 다음과 같은 메소드가 필요하다.

- is_square: 사각형이 정사각형인지 여부를 반환한다.
- is_valid: 사각형의 is_valid 메소드를 구현한다.
- area: 사각형의 area 메소드를 구현한다.

다음은 어댑터 패턴의 코드다. Triangle과 Rectangle 클래스를 위해 Polygon 클래스를 재사용한다.

다음은 Triangle 클래스의 코드다.

```python
import itertools

class InvalidPolygonError(Exception):
    pass

class Triangle(Polygon):
    """ Triangle class from Polygon using class adapter """

    def is_equilateral(self):
        """ Is this an equilateral triangle ? """

        if self.is_valid():
            return super(Triangle, self).is_regular()

    def is_isosceles(self):
        """ Is the triangle isosceles """

        if self.is_valid():
            # Check if any 2 sides are equal
            for a,b in itertools.combinations(self.sides, 2):
                if a == b:
                    return True
        return False

    def area(self):
        """ Calculate area """

        # Using Heron's formula
        p = self.perimeter()/2.0
        total = p
        for side in self.sides:
            total *= abs(p-side)
```

```
        return pow(total, 0.5)

    def is_valid(self):
        """ Is the triangle valid """

        # Sum of 2 sides should be > 3rd side
        perimeter = self.perimeter()
        for side in self.sides:
            sum_two = perimeter - side
            if sum_two <= side:
                raise InvalidPolygonError(str(self.__class__) + "is
                invalid!")
        return True
```

Rectangle 클래스를 살펴보자.

```
class Rectangle(Polygon):
    """ Rectangle class from Polygon using class adapter """

    def is_square(self):
        """ Return if I am a square """

        if self.is_valid():
            # Defaults to is_regular
            return self.is_regular()

    def is_valid(self):
        """ Is the rectangle valid """

        # Should have 4 sides
        if len(self.sides) != 4:
            return False

        # Opposite sides should be same
        for a,b in [(0,2),(1,3)]:
            if self.sides[a] != self.sides[b]:
```

```
            return False

        return True

    def area(self):
        """ Return area of rectangle """

        # Length x breadth
        if self.is_valid():
            return self.sides[0]*self.sides[1]
```

이제 클래스들을 살펴보자.

첫 번째 테스트를 위해 정삼각형을 만들어 보자.

```
>>> t1 = Triangle(20,20,20)
>>> t1.is_valid()
True
```

정삼각형은 이등변 삼각형도 된다.

```
>>> t1.is_equilateral()
True
>>> t1.is_isosceles()
True
```

면적을 계산해 보자.

```
>>> t1.area()
173.20508075688772
```

유효하지 않은 삼각형으로 시도해 보자.

```
>>> t2 = Triangle(10, 20, 30)
>>> t2.is_valid()
Traceback (most recent call last):
  File "<stdin>", line 1, in <module>
  File "/home/anand/Documents/ArchitectureBook/code/chap7/adapter.py", line
  75, in is_valid
    raise InvalidPolygonError(str(self.__class__) + "is invalid!") adapter.
    InvalidPolygonError: <class 'adapter.Triangle'>is invalid!
```

 차수(dimensions)는 도형이 삼각형이 아니라 직선임을 보여준다. is_valid 메소드는 기본 클래스에서 구현되지 않았다. 따라서 서브클래스는 올바른 구현을 제공하기 위해 오버라이드돼야 한다. 예제에서는 삼각형이 유효하지 않을 때 예외가 발생한다.

다음은 실행 중인 Rectangle 클래스의 사례다.

```
>>> r1 = Rectangle(10,20,10,20)
>>> r1.is_valid()
True
>>> r1.area()
200
>>> r1.is_square()
False
>>> r1.perimeter()
60
```

사각형을 생성해 보자.

```
>>> r2 = Rectangle(10,10,10,10)
>>> r2.is_square()
True
```

여기서 Rectangle/Triangle 클래스는 class adapter의 예다. 이들은 적용하기 원하는 클래스를 상속받고 클라이언트가 기대하는 메소드를 제공하며, 때때로 기본 클래스의 메소드에 계산을 위임하기 때문이다. Triangle과 Rectangle 클래스의 is_equilateral와 is_square 메소드에서 확인할 수 있다.

같은 클래스에 관한 대안적인 구현법을 살펴보자. 이번에는 객체 구성 즉, object adapter를 통해 구현한다.

```python
import itertools

class Triangle (object) :
    """ Triangle class from Polygon using class adapter """

    def __init__(self, *sides):
        # Compose a polygon
        self.polygon = Polygon(*sides)

    def perimeter(self):
        return self.polygon.perimeter()

    def is_valid(f):
        """ Is the triangle valid """

    def inner(self, *args):
        # Sum of 2 sides should be > 3rd side
        perimeter = self.polygon.perimeter()
        sides = self.polygon.sides

        for side in sides:
            sum_two = perimeter - side
            if sum_two <= side:
                raise InvalidPolygonError(str(self.__class__) +
                                          "is invalid!")

            result = f(self, *args)
            return result
```

```
            return inner

    @is_valid
    def is_equilateral(self):
        """ Is this equilateral triangle ? """

        return self.polygon.is_regular()

    @is_valid
    def is_isosceles(self):
        """ Is the triangle isoscles """

        # Check if any 2 sides are equal
        for a,b in itertools.combinations(self.polygon.sides, 2):
            if a == b:
                return True
        return False

    def area(self):
        """ Calculate area """

        # Using Heron's formula
        p = self.polygon.perimeter()/2.0
        total = p

        for side in self.polygon.sides:
            total *= abs(p-side)

        return pow(total, 0.5)
```

내부의 세부 사항들이 클래스 상속보단 객체의 합성을 통해 구현됐지만 이 클래스는 다른 클래스와 비슷하게 동작한다.

```
>>> t1=Triangle(2,2,2)
>>> t1.is_equilateral()
True
```

```
>>> t2 = Triangle(4,4,5)
>>> t2.is_equilateral()
False
>>> t2.is_isosceles()
True
```

이러한 구현과 클래스 어댑터 사이의 주된 차이점은 다음과 같다.

- 객체 어댑터 클래스는 적용을 원하는 클래스에서 상속받지 않는 대신 해당 클래스의 인스턴스를 구성한다.
- 모든 래퍼 메소드가 구성된 인스턴스로 전달된다. perimeter 메소드가 여기에 해당한다.
- 래핑된 인스턴스의 모든 속성에 대한 액세스는 구현에서 명시적으로 지정돼야 한다. 클래스를 상속받지 않기 때문에 저절로 되는 것은 없다(예를 들어 둘러싸인 polygon 인스턴스의 sides 속성을 접근하는 방법의 검사).

> 🛈 이전의 is_valid 메소드를 데코레이터로 변환한 방법을 관찰해 보면 많은 메소드가 is_valid에서 첫 번째 검사를 수행한 다음 동작을 수행한다. 따라서 이 변환 방법은 데코레이터의 이상적인 후보다. 또한 이 방법은 구현을 편리한 형태로 다시 작성하는 것을 지원한다.

앞의 구현에서 볼 수 있듯 객체 어댑터 구현의 한 가지 문제점은 둘러싸인 어댑터 인스턴스의 모든 속성 참조를 명시적으로 해야 한다는 점이다. 예를 들어 Triangle 클래스에 관한 perimeter 메소드 구현을 잊어버린다면 Adaper 클래스를 상속받지 않았기 때문에 호출하기 위한 메소드가 전혀 없다.

다음은 파이썬의 매직 메소드 즉, __getattr__의 강력함을 사용해 속성 참조를 단순하게 만드는 대안적인 구현이다. Rectangle 클래스에서 이러한 구현을 보여준다.

```python
class Rectangle(object):
    """ Rectangle class from Polygon using object adapter """

    method_mapper = {'is_square': 'is_regular'}

    def __init__(self, *sides):
        # Compose a polygon
        self.polygon = Polygon(*sides)

    def is_valid(f):
        def inner(self, *args):
            """ Is the rectangle valid """

            sides = self.sides
            # Should have 4 sides
            if len(sides) != 4:
                return False

            # Opposite sides should be same
            for a,b in [(0,2),(1,3)]:
                if sides[a] != sides[b]:
                    return False

            result = f(self, *args)
            return result

        return inner

    def __getattr__(self, name):
        """ Overloaded __getattr__ to forward methods to wrapped
            instance """

        if name in self.method_mapper:
            # Wrapped name
            w_name = self.method_mapper[name]
            print('Forwarding to method',w_name)
            # Map the method to correct one on the instance
```

```
            return getattr(self.polygon, w_name)
        else:
            # Assume method is the same
            return getattr(self.polygon, name)

    @is_valid
    def area(self):
        """ Return area of rectangle """

        # Length x breadth
        sides = self.sides
        return sides[0]*sides[1]
```

이 클래스를 사용하는 예제를 살펴보자.

```
>>> r1=Rectangle(10,20,10,20)
>>> r1.perimeter()
60
>>> r1.is_square()
Forwarding to method is_regular
False
```

실제로 클래스에 메소드가 정의되지 않아도 Rectangle 인스턴스의 is_perimeter 메소드를 호출할 수 있다. 유사하게 is_square는 마법처럼 동작한다. 여기에 무슨 일이 일어나고 있는가?

일반적인 방법으로 속성을 찾을 수 없으면 파이썬은 객체에 매직 메소드 __getattr__을 호출한다. 속성을 찾으려면 먼저 객체의 딕셔너리를 찾고, 그 다음 객체 클래스의 디셔너리를 찾는 방법이 일반적이다. 따라서 라우팅을 통해 다른 객체에서 이들에 관한 조회 메소드를 제공하는 방법을 구현하기 위해 이름을 통해 클래스에 관한 후크를 제공한다.

예제에서 __getattr__ 메소드는 다음 사항을 수행한다.

- method_mapper 딕셔너리에서 속성의 이름을 검사한다. 딕셔너리는 클래스에 생성한 것으로, 클래스에서 (키로) 호출하기 원하는 메소드 이름을 래핑된 인스턴스의 실제 메소드 이름(값으로)에 매핑한다. 항목이 발견되면 반환된다.
- 항목이 method_mapper 딕셔너리에 발견되지 않으면 항목은 같은 이름으로 보이는 래핑된 인스턴스로 전달된다.
- 두 경우 모두 래핑된 인스턴스에서 속성을 찾아 반환하기 위해 getattr을 사용한다. 속성은 데이터 속성이나 메소드가 될 수 있다. 예를 들어 메소드 area와 is_valid 데코레이터에 Ractangle 클래스가 속해 있는 것처럼, 래핑된 폴리곤 인스턴스의 sides 속성을 참조하자.
- 래핑된 인스턴스의 속성이 존재하지 않으면, AttributeError가 발생한다.

```
>>> r1.convert_to_parallelogram(angle=30)
Traceback (most recent call last):
  File "<stdin>", line 1, in <module>
  File "adapter_o.py", line 133, in __getattr__
    return getattr(self.polygon, name)
AttributeError: 'Polygon' object has no attribute 'convert_to_
parallelogram'
```

이 기술을 사용해 구현된 객체 어댑터는 모든 메소드가 명시적으로 작성돼 래핑된 인스턴스로 전달돼야 한다. 그래서 일반적인 객체 어댑터보다 코드의 양이 더 적다.

파사드 패턴

파사드facade는 서브시스템의 다양한 인스턴스에 단일 인터페이스를 제공하는 구조적 패턴이다. 파사드 패턴은 시스템이 다양한 서브시스템으로 구성되고 서브시스템마다 자체 인터페이스를 갖고 있지만, 클라이언트에 관한 최상위 인터페이스로 기술돼야 하는 높은 수준의 기능을 제공할 때 유용하다.

일상 생활에서 파사드의 고전적인 예는 자동차다.

자동차는 엔진, 파워 트레인, 차축, 휠 어셈블리, 전자 장치, 조향 시스템, 브레이크 시스템, 다른 컴포넌트들로 구성돼 있다.

그러나 사람들은 자동차의 브레이크가 디스크 브레이크인지, 서스펜션이 코일 스프링인지 맥퍼슨 스트러트McPherson struts인지 관심이 없다. 자동차 제조업체가 자동차의 운행과 유지를 위한 파사드를 제공해, 복잡도를 감소시키고 다음과 같이 쉽게 동작할 수 있는 간단한 서브시스템을 제공하기 때문이다.

- 차에 시동을 걸기 위한 점화 시스템
- 차를 조정하는 조향 시스템
- 자동차를 제어하기 위한 클러치(엑셀레이터)브레이크 시스템
- 차의 동력과 속도를 관리하기 위한 기어와 트랜스미션 시스템

우리 주변에는 더 많은 파사드 시스템이 있다. 자동차처럼 컴퓨터도 파사드이며 산업용 로봇도 그렇다. 복잡한 시스템을 조정하고 실행되도록 엔지니어에게 몇 가지 대시보드와 컨트롤을 제공하는 모든 공장 제어 시스템도 파사드의 예다.

파이썬의 파사드

파이썬 표준 라이브러리는 많은 모듈을 포함하고 있는데 이러한 모듈들은 파사드의 훌륭한 예다. 파이썬 소스코드의 구문 분석과 컴파일에 관한 후크hooks를 제공하는 컴파일러 모듈은 어휘 분석기lexer, 구문 분석기parser, 추상 구문 트리 생성기의 파사드다.

다음 화면은 컴파일러 모듈의 도움말이다.

도움말 내용은 컴파일러 모듈이 패키지에 정의된 기능들의 구현에 사용되는 다른 모듈에 관한 파사드임을 확인할 수 있다(이미지 하단의 'PACKAGE CONTENT'를 확인하라).

파사드 패턴의 샘플 코드를 살펴보자. 예제에서는 다양한 서브시스템 중 몇 가지를 사용해 자동차 모델링을 한다. 다음은 모든 서브시스템에 관한 코드다.

```python
class Engine(object):
    """ An Engine class """

    def __init__(self, name, bhp, rpm, volume, cylinders=4,
      type='petrol'):
        self.name = name
        self.bhp = bhp
        self.rpm = rpm
        self.volume = volume
        self.cylinders = cylinders
        self.type = type

    def start(self):
        """ Fire the engine """
        print('Engine started')

    def stop(self):
        """ Stop the engine """
        print('Engine stopped')

class Transmission(object):
    """ Transmission class """

    def __init__(self, gears, torque):
        self.gears = gears
        self.torque = torque
        # Start with neutral
        self.gear_pos = 0

    def shift_up(self):
        """ Shift up gears """

        if self.gear_pos == self.gears:
            print('Cant shift up anymore')
```

```python
        else:
            self.gear_pos += 1
            print('Shifted up to gear',self.gear_pos)

    def shift_down(self):
        """ Shift down gears """

        if self.gear_pos == -1:
            print("In reverse, can't shift down")
        else:
            self.gear_pos -= 1
            print('Shifted down to gear',self.gear_pos)

    def shift_reverse(self):
        """ Shift in reverse """

        print('Reverse shifting')
        self.gear_pos = -1

    def shift_to(self, gear):
        """ Shift to a gear position """

        self.gear_pos = gear
        print('Shifted to gear',self.gear_pos)

class Brake(object):
    """ A brake class """

    def __init__(self, number, type='disc'):
        self.type = type
        self.number = number

    def engage(self):
        """ Engage the break """

        print('%s %d engaged' % (self.__class__.__name__,
                                 self.number))
```

```python
    def release(self):
        """ Release the break """

        print('%s %d released' % (self.__class__.__name__,
                                    self.number))

class ParkingBrake(Brake):
    """ A parking brake class """

    def __init__(self, type='drum'):
        super(ParkingBrake, self).__init__(type=type, number=1)

class Suspension(object):
    """ A suspension class """

    def __init__(self, load, type='mcpherson'):
        self.type = type
        self.load = load

class Wheel(object):
    """ A wheel class """

    def __init__(self, material, diameter, pitch):
        self.material = material
        self.diameter = diameter
        self.pitch = pitch

class WheelAssembly(object):
    """ A wheel assembly class """

    def __init__(self, brake, suspension):
        self.brake = brake
        self.suspension = suspension
        self.wheels = Wheel('alloy', 'M12',1.25)

    def apply_brakes(self):
        """ Apply brakes """
```

```
        print('Applying brakes')
        self.brake.engage()

class Frame(object):
    """ A frame class for an automobile """

def __init__(self, length, width):
    self.length = length
    self.width = width
```

자동차에 있는 많은 서브시스템을 처리했는데 이들은 매우 필수적이다.

다음은 Car 클래스의 코드로 자동차의 start와 stop 두 메소드를 파사드로 결합한다.

```
class Car(object):
    """ A car class - Facade pattern """

    def __init__(self, model, manufacturer):
        self.engine = Engine('K-series',85,5000, 1.3)
        self.frame = Frame(385, 170)
        self.wheel_assemblies = []
        for i in range(4):
            self.wheel_assemblies.append(WheelAssembly(Brake(i+1),
                                            Suspension(1000)))

            self.transmission = Transmission(5, 115)
            self.model = model
            self.manufacturer = manufacturer
            self.park_brake = ParkingBrake()
            # Ignition engaged
            self.ignition = False

    def start(self):
        """ Start the car """

        print('Starting the car')
```

```
        self.ignition = True
        self.park_brake.release()
        self.engine.start()
        self.transmission.shift_up()
        print('Car started.')

    def stop(self):
        """ Stop the car """

        print('Stopping the car')
        # Apply brakes to reduce speed
        for wheel_a in self.wheel_assemblies:
            wheel_a.apply_brakes()

        # Move to 2nd gear and then 1st
        self.transmission.shift_to(2)
        self.transmission.shift_to(1)
        self.engine.stop()
        # Shift to neutral
        self.transmission.shift_to(0)
        # Engage parking brake
        self.park_brake.engage()
        print('Car stopped.')
```

먼저 Car의 인스턴스를 만들어 보자.

```
>>> car = Car('Swift','Suzuki')
>>> car
<facade.Car object at 0x7f0c9e29afd0>
```

자동차를 차고에서 꺼내 드라이브해보자.

```
>>> car.start()
Starting the car
ParkingBrake 1 released
```

```
Engine started
Shifted up to gear 1
```

자동차가 출발했다.

잠시 운전했기 때문에 자동차를 멈출 수 있다. 짐작할 수 있듯 멈추는 것은 출발보다 관련 사항이 많다.

```
>>> car.stop()
Stopping the car
Shifted to gear 2
Shifted to gear 1
Applying brakes
Brake 1 engaged
Applying brakes
Brake 2 engaged
Applying brakes
Brake 3 engaged
Applying brakes
Brake 4 engaged
Engine stopped
Shifted to gear 0
ParkingBrake 1 engaged
Car stopped.
>>>
```

파사드는 시스템의 복잡성을 제거하는 데 유용하다. 따라서 시스템의 작업 수행을 쉽게 만든다. 앞의 예에서 볼 수 있듯 예제에서 수행한 방법으로 start와 stop 메소드를 만들지 않았다면 작업은 매우 어려웠을 것이다. 메소드들은 Car를 출발시키고 멈추는 서브시스템의 배경 작업에 있는 복잡성을 숨긴다.

파사드는 이러한 부분에 도움이 된다.

프록시 패턴

프록시 패턴Proxy pattern은 액세스 제어를 위해 또 다른 객체를 래핑한다. 프록시 패턴의 몇 가지 사용 시나리오는 다음과 같다.

- 다른 네트워크에서 실제 리소스 대신 동작하는 클라이언트에 관련된 가상 리소스가 필요하다. 예시로 원격 프록시가 있다.
- 자원에 관한 액세스를 제어/모니터링하는 경우. 예를 들어 네트워크 프록시와 인스턴스 카운팅instance counting 프록시가 있다.
- 직접 액세스가 보안 문제를 발생시키거나 자원 및 객체를 손상시켜 자원과 객체를 보호해야 할 때(보호 프록시). 리버스 프록시reverse proxy 서버를 예로 들 수 있다.
- 많은 비용이 드는 계산이나 네트워크 작업 결과의 액세스를 최적화 해 프록시 캐싱 같이 매번 계산이 수행되지 않게 해야 한다.

프록시는 항상 프록시를 설정하는 객체의 인터페이스 즉, 대상을 구현해야 하는데 상속inheritance이나 합성composition을 통해 가능하다. 파이썬에서 합성은 어댑터 예제에서 본 것 같이 __getattr__ 메소드를 오버라이딩해 더 확실하게 수행할 수 있다.

인스턴스 카운팅 프록시

클래스의 인스턴스를 추적하기 위한 프록시 패턴의 사용법을 보여주는 예제로 시작해 보자. 여기서는 팩토리 패턴의 Employee 클래스와 서브클래스를 재사용한다.

```
class EmployeeProxy(object):
    """ Counting proxy class for Employees """

    # Count of employees
    count = 0

    def __new__(cls, *args):
        """ Overloaded __new__ """
```

```python
        # To keep track of counts
        instance = object.__new__(cls)
        cls.incr_count()
        return instance

    def __init__(self, employee):
        self.employee = employee

    @classmethod
    def incr_count(cls):
        """ Increment employee count """
        cls.count += 1

    @classmethod
    def decr_count(cls):
        """ Decrement employee count """
        cls.count -= 1

    @classmethod
    def get_count(cls):
        """ Get employee count """
        return cls.count

    def __str__(self):
        return str(self.employee)

    def __getattr__(self, name):
        """ Redirect attributes to employee instance """

        return getattr(self.employee, name)

    def __del__(self):
        """ Overloaded __del__ method """
        # Decrement employee count
        self.decr_count()

class EmployeeProxyFactory(object):
```

```
""" An Employee factory class returning proxy objects """

@classmethod
def create(cls, name, *args):
    """ Factory method for creating an Employee instance """

    name = name.lower().strip()

    if name == 'engineer':
        return EmployeeProxy(Engineer(*args))
    elif name == 'accountant':
        return EmployeeProxy(Accountant(*args))
    elif name == 'admin':
        return EmployeeProxy(Admin(*args))
```

 이미 employee 서브클래스들을 팩토리 패턴에서 사용했기 때문에 여기에서는 서브클래스 코드를 중복해서 보여주지 않는다.

앞의 코드는 EmployeeProxy와 Employee 대신 EmployeeProxy의 인스턴스를 반환하기 위해 수정된 factory 클래스를 갖고 있다. 수정된 factory 클래스를 사용하면 인스턴스를 직접 생성하는 대신 프록시 인스턴스를 쉽게 생성할 수 있다.

여기에서 구현된 프록시는 대상 객체에 액세스하는 속성의 리다이렉션을 위해 대상 객체(employee)를 래핑하고 __getattr__을 오버로딩하기 때문에 합성 프록시나 객체 프록시가 된다. 인스턴스의 생성과 삭제를 위해 각각 __new__와 __del__ 메소드를 오버라이딩해 인스턴스의 개수를 추적한다.

프록시 패턴의 사용 예제를 살펴보자.

```
>>> factory = EmployeeProxyFactory()
>>> engineer = factory.create('engineer','Sam',25,'M')
```

```
>>> print(engineer)
Engineer - Sam, 25 years old M
```

 앞의 코드는 employee 인스턴스의 같은 메소드를 호출하는 프록시 클래스에서 __str__ 메소드를 오버라이딩했기 때문에 프록시를 통해 엔지니어의 세부사항을 출력한다.

```
>>> admin = factory.create('admin','Tracy',32,'F')
>>> print(admin)
Admin - Tracy, 32 years old F
```

인스턴스 개수를 확인해 보자. 클래스 변수를 참조하기 때문에 인스턴스나 클래스를 사용해 수행할 수 있다.

```
>>> admin.get_count()
2
>>> EmployeeProxy.get_count()
2
```

인스턴스를 삭제하고 무슨 일이 벌어지는지 확인해 보자.

```
>>> del engineer
>>> EmployeeProxy.get_count()
1
>>> del admin
>>> EmployeeProxy.get_count()
0
```

 파이썬에서 약한 참조(weak reference) 모듈은 클래스 인스턴스에 관한 접근을 프록시 처리해 구현한 기능과 매우 유사한 기능을 수행하는 프록시 객체를 제공한다.

관련 예제를 살펴보자.

```
>>> import weakref
>>> import gc
>>> engineer=Engineer('Sam',25,'M')
```

새로운 객체에 관한 참조 횟수를 확인해 보자.

```
>>> len(gc.get_referrers(engineer))
1
```

약한 참조를 생성한다.

```
>>> engineer_proxy=weakref.proxy(engineer)
```

weakref 객체는 모든 면에서 프록시 처리하는 객체처럼 동작한다.

```
>>> print(engineer_proxy)
Engineer - Sam, 25 years old M
>>> engineer_proxy.get_role()
'engineering'
```

그러나 weakref 프록시는 프록시되는 객체의 참조 횟수를 증가시키지 않는다는 점에 주의해야 한다.

```
>>> len(gc.get_referrers(engineer))
1
```

▌ 파이썬의 행위 패턴

행위 패턴들은 패턴의 복잡도와 기능성의 마지막 단계다. 행위 패턴들은 시스템의 객체 수명주기에서 연대기의 마지막 부분에서 나온다. 서로 상호작용하기 전에 더 큰 구조에 내장된다.

행위 패턴들은 객체 사이의 통신 모델과 상호작용을 캡슐화한다. 패턴들은 런타임 때 따르기 어려운 복잡한 워크플로우를 기술할 수 있다.

일반적인 패턴은 상속보다 객체 합성을 선호하지만 시스템 안에 상호작용하는 객체는 별도의 클래스 계층 구조에 있어야 한다.

이번 논의에서는 이터레이터 패턴, 옵저버 패턴, 상태 패턴을 살펴볼 것이다.

이터레이터 패턴

이터레이터iterator는 기본 객체를 노출시키지 않고 컨테이너 객체의 요소에 순차적으로 액세스하는 방법을 제공한다. 다시 말해, 인터페이터는 컨테이너 객체에 걸쳐 반복하는 단일 메소드를 제공하는 프록시다.

파이썬에서 이터레이터는 일반적이어서 특별히 소개할 필요가 없다.

파이썬의 모든 컨테이너/시퀀스 타입, 즉 리스트, 튜플, str과 set은 자체적인 이터레이터를 구현한다. 딕셔너리도 키에 관한 이터레이터를 구현한다.

파이썬에서 이터레이터는 매직 메소드 __iter__를 구현하는 모든 객체이며 이터레이터 인스턴스를 반환하는 함수 iter에 대응한다.

일반적으로, 파이썬에서 생성된 이터레이터 객체는 전면에 나타나지 않는다.

가령 다음과 같이 리스트를 반복한다.

```
>>> for i in range(5):
... print(i)
...
0
1
2
3
4
```

내부적으로 다음과 유사한 일이 발생한다.

```
>>> I = iter(range(5))
>>> for i in I:
... print(i)
...
0
1
2
3
4
```

파이썬에서 모든 시퀀스 타입은 자체적인 이터레이터 타입을 구현한다. 예시를 살펴보자.

- 리스트^{Lists}:

```
>>> fruits = ['apple','oranges','grapes']
>>> iter(fruits)
<list_iterator object at 0x7fd626bedba8>
```

- 튜플^{Tuples}:

```
>>> prices_per_kg = (('apple', 350), ('oranges', 80), ('grapes', 120))
>>> iter(prices_per_kg)
<tuple_iterator object at 0x7fd626b86fd0>
```

- 세트^{Sets}:

```
>>> subjects = {'Maths','Chemistry','Biology','Physics'}
>>> iter(subjects)
<set_iterator object at 0x7fd626b91558>
```

파이썬 3의 딕셔너리도 자체적인 특별 키 이터레이터 타입을 제공한다.

```
>>> iter(dict(prices_per_kg))
<dict_keyiterator object at 0x7fd626c35ae8>
```

파이썬에서 자체적인 이터레이터 클래스/타입을 구현하는 간단한 예제를 살펴보자.

```python
class Prime(object):
    """ An iterator for prime numbers """

    def __init__(self, initial, final=0):
        """ Initializer - accepts a number """
        # This may or may not be prime
        self.current = initial
        self.final = final

    def __iter__(self):
        return self

    def __next__(self):
        """ Return next item in iterator """
        return self._compute()

    def _compute(self):
        """ Compute the next prime number """

        num = self.current

        while True:
```

```
        is_prime = True

        # Check this number
        for x in range(2, int(pow(self.current, 0.5)+1)):
            if self.current%x==0:
                is_prime = False
                break

        num = self.current
        self.current += 1

        if is_prime:
            return num

        # If there is an end range, look for it
        if self.final > 0 and self.current>self.final:
            raise StopIteration
```

앞의 클래스는 소수 이터레이터이며 두 개의 경계 값 사이의 소수들을 반환한다.

```
>>> p=Prime(2,10)
>>> for num in p:
... print(num)
...
2
3
5
7
>>> list(Prime(2,50))
[2, 3, 5, 7, 11, 13, 17, 19, 23, 29, 31, 37, 41, 43, 47]
```

마지막 한계 값이 없는 소스 이터레이터는 무한 이터레이터다. 다음 이터레이터는 2에서 시작하는 모든 소수를 반환하며 절대 중단되지 않는다.

```
>>> p = Prime(2)
```

그러나 itertools 모듈과 결합하면 이런 무한 인터레이터에서 원하는 특정 데이터를 추출할 수 있다.

예를 들어 처음 100개의 소수를 계산하려면 itertools의 islice 메소드를 사용하면 된다.

```
>>> import itertools
>>> list(itertools.islice(Prime(2), 100))
[2, 3, 5, 7, 11, 13, 17, 19, 23, 29, 31, 37, 41, 43, 47, 53, 59, 61,
67, 71, 73, 79, 83, 89, 97, 101, 103, 107, 109, 113, 127, 131, 137,
139, 149, 151, 157, 163, 167, 173, 179, 181, 191, 193, 197, 199, 211,
223, 227, 229, 233, 239, 241, 251, 257, 263, 269, 271, 277, 281, 283,
293, 307, 311, 313, 317, 331, 337, 347, 349, 353, 359, 367, 373, 379,
383, 389, 397, 401, 409, 419, 421, 431, 433, 439, 443, 449, 457, 461,
463, 467, 479, 487, 491, 499, 503, 509, 521, 523, 541]
```

다음은 filterfalse 메소드를 사용해 단위 위치에서 1로 끝나는 처음 10개의 소수들이다.

```
>>> list(itertools.islice(itertools.filterfalse(lambda x: x % 10 != 1,
Prime(2)), 10))
[11, 31, 41, 61, 71, 101, 131, 151, 181, 191]
```

다음은 유사한 방법으로 구한 처음 10개의 팰린드롬 소수다.

```
>>> list(itertools.islice(itertools.filterfalse(lambda x:
str(x)!=str(x)[-1::-1], Prime(2)), 10))
[2, 3, 5, 7, 11, 101, 131, 151, 181, 191]
```

무한 생성자의 데이터를 처리하고 이용하는 재미있는 방법을 찾는 것에 흥미가 있다면, itertools 모듈과 이 모듈의 메소드 관련 문서를 참조하면 된다.

옵저버 패턴

옵저버 패턴은 객체를 분리하지만 동시에 한 객체의 집합(구독자)이 또 다른 객체(게시자)의 변경을 추적할 수 있게 한다. 이것은 상호작용을 유지하면서 일대다^{one-to-many} 의존성과 참조를 방지한다.

옵저버 패턴은 게시자–구독자^{Publish-Subscribe} 패턴으로도 한다.

다음은 Alarm 클래스를 이용하는 간단한 예제로 자체 스레드로 실행되며(기본적으로) 매 초마다 주기적인 알람을 생성한다.

또한 Publisher 클래스로 동작하며 알람이 발생할 때마다 구독자에게 알려준다.

```python
import threading
import time

from datetime import datetime

class Alarm(threading.Thread):
    """ A class which generates periodic alarms """

    def __init__(self, duration=1):
        self.duration = duration
        # Subscribers
        self.subscribers = []
        self.flag = True
        threading.Thread.__init__(self, None, None)

    def register(self, subscriber):
        """ Register a subscriber for alarm notifications """

        self.subscribers.append(subscriber)

    def notify(self):
        """ Notify all the subscribers """
```

```
            for subscriber in self.subscribers:
            subscriber.update(self.duration)

        def stop(self):
            """ Stop the thread """

            self.flag = False

        def run(self):
            """ Run the alarm generator """

            while self.flag:
                time.sleep(self.duration)
                # Notify
                self.notify()
```

구독자는 알람을 위해 간단한 DumbClock 클래스로 Alarm 객체를 구독하고, 이를 사용해 시간을 업데이트한다.

```
class DumbClock(object):
    """ A dumb clock class using an Alarm object """

    def __init__(self):
        # Start time
        self.current = time.time()

    def update(self, *args):
        """ Callback method from publisher """

        self.current += args[0]

    def __str__(self):
        """ Display local time """

        return datetime.fromtimestamp(self.current).strftime('%H:%M:%S')
```

객체들이 동작하게 만들어보자.

1. 먼저 1초 경보 주기를 갖는 알람을 생성해 보자.

```
>>> alarm=Alarm(duration=1)
```

2. DumbClock 객체를 생성한다.

```
>>> clock=DumbClock()
```

3. 마지막으로 옵저버로 clock 객체를 alarm 객체에 등록해 통보를 수신할 수 있다.

```
>>> alarm.register(clock)
```

4. 이제 clock은 알람으로부터 업데이트를 계속 수신한다. clock을 출력할 때마다, 현재 시간이 초 단위로 올바르게 표시된다.

```
>>> print(clock)
10:04:27
```

잠시 후, 다음과 같은 내용이 표시된다.

```
>>> print(clock)
10:08:20
```

5. 잠시 동안, 슬립 동작 후 시간이 출력된다.

```
>>> print(clock);time.sleep(20);print(clock)
10:08:23
10:08:43
```

다음은 옵저버 패턴을 구현할 때 주의해야 하는 몇 가지 사항이다.

- **구독자에 관한 참조**^{References to subscribers}: 게시자는 참조를 얻기 위해 구독자에 관한 참조를 유지하거나 중재자 패턴의 사용을 선택할 수 있다. 중재자 패턴은 시스템의 많은 객체들이 서로 강하게 참조하지 못하게 한다. 가령 파이썬에서 게시자와 구독자 객체가 모두 같은 파이썬 런타임에 있으면, 구독자에 대한 참조는 약한 참조의 컬렉션이나 프록시, 컬렉션을 관리하는 객체가 될 수 있다. 원격 참조에서는 원격 프록시를 사용할 수 있다.

- **콜백 구현**^{Implementing Callbacks}: 예제에서 Alarm 클래스는 update 메소드를 호출해 구독자의 상태를 직접 업데이트한다. 또 다른 구현 방법은 게시자가 단순히 구독자에게 통보하고 해당 시점에 구독자는 get_state 타입 메소드를 사용해 자신의 상태 변경을 구현하기 위해 게시자의 상태를 쿼리한다.

  콜백은 다양한 타입/클래스의 구독자와 상호작용할 수 있는 게시자에게 선호되는 옵션이다. 또한 구독자의 update나 notify 메소드가 변경됐을 때 게시자가 코드를 바꿀 필요가 없어서 게시자와 구독자의 코드를 분리할 수 있다.

- **동기 대 비동기**^{Synchronous versus Asynchronous}: 예제에서 정확함을 위해 clock은 신뢰성 있는 즉각적인 통보를 해야 하기 때문에 게시자의 상태가 변경되면 같은 스레드에서 notify가 호출된다. 비동기 구현에서 게시자의 메인 스레드가 계속해서 실행되기 때문에 notify 호출은 비동기적으로 수행될 수 있다. 이 방법은 통보에 future 객체가 반환되지만 실제 통보가 나중에 실행될 수 있는 비동기 실행을 사용하는 시스템에서 선호되는 방법이다.

5장의 확장성 부분에서 비동기 처리를 살펴봤기 때문에 게시자와 구독자가 비동기적으로 상호작용하는 비동기 방식의 추가 예제를 살펴보고 옵저버 패턴을 마무리할 것이다. 이를 위해 asyncio 모듈을 사용한다.

예제에서는 뉴스 발행 도메인을 사용한다. 게시자는 다양한 출처로부터 임의의 특정 뉴스 채널이 태그된 뉴스 URL을 뉴스 기사를 가져온다. 채널의 예로 '스포츠', '국제', '기술',

'인도' 등을 들 수 있다.

뉴스 구독자는 자신의 관심 뉴스 채널을 등록하고 URL을 뉴스 기사로 소비한다. 구독자들은 URL을 얻으면 비동기적으로 URL의 데이터를 가져온다. 게시자의 구독자 통보 역시 비동기적으로 발생한다.

게시자의 소스코드는 다음과 같다.

```
import weakref
import asyncio

from collections import defaultdict, deque

class NewsPublisher(object):
    """ A news publisher class with asynchronous notifications """

    def __init__(self):
        # News channels
        self.channels = defaultdict(deque)
        self.subscribers = defaultdict(list)
        self.flag = True

    def add_news(self, channel, url):
        """ Add a news story """

        self.channels[channel].append(url)

    def register(self, subscriber, channel):
        """ Register a subscriber for a news channel """

        self.subscribers[channel].append(weakref.proxy(subscriber))

    def stop(self):
        """ Stop the publisher """

        self.flag = False
```

```
async def notify(self):
    """ Notify subscribers """

    self.data_null_count = 0

    while self.flag:
        # Subscribers who were notified
        subs = []

        for channel in self.channels:
            try:
                data = self.channels[channel].popleft()
            except IndexError:
                self.data_null_count += 1
                continue

            subscribers = self.subscribers[channel]
            for sub in subscribers:
                print('Notifying',sub,'on channel',channel,'with
                        data=>',data)
                response = await sub.callback(channel, data)
                print('Response from',sub,'for
                        channel',channel,'=>',response)
                subs.append(sub)

        await asyncio.sleep(2.0)
```

게시자의 nofity 메소드는 비동기적이다. 채널 목록을 통해 각 채널의 구독자를 찾아 callback 메소드를 사용해, 구독자를 다시 호출해 채널의 가장 최신 데이터를 제공한다.

callback 메소드는 자체가 비동기적이며 future 객체를 반환하고 최종 결과를 반환하지 않는다. future의 추가적인 처리는 구독자의 fetch_urls 메소드 내부에서 비동기적으로 발생한다.

다음은 구독자 소스코드다.

```python
import aiohttp

class NewsSubscriber(object):
    """ A news subscriber class with asynchronous callbacks """

    def __init__(self):
        self.stories = {}
        self.futures = []
        self.future_status = {}
        self.flag = True

    async def callback(self, channel, data):
        """ Callback method """

        # The data is a URL
        url = data
        # We return the response immediately
        print('Fetching URL',url,'...')
        future = aiohttp.request('GET', url)
        self.futures.append(future)

        return future

    async def fetch_urls(self):

        while self.flag:

            for future in self.futures:
                # Skip processed futures
                if self.future_status.get(future):
                    continue

                response = await future

                # Read data
                data = await response.read()
```

```
        print('\t',self,'Got data for URL',response.
            url,'length:',len(data))
        self.stories[response.url] = data
        # Mark as such
        self.future_status[future] = 1

await asyncio.sleep(2.0)
```

callback과 fetch_urls 메소드 모두 비동기식으로 선언된 것을 주의하자. callback 메소드는 단순히 게시자에서 future를 반환하는 aiohttp 모듈의 GET 메소드로 URL을 전달한다.

future는 fetch_urls 메소드를 통해 URL 데이터를 얻기 위해, 다시 비동기적으로 처리되는 futures의 로컬 목록에 추가된다. 그 다음 URL을 키로 갖는 로컬 기사 딕셔너리에 추가된다.

다음은 비동기 루프 부분의 코드다.

다음 단계를 살펴보자.

1. 게시자를 생성하고 특정 URL을 통해 게시자의 일부 채널에 대한 몇 가지 뉴스 기사를 추가한다.

```
publisher = NewsPublisher()

# Append some stories to the 'sports' and 'india' channel

publisher.add_news('sports', 'http://www.cricbuzz.com/
cricket-news/94018/collective-dd-show-hands-massive-loss-to-
kings-xi-punjab')

publisher.add_news('sports', 'https://sports.ndtv.com/
indian-premier-league-2017/ipl-2017-this-is-how-virat-
kohlirecovered-from-the-loss-against-mumbai-indians-1681955')
```

```
publisher.add_news('india','http://www.business-standard.com/
article/current-affairs/mumbai-chennai-and-hyderabad-airports-
puton-hijack-alert-report-117041600183_1.html')
    publisher.add_news('india','http://timesofindia.indiatimes.
com/india/pakistan-to-submit-new-dossier-on-jadhav-to-un-report/
articleshow/58204955.cms')
```

2. 두 개의 구독자를 생성한다. 하나는 스포츠 채널을 수신하고 다른 하나는 인도 채널을 수신한다.

```
subscriber1 = NewsSubscriber()
subscriber2 = NewsSubscriber()
publisher.register(subscriber1, 'sports')
publisher.register(subscriber2, 'india')
```

3. 이제 비동기 이벤트 루프를 생성한다.

```
loop = asyncio.get_event_loop()
```

4. 비동기 루프가 처리를 시작하도록 루프에 공동 루틴으로 태스크를 추가한다. 다음과 같은 세 가지 태스크를 추가한다.

- `publisher.notify()`:
- `subscriber.fetch_urls()`: 두 개의 구독자에 각각 하나씩 추가한다.

5. 게시자와 구독자의 처리 루프는 종료되지 않으므로 `wait` 메소드를 통해 타임아웃 처리를 추가한다.

```
tasks = map(lambda x: x.fetch_urls(), (subscriber1,
subscriber2))
loop.run_until_complete(asyncio.wait([publisher.notify(), *tasks],
                              timeout=120))
```

```
print('Ending loop')
loop.close()
```

다음은 콘솔에서 비동기 게시자와 구독자의 실제 모습이다.

이제 마지막 디자인 패턴인 상태 패턴을 살펴보자.

상태 패턴

상태 패턴State pattern은 다른 클래스(상태 객체)에 있는 객체의 내부 상태를 캡슐화한다. 객체는 내부적으로 캡슐화된 상태 객체를 다른 값으로 전환해 상태를 변경한다.

상태 객체와 유사한 부류인 유한 상태 머신Finite State Machine: FSM은 프로그래머에게 복잡한 코드를 요구하지 않으면서 객체의 다양한 상태에 걸쳐 매끄러운 상태 전이를 구현할 수 있게 한다.

파이썬은 객체 클래스에 대한 매직 속성인 __class__ 속성을 갖고 있기 때문에 파이썬에서 상태 패턴을 쉽게 구현할 수 있다.

약간 이상하게 들리겠지만 파이썬에서 __class__ 속성은 인스턴스의 딕셔너리에서 수정할 수 있다. 이것은 인스턴스가 동적으로 인스턴스의 클래스를 변경할 수 있게 하며 파이썬에서 상태 패턴을 구현할 때 활용할 수 있다.

간단한 예를 살펴보자.

```
>>> class C(object):
... def f(self): return 'hi'
...
>>> class D(object): pass
...
>>> c = C()
>>> c
<__main__.C object at 0x7fa026ac94e0>
>>> c.f()
'hi'
>>> c.__class__=D
>>> c
<__main__.D object at 0x7fa026ac94e0>
>>> c.f()
Traceback (most recent call last):
  File "<stdin>", line 1, in <module>
AttributeError: 'D' object has no attribute 'f'
```

런타임에 객체 c의 클래스를 변경할 수 있다. 예에서 C와 D는 관련이 없는 클래스들이어서 c를 바꾸는 것은 위험한 일로 판명됐다. 런타임에 클래스를 변경하는 것은 현명한 방법이 아니다. 클래스 D의 인스턴스를 변경하면 c가 자신의 메소드 f를 잊어버릴 것이 명백하다(D는 f 메소드를 갖고 있지 않다)

보다 구체적으로, 관련된 클래스에 대한 부모 클래스의 서브클래스를 구현하는 동일 인터페이스에서 런타임에서의 객체 변경은 강력함을 제공하며 상태 패턴 같은 패턴들의 구현에 사용될 수 있다.

다음 예제에서 상태 패턴을 구현하려면 이 방법을 사용해야 한다. 예제는 한 상태에서 또 다른 상태로 전환할 수 있는 컴퓨터를 보여준다.

이터레이터는 자연스럽게 다음 위치로 이동하는 것을 정의하고 있기 때문에 클래스를 정의하려면 이터레이터의 사용 방법을 주의해야 한다.

```python
import random

class ComputerState(object):
    """ Base class for state of a computer """

    # This is an iterator
    name = "state"
    next_states = []
    random_states = []

    def __init__(self):
        self.index = 0

    def __str__(self):
        return self.__class__.__name__

    def __iter__(self):
        return self

    def change(self):
        return self.__next__()

    def set(self, state):
        """ Set a state """

        if self.index < len(self.next_states):
            if state in self.next_states:
```

```python
            # Set index
            self.index = self.next_states.index(state)
            self.__class__ = eval(state)
            return self.__class__
        else:
            # Raise an exception for invalid state change
            current = self.__class__
            new = eval(state)
            raise Exception('Illegal transition from %s to %s' % (current,
            new))
    else:
        self.index = 0
        if state in self.random_states:
            self.__class__ = eval(state)
            return self.__class__


def __next__(self):
    """ Switch to next state """

    if self.index < len(self.next_states):
        # Always move to next state first
        self.__class__ = eval(self.next_states[self.index])
        # Keep track of the iterator position
        self.index += 1
        return self.__class__
    else:
        # Can switch to a random state once it completes
        # list of mandatory next states.
        # Reset index
        self.index = 0
        if len(self.random_states):
            state = random.choice(self.random_states)
            self.__class__ = eval(state)
            return self.__class__
        else:
            raise StopIteration
```

ComputerState 클래스의 구체적인 서브클래스들을 정의해 보자.

각 클래스는 현재 상태가 전환될 수 있는 일련의 합법적인 상태의 집합인 next_states 의 목록을 정의할 수 있다. 또한 다음 상태로 전환되고 나면 전환할 수 있는 무작위적인 합법적 상태인 임의의 상태 목록도 정의할 수 있다.

예를 들어, 다음은 첫 번째 상태 즉, 컴퓨터가 off 상태로 다음 필수 상태는 on 상태가 된다. 컴퓨터가 on 상태가 되면 상태는 다른 임의의 상태로 이동할 수 있다.

서브클래스를 정의하면 다음과 같다.

```python
class ComputerOff(ComputerState):
    next_states = ['ComputerOn']
    random_states = ['ComputerSuspend', 'ComputerHibernate', 'ComputerOff']
```

다른 상태를 클래스 정의하면 다음과 같다.

```python
class ComputerOn(ComputerState):
    # No compulsory next state
    random_states = ['ComputerSuspend', 'ComputerHibernate', 'ComputerOff']

class ComputerWakeUp(ComputerState):
    # No compulsory next state
    random_states = ['ComputerSuspend', 'ComputerHibernate', 'ComputerOff']

class ComputerSuspend(ComputerState):
    next_states = ['ComputerWakeUp']
    random_states = ['ComputerSuspend', 'ComputerHibernate', 'ComputerOff']

class ComputerHibernate(ComputerState):
    next_states = ['ComputerOn']
    random_states = ['ComputerSuspend', 'ComputerHibernate', 'ComputerOff']
```

다음은 상태 클래스들을 사용해 내부 상태를 설정하는 Computer 클래스다.

```python
class Computer(object):
    """ A class representing a computer """

    def __init__(self, model):
        self.model = model
        # State of the computer - default is off.
        self.state = ComputerOff()

    def change(self, state=None):
        """ Change state """

        if state==None:
            return self.state.change()
        else:
            return self.state.set(state)

    def __str__(self):
        """ Return state """
        return str(self.state)
```

구현한 내용에서 살펴 볼 몇 가지 사항이다.

- **이터레이터로서의 상태**State as an iterator : 이터레이터로 ComputerState 클래스를 구현했다. 이것은 한 상태가 자연스럽게 상태 전환할 수 있는 매우 가까운 미래의 상태 목록을 갖고 있기 때문이다. 예를 들어 Off 상태의 컴퓨터는 다음에는 On 상태로만 이동할 수 있다. 이터레이터로 정의하면 이터레이터가 한 상태에서 다음 상태로 자연스럽게 진행할 수 있는 이점이 있다.
- **무작위 상태**Random States : 예제에서는 무작위 상태의 개념을 구현했다. 컴퓨터가 한 상태에서 필수적인 다음 상태로 이동하면(On에서 Off 상태로, Suspend에서 WakeUp 상태로), 다음으로 이동할 수 있는 임의의 상태 목록을 갖는다. On 상

태의 컴퓨터는 항상 Off 상태로 전환될 필요가 없다. 또한 On 상태에서 Sleep (Suspend) 또는 Hibernate 상태로 갈 수 있다.

- **수동 변경**Manual Change: 컴퓨터는 change 메소드의 선택적 두 번째 인수를 통해 특정 상태로 이동할 수 있다. 그러나 이것은 상태 변경이 유효한 경우만 가능하며 그렇지 않을 때는 예외가 발생한다.

이제 동작하는 상태 패턴을 살펴본다.

당연히 컴퓨터가 Off된 상태에서 시작한다.

```
>>> c = Computer('ASUS')
>>> print(c)
ComputerOff
```

몇 가지 자동 상태 변경을 살펴보자.

```
>>> c.change()
<class 'state.ComputerOn'>
```

지금부터는 상태 머신이 다음 상태를 결정하게 하자. 이들은 컴퓨터가 강제로 다음 상태로 이동해야 하는 경우, 다음 상태가 될 때까지의 무작위적인 상태들이란 사실에 주의해야 한다.

```
>>> c.change()
<class 'state.ComputerHibernate'>
```

이제 Hiberante 상태로 다음에 오는 필수 상태는 On 상태여야 한다.

```
>>> c.change()
<class 'state.ComputerOn'>
```

```
>>> c.change()
<class 'state.ComputerOff'>
```

지금은 상태는 Off로 다음 상태는 On이 돼야 함을 의미한다.

```
>>> c.change()
<class 'state.ComputerOn'>
```

다음은 모두 무작위적인 상태 변경이다.

```
>>> c.change()
<class 'state.ComputerSuspend'>
>>> c.change()
<class 'state.ComputerWakeUp'>
>> c.change()
<class 'state.ComputerHibernate'>
```

기본 상태가 이터레이터여서 itertools 같은 모듈을 사용해 상태를 반복할 수 있다.
다음 예에서는 컴퓨터가 다음 5개 상태를 반복한다.

```
>>> import itertools
>>> for s in itertools.islice(c.state, 5):
... print (s)
...
<class 'state.ComputerOn'>
<class 'state.ComputerOff'>
<class 'state.ComputerOn'>
<class 'state.ComputerOff'>
<class 'state.ComputerOn'>
```

이제 몇 가지 수동 상태 변경을 시도해 보자.

```
>>> c.change('ComputerOn')
<class 'state.ComputerOn'>
>>> c.change('ComputerSuspend')
<class 'state.ComputerSuspend'>

>>> c.change('ComputerHibernate')
Traceback (most recent call last):
  File "state.py", line 133, in <module>
      print(c.change('ComputerHibernate'))
  File "state.py", line 108, in change
      return self.state.set(state)
  File "state.py", line 45, in set
      raise Exception('Illegal transition from %s to %s' %
          (current, new))
Exception: Illegal transition from <class '__main__.ComputerSuspend'>
to <class '__main__.ComputerHibernate'>
```

컴퓨터는 Suspend에서 Hiberante 상태로 바로 갈 수 없기 때문에 유효하지 않은 상태 전이를 시도하면 예외가 발생한다. 먼저, Wakeup 상태가 돼야 한다.

```
>>> c.change('ComputerWakeUp')
<class 'state.ComputerWakeUp'>
>>> c.change('ComputerHibernate')
<class 'state.ComputerHibernate'>
```

이제 모든 것이 정상적으로 동작한다.

파이썬에서의 디자인 패턴 논의를 마쳤다. 지금까지 학습한 내용을 요약해 보자.

▌ 요약

7장에서는 4가지 객체 지향 디자인 패턴을 상세하게 살펴보고 파이썬에서 디자인 패턴을 구현하는 새롭고 다양한 방법들을 찾아냈다. 디자인 패턴의 개요를 살펴보고 이들을 생성 패턴, 구조 패턴, 행위 패턴으로 분류하면서 7장을 시작했다.

계속해서 전략 디자인 패턴의 예를 살펴보고 파이썬 방식으로 패턴을 구현하는 방법을 살펴봤다. 그 다음, 파이썬에서 패턴을 본격적으로 살펴봤다.

생성 패턴에서는 싱글톤, 보그, 프로토타입, 팩토리, 빌더 패턴을 살펴봤다. 클래스 계층 구조를 통해 상태를 유지할 수 있기 때문에 왜 파이썬에서는 보그 패턴이 싱글톤 패턴보다 더 좋은 방법인지를 알아봤다. 우리는 빌더, 프로토타입, 팩토리 패턴 사이의 상호작용과 예제를 실행했다. 가능한 모든 곳에서 메타클래스를 논의했으며 메타클래스를 사용해 패턴을 구현했다.

구조 패턴에서는 어댑터, 파사드, 프록시 패턴에 중점을 뒀다. 어댑터 패턴을 사용하는 상세한 예제를 살펴보고 상속과 객체 합성을 통한 접근 방법을 논의했다. __getattr__ 를 이용해 어댑터와 프록시 패턴을 구현할 때 파이썬의 매직 메소드의 강력함을 살펴봤다.

프로그래머가 복잡도를 극복하고 서브시스템에 걸쳐 일반적인 인터페이스를 제공하는 방법을 Car 클래스로 파사드 패턴을 이용한 예제로 살펴봤다. 또한 파사드를 자체적으로 포함하고 있는 많은 파이썬 표준 라이브러리 모듈도 살펴봤다.

행위 패턴과 관련해서는 이터레이터, 옵저버, 상태 패턴을 논의했다. 그리고 이터레이터가 파이썬에서 얼마나 중요한지 살펴봤다. 소수를 생성하기 위한 생성자로 이터레이터를 구현했다.

Alarm 클래스를 게시자로 clock 클래스를 구독자로 사용하는 옵저버 패턴의 간단한 예를 알아봤다. 또한 파이썬의 asyncio 모듈을 사용하는 비동기 옵저버 패턴의 예도 살펴봤다.

마지막으로 상태 패턴을 갖는 패턴들을 논의했다. 허용 가능한 상태의 변화를 통해 컴퓨터의 상태를 전환하는 상세한 예제와 인스턴스의 클래스를 변경하기 위해 동적 속성으로 파이썬의 __class__를 사용하는 방법도 학습했다. 상태 패턴을 구현할 때 이터레이터 패턴의 기법들을 차용했으며 이터레이터로 State 예제 클래스를 구현했다.

8장에서는 디자인 측면에서 소프트웨어 아키텍처에서 패턴의 상위 패러다임인 아키텍처 패턴으로 넘어간다.

파이썬 아키텍처 패턴

아키텍처 패턴은 소프트웨어 패턴의 판테온[1]에서 가장 높은 수준의 패턴이다. 아키텍트는 아키텍처 패턴을 통해 애플리케이션의 기본 구조를 지정할 수 있다. 아키텍처 패턴은 주어진 관련 시스템의 설계, 시스템의 다른 부분 간의 통신 같은 나머지 활동에 영향을 미치는 소프트웨어 문제를 해결하기 위해 선택된다.

당면한 문제에 따라 바로 선택 할 수 있는 다양한 아키텍처 패턴이 있다. 서로 다른 패턴은 자체적인 스타일이나 아키텍처 클래스를 생성해 다양한 부류나 계열의 문제를 해결한다. 예를 들어 특정 패턴의 클래스들은 클라이언트/서버 시스템의 아키텍처로 문제를 해결한다. 다른 패턴들은 분산 시스템 구축에 도움이 되며, 세 번째 패턴은 고도로 분리된 피어투피어peer-to-peer 시스템의 설계에 도움이 된다.

---

1   판테온은 '모든 신을 위한 신전'이라는 뜻이다. 즉, 패턴의 판테온은 여러 가지 패턴을 모아 놓았다는 의미다. – 옮긴이

8장에서는 파이썬에서 자주 보는 몇 가지 아키텍처 패턴을 설명하려고 한다. 8장에서는 잘 알려진 패턴을 알아본 후 구현해 본다. 또한 이러한 패턴을 변형한 1~2개의 소프트웨어 애플리케이션과 인기있는 프레임워크도 살펴볼 것이다.

8장에서는 코드를 많이 다루지는 않고 패턴 설명에 사용되는 프로그램에 필요한 정도로 제한해서 사용한다. 아키텍처의 세부사항, 참여 서브시스템, 선택된 애플리케이션/프레임워크로 구현된 변형 아키텍처 정도만 다루겠다.

아키텍처 패턴은 다양하다. 8장에서는 MVC와 MVC 관련 패턴, 이벤트 주도 프로그래밍 아키텍처, 마이크로서비스 아키텍처, 파이프와 필터에 초점을 맞춘다.

8장에서는 다음 내용을 다룬다.

- MVC 소개
    - 모델 뷰 템플릿 – 장고[Django]
    - 플라스크[Flask] 마이크로 프레임워크
- 이벤트 주도 프로그래밍
    - select를 사용하는 채팅 서버와 클라이언트
    - 이벤트 주도 대 동시성 프로그래밍
    - Twisted
        — Twisted 채팅 서버와 클라이언트
    - Eventlet
        — Eventlet 채팅 서버
    - Greenlets와 gevent
        — Gevent 채팅 서버
- 마이크로서비스 아키텍처
    - 파이썬의 마이크로서비스 프레임워크
    - 마이크로서비스 예제
    - 마이크로서비스의 장점

- 파이프와 필터 아키텍처
  - 파이썬에서의 파이프와 필터 예제

▌ MVC 소개

모델^{Model} 뷰^{View} 컨트롤러^{Controller}, 혹은 MVC는 상호 작용하는 애플리케이션 구축에 잘
알려져 있는 인기 패턴이다. MVC는 애플리케이션을 세 개의 컴포넌트 즉, 모델, 뷰, 컨
트롤러로 나눈다.

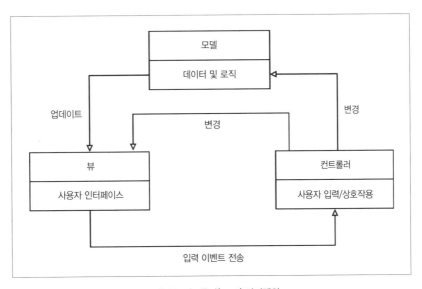

모델-뷰-컨트롤러(MVC) 아키텍처

세 가지 컴포넌트는 다음과 같은 책임을 담당한다.

- **모델**^{Model}: 모델은 애플리케이션의 핵심 데이터와 로직을 포함한다.
- **뷰**^{View}: 뷰는 사용자에 관한 애플리케이션의 출력 형식으로, 사용자에게 정보를
  표시한다. 같은 데이터에 대해 여러 개의 뷰를 가질 수 있다.

- **컨트롤러**Controller : 컨트롤러는 키보드 클릭이나 마우스 클릭/이동과 같은 사용자 입력을 받아 처리하고 이들을 모델이나 뷰의 요청으로 변환한다.

모델, 뷰, 컨트롤러 세 가지 컴포넌트를 사용한 관심의 분리Separation of concerns는 애플리케이션의 데이터와 표현 사이의 강력한 결합을 방지한다. 같은 데이터(모델)를 다양하게 표현(뷰)할 수 있으며 데이터는 컨트롤러를 통해 받은 사용자 입력에 따라 계산되고 표현될 수 있다.

MVC 패턴에서는 다음과 같은 상호작용이 가능하다.

1. 모델은 컨트롤러에서 받은 입력에 따라 데이터를 변경할 수 있다.
2. 변경된 데이터는 모델에서 변경사항을 표현하는 뷰에 반영된다.
3. 컨트롤러는 문서의 변경처럼 모델의 상태를 업데이트하는 명령을 보낼 수 있다. 컨트롤러는 그래프나 차트를 확대하는 것처럼 모델 변경 없이도 뷰에 관한 표현을 수정하는 명령을 보낼 수 있다.
4. MVC 패턴은 각 컴포넌트의 변경을 다른 종속 컴포넌트에 알리는 변경 전파 메커니즘change propagation mechanism을 암시적으로 포함하고 있다.
5. 파이썬에서 많은 웹 애플리케이션은 MVC나 변형 패턴을 구현한다. 변형 패턴 중 일부인 장고와 플라스크를 다음 절에서 살펴볼 것이다.

모델 템플릿 뷰(MTV) – 장고

장고Django 프로젝트는 파이썬에서 가장 많이 사용되는 웹 애플리케이션 프레임워크 중 하나다. 장고는 MVC 패턴과 유사하지만 약간 미묘한 차이가 있는 패턴을 구현한다.

장고의 (핵심) 컴포넌트 아키텍처는 다음 다이어그램과 같다.

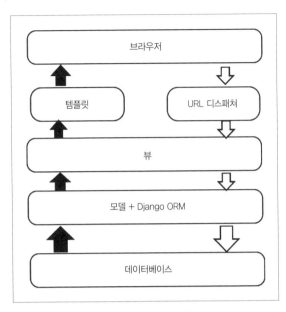

장고 핵심 컴포넌트 아키텍처

장고 프레임워크의 핵심 컴포넌트는 다음과 같다.

- ORM^Object Relational Mapper 은 데이터 모델(파이썬)과 데이터베이스(RDBMS) 사이의 조정자^mediator 역할을 한다. 모델 계층으로 생각할 수 있다.
- 파이썬의 콜백 함수 세트는 특정 URL에 관한 사용자 인터페이스의 데이터를 렌더링한다. 이것은 뷰 계층으로 생각할 수 있다. 뷰는 실제 프레젠테이션보다 콘텐츠를 제작하고 변형하는 데 중점을 둔다.
- HTML 템플릿 세트는 다양한 프레젠테이션에서 콘텐츠를 렌더링한다. 뷰는 특정 템플릿에 데이터 표시 방법을 위임한다.
- 정규 표현식 기반의 URL 디스패처는 특정 뷰와 뷰의 가변 인수들을 서버의 관련 경로에 연결한다. 기본적인 컨트롤러로 생각할 수 있다.
- 장고에서 프레젠테이션은 TEAMPLATE 계층에 의해 수행되고 뷰 계층에 의해서만 콘텐츠 매핑이 수행돼 종종 장고는 모델 템플릿 뷰^MTV 프레임워크의 구현으로 설명된다.

- 장고에서 컨트롤러는 잘 정의돼 있지 않다. 컨트롤러는 전체 프레임워크로 생각할 수 있다. 또는 URL 디스패쳐 계층으로 제한된다.

장고 관리자 – 자동화된 모델 중심 뷰

장고 프레임워크의 가장 강력한 컴포넌트 중 하나는 장고 모델에서 메타 데이터를 읽고, 시스템 관리자들이 간단한 HTML 형태의 보고 데이터 모델을 빠르게 편집할 수 있는 모델 중심의 관리자 뷰를 생성하는 자동 관리자 시스템이다.

다음은 용어집에 있는 용어로 웹사이트에 추가되는 용어를 설명하는 장고 모델의 예다 (용어집은 특정 주제, 텍스트, 또는 표현에 관련된 단어의 의미를 설명하는 목록이나 단어 인덱스다).

```python
from django.db import models

class GlossaryTerm(models.Model):
    """ Model for describing a glossary word (term) """

    term = models.CharField(max_length=1024)
    meaning = models.CharField(max_length=1024)
    meaning_html = models.CharField('Meaning with HTML markup',
                        max_length=4096, null=True, blank=True)
    example = models.CharField(max_length=4096, null=True, blank=True)

    # can be a ManyToManyField?
    domains = models.CharField(max_length=128, null=True, blank=True)

    notes = models.CharField(max_length=2048, null=True, blank=True)
    url = models.CharField('URL', max_length=2048, null=True,
    blank=True)
    name = models.ForeignKey('GlossarySource',verbose_name='Source',
    blank=True)

    def __unicode__(self):
```

```
        return self.term

    class Meta:
        unique_together = ('term', 'meaning', 'url')
```

이것은 자동화된 관리자 뷰를 위한 모델을 등록하는 관리자 시스템과 결합된다.

```
from django.contrib import admin

admin.site.register(GlossaryTerm)
admin.site.register(GlossarySource)
```

다음은 장고 관리자 인터페이스를 통해 용어집에 용어를 추가하기 위한(HTML 형태의) 자동화된 관리자 뷰의 화면이다.

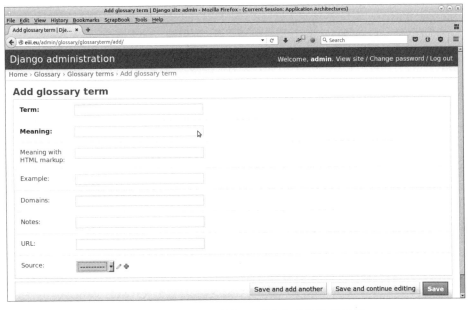

용어집에 용어를 추가하기 위한 (HTML 형태의) 자동화된 관리자 뷰

간단히 살펴보면 모델 안의 다양한 데이터 필드에 장고 관리자가 올바른 필드 타입을 생성하는 방법과 데이터를 추가하기 위한 양식의 생성 방법을 알 수 있다. 이것은 장고에 있는 강력한 패턴으로 거의 코딩하지 않고도 모델을 추가/편집하기 위한 자동화된 관리자 뷰를 생성할 수 있다.

인기있는 파이썬 웹 애플리케이션 프레임워크인 플라스크를 살펴보자.

유연한 마이크로 프레임워크 – 플라스크

플라스크^{Flask}는 미니멀리즘 철학을 사용하는 마이크로 웹 프레임워크다. 플라스크는 Werkzeug(http://werkzeug.pocoo.org/) WSGI 툴킷과 Jinja2 템플릿 프레임워크, 두 개의 라이브러리에만 의존성을 갖는다.

플라스크는 데코레이터를 통해 간단한 URL 라우팅을 제공한다. 플라스크에서 마이크로라는 단어는 프레임워크의 핵심 부분이 작다는 것을 의미한다. 데이터베이스, 템플릿, 다른 지원사항은 파이썬 커뮤니티가 만든 플라스크의 다양한 확장기능을 통해 제공된다.

따라서 핵심 부분은 모델에 관한 지원을 구현하지 않기 때문에 플라스크의 핵심 부분은 MTV 프레임워크에서 M(뷰 템플릿)을 뺀 것으로 생각할 수 있다.

다음은 플라스크 컴포넌트 아키텍처의 대략적인 개념적 다이어그램이다.

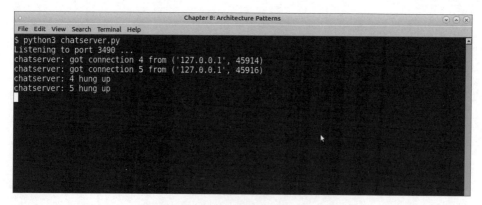

플라스크 컴포넌트 아키텍처의 개념적 다이어그램

템플릿을 사용하는 간단한 플라스크 애플리케이션은 다음과 같다.

```
from flask import Flask
app = Flask(__name__)

@app.route('/')
def index():
    data = 'some data'
    return render_template('index.html', **locals())
```

여기서 MVC 패턴의 몇 가지 구성요소를 확인할 수 있다.

- @app.route 데코레이터는 브라우저에서 요청을 index 함수로 라우팅한다. 애플리케이션 라우터는 컨트롤러로 생각할 수 있다.
- index 함수는 데이터를 반환하고 템플릿을 사용해 데이터를 렌더링한다. index 함수는 뷰나 뷰 컴포넌트를 생성하는 것으로 생각할 수 있다.
- 플라스크는 프레젠테이션에서 콘텐츠를 분리하기 위해 장고 같은 템플릿을 사용한다. 이것은 템플릿 컴포넌트로 생각할 수 있다.
- 플라스크 코어에는 특정 모델 컴포넌트가 없다. 추가 플러그인을 사용해 모델 컴포넌트를 추가할 수 있다.
- 플라스크는 추가 기능을 지원하기 위해 플러그인 아키텍처를 사용한다. 예를 들어 모델은 Flask-SQLAlchemy, Flask-RESTful을 사용하는 RESTful API 지원, Flask-marshmallow 등을 사용하는 직렬화에 따라 추가될 수 있다.

▐ 이벤트 주도 프로그래밍

이벤트 주도 프로그래밍은 프로그램 안의 논리 흐름이 사용자 동작, 다른 프로그램의 메시지, 하드웨어(센서) 입력 같은 이벤트에 따라 유도되는 시스템 아키텍처 패러다임이다.

이벤트 주도 아키텍처에는 이벤트를 수신하는 메인 이벤트 루프가 있으며 이벤트가 감지될 때 특정 인자를 통해 콜백 함수를 트리거한다.

리눅스 같은 현대적인 운영체제에서는 소켓이나 열린 파일 같은 입력 파일 기술자에 관한 이벤트 지원이 select, poll, epoll 같은 시스템 콜로 구현된다.

파이썬은 select 모듈을 통해 시스템 콜의 래퍼를 제공한다. 파이썬에서 select 모듈로 간단한 이벤트 주도 프로그램을 작성하기는 그리 어렵지 않다.

다음 프로그래밍 세트는 파이썬의 select 모듈의 강력함으로 기본적인 채팅 서버와 클라이언트를 함께 구현한다.

select 모듈과 I/O 멀티플랙싱을 사용하는 채팅 서버와 클라이언트

채팅 서버는 클라이언트가 서로 연결해 대화할 수 있는 채널을 생성하기 위해 select 모듈을 통해 select 시스템 콜을 사용한다. 채팅 서버는 입력 준비가 돼 있는 이벤트(소켓)을 처리한다.

이벤트가 서버에 연결하는 클라이언트라면 클라이언트를 서버에 연결하고 핸드셰이크를 수행한다. 이벤트가 표준 입력에서 읽히는 데이터라면 서버는 데이터를 읽거나 한 클라이언트에게 받은 데이터를 다른 클라이언트로 전달한다.

다음은 채팅 서버의 코드다.

 채팅 서버의 코드가 크기 때문에 여기의 코드는 서버가 select 기반 I/O 멀티플랙싱의 사용 방법을 보여주는 메인 함수만 포함한다. serve 함수의 많은 코드들은 출력되는 코드의 양의 적게하기 위해 제거됐다.

완전한 소스코드는 http://www.acornpub.co.kr/book/software-architecture-python 에서 다운로드할 수 있다.

```
# chatserver.py

import socket
import select
import signal
import sys
from communication import send, receive

class ChatServer(object):
    """ Simple chat server using select """


    def serve(self):
        inputs = [self.server,sys.stdin]
        self.outputs = []


        while True:

                inputready,outputready,exceptready = select.
                select(inputs, self.outputs, [])



            for s in inputready:

                if s == self.server:
                    # handle the server socket
                    client, address = self.server.accept()

                    # Read the login name
                    cname = receive(client).split('NAME: ')[1]

                    # Compute client name and send back
                    self.clients += 1
                    send(client, 'CLIENT: ' + str(address[0]))
```

```
                    inputs.append(client)

                    self.clientmap[client] = (address, cname)
                    self.outputs.append(client)

            elif s == sys.stdin:
                # handle standard input - the server exits
                junk = sys.stdin.readline()
        break
            else:
                # handle all other sockets
                try:
                    data = receive(s)
                    if data:
                        # Send as new client's message...
                        msg = '\n#[' + self.get_name(s) + ']>> ' + data
                        # Send data to all except ourselves
                        for o in self.outputs:
                            if o != s:
                                send(o, msg)
                    else:
                        print('chatserver: %d hung up' % s.fileno())
                        self.clients -= 1
                        s.close()
                        inputs.remove(s)
                        self.outputs.remove(s)

                except socket.error as e:
                    # Remove
                    inputs.remove(s)
                    self.outputs.remove(s)

        self.server.close()

if __name__ == "__main__":
    ChatServer().serve()
```

> ℹ️ 채팅 서버는 한 줄의 빈 입력(empty input)을 보내 중지시킬 수 있다.

채팅 클라이언트도 **select** 시스템 콜을 사용한다. 채팅 클라이언트는 서버에 연결하기 위해 소켓을 사용한다. 그 다음 소켓 이벤트와 표준 입력을 기다린다. 이벤트가 표준 입력이면 데이터를 읽고 그렇지 않으면 소켓을 통해 데이터를 서버로 보낸다.

```python
# chatclient.py
import socket
import select
import sys
from communication import send, receive

class ChatClient(object):
    """ A simple command line chat client using select """

    def __init__(self, name, host='127.0.0.1', port=3490):
        self.name = name
        # Quit flag
        self.flag = False
        self.port = int(port)
        self.host = host
        # Initial prompt
        self.prompt='[' + '@'.join((name, socket.gethostname().split('.')
[0])) + ']> '
        # Connect to server at port
        try:
            self.sock = socket.socket(socket.AF_INET, socket.SOCK_STREAM)
            self.sock.connect((host, self.port))
            print('Connected to chat server@%d' % self.port)
            # Send my name...
            send(self.sock,'NAME: ' + self.name)
            data = receive(self.sock)
            # Contains client address, set it
```

```
                addr = data.split('CLIENT: ')[1]
                self.prompt = '[' + '@'.join((self.name, addr)) + ']> 'except
                socket.error as e:
                print('Could not connect to chat server @%d' % self.port)
                sys.exit(1)

        def chat(self):
            """ Main chat method """

            while not self.flag:
                try:
                    sys.stdout.write(self.prompt)
                    sys.stdout.flush()

                    # Wait for input from stdin & socket inputready,
                    outputready,exceptrdy = select.select([0,self.sock], [],[])

                    for i in inputready:
                        if i == 0:
                            data = sys.stdin.readline().strip()
                            if data: send(self.sock, data)
                        elif i == self.sock:
                            data = receive(self.sock)
                            if not data:
                                print('Shutting down.')
                                self.flag = True
                                break
                            else:
                                sys.stdout.write(data + '\n')
                                sys.stdout.flush()

            except KeyboardInterrupt:
                print('Interrupted.')
                self.sock.close()
                break

    if __name__ == "__main__":
```

```
if len(sys.argv)<3:
    sys.exit('Usage: %s chatid host portno' % sys.argv[0])


client = ChatClient(sys.argv[1],sys.argv[2], int(sys.argv[3]))
client.chat()
```

 채팅 클라이언트는 터미널에서 Ctrl + C를 눌러 중지시킬 수 있다.

두 스크립트 모두 소켓을 통해 데이터를 주고받기 위해 send와 receive 함수를 갖는 communication이라는 세 번째 모듈을 사용한다. communication 모듈은 send와 receive 함수에서 데이터 직렬화serialize와 역직렬화deserialize를 위해 pickle을 사용한다.

```
# communication.py
import pickle
import socket
import struct

def send(channel, *args):
    """ Send a message to a channel """

    buf = pickle.dumps(args)
    value = socket.htonl(len(buf))
    size = struct.pack("L",value)
    channel.send(size)
    channel.send(buf)

def receive(channel):
    """ Receive a message from a channel """

    size = struct.calcsize("L")
    size = channel.recv(size)
    try:
```

```
        size = socket.ntohl(struct.unpack("L", size)[0])
    except struct.error as e:
        return ''

    buf = ""

    while len(buf) < size:
        buf = channel.recv(size - len(buf))

    return pickle.loads(buf)[0]
```

다음은 채팅 서버를 통해 연결된 두 개의 클라이언트와 실행 중인 서버의 화면이다.

아래 그림은 andy라는 이름으로 연결된 클라이언트 #1의 화면이다.

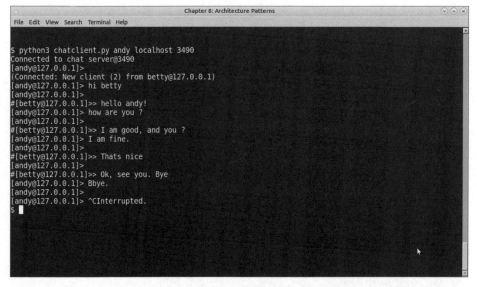

채팅 클라이언트 #1의 채팅 세션 (클라이언트 이름: andy)

다음은 채팅 서버에 연결돼 andy와 이야기하는 betty라는 이름의 클라이언트다.

```
File  Edit  View  Search  Terminal  Help
$ python3 chatclient.py betty localhost 3490
Connected to chat server@3490
[betty@127.0.0.1]>
#[andy@127.0.0.1]>> hi betty
[betty@127.0.0.1]> hello andy!
[betty@127.0.0.1]>
#[andy@127.0.0.1]>> how are you ?
[betty@127.0.0.1]> I am good, and you ?
[betty@127.0.0.1]>
#[andy@127.0.0.1]>> I am fine.
[betty@127.0.0.1]> Thats nice
[betty@127.0.0.1]> Ok, see you. Bye
[betty@127.0.0.1]>
#[andy@127.0.0.1]>> Bbye.
[betty@127.0.0.1]>
(Hung up: Client from andy@127.0.0.1)
[betty@127.0.0.1]> ^CInterrupted.
$
```

채팅 클라이언트 #2의 채팅 세션(클라이언트 이름: betty)

프로그램에는 다음과 같은 흥미로운 점이 있다.

- 클라이언트가 서로 메시지를 어떻게 볼 수 있는지 확인하자. 한 클라이언트가 보낸 데이터를 서버가 연결된 다른 모든 클라이언트에게 보내기 때문에 가능하다. 채팅 서버는 메시지가 다른 클라이언트로부터 왔다는 것을 나타내기 위해 해시 번호를 메시지 앞에 붙인다.

- 서버가 클라이언트의 연결 및 연결 해제 정보를 다른 모든 클라이언트에 보내는 방법을 확인하자. 이 정보는 또 다른 클라이언트가 연결되거나 세션이 끊어졌을 때 클라이언트에 통보된다.

- 서버는 클라이언트 연결이 끊어지면 클라이언트가 연결이 끊어졌다hang up는 메시지를 전달한다.

> 채팅 서버와 클라이언트 예제는 https://code.activestate.com/recipes/531824에 있는 저자의 ASPN 쿡북의 파이썬 레시피를 변형한 것이다.

간단한 select 기반 멀티플렉싱은 고수준의 이벤트 기반 프로그래밍 루틴을 제공하는 시스템을 구축하는 프로그래머에게 Twisted, Eventlet, Gevent 같은 라이브러리를 사용한다. 일반적으로 고수준 이벤트 기반 프로그래밍은 채팅 서버 예제의 루프와 유사한 핵심 이벤트 루프를 기반으로 하고 있다.

다음 절에서는 프레임워크의 아키텍처를 논의할 것이다.

이벤트 주도 프로그래밍 대 동시성 프로그래밍

앞 절에서 본 예제는 동시를 다룬 장에서 본 것 같은 비동기 이벤트 기법을 사용한다. 비동기 이벤트 기법은 진정한 동시성 프로그래밍이나 병렬 프로그래밍과 다르다.

이벤트 프로그래밍 라이브러리는 비동기 이벤트 기법에서도 동작한다. 여기에는 태스크에서 수신된 이벤트를 기반으로 차례대로 인터리빙되는 하나의 실행 스레드만 있다.

다음 예제에서 3개의 태스크가 세 개의 스레드나 프로세스에 의해 병렬로 실행된다고 가정해 보자.

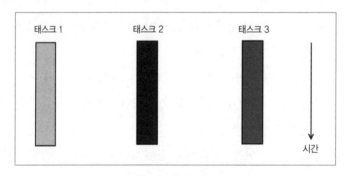

세 개의 스레드를 사용하는 세 태스크의 병렬 실행

이벤트 주도 프로그램을 통해 태스크들을 실행할 때 어떤 일이 생기는지 비교해 보자.

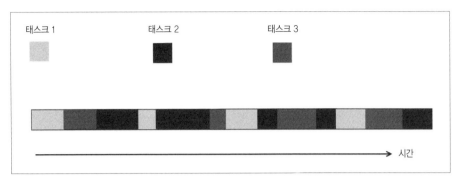

태스크 1   태스크 2   태스크 3

→ 시간

단일 스레드를 사용한 3개 태스크의 비동기 실행

비동기 모델에는 인터리빙 방식으로 실행되는 태스크를 갖는 하나의 실행 스레드만 있다. 각 태스크는 비동기 처리 서버의 이벤트 루프에서 자체적인 프로세싱 시간의 타임 슬롯을 갖지만, 주어진 시간에는 오직 하나의 태스크만 실행된다. 태스크는 현재 실행되는 작업에서 다른 태스크를 다음 타임 슬롯에 예약할 수 있도록 제어권을 루프에 넘긴다. 이것은 '5장, 대규모 애플리케이션 작성하기'에서 살펴본 것처럼 협력적 멀티 태스킹의 한 종류다.

Twisted

Twisted는 DNS, SMTP, POP3, IMAP 같은 다양한 프로토콜을 지원하는 이벤트 주도 네트워킹 엔진이다. Twisted는 SSH 클라이언트와 SSH 서버의 작성, 메시징 및 IRC 클라이언트, 서버 구축을 지원한다.

Twisted는 웹 서버/클라이언트(HTTP), 게시/구독 패턴, 메시징 클라이언트 및 서버(SOAP/XML-RPC) 같은 일반 서버용 ALC 클라이언트 작성을 위한 패턴(스타일)의 세트도 제공한다.

Twisted는 여러 소스로부터 이벤트를 단일 스레드의 이벤트 핸들러들로 멀티플렉싱하고 디스패치하는 리액터Reactor 디자인 패턴을 사용한다.

리액터는 여러 클라이언트에서 동시에 들어오는 메시지와 요청과 연결을 수신한다. 동시성을 갖는 스레드나 프로세스를 요구하지 않고 이벤트 헨들러들을 사용해 순차적으로 이러한 요청들을 처리한다.

리액터 패턴의 의사 코드는 다음과 같다.

```
while True:
    timeout = time_until_next_timed_event()
    events = wait_for_events(timeout)
    events += timed_events_until(now())
    for event in events:
        event.process()
```

Twisted는 이벤트 핸들러를 호출할 때와 이벤트가 발생할 때는 콜백을 사용한다. 특정 이벤트를 처리하기 위해 콜백은 이벤트를 등록한다. 콜백은 일반 처리와 예외(errbacks) 관리에도 사용될 수 있다.

asyncio 모듈과 마찬가지로 Twisted는 실제 결과를 아직 이용할 수 없는 태스크 실행 결과를 래핑하기 위해 futures와 같은 객체를 사용한다. Twisted에서 이러한 객체는 Deffereds로 불린다.

Deferred 객체는 콜백 체인의 쌍을 갖는다. 하나는 처리 결과(callbacks)를, 다른 하나는 오류 관리(errbacks)를 위한 것이다. 실행 결과를 얻게 되면 Deferred 객체가 생성되고, callbacks이나 errbacks가 객체에 추가된 순서로 호출된다.

다음 Twisted 아키텍처 다이어그램은 고수준의 컴포넌트를 보여준다.

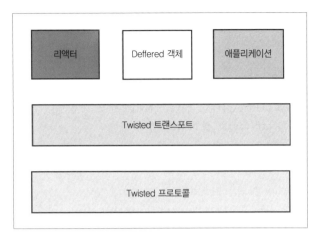

Twisted의 핵심 컴포넌트

Twisted – 간단한 웹 클라이언트

다음은 Twisted를 사용하는 HTTP 웹 클라이언트의 간단한 예제로 주어진 URL을 가져와 특정 이름을 가진 파일에 URL 내용을 저장한다.

```
# twisted_fetch_url.py
from twisted.internet import reactor
from twisted.web.client import getPage
import sys

def save_page(page, filename='content.html'):
    print type(page)
    open(filename,'w').write(page)
    print 'Length of data',len(page)
    print 'Data saved to',filename

def handle_error(error):
    print error

def finish_processing(value):
    print "Shutting down..."
```

```
        reactor.stop()

    if __name__ == "__main__":
        url = sys.argv[1]
        deferred = getPage(url)
        deferred.addCallbacks(save_page, handle_error)
        deferred.addBoth(finish_processing)

        reactor.run()
```

코드에서 볼 수 있듯 getPage 메소드는 deferred를 반환하며 이것은 URL의 데이터가 아니다. deferred에 두 개의 콜백을 추가한다. 하나는 데이터 처리를 위한 것(save_page 함수)이며, 다른 하나는 오류 처리(handle_error 함수)를 위한 것이다. deferred의 addBoth 메소드는 callback과 errback 모두 하나의 함수로 추가한다.

이벤트의 처리는 리액터를 실행해 시작한다. 마지막에 호출되는 finish_processing 콜백에서 리액터가 중단된다. 이벤트 핸들러들은 추가된 순서로 호출되며 함수는 마지막에만 호출된다.

리액터가 실행되면 다음 이벤트가 발생한다.

- 해당 페이지를 가져오고 deferred가 생성된다.
- Defered의 순서대로 callback이 호출된다. 먼저 content.html 파일로 페이지의 내용을 저장하는 save_page 함수가 호출된다. 그 후 모든 오류 문자열을 출력하는 handle_error 이벤트 핸들러가 호출된다.
- 마지막으로 리액터를 중지하고 이벤트 처리를 마무리한 후 프로그램을 종료하는 finish_processing이 호출된다.

 이 책의 집필 시점에는 파이썬 3에서 Twisted를 이용할 수 없다. 앞의 코드는 파이썬 2로 작성됐다.

- 코드를 실행하면 다음과 같이 출력된다.

```
$ python2 twisted_fetch_url.py http://www.google.com
Length of data 13280
Data saved to content.html
Shutting down...
```

Twisted를 사용하는 채팅 서버

이제 select 모듈을 사용하는 채팅 서버와 유사한 Twisted를 사용하는 간단한 채팅 서버를 작성할 수 있다.

Twisted에서는 프로토콜과 프로토콜 팩토리를 구현해 서버를 만든다. protocol 클래스는 Twisted의 Protocol 클래스를 상속받는다.

팩토리는 프로토콜 객체에 관한 팩토리 패턴의 역할을 하는 클래스일 뿐이다.

다음은 Twisted를 사용하는 채팅 서버다.

```python
from twisted.internet import protocol, reactor

class Chat(protocol.Protocol):
    """ Chat protocol """

    transports = {}
    peers = {}

    def connectionMade(self):
        self._peer = self.transport.getPeer()
        print 'Connected',self._peer

    def connectionLost(self, reason):
        self._peer = self.transport.getPeer()
        # Find out and inform other clients
```

```python
        user = self.peers.get((self._peer.host, self._peer.port))
        if user != None:
            self.broadcast('(User %s disconnected)\n' % user, user)
            print 'User %s disconnected from %s' % (user, self._peer)

    def broadcast(self, msg, user):
        """ Broadcast chat message to all connected users except
        'user' """

        for key in self.transports.keys():
            if key != user:
                if msg != "<handshake>":
                    self.transports[key].write('#[' + user + "]>>> " + msg)
                else:
                    # Inform other clients of connection
                    self.transports[key].write('(User %s connected from %s)\n' %
                    (user, self._peer))

    def dataReceived(self, data):
        """ Callback when data is ready to be read from the socket """

        user, msg = data.split(":")
        print "Got data=>",msg,"from",user
        self.transports[user] = self.transport
        # Make an entry in the peers dictionary
        self.peers[(self._peer.host, self._peer.port)] = user
        self.broadcast(msg, user)

class ChatFactory(protocol.Factory):
    """ Chat protocol factory """

    def buildProtocol(self, addr):
        return Chat()

if __name__ == "__main__":
    reactor.listenTCP(3490, ChatFactory())
    reactor.run()
```

채팅 서버는 다음과 같은 추가 단계들을 수행하기 때문에 이전 버전보다 조금 더 정교하다.

1. 특별한 `<handshake>` 메시지를 사용하는 별도의 핸드쉐이크 프로토콜을 갖고 있다.
2. 클라이언트가 연결되면, 다른 클라이언트들에게 해당 클라이언트의 이름과 연결 정보를 알리기 위해 브로드캐스팅을 한다.
3. 클라이언트가 연결을 끊으면 다른 클라이언트에게 이 사실을 알린다.

채팅 클라이언트는 Twisted를 사용하고 두 개의 프로토콜, 즉 서버와의 통신을 위한 `ChatClientProtocol`과 표준 입력에서 데이터를 읽기 위한 `StdioClientProtocol`을 사용한다.

StdioClientProtocol 프로토콜은 입력으로 ChatClientProtocol에 연결한다. 따라서 표준 입력으로 수신된 모든 데이터는 서버에 채팅 메시지로 전송된다.

다음 코드를 살펴보자.

```python
import sys
import socket
from twisted.internet import stdio, reactor, protocol

class ChatProtocol(protocol.Protocol):
    """ Base protocol for chat """

    def __init__(self, client):
        self.output = None
        # Client name: E.g: andy
        self.client = client
        self.prompt='[' + '@'.join((self.client, socket.gethostname().
        split('.')[0])) + ']> '

    def input_prompt(self):
```

```python
        """ The input prefix for client """
        sys.stdout.write(self.prompt)
        sys.stdout.flush()

    def dataReceived(self, data):
        self.processData(data)

class ChatClientProtocol(ChatProtocol):
    """ Chat client protocol """

    def connectionMade(self):
        print 'Connection made'
        self.output.write(self.client + ":<handshake>")

    def processData(self, data):
        """ Process data received """

        if not len(data.strip()):
            return

        self.input_prompt()

        if self.output:
            # Send data in this form to server
            self.output.write(self.client + ":" + data)

class StdioClientProtocol(ChatProtocol):
    """ Protocol which reads data from input and echoes
    data to standard output """

    def connectionMade(self):
        # Create chat client protocol
        chat = ChatClientProtocol(client=sys.argv[1])
        chat.output = self.transport

        # Create stdio wrapper
        stdio_wrapper = stdio.StandardIO(chat)
```

```
            # Connect to output
            self.output = stdio_wrapper
            print "Connected to server"
            self.input_prompt()

        def input_prompt(self):
            # Since the output is directly connected
            # to stdout, use that to write.
            self.output.write(self.prompt)

        def processData(self, data):
            """ Process data received """

            if self.output:
                self.output.write('\n' + data)
                self.input_prompt()

class StdioClientFactory(protocol.ClientFactory):

    def buildProtocol(self, addr):
        return StdioClientProtocol(sys.argv[1])

def main():
    reactor.connectTCP("localhost", 3490, StdioClientFactory())
    reactor.run()


if __name__ == '__main__':
    main()
```

다음은 두 클라이언트 andy와 betty가 채팅 서버와 클라이언트를 사용해 통신하는 화면이다.

Twisted 채팅 서버를 사용하는 채팅 클라이언트- 클라이언트 #1(andy)의 세션

다음은 두 번째 클라이언트 betty의 세션이다.

Twisted 채팅 서버를 사용하는 채팅 클라이언트- 클라이언트 #2(betty)의 세션

화면을 번갈아 보면 대화의 흐름을 따라갈 수 있다.

사용자 betty가 연결하고 사용자 andy가 연결을 해제하는 경우, 서버가 보낸 연결 및 해제 메시지에 주의하자.

Eventlet

Eventlet는 파이썬에서 잘 알려진 또 다른 네트워킹 라이브러리로 비동기 실행과 같은 개념을 사용해 이벤트 기반 프로그램을 작성할 수 있게 한다.

Eventlet는 협력적 멀티태스킹을 수행하는 경량 사용자 영역 스레드인 그린 스레드^{green threads} 세트와 함께 공동 루틴을 사용한다.

태스크를 수행하기 위해 Eventlet은 그린 스레드 세트, Greenpool 클래스에 관한 추상화를 사용한다.

Greenpool 클래스는 미리 정의된 Greenpool 스레드(기본값은 1000이다) 세트를 실행하고, 다양한 방법으로 함수와 Callables을 스레드에 매핑하는 방법을 제공한다.

다음 코드는 Eventlet을 사용해 다시 작성된 다중 사용자 채팅 서버다.

```
# eventlet_chat.py

import eventlet
from eventlet.green import socket

participants = set()

def new_chat_channel(conn):
    """ New chat channel for a given connection """

    data = conn.recv(1024)
    user = ''

    while data:
        print("Chat:", data.strip())
```

```
        for p in participants:
            try:
                if p is not conn:
                    data = data.decode('utf-8')
                    user, msg = data.split(':')
                    if msg != '<handshake>':
                        data_s = '\n#[' + user + ']>>> says ' + msg
                    else:
                        data_s = '(User %s connected)\n' % user

                    p.send(bytearray(data_s, 'utf-8'))
            except socket.error as e:
                # ignore broken pipes, they just mean the participant
                # closed its connection already
                if e[0] != 32:
                    raise
        data = conn.recv(1024)

    participants.remove(conn)
    print("Participant %s left chat." % user)


if __name__ == "__main__":
    port = 3490
    try:
        print("ChatServer starting up on port", port)
        server = eventlet.listen(('0.0.0.0', port))

        while True:
            new_connection, address = server.accept()
            print("Participant joined chat.")
            participants.add(new_connection)
            print(eventlet.spawn(new_chat_channel,
                                 new_connection))

    except (KeyboardInterrupt, SystemExit):
        print("ChatServer exiting.")
```

Eventlet 라이브러리는 내부적으로 파이썬 런타임에 그린 스레드를 제공하는 패키지인 **greenlets**를 사용한다. 다음 절에서는 greenlet 관련 라이브러리인 Gevent를 확인할 것이다.

Greenlets과 Gevent

Greenlets는 파이썬 인터프리터 상단에서 그린 스레드나 마이크로 스레드를 제공하는 패키지다. Greenlet은 stacklets라 불리는 마이크로 스레드를 지원하는 CPython의 버전인 Stackless에서 영감을 받았다. greenlets는 표준 CPython 런타임에서 실행이 가능하다.

Gevent는 C로 작성된 이벤트 라이브러리인 **libev**의 상단에서 고수준의 동기화 API를 제공하는 파이썬 네트워킹 라이브러리다.

Gevent는 gevent에서 영감을 받았지만 일관적인 API와 더 좋은 성능이 특징이다.

Eventlet과 같이 gevent는 시스템 라이브러리에 많은 몽키 패칭monkey patching[2]을 수행한다. 예를 들어 gevent는 Eventlet과 마찬가지로 자체 소켓을 제공한다.

gevent는 Eventlet과 달리 프로그래머가 명시적으로 몽키 패칭을 수행해야 한다. gevent는 모듈 자체에서 작업을 수행하는 메소드를 제공해야 한다.

다음과 같이 gevent를 사용하는 다중 사용자 채팅 서버가 동작 방법을 살펴보자.

---

2 런타임에 속성을 동적으로 대체하는 것을 의미한다. – 옮긴이

```
# gevent_chat_server.py

import gevent
from gevent import monkey
from gevent import socket
from gevent.server import StreamServer

monkey.patch_all()

participants = set()

def new_chat_channel(conn, address):
    """ New chat channel for a given connection """

    participants.add(conn)
    data = conn.recv(1024)
    user = ''

    while data:
        print("Chat:", data.strip())
        for p in participants:
            try:
                if p is not conn:
                    data = data.decode('utf-8')
                    user, msg = data.split(':')
                    if msg != '<handshake>':
                        data_s = '\n#[' + user + ']>>> says ' + msg
                    else:
                        data_s = '(User %s connected)\n' % user

                    p.send(bytearray(data_s, 'utf-8'))
            except socket.error as e:
                # ignore broken pipes, they just mean the participant
                # closed its connection already
                if e[0] != 32:
                    raise
        data = conn.recv(1024)
```

```
        participants.remove(conn)
        print("Participant %s left chat." % user)

if __name__ == "__main__":
    port = 3490
    try:
        print("ChatServer starting up on port", port)
        server = StreamServer(('0.0.0.0', port), new_chat_channel)
        server.serve_forever()
    except (KeyboardInterrupt, SystemExit):
        print("ChatServer exiting.")
```

gevent 기반 채팅 서버 코드는 Eventlet을 사용하는 서버와 거의 같다. 그 이유는 새로운 연결이 될 때, 콜백 함수의 제어 처리가 두 버전 모두 유사한 방법으로 동작하기 때문이다. 두 경우 모두 콜백 함수의 이름은 new_chat_channel이며 같은 기능을 갖기 때문에 코드가 매우 유사하다.

두 버전의 차이점은 다음과 같다.

- gevent는 자체적인 TCP 서버 클래스 StreamingServer를 갖는다. 따라서 모듈을 직접 수신하는 대신 StreamingServer 클래스를 이용한다.
- gevent 서버에서는 모든 연결에 new_chat_channel 핸들러가 호출되기 때문에 서버에서 참가자 세트가 관리된다.
- gevent 서버는 자체 이벤트 루프를 갖고 있어 Eventlet에서 했던 것처럼 들어오는 연결을 수신하기 위해 while 루프를 생성할 필요가 없다.

예제와 Twisted 채팅 클라이언트는 앞의 예제와 정확하게 똑같이 동작한다.

▌ 마이크로서비스 아키텍처

마이크로서비스 아키텍처^{Microservice architecture}는 독립적인 작은 서비스들의 집합으로 단일 애플리케이션을 개발하는 아키텍처 스타일이다. 각 서비스들은 자체 프로세스에서 실행되는 경량 메커니즘으로 일반적으로 HTTP 프로토콜을 사용해 통신한다.

마이크로서비스는 독립적인 배포가 가능한 컴포넌트이며 중앙에서 관리나 구성을 하지 않을 경우를 최소한으로 한다.

마이크로서비스는 SOA의 특화된 구현 스타일로 생각할 수 있으며 하향식으로 구축하는 모놀리스 애플리케이션 대신 애플리케이션이 서로 상호작용하는 동적 그룹과 독립적인 서비스로 구축된다.

전통적으로 엔터프라이즈 애플리케이션은 다음과 같이 세 개의 계층으로 구성되는 모놀리식 패턴으로 구축된다.

1. HTML과 자바스크립트로 구성된 클라이언트 사용자 인터페이스 계층
2. 비즈니스 로직으로 구성된 서브 애플리케이션
3. 비즈니스 데이터를 갖는 데이터베이스 및 데이터 액세스 계층

마이크로서비스 아키텍처는 세 계층을 여러 서비스로 분리한다. 예를 들어 비즈니스 로직은 단일 애플리케이션이 아닌 여러 개의 컴포넌트 서비스로 분리되며, 컴포넌트 간의 상호작용은 애플리케이션 내부의 로직 흐름을 정의한다. 일반적으로 서비스들은 단일 데이터베이스나 독립적인 로컬 데이터베이스를 쿼리할 수 있으며, 독립적인 로컬 데이터베이스로 구성한다.

보통 마이크로서비스 아키텍처 안의 데이터는 문서 객체^{document object} 형식으로 처리되고 반환된다(일반적으로 JSON으로 인코딩 된다).

다음 다이어그램은 마이크로서비스 아키텍처와 모놀리식 아키텍처의 차이점을 개략적으로 보여준다.

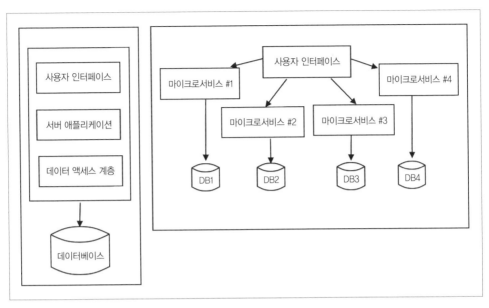

모놀리식 아키텍처(왼쪽) 대 마이크로서비스 아키텍처(오른쪽)

파이썬의 마이크로서비스 프레임워크

마이크로서비스가 더 많은 철학과 아키텍처 스타일을 갖고 있다는 것은 철학과 아키텍처 스타일에 정확하게 맞는 뚜렷한 소프트웨어 프레임워크가 없음을 의미한다. 그러나 파이썬에서 웹 애플리케이션을 위한 마이크로서비스 아키텍처 구축을 위한 좋은 선택지가 되려면 프레임워크가 가져야 하는 몇 가지 속성들이 있다. 속성은 다음과 같다.

- 컴포넌트 아키텍처가 유연해야 한다. 프레임워크는 다양한 시스템의 부분을 동작시키도록 규정한 컴포넌트를 선택하는 데 엄격하지 않아야 한다.
- 프레임워크의 코어는 경량이어야 한다. 마이크로서비스 프레임워크에 많은 의존성을 가지면 소프트웨어는 시작부터 바로 무겁다고 느껴진다. 이것은 배포, 테스팅 등에 문제가 되기도 한다.
- 프레임워크는 구성 항목이 없거나 최소한의 구성만 지원해야 한다. 마이크로서

비스 아키텍처는 자동으로 구성$^{zero\ configuration}$되거나 한 곳에서 사용 가능한 최소한의 구성 입력 세트를 갖는다. 일반적으로 구성은 다른 서비스들이 쿼리할 수 있는 마이크로서비스로 이용 가능하며, 구성의 공유가 쉽고 일관되며 확장할 수 있어야 한다.

- 클래스나 함수로 코딩된 기존 비즈니스 로직의 일부를 가져와 쉽게 HTTP나 RCP 서비스로 변환할 수 있어야 한다. 이것은 코드의 재사용과 스마트한 리팩토링을 가능하게 만든다.

파이썬 소프트웨어 생태계에서 앞의 원칙을 사용하기에 적합한 프레임워크도 있지만 그렇지 않은 프레임워크도 있다.

가령 플라스크와 단일 파일 대응책인 Bottle은 최소한의 자원 사용, 작은 규모의 코어, 단순한 구성으로 인해 마이크로서비스 프레임워크의 훌륭한 후보군이다.

피라미드^{Pyramid} 같은 프레임워크도 컴포넌트를 선택할 때 유연성을 향상시키고 강한 통합을 피할 수 있기 때문에 마이크로서비스 아키텍처에 사용할 수 있다.

장고같이 조금 더 정교한 웹 프레임워크는 컴포넌트의 강력한 수직 통합, 컴포넌트 선택의 유연성 부족, 복잡한 구성 같은 좋은 프레임워크의 조건에 정확히 반대되는 이유로 마이크로서비스 프레임워크에 적합하지 않다.

파이썬에서 마이크로서비스를 구현하기 위해 특별하게 작성된 또 다른 프레임워크는 나메코^{Nameko}다. 나메코는 애플리케이션의 테스트 용이성에 중점을 두고 있으며 HTTP, (AMQP 상의) RPC, 게시-구독 시스템, 타이머 시스템과 같은 다양한 통신 프로토콜을 지원한다.

프레임워크의 세부 사항은 더는 다루지 않는다. 마이크로서비스를 사용하는 실제 웹 애플리케이션 예제의 아키텍처와 디자인을 살펴볼 것이다.

마이크로서비스 예제 - 레스토랑 예약

파이썬 웹 애플리케이션의 실제 예제를 살펴보고 마이크로서비스로 디자인해 보자.

예제는 레스토랑 예약 애플리케이션으로 선정했다. 사용자들이 현재 위치에서 가까운 레스토랑에 특정 시간에 정해진 인원의 사람들을 예약할 수 있다. 예약은 항상 같은 날짜에 한해서만 가능하다고 가정한다.

애플리케이션은 다음 작업을 수행해야 한다.

1. 사용자가 예약하려는 시간에 영업 중인 레스토랑의 목록을 반환한다.
2. 주어진 레스토랑의 요리 선택, 평가, 가격 같은 메타 데이터를 충분하게 제공하고 사용자가 기준에 따라 호텔을 필터링할 수 있다.
3. 사용자가 선택하면 선택된 레스토랑에 정해진 인원의 사람을 주어진 시간에 예약을 할 수 있다.

요구사항은 마이크로서비스로 구현할 정도로 충분히 유사한 크기를 갖는다.

따라서 애플리케이션은 다음과 같은 마이크로서비스 세트로 설계될 수 있다.

- 사용자 위치를 사용하고 영업하는 레스토랑 목록을 반환하는 서비스. 이 서비스는 온라인 예약 API를 지원한다.
- 두 번째 서비스는 주어진 호텔, 레스토랑 ID의 메타데이터를 검색한다. 애플리케이션이 사용자의 평가 기준과 비교해 일치하는지 확인하기 위해 메타데이터를 사용할 수 있다.
- 세 번째 서비스는 레스토랑 ID, 사용자 정보, 필요 좌석 수, 예약 시간이 주어지면 예약 API를 사용해 좌석을 예약하고 상태를 반환한다.

애플리케이션 로직의 핵심 부분은 세 개의 마이크로서비스로 맞춰진다. 마이크로서비스들이 구현되면 예약 관점에서 서비스를 호출하고 연결하는 것은 애플리케이션 로직에서 수행된다.

여기서 애플리케이션의 모든 코드를 소개하지 않지만 마이크로서비스가 API와 반환 데이터 관점에서 어떻게 보이는지 살펴볼 것이다.

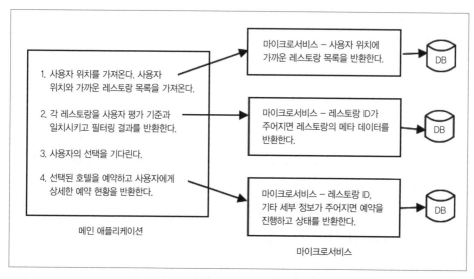

마이크로서비스를 사용하는 레스토랑 예약 애플리케이션의 구조

일반적으로 마이크로서비스는 JSON 형태의 데이터를 반환한다. 예를 들어 첫 번째 서비스는 다음과 유사한 JSON 형식으로 레스토랑 목록을 반환한다.

```
GET /restaurants?geohash=tdr1y1g1zgzc

{
    "8f95e6ad-17a7-48a9-9f82-07972d2bc660": {
        "name": "Tandoor",
        "address": "Centenary building, #28, MG Road b-01"
        "hours": "12.00 - 23.30"
    },
"4307a4b1-6f35-481b-915b-c57d2d625e93": {
    "name": "Karavalli",
    "address": "The Gateway Hotel, 66, Ground Floor"
    "hours": "12.30 - 01:00"
```

```
        },
        ...
    }
```

레스토랑의 메타데이터를 반환하는 두 번째 서비스는 대부분 다음과 같은 JSON 형식을 반환한다.

```
GET /restaurants/8f95e6ad-17a7-48a9-9f82-07972d2bc660

{

    "name": "Tandoor",
    "address": "Centenary building, #28, MG Road b-01"
    "hours": "12.00 - 23.30",
    "rating": 4.5,
    "cuisine": "north indian",
    "lunch buffet": "no",
    "dinner buffet": "no",
    "price": 800
}
```

주어진 레스토랑 ID로 예약을 수행하는 세 번째 서비스다.

서비스는 예약을 위해 사용자 정보를 제공해야 되기 때문에 예약 상세 정보를 갖는 JSON 페이로드가 필요하다. 따라서 이 서비스는 HTTP POST 호출을 통해 가장 잘 수행된다.

```
POST /restaurants/reserve
```

서비스는 POST 데이터로 다음과 같은 페이로드를 사용한다.

```
{
    "name": "Anand B Pillai",
```

```
    "phone": 9880078014,
    "time": "2017-04-14 20:40:00",
    "seats": 3,
    "id": "8f95e6ad-17a7-48a9-9f82-07972d2bc660"
}
```

서비스의 응답으로 다음과 같은 JSON을 반환한다.

```
{
    "status": "confirmed",
    "code": "WJ7D2B",
    "time": "2017-04-14 20:40:00",
    "seats": 3
}
```

이렇게 설계하면 플라스크, 보틀, 나메코^{Nameko}나 어떤 프레임워크를 선택하든 애플리케이션을 어렵지 않게 구현할 수 있다.

마이크로서비스의 장점

모놀리식 애플리케이션에 비해 마이크로서비스를 사용하면 어떤 장점이 있는지 살펴보자.

- 마이크로서비스는 애플리케이션 로직을 여러 서비스로 분할해 관심의 분리 separation of concern를 향상시킨다. 이것은 응집도cohesion를 높이고 결합도coupling를 낮춘다. 비즈니스 로직이 한 곳에 있지 않기 때문에 시스템을 하향식 선행 설계 하지 않아도 된다. 대신, 아키텍처는 마이크로서비스와 애플리케이션 사이의 상호 작용과 통신에 중점을 둘 수 있으며 리팩토링을 통해 마이크로서비스의 디자인과 아키텍처를 반복적으로 개선할 수 있다.
- 마이크로서비스는 로직의 각 부분이 독립적으로 분리된 서비스로 테스트할 수

있기 때문에 테스트 용이성을 향상시킨다. 쉽게 다른 부분들과 고립시켜 테스트할 수 있다.

- 애플리케이션 계층이나 기술 계층보단 비즈니스 기능을 중심으로 팀이 구성할 수 있다. 각 마이크로서비스는 로직, 데이터와 배포를 포함하기 때문에 마이크로서비스를 사용하는 회사는 교차 기능적인 역할을 권장한다. 이는 더 민첩한 조직을 구축하는 데 도움이 된다.

- 마이크로서비스는 분산 데이터를 장려한다. 각 서비스는 모놀리식 애플리케이션이 선호하는 중앙집중식 데이터베이스 대신 자체적인 로컬 데이터베이스나 데이터 저장소를 갖는다.

- 마이크로서비스는 지속적인 전달과 통합, 빠른 배포를 용이하게 만든다. 때때로 비즈니스 로직은 하나 또는 소수의 서비스를 조금만 변경해도 되기 때문에 테스팅 및 재배포가 짧은 주기로 수행될 수 있으며 대부분 완전히 자동화할 수 있다.

▌ 파이프와 필터 아키텍처

파이프와 필터^{Pipe and Filter}는 데이터 스트림을 처리하는 여러 컴포넌트들을 연결하는 간단한 아키텍처 스타일로 각 컴포넌트는 파이프를 통해 처리 파이프라인에서 다음 컴포넌트로 연결된다.

파이프와 필터 아키텍처는 애플리케이션의 출력을 셸의 파이프들을 통해 다른 애플리케이션의 입력으로 연결하는 유닉스 기법에서 영감을 받았다.

파이프와 필터 아키텍처는 하나 이상의 데이터 소스로 구성된다. 데이터 소스는 파이프를 통해 데이터 필터와 연결된다. 필터는 수신한 데이터를 처리하고 파이프라인의 다른 필터로 처리한 데이터를 전달한다. 최종 데이터는 데이터 싱크^{Data Sink}에서 수신 받는다.

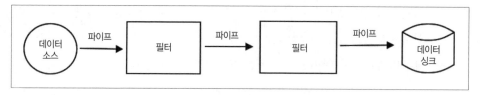

파이프와 필터 아키텍처

파이프와 필터는 데이터 분석, 데이터 변환, 메타 데이터 추출 같이 많은 양의 데이터를 처리하는 애플리케이션에서 사용된다.

필터는 같은 머신에서 수행될 수 있으며 통신을 위해 실제 유닉스 파이프나 공유 메모리를 사용한다. 그러나 일반적으로 대규모 시스템에서 필터는 별도의 머신에서 실행된다. 파이프는 실제 파이프일 필요는 없지만 소켓, 공유 메모리, 큐 같은 임의의 데이터 채널이어야 한다.

복잡한 데이터의 처리와 준비를 위해, 여러 개의 필터 파이프라인이 함께 연결될 수도 있다.

이러한 아키텍처를 사용하는 리눅스 애플리케이션의 좋은 예는 gstreamer다. gstreamer는 멀티미디어 처리 라이브러리로 재생, 기록, 편집 및 스트림 처리를 포함해 멀티미디어 비디오와 오디오에 대한 다양한 작업을 수행할 수 있다.

파이썬에서의 파이프와 필터

파이썬은 멀티프로세싱 모듈 안에서 가장 순수한 형태의 파이프로 볼 수 있다. 멀티프로세싱 모듈은 한 프로세스에서 다른 프로세스로 통신하는 방법으로 파이프를 제공한다.

파이프는 한 쌍의 부모와 자식의 연결로 생성된다. 연결의 한쪽에 쓰인 내용은 다른 쪽에서도 읽을 수 있으며, 그 반대도 가능하다. 이것은 데이터 처리를 위한 아주 간단한 파이프라인을 구축할 수 있게 만드는 기능이다.

예를 들어 리눅스에서 임의의 파일에 있는 단어 개수는 다음과 같은 일련의 명령어를 통해 계산할 수 있다.

```
$ cat filename | wc -w
```

멀티프로세싱 모듈을 사용하는 파이프라인을 모방해 간단한 프로그램을 작성해 본다.

```python
# pipe_words.py
from multiprocessing import Process, Pipe
import sys

def read(filename, conn):
    """ Read data from a file and send it to a pipe """

    conn.send(open(filename).read())

def words(conn):
    """ Read data from a connection and print number of words """

    data = conn.recv()
    print('Words',len(data.split()))

if __name__ == "__main__":
    parent, child = Pipe()
    p1 = Process(target=read, args=(sys.argv[1], child))
    p1.start()
    p2 = Process(target=words, args=(parent,))
    p2.start()
    p1.join();p2.join()
```

워크플로우를 분석하면 다음과 같다.

1. 파이프가 생성되고 두 개의 커넥션이 생성된다.

2. read 함수가 프로세스로 실행되고 파이프의 한쪽 끝(자식)과 읽을 파일 이름을 전달한다.

3. 이 프로세스가 파일을 읽고 커넥션에 데이터를 쓴다.

4. words 함수가 두 번째 프로세스로 실행되고 파이프의 다른 끝에 두 번째 프로세스를 전달한다.

5. 함수가 프로세스로 실행되면, 커넥션에서 데이터를 읽어 단어의 개수를 출력한다.

다음 화면은 같은 파일에 관한 셸 명령어와 이전 프로그램의 결과를 보여준다.

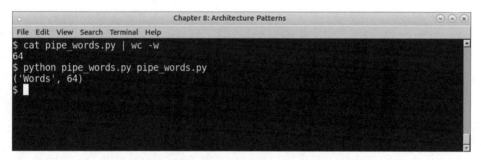

파이프를 사용하는 셸 명령어와 이와 동등한 파이썬 프로그램의 출력

파이프라인을 생성하기 위해 실제 파이프처럼 보이는 객체를 사용할 필요는 없다. 파이썬에서 생성기generators는 callable 세트를 생성하기 위한 훌륭한 방법을 제공한다. callable은 서로를 호출하고, 서로의 데이터를 소비하고 데이터 처리 파이프라인을 생성한다.

다음은 앞과 같은 예제로 생성기를 사용하도록 다시 작성됐다. 이번에는 특정 패턴과 일치하는 폴더 안의 모든 파일을 처리한다.

```
# pipe_words_gen.py

# A simple data processing pipeline using generators
```

```
# to print count of words in files matching a pattern.
import os

def read(filenames):
    """ Generator that yields data from filenames as (filename, data)
tuple """

    for filename in filenames:
        yield filename, open(filename).read()

def words(input):
    """ Generator that calculates words in its input """

    for filename, data in input:
        yield filename, len(data.split())

def filter(input, pattern):
    """ Filter input stream according to a pattern """

    for item in input:
        if item.endswith(pattern):
            yield item

if __name__ == "__main__":
    # Source
    stream1 = filter(os.listdir('.'), '.py')
    # Piped to next filter
    stream2 = read(stream1)
    # Piped to last filter (sink)
    stream3 = words(stream2)

    for item in stream3:
        print(item)
```

다음 화면은 예제 프로그램의 출력 결과다.

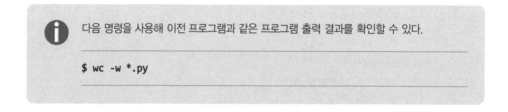

$ python3 pipe_words_gen.py
('twisted_chat.py', 70)
('twisted_client.py', 170)
('gevent_chat.py', 124)
('select_echoserver.py', 146)
('twisted_chatclient.py', 21)
('twisted_fetcher.py', 162)
('chatserver.py', 331)
('eventlet_chat.py', 124)
('communication.py', 71)
('eventlet_fetch.py', 42)
('select_chatserver.py', 331)
('pipe_example.py', 64)
('twisted_chat_server.py', 66)
('select_chatclient.py', 198)
('chatclient.py', 202)
('twisted_chat_client.py', 168)
('pipe_words.py', 64)
('twisted_fetch_url.py', 46)
('pipe_words_gen.py', 75)
('pipe_example_gen.py', 75)
$

파이썬 프로그램의 단어 개수를 출력하는 생성기를 사용하는 파이프라인의 출력

다음 명령을 사용해 이전 프로그램과 같은 프로그램 출력 결과를 확인할 수 있다.

```
$ wc -w *.py
```

프로그램을 만들기 위해 몇 개의 데이터 필터링 생성기를 사용하는 또 다른 프로그램을 소개한다. 이 프로그램은 리눅스에서 watch 프로그램에 의해 수행되는 것과 유사하게 특정 패턴과 일치하는 파일을 검사하고 가장 최근 파일의 정보를 출력하는 프로그램이다.

```python
# pipe_recent_gen.py
# Using generators, print details of the most recently modified file
# matching a pattern.

import glob
import os
from time import sleep
```

```
def watch(pattern):
    """ Watch a folder for modified files matching a pattern """

    while True:
        files = glob.glob(pattern)
        # sort by modified time
        files = sorted(files, key=os.path.getmtime)
        recent = files[-1]
        yield recent
        # Sleep a bit
        sleep(1)

def get(input):
    """ For a given file input, print its meta data """
    for item in input:
        data = os.popen("ls -lh " + item).read()
        # Clear screen
        os.system("clear")
        yield data

if __name__ == "__main__":
    import sys

    # Source + Filter #1
    stream1 = watch('*.' + sys.argv[1])

    while True:
        # Filter #2 + sink
        stream2 = get(stream1)
        print(stream2.__next__())
        sleep(2)
```

마지막 프로그램의 세부사항은 여러분 스스로 이해할 수 있을 것이다.

다음은 파이썬 소스 파일을 감시하는 프로그램의 콘솔 출력이다.

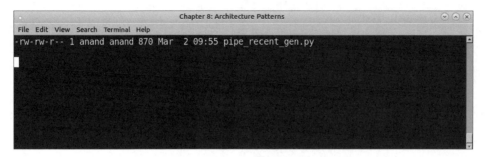

최근 수정된 파이썬 소스 파일을 감시하는 프로그램의 출력

example.py라는 빈 파이썬을 생성하면 2초 후에 출력이 바뀐다.

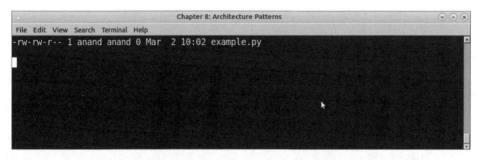

감시 프로그램의 출력은 항상 가장 최근에 수정된 파일을 보이도록 변경된다

파이프라인 같이 빌드를 위해 생성기(공동 루틴)을 사용하는 기본 기술은 한 생성기의 출력을 다음 생성기의 입력으로 연결하는 것이다. 생성기들을 연속으로 연결해, 간단한 것에서 복잡한 것까지 다양한 데이터 처리 파이프라인을 구축할 수 있다.

물론, 파이프라인을 만드는 기술과는 별도로 다양한 기술을 사용할 수 있다. 일부 공통적인 선택 결과로 큐를 사용해 연결된 생산자-소비자 태스크들로 스레드나 프로세스를 사용할 수 있다. 8장에서는 확장성의 예를 살펴봤다.

마이크로서비스는 한 마이크로서비스의 출력을 다른 마이크로서비스의 입력으로 연결해 간단한 처리 파이프라인을 구축할 수 있다.

파이썬 서드 파티 소프트웨어 생태계에는 복잡한 데이터 파이프라인의 구축을 지원하는 많은 모듈과 프레임워크가 있다. 셀러리는 태스크 큐를 사용해 제한된 파이프라인을 지원하는 간단한 일괄처리 워크플로우의 구축에 사용할 수 있다. 파이프 생성Pipelining은 Celery의 강력한 기능은 아니지만 이를 위해 사용할 수 있는 태스크 체이닝tasks chaining을 제한적으로 지원할 수 있다.

루이지Luigi는 파이프와 필터 아키텍처를 필요로 하는 복잡하고 장기간 실행되는 일괄 처리 작업을 위해 작성된 또 다른 견고한 프레임워크다. 루이지는 기본적으로 하둡Hadoop 작업을 지원하며 데이터 분석 파이프라인 구축을 위한 훌륭한 선택이다.

▍요약

8장에서는 소프트웨어를 구축하는 몇 가지 일반적인 아키텍처 패턴을 살펴보고 모델 뷰 컨트롤러 아키텍처로 시작해 장고와 플라스크 예제를 살펴봤다. 그리고 MVC 아키텍처의 컴포넌트를 학습했으며 템플릿을 사용해 MVC의 변경을 구현하는 장고도 학습했다.

마이크로 프레임워크의 예제로 부가 서비스를 추가할 수 있는 플러그인 아키텍처를 사용해 웹 애플리케이션에 최소한의 자원 사용을 구현하는 플라스크를 살펴보았다.

공동 루틴과 이벤트를 사용하는 비동기 프로그래밍의 일종인 이벤트 주도 아키텍처를 논의했다. 파이썬에서 select 모듈을 사용하는 다중 사용자 채팅 예제의 설명으로 시작해서 더 큰 규모의 프레임워크와 라이브러리를 공부했다.

Twisted와 관련 컴포넌트의 아키텍처도 살펴봤다. 그리고 Eventlet과 유사한 도구인 gevent을 논의했다. 각 프레임워크에 관해 다중 사용자 채팅 서버의 구현도 살펴봤다.

핵심 비즈니스 로직을 여러 서버로 분할해 확장할 수 있는 서비스와 배포가능한 아키텍처로 마이크로서비스 선택했다. 마이크로서비스를 사용하는 레스토랑 예약 애플리케이션 예제를 설계하고, 간단하게 파이썬 웹 프레임워크의 전체 개요를 살펴봤다.

8장의 마지막 부분에서는 연속되면서 확장 가능한 데이터 처리를 위한 파이프와 필터 아키텍처를 알아봤다. 파이썬에서 유닉스의 pipe 명령어를 모방한 멀티프로세싱을 사용하는 간단한 실제 파이프와 필터 예제를 구축했다. 그 다음, 생성기를 사용해 파이프라인을 구축하는 기법과 몇 가지 예를 살펴봤다. 파이프라인의 구축 기법과 파이썬 서드 파티 소프트웨어 생태계에서 이용 가능한 프레임워크도 학습했다.

이제 애플리케이션 아키텍처의 마지막 부분이다. 9장에서는 배포 용이성 즉, 프로덕션 환경으로 소프트웨어를 배포하는 방법을 살펴볼 것이다.

## 09

파이썬 애플리케이션 배포하기

프로덕션 환경으로 코드를 가져다 놓는 것^{Pushing code}은 애플리케이션을 개발에서 고객에게 가져가는 마지막 단계다. 프로덕션 환경으로 애플리케이션을 배포하는 작업은 상당히 중요하지만 소프트웨어 아키텍트의 체크리스트에서 빠뜨릴 때가 있다.

시스템이 개발 환경에서 동작하는 것처럼 프로덕션 환경에서도 잘 동작하리라 가정하지만 이는 매우 치명적인 실수다. 대부분의 프로덕션 시스템은 개발 환경의 구성과 매우 다르다. 이용할 수 있는 많은 최적화 기법과 디버깅, 개발 환경에서 당연하다고 여겨지는 것들이 프로덕션 환경에서는 사용할 수 없는 경우가 있다.

애플리케이션을 프로덕션 환경에 배포하는 일은 정밀한 과학이라기보다 예술에 가깝다. 시스템의 배포 복잡도는 시스템을 개발한 언어, 시스템의 런타임 이식성과 성능, 구성 파라미터 수, 시스템의 동종 환경이나 이종 환경으로의 배포 여부, 배포의 지리적 분포, 배포 자동화 도구, 다른 기타 요소에 영향을 받는다.

최근 몇 년 동안, 파이썬은 오픈소스 언어로써 자동화 수준이 높아졌으며 프로덕션 시스템으로의 패키지 배포를 지원하고 있다. 파이썬은 내장된 풍부한 가용성 및 서드 파티 지원 도구와 더불어, 프로덕션 배포와 배포 시스템을 최신으로 유지하는 위한 고통과 번거로움을 감소시켰다.

9장에서는 배포 가능한 시스템 및 배포 용이성의 개념을 간단히 설명할 것이다. 그리고 파이썬을 사용해 프로덕션 시스템에서 실행되는 애플리케이션의 배포와 유지보수를 쉽게 하기 위해, 아키텍트가 레퍼토리에 추가할 수 있는 파이썬 애플리케이션의 배포 도구, 프로세스를 알아본다. 빈번하게 시스템을 중지하지 않아도 아키텍트가 프로덕션 시스템을 정상적이고 안전하게 유지하기 위해 적용할 수 있는 기법과 모범 사례도 살펴볼 것이다.

9장에서 다루는 내용은 다음과 같다.

- 배포 용이성^{Deployability}
  - 배포 용이성에 영향을 주는 요소들
  - 소프트웨어 배포 아키텍처 계층
- 파이썬에서의 소프트웨어 배포
  - 파이썬 코드 패키징
    — Pip
    — Virtualenv
    — Virtualenv와 Pip
    — PyPI – 파이썬 패키지 인덱스
    — 애플리케이션 패키징과 제출
    — PyPA
  - 패브릭^{Fabric}을 이용한 원격 배포
  - 앤서블^{Ansible}을 이용한 원격 배포

○ 슈퍼바이저^{Supervisor}를 이용한 원격 데몬 관리하기
- 배포-패턴 및 모범 사례

■ 배포 용이성

소프트웨어 시스템의 배포 용이성은 소프트웨어를 개발 환경에서 프로덕션 환경으로 쉽게 가져갈 수 있는 정도다. 배포 용이성은 코드를 개발 환경에서 프로덕션 환경으로 배포하는 데 필요한 분리 단계 관점 즉, 공수^{effort} 대비 인력-시간^{man-hours}이나 복잡도 측면에서 측정할 수 있다.

개발 시스템이나 스테이징 시스템에서 잘 동작하는 코드가 프로덕션 시스템에서 유사한 방법으로 잘 동작할 것이라는 가정은 자주하는 실수다. 이런 실수가 일어나는 이유는 가끔 개발 시스템이 생산 시스템과 매우 다른 요구사항을 갖고 있기 때문이다.

배포 용이성에 영향을 주는 요소들

다음은 개발 시스템과 프로덕션 시스템을 차별화하는 몇 가지 요소이며, 이들은 배포에서 프로덕션 사고로 이어지는 예상하지 못한 문제를 발생시킬 수 있다.

- **최적화 및 디버깅**^{Optimizations and debugging}: 개발 시스템에서는 코드의 최적화를 하지 않는 것이 일반적이다. 파이썬 같이 코드가 런타임에서 인터프리터 처리돼 실행될 때, 보통 프로그래머는 예외가 발생할 때 많은 양의 역추적 정보를 생성할 수 있도록 디버그 설정을 활성화한다. 대개 파이썬 인터프리터의 최적화는 비활성화돼 있다.
  반면, 프로덕션 시스템에서는 최적화가 활성화되고 디버깅은 비활성화된다. 이와 유사한 방식으로 코드를 동작시키려면 추가적인 구성이 필요하다. 물론 특정 상황에서는 프로그램을 최적화되지 않은 상태로 실행시키는 것보다 최적화 정

도에 따라 다르게 동작시키는 것도 가능하다.

- **의존성과 버전**Dependencies and versions : 일반적으로 개발 환경에는 개발자가 작업할 수 있는 다양한 애플리케이션을 실행하기 위한 풍부한 개발 라이브러리와 지원 라이브러리가 설치돼 있다. 대부분 개발자는 최신 코드로 작업하기 때문에 라이브러리 의존성을 갖고 있을 수 있다.

  프로덕션 시스템은 미리 컴파일된 의존성 목록과 버전으로 주의 깊게 준비돼야 한다. 보통 프로덕션 시스템으로의 배포는 성숙하거나 안정된 버전만 지정한다. 따라서 개발자가 다운스트림에서 사용했던 기능을 불안정한 버전(알파, 베타, 출시 후보)이나 버그 수정에 의존했다면, 프로덕션 환경에서 기능이 의도대로 동작하지 않는다는 사실을 너무 늦게 발견하기도 한다.

  또 다른 문제는 문서화되지 않은 의존성이나 소스코드에서 컴파일해야 하는 의존성들인데 처음 배포할 때 문제를 일으키기도 한다.

- **리소스 구성과 액세스 권한**Resource configuration and access privileges : 개발 시스템과 프로덕션 시스템은 리소스 접근 수준과 권한, 세부 사항이 다르다. 개발 시스템은 로컬 데이터베이스를 가질 수 있지만 프로덕션 시스템은 애플리케이션과 데이터베이스 시스템을 별도로 호스팅하는 경향이 있다. 개발 시스템은 표준 구성 파일을 사용할 수 있다. 반면, 프로덕션 환경의 구성은 특정 스크립트를 사용해 호스트나 환경에 특화되게 생성할 수 있다. 비슷한 형태로 프로덕션 환경의 애플리케이션은 특정 사용자/그룹에서는 더 낮은 권한으로 실행될 수도 있지만 개발 환경에서는 프로그램을 root나 superuser로 실행한다. 사용자 권한과 구성의 불일치는 리소스 액세스에 영향을 줄 수 있으며 소프트웨어가 개발 환경에서 정상적으로 동작할 때도 프로덕션 환경에서는 실패의 원인이 될 수 있다.

- **이기종 프로덕션 환경**Heterogeneous production environments) 일반적으로 코드는 동질성을 갖는 개발 환경에서 개발된다. 그러나 코드는 프로덕션 환경의 이기종 시스템에 배포할 수 있어야 한다. 예를 들어 소프트웨어는 리눅스에서 개발될 수 있지만, 고객은 윈도우 관련 배포 요구사항을 갖고 있을 수 있다. 배포의 복잡성은 환경

의 이질성에 비례해 증가한다. 코드가 프로덕션 환경으로 가기 전, 잘 관리된 스테이징 환경과 테스팅 환경이 필요하다. 이기종 시스템은 각 대상 시스템의 아키텍처를 위한 별도의 의존성 목록을 관리해야 하기 때문에 의존성 관리를 더 어렵게 만든다.

- **보안**Security: 개발 환경과 테스트 환경은 시간을 절약하고 테스팅을 위한 구성의 복잡도를 줄이기 위해 보안 측면에서 차이를 두는 것이 일반적이다. 예컨대 웹 애플리케이션에서 빠른 프로그래밍과 편리한 테스팅을 위해 특별한 개발 환경 플래그로 로그인이 필요한 경로를 비활성화할 수 있다.

  유사하게 개발 환경에서 사용되는 데이터베이스 시스템, 웹 애플리케이션 로그인 시스템들은 일상적인 기억과 사용 편의를 위해 추측하기 쉬운 패스워드를 사용한다. 역할 기반으로 권한을 부여하는 것은 테스팅을 쉽게 만들기 위해 무시될 수 있다.

  그러나 프로덕션 환경에서 보안은 중요하기 때문에 개발 환경과는 반대여야 한다. 보안 측면에서 로그인이 필요한 경로는 개발 환경과 반대로 강력한 패스워드를 사용해야 한다. 그리고 역할 기반으로 권한을 부여해야 한다. 이것은 개발환경에서는 동작하지만 프로덕션 환경에서 실패하는 미묘한 버그의 원인이 된다.

위에서 다룬 문제와 비슷한 여타 문제들은 코드를 프로덕션 환경으로 배포할 때의 골칫거리기 때문에 데브옵스 실무자를 더 편하게 만들기 위해 표준적인 실천 방법이 정의됐다. 회사들 대부분 격리된 환경을 이용해 개발하고 테스트하며 코드와 애플리케이션을 프로덕션 환경에 가져다 넣기 전에 유효성 검사를 한다. 이와 관련해 좀 더 알아보자.

◼ 소프트웨어 배포 아키텍처 계층

코드를 개발할 때 테스팅 및 프로덕션 환경까지의 복잡성 방지를 위해, 프로덕션 환경으로 배포하기 전의 애플리케이션 수명 주기 각 단계는 다중 계층 아키텍처를 사용한다.

일반적인 배포 계층을 살펴보자.

- **개발/테스트/스테이지/프로덕션**: 이 경우는 전통적인 4계층 아키텍처다.
  - 개발자는 자신의 코드를 단위 테스트와 개발자 테스트가 실행되는 개발 환경에 넣는다. 개발 환경에서는 항상 최신 트렁크나 첨단 코드를 사용한다. 대부분 이 환경을 건너뛰고 개발자 컴퓨터의 로컬 설정으로 대체한다.
  - 그 후 QA나 테스팅 엔지니어가 테스트 환경에서 블랙박스 기법으로 소프트웨어를 테스트하는데 테스트 환경에서 성능 테스트를 할 수도 있다. 이 환경은 코드 업데이트 측면에서 언제나 개발 환경보다 늦다. 일반적으로 내부 출시, 태그, 코드 덤프가 개발 환경과 QA 환경을 동기화하는 데 사용된다.
  - 스테이징 환경은 프로덕션 환경과 가능한 유사하게 구성된다. 스테이징 환경은 나중에 프로덕션 환경에서 발생할 수 있는 문제를 발견하기 위해 가능한 배포 환경과 유사한 환경에서 소프트웨어를 테스트하는 사전 프로덕션 환경이다. 스트레스 테스트나 부하 테스트는 스테이징 환경에서 실행된다. 데브옵스 엔지니어는 스테이징 환경에서 배포 자동화 스크립트, cron 작업, 시스템 구성을 검증하기 위한 테스트를 할 수 있다.
  - 프로덕션 환경은 스테이징 환경에서 푸시된 배포 소프트웨어가 테스트되는 마지막 계층이다. 배포 단계에서 대부분 스테이징 환경과 프로덕션 환경을 동일하게 사용하고 단순히 한 계층에서 다른 계층으로 전환한다.
- **개발 및 테스트 환경/스테이지 환경/프로덕션 환경**: 이것은 개발 환경에다 테스트 환경까지 이중의 의무를 수행하게 하는 이전 계층 구조의 변형이다. 시스템은 코드가 최소한 일주일에 한 번 프로덕션 환경으로 푸시되는 애자일 소프트웨어의 개발 실천방법을 적용하고 있고, 별도의 테스팅 환경을 관리하고 유지할 공

간이나 시간이 없는 회사에서 사용한다. 개발자가 프로그래밍을 위해 자신의 컴퓨터를 사용하는 것처럼 별도의 개발 환경이 없을 때는 테스팅 환경도 로컬 환경이 된다.

- **개발 및 테스트 환경/스테이지 및 프로덕션 환경**: 이 설정은 사용되는 여러 서버와 더불어 스테이징 환경과 프로덕션 환경이 정확하게 같다. 스테이징 환경에서 시스템이 테스트되고 검증되면 호스트를 전환해 간단하게 프로덕션 환경으로 푸시된다. 현재 프로덕션 시스템은 스테이징 시스템으로 전환되고, 스테이징 시스템은 프로덕션 시스템으로 전환된다.

이외에도 통합 테스팅에 사용되는 별도의 통합 환경, 실험적인 기능의 테스트를 위한 샌드박스 환경 등을 갖는 더 정교한 아키텍처를 갖출 수 있다.

소프트웨어가 잘 테스트되고 유사 프로덕션 환경에서 조정됐음을 보장하기 위해서는 스테이징 시스템의 사용이 중요하다.

▌파이썬에서의 소프트웨어 배포

앞서 언급한 것처럼 파이썬 개발자는 파이썬에서 제공되는 다양한 도구와 애플리케이션 배포를 쉽게 자동화하는 서드 파티 생태계와 파이썬을 사용해 작성된 코드에서 많은 혜택을 받고 있다.

이번 절에서는 파이썬에서 소프트웨어 배포를 자동화하는 도구를 살펴본다.

파이썬 코드 패키징

파이썬에는 소스, 바이너리, 특정 OS 수준의 패키징처럼 다양한 배포판을 위한 패키징 애플리케이션이 기본으로 내장돼 있다.

파이썬에서 소스코드를 패키징하는 주된 방법은 setup.py 파일을 작성하는 것이다. 그러면 소스코드를 내장된 distutils 라이브러리나 더 정교하고 다양한 기능이 많은 setuptools 프레임워크를 통해 패키징할 수 있다.

파이썬 패키징을 알아보기 전에 패키징과 밀접하게 관련 있는 pip와 virtualenv에 익숙해져야 한다.

Pip

pip는 Pip installs packages를 의미하는 재귀적인 약어다. pip는 파이썬에서 패키지 설치를 위한 표준이자 권장 도구다.

이 책에서는 pip가 동작하는 것만 봤을 뿐 지금까지 pip가 설치되는 것은 본 적이 없다. 다음 그림을 살펴보자.

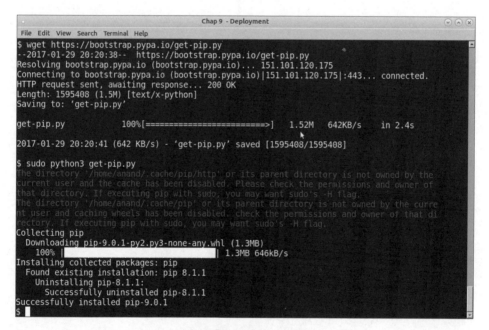

Python3용 pip 다운로드 및 설치

pip 설치 스크립트는 https://bootstrap.pypa.io/get-pip.py에서 구할 수 있다. 설치 단계는 별다른 설명이 없어도 알 수 있다.

 예제에서는 이미 다른 버전의 pip가 설치돼 있었다. 따라서 명령어는 pip를 새로 설치하는 대신 기존 버전을 업그레이드했다. --version 옵션을 해당 버전의 세부 사항을 확인할 수 있다.

다음 그림을 살펴보자.

pip의 현재 버전 출력(pip3)

pip가 설치된 파이썬 버전 및 설치 디렉토리 위치와 함께 (pip의) 버전 번호를 명확하게 출력하는 방법을 살펴보자.

 파이썬 2버전과 파이썬 3버전의 pip를 구별하기 위해 파이썬 3버전용으로 설치된 pip 버전은 항상 pip3이라는 사실을 기억하라. 파이썬 2버전용은 pip2나 pip다.

pip를 이용해 패키지를 설치하려면 install 명령어를 통해 패키지 이름을 제공하면 된다. 다음 화면은 pip로 numpy 패키지를 설치하는 방법을 보여준다.

```
                            Chap 9 - Deployment                    ⌄ ⌃ ⊗
 File  Edit  View  Search  Terminal  Help
$ sudo -H pip3 install numpy
Collecting numpy
  Downloading numpy-1.12.0-cp35-cp35m-manylinux1_x86_64.whl (16.8MB)
    100% |████████████████████████████| 16.8MB 38kB/s
Installing collected packages: numpy
Successfully installed numpy-1.12.0
$
```

여기서는 pip를 사용하는 자세한 내용은 다루지 않는 대신, 파이썬 소프트웨어를 설치할 때 pip와 함께 동작하는 다른 도구를 살펴본다.

Virtualenv

Virtualenv는 개발자가 로컬로 개발하기 위한 샌드박스 파이썬 환경을 생성하는 도구다. 나란히 개발하는 서로 다른 두 개의 애플리케이션을 위해 특정 라이브러리나 프레임워크의 다른 두 가지 버전을 유지해야 한다고 해 보자.

시스템에 파이썬에 관련된 모든 것을 설치한다면 주어진 시점에는 한 버전만 유지할 수 있다. 또 다른 옵션은 다른 루트 폴더 즉, /usr 대신 /opt에 다른 파이썬 버전을 설치하는 것이다. 그러나 이것은 추가적인 오버헤드와 경로 관리 문제를 발생시킨다. 그리고 슈퍼유저 권한을 갖지 않는 공유 호스트에서 버전 의존성을 유지하려면 /opt 폴더의 쓰기 권한을 얻을 수 없다.

Virtualenv는 권한과 버전 문제를 한 번에 해결한다. Virtualenv는 자체적으로 실행 가능한 파이썬 표준 라이브러리와 설치 프로그램(기본이 pip이다)를 갖는 로컬 설치 디렉토리를 생성한다.

개발자가 이렇게 활성화된 가상 환경을 생성하면 이후의 모든 설치 작업은 시스템 파이썬 대신 가상 환경으로 진행된다.

Virtualenv는 pip를 이용해 설치할 수 있다.

다음 화면은 virutalenv 명령어를 사용해 appenv라 불리는 가상 환경을 생성하고 패키지 설치와 더불어 환경을 활성화하는 것을 보여준다.

 설치 과정에서 pip, setuptools 이외의 다른 의존성도 함께 설치된다.

```
                                    Chap 9 - Deployment
File Edit View Search Terminal Help
$ virtualenv appenv
Running virtualenv with interpreter /usr/bin/python2
New python executable in /home/user/appenv/bin/python2
Also creating executable in /home/user/appenv/bin/python
Installing setuptools, pkg_resources, pip, wheel...done.
$ source appenv/bin/activate
(appenv) $ which python
/home/user/appenv/bin/python
(appenv) $ which pip
/home/user/appenv/bin/pip
(appenv) $ pip install numpy
Collecting numpy
  Downloading numpy-1.12.0-cp27-cp27mu-manylinux1_x86_64.whl (16.5MB)
    100% |████████████████████████████████| 16.5MB 24kB/s
Installing collected packages: numpy
Successfully installed numpy-1.12.0
(appenv) $ pip --version
pip 9.0.1 from /home/user/appenv/local/lib/python2.7/site-packages (python 2.7)
(appenv) $ python --version
Python 2.7.12
(appenv) $ █
```

python과 pip 명령이 가상 환경 내부에 있는 버전을 참조하고 있는지 확인 방법을 알아두자. pip −version 명령어는 가상 환경 폴더 안의 pip 경로를 명확하게 보여준다.

가상 환경 지원은 파이썬 3.3부터 파이썬 설치판에 새로운 venv 라이브러리 통해 내장돼 있다.

venv 라이브러리를 사용해 파이썬 3.5에 가상 환경을 설치하고 가상 환경 내부에 일부 패키지를 설치하는 것을 화면으로 소개한다. 파이썬과 pip의 실행 경로를 살펴보자.

```
File  Edit  View  Search  Terminal  Help
$ python3 -m venv /home/user/env3
$ source env3/bin/activate
(env3) $ pip3 --version
pip 8.1.1 from /home/user/env3/lib/python3.5/site-packages (python 3.5)
(env3) $ python --version
Python 3.5.2
(env3) $ which python
/home/user/env3/bin/python
(env3) $ pip3 install requests
Collecting requests
  Using cached requests-2.13.0-py2.py3-none-any.whl
Installing collected packages: requests
Successfully installed requests-2.13.0
You are using pip version 8.1.1, however version 9.0.1 is available.
You should consider upgrading via the 'pip install --upgrade pip' command.
(env3) $ pip3 install --upgrade pip
Collecting pip
  Using cached pip-9.0.1-py2.py3-none-any.whl
Installing collected packages: pip
  Found existing installation: pip 8.1.1
    Uninstalling pip-8.1.1:
      Successfully uninstalled pip-8.1.1
Successfully installed pip-9.0.1
(env3) $
```

 앞의 그림에서 pip 명령어를 통한 pip의 업그레이드 방법도 보여준다.

Virtualenv과 pip

애플리케이션을 위한 가상 환경을 설정하고 필요한 패키지를 설치하면 애플리케이션의
의존성과 의존성 버전의 정보를 생성하는 것이 좋다. pip를 사용해 다음 명령어를 통해
실행하면 된다.

```
$ pip freeze
```

앞의 명령어는 pip에 설치된 파이썬 패키지 리스트와 패키지 버전이 모두 출력된다. 출
력은 requirements.txt 파일로 저장할 수 있으며 배포 미러링을 위해 서버에 설정 사항
이 복제된다.

```
                              Chap 9 - Deployment
File  Edit  View  Search  Terminal  Help
(appenv) $ pip freeze | tee requirements.txt
appdirs==1.4.0
backports-abc==0.5
certifi==2017.1.23
numpy==1.12.0
packaging==16.8
pkg-resources==0.0.0
pyparsing==2.1.10
requests==2.13.0
singledispatch==3.4.0.3
six==1.10.0
tornado==4.4.2
(appenv) $
```

다음 화면은 입력으로 파일을 받아들이는 pip 설치 명령어의 -r 옵션을 통해 또 다른 가
상 환경에서 같은 설정을 다시 생성하는 것을 보여준다.

```
                              Chap 9 - Deployment
File  Edit  View  Search  Terminal  Help
(env3) $ pip3 install -r requirements.txt
Collecting appdirs==1.4.0 (from -r requirements.txt (line 1))
  Using cached appdirs-1.4.0-py2.py3-none-any.whl
Collecting backports-abc==0.5 (from -r requirements.txt (line 2))
  Using cached backports_abc-0.5-py2.py3-none-any.whl
Collecting certifi==2017.1.23 (from -r requirements.txt (line 3))
  Using cached certifi-2017.1.23-py2.py3-none-any.whl
Collecting numpy==1.12.0 (from -r requirements.txt (line 4))
  Downloading numpy-1.12.0-cp35-cp35m-manylinux1_x86_64.whl (16.8MB)
    100% |                                | 16.8MB 25kB/s
Collecting packaging==16.8 (from -r requirements.txt (line 5))
  Using cached packaging-16.8-py2.py3-none-any.whl
Requirement already satisfied: pkg-resources==0.0.0 in ./env3/lib/python3.5/site-packages (from -r requir
ements.txt (line 6))
Collecting pyparsing==2.1.10 (from -r requirements.txt (line 7))
  Using cached pyparsing-2.1.10-py2.py3-none-any.whl
Requirement already satisfied: requests==2.13.0 in ./env3/lib/python3.5/site-packages (from -r requiremen
ts.txt (line 8))
Collecting singledispatch==3.4.0.3 (from -r requirements.txt (line 9))
  Using cached singledispatch-3.4.0.3-py2.py3-none-any.whl
Collecting six==1.10.0 (from -r requirements.txt (line 10))
  Using cached six-1.10.0-py2.py3-none-any.whl
Collecting tornado==4.4.2 (from -r requirements.txt (line 11))
  Using cached tornado-4.4.2.tar.gz
Installing collected packages: appdirs, backports-abc, certifi, numpy, pyparsing, six, packaging, singled
ispatch, tornado
  Running setup.py install for tornado ... done
Successfully installed appdirs-1.4.0 backports-abc-0.5 certifi-2017.1.23 numpy-1.12.0 packaging-16.8 pypa
rsing-2.1.10 singledispatch-3.4.0.3 six-1.10.0 tornado-4.4.2
(env3) $
```

 가상 환경의 소스는 파이썬 2버전이고 대상 환경은 파이썬 3버전이었다. 그러나 pip는
requirements.txt 파일을 통해 아무런 문제없이 의존성을 설치할 수 있다.

재배치 가능한 가상 환경

하나의 가상 환경에서 다른 가상 환경으로 패키지 의존성 복사를 위해 제안하는 방법은 freeze를 수행하고 앞에서 설명한 것처럼 pip를 통해 패키지를 설치하는 것이다. 파이썬 패키지 요구사항을 개발 환경에서 확정하고, 성공적으로 프로덕션 서버에 환경을 다시 생성하는 가장 일반적인 방법이다.

가상 환경이 재배치 가능하게 만들고 호환 가능한 시스템으로 아카이브해 이동할 수 있다.

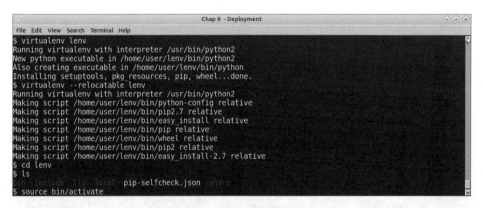

재배치 가능한 가상 환경 생성

동작 방법은 다음과 같다.

1. 먼저 가상 환경을 생성한다.
2. `virtualenv -relocatable lenv`를 실행해 재배치가 가능하게 만든다.
3. setuptools를 통해 사용되는 일부 경로를 상대 경로를 변경하고 시스템이 재배치 가능하게 설정한다.
4. 가상 환경을 같은 머신의 다른 폴더나 원격 머신 또는 유사한 머신의 폴더로 재배치할 수 있다.

재배치 가능한 가상 환경은 원격 환경이 해당 머신의 환경과 다른 경우에는 동작을 보장하지 않는다. 예를 들어 원격 머신이 다른 아키텍처이거나 다른 유형의 패키징을 사용하는 리눅스 배포판일 때는 재배치 환경은 동작하지 않을 것이다. 유사한 머신(Similar machine)은 이러한 경우를 의미한다.

PyPI

파이썬에서 pip가 패키지 설치를 수행하는 표준 도구라는 것을 배웠다. pip는 패키지가 존재하면 이름을 통해 패키지를 선택할 수 있다. 또한 requirements.txt 파일 예제에서 봤듯 패키지를 버전별로 설치할 수도 있다.

하지만 pip는 어디에서 패키지를 가져오는가?

이에 답하기 위해 PyPI로 알려진 파이썬 패키징 인덱스를 살펴보자.

PyPI^{Python Package Index}는 웹상에서 서드 파티 파이썬 패키지에 대한 메타 데이터를 호스팅하는 공식 저장소다. 이름에서 보듯 PyPI는 서버에 게시되고 색인처리되는 메타데이터를 갖는 웹상의 파이썬 패키지 색인이다. PyPI는 http://pypi.python.org에서 호스팅된다.

PyPI는 현재 백만 개에 가까운 패키지들을 호스팅하고 있다. 패키지들은 파이썬의 패키징 및 배포 도구, distutils와 setuptools를 통해 PyPI로 제출되며 PyPI에 패키지 메타데이터를 게시하기 위한 후크를 갖고 있다. PyPI는 다른 서버 URL에 있는 패키지 데이터 지정에 사용될 수 있지만 패키지 대부분은 PyPI에 실제 패키지 데이터를 호스팅하고 있다.

pip를 사용해 패키지를 설치할 때는 PyPI에서 패키지를 검색하고 메타데이터를 다운로드한다. pip는 패키지 다운로드 URL과 더 많은 하위 의존성 같은 다양한 정보를 찾기 위해 메타 데이터를 사용하고 이 정보는 패키지를 가져와 설치하는 데 사용된다.

이 책을 쓰는 시점의 실제 패키지 수를 보여주는 PyPI는 다음과 같다.

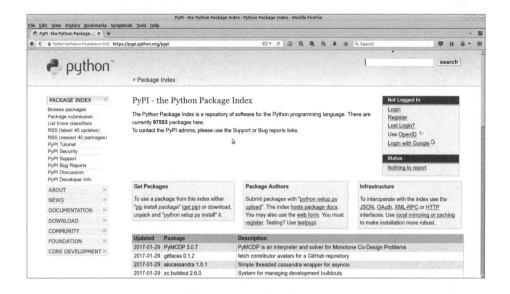

개발자는 PyPI 사이트에서 많은 작업을 할 수 있다.

1. 이메일 주소를 사용해 등록하고 사이트에 로그인한다.
2. 로그인 후 사이트에 패키지를 직접 제출한다.
3. 키워드를 통해 패키지를 검색한다.
4. 주제, 플랫폼/운영체제, 개발 상태, 라이선스와 같은 다양한 최상위 수준의 분류를 통해 패키지를 찾는다.

모든 파이썬 패키징 스위트와 설치 도구, 이들의 관계에 익숙해졌다. 작은 파이썬 모듈을 패키징해서 PyPI에 제출하는 예제를 실행해 보자.

애플리케이션 패키징과 제출

'5장, 대규모 애플리케이션 작성하기'에서 확장을 위해 pymp를 사용하는 멘델브로트 프로그램을 개발했다. 패키지 작성을 위해 이 프로그램과 애플리케이션을 PyPI에 제출하는 데 사용하는 setup.py 파일을 예제로 사용할 것이다.

멘델브로트 애플리케이션을 다음과 같은 두 개의 하위 패키지를 갖는 하나의 메인 패키지로 패키징된다.

- mandelbrot.simple: 멘델브로트의 기본 구현을 구성하는 서브 패키지(서브 모듈)
- mandelbrot.mp: 멘델브로트의 PyMP 구현을 하는 서브 패키지(서브 모듈)

mandelbot 패키지의 폴더 구조는 다음과 같다.

mandelbot 패키지 폴더 구조

패키징하는 애플리케이션의 폴더 구조를 간단하게 살펴보자.

- 최상위 디렉토리는 mandelbrot로 __init__.py, README, setup.py 파일을 갖는다.
- 최상위 디렉토리는 두 개의 서브 디렉토리, mp와 simple을 갖고 있다.
- 각 서브 폴더는 __init__.py와 mandelbrot.py, 두 개의 파일로 구성된다. 서브 폴더는 서브 모듈을 구성하며 각각은 멘델브로트 집합의 구현을 포함한다.

실행 가능한 스크립트로 mendelbrot 모듈을 설치하기 위해 mandelbrot.py 모듈의 코드를 변경해 main 메소드를 추가했다.

__init__.py 파일

__init__.py 파일은 파이썬 애플리케이션의 내부 폴더를 패키지로 전환할 수 있다. 폴더 구조는 세 개의 __init__.py를 갖고 있다. 첫 번째는 최상위 mandelbrot 패키지를 위한 것이고, 나머지는 두 개의 서브 패키지, 즉 mandelbrot.simple와 mandelbrot.mp를 위한 것이다.

최상위 __init__.py는 비어 있다. 나머지 두 __init__.py는 다음과 같은 한 줄을 갖고 있다.

```
from . import mandelbrot
```

 관련 import들은 서브 패키지들이 최상위 mandelbrot 패키지 대신 로컬 mandelbrot.py 모듈을 가져오게 한다.

setup.py 파일

setup.py 파일은 전체 패키지의 중심이다. 다음 코드를 살펴보자.

```
from setuptools import setup, find_packages
setup(
    name = "mandelbrot",
    version = "0.1",
    author = "Anand B Pillai",
    author_email = "abpillai@gmail.com",
```

568

```
        description = ("A program for generating Mandelbrot fractal images"),
        license = "BSD",
        keywords = "fractal mandelbrot example chaos",
        url = "http://packages.python.org/mandelbrot",
        packages = find_packages(),
        long_description=open('README').read(),
        classifiers=[
            "Development Status :: 4 - Beta",
            "Topic :: Scientific/Engineering :: Visualization",
            "License :: OSI Approved :: BSD License",
        ],
        install_requires = [
            'Pillow>=3.1.2',
            'pymp-pypi>=0.3.1'
            ],
        entry_points = {
            'console_scripts': [
            'mandelbrot = mandelbrot.simple.mandelbrot:main',
            'mandelbrot_mp = mandelbrot.mp.mandelbrot:main'
            ]
        }
    )
```

setup.py 파일을 자세히 설명하게 되면 9장의 범위를 벗어난다. 다음과 같은 몇 가지 중
요한 사항은 꼭 기억해 두자.

- setup.py 파일은 작성자가 이름, 작성자, 이메일, 패키지 키워드 같은 많은 패키
  지 관련 메타데이터를 생성할 수 있게 한다. 이런 메타데이터는 패키지가 제출
  되고 나면 PyPI에서 패키지를 검색하는 사람들에게 도움이 되는 패키지의 메타
  정보를 생성할 때 유용하다.
- 파일의 주요 필드 중 하나는 packages이며 setup.py 파일에 의해 생성된 패키
  지(와 서브 패키지)의 목록이다. packages 필드를 사용하기 위해 setuptools 모듈
  이 제공하는 find_packages 헬퍼 함수를 사용한다.

- install-requires 키에 설치 요구사항을 제공한다. 설치 요구사항은 PIP와 같은 형식으로 의존성을 하나씩 리스트한다.
- entry_points 키는 패키지를 설치하는 콘솔 스크립트(실행 가능한 프로그램)의 구성에 사용된다. 그 중 하나를 살펴보자.

```
mandelbrot = mandelbrot.simple.mandelbrot:main
```

패키지 리소스 로더가 mandelbrot.simple.mandelbrot 모듈을 로드하라고 지시한다. 그리고 mandelbrot 스크립트가 호출될 때 main 함수를 실행한다.

패키지 설치하기

다음 명령으로 패키지를 설치할 수 있다.

```
$ python setup.py install
```

다음 설치 화면은 초기 몇 단계를 보여준다.

```
Chap 9: Deployment
File  Edit  View  Search  Terminal  Help
(env3) $ python setup.py install
running install
running bdist_egg
running egg_info
creating mandelbrot.egg-info
writing top-level names to mandelbrot.egg-info/top_level.txt
writing entry points to mandelbrot.egg-info/entry_points.txt
writing requirements to mandelbrot.egg-info/requires.txt
writing mandelbrot.egg-info/PKG-INFO
writing dependency_links to mandelbrot.egg-info/dependency_links.txt
writing manifest file 'mandelbrot.egg-info/SOURCES.txt'
reading manifest file 'mandelbrot.egg-info/SOURCES.txt'
writing manifest file 'mandelbrot.egg-info/SOURCES.txt'
installing library code to build/bdist.linux-x86_64/egg
running install_lib
running build_py
creating build
creating build/lib
creating build/lib/mandelbrot
copying mandelbrot/__init__.py -> build/lib/mandelbrot
creating build/lib/mandelbrot/mp
copying mandelbrot/mp/mandelbrot.py -> build/lib/mandelbrot/mp
copying mandelbrot/mp/__init__.py -> build/lib/mandelbrot/mp
creating build/lib/mandelbrot/simple
copying mandelbrot/simple/mandelbrot.py -> build/lib/mandelbrot/simple
copying mandelbrot/simple/__init__.py -> build/lib/mandelbrot/simple
```

패키지는 env3 가상 환경에 설치했다.

PyPI에 패키지 제출하기

파이썬에서 **setup.py**과 setuptools/distutils 생태계는 코드의 설치와 패키징에 유용할 뿐 아니라 PyPI에 코드를 제출할 수도 있다.

PyPI에 패키지를 등록하기는 매우 쉽다. 다음과 같은 두 가지 요구사항이 있다.

- 적절한 setup.py 파일을 갖는 패키지
- PyPI 웹사이트의 계정

다음 단계를 수행해 새로운 멘델브로트 패키지를 제출할 수 있다.

1. 홈 디렉토리에 세부사항, 주로, PyPI 계정의 인증사항을 포함하는 **.pyirc** 파일을 생성해야 한다. 다음 화면은 저자의 가려진 패스워드를 갖고 있는 **.pypirc** 파일이다.

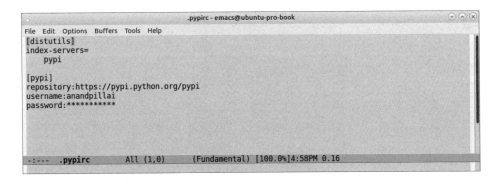

2. 작업이 완료되면 등록은 **register** 명령어를 갖고 있는 **setup.py**를 실행하면 된다.

```
$ python setup.py register
```

다음 화면은 콘솔에서 실행 중인 실제 명령어를 보여준다.

마지막 단계는 메타 데이터를 제출해 패키지만 등록한다. 소스코드 데이터와 같은 패키지 데이터가 이 단계의 일부로 제출되지 않았기 때문이다.

3. PyPI에 소스코드도 제출하려면 다음 명령어를 실행해야 한다.

```
$ python setup.py sdist upload
```

```
Chap 9: Deployment
File Edit View Search Terminal Help
(env3) $ python setup.py sdist upload
running sdist
running egg_info
writing mandelbrot.egg-info/PKG-INFO
writing dependency_links to mandelbrot.egg-info/dependency_links.txt
writing entry points to mandelbrot.egg-info/entry_points.txt
writing top-level names to mandelbrot.egg-info/top_level.txt
writing requirements to mandelbrot.egg-info/requires.txt
reading manifest file 'mandelbrot.egg-info/SOURCES.txt'
writing manifest file 'mandelbrot.egg-info/SOURCES.txt'
running check
creating mandelbrot-0.1
creating mandelbrot-0.1/mandelbrot
creating mandelbrot-0.1/mandelbrot.egg-info
creating mandelbrot-0.1/mandelbrot/mp
creating mandelbrot-0.1/mandelbrot/simple
making hard links in mandelbrot-0.1...
hard linking README -> mandelbrot-0.1
hard linking setup.py -> mandelbrot-0.1
hard linking mandelbrot/__init__.py -> mandelbrot-0.1/mandelbrot
hard linking mandelbrot.egg-info/PKG-INFO -> mandelbrot-0.1/mandelbrot.egg-info
hard linking mandelbrot.egg-info/SOURCES.txt -> mandelbrot-0.1/mandelbrot.egg-info
```

다음은 PyPI 서버에 추가된 새로운 패키지를 보여준다.

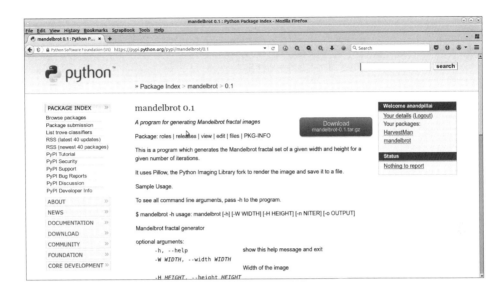

이 패키지는 pip를 통해 설치가 가능하다. 먼저 패키징을 하고, 그 다음 배포 및
설치를 수행해 소프트웨어 개발 주기를 완료한다.

PyPA

PyPA^{Python Packaging Authority}는 파이썬 개발자 워킹 그룹으로 파이썬에 패키징에 관련된 표
준과 연관 애플리케이션을 관리한다.

PyPA는 https://www.pypa.io/에 웹사이트를 갖고 있으며 깃허브 https://github.
com/pypa/에서 애플리케이션을 관리한다.

PyPA가 관리하는 프로젝트 목록을 표로 정리했다. 이미 pip, virtualenv, setuptools 과
같은 일부 프로젝트를 알고 있으리라 생각하며 다른 프로젝트는 생소할 수도 있다.

프로젝트	설명
setuptools	파이썬 distutils의 향상된 기능 모음
virtualenv	샌드박스 파이썬 환경 생성을 위한 도구
pip	파이썬 패키지 설치를 위한 도구
packaging	pip와 setuptools에서 사용하는 패키징을 위한 코어 파이썬 유틸리티
wheel	wheel 배포판 생성을 위한 setuptools 확장판으로 Python eggs(ZIP 파일)의 대안으로 PEP 427에 명시돼 있다.
twine	setup.py 업로드를 위한 보안 대체물
warehouse	새로운 PyPI 애플리케이션으로 https://pypi.org에서 확인 가능하다.
distlib	파이썬 코드의 패키징과 배포판 관련 기능을 구현하는 로우 레벨 라이브러리
bandersnatch	PyPI의 내용을 미러링하기 위한 PyPI 미러링 클라이언트

관심있는 개발자는 PyPA 사이트를 방문해 프로젝트 중 하나에 가입하고 PyPA의 깃헙 저장소를 방문해서 테스팅, 패치 제출 등 작업에 기여할 수 있다.

패브릭을 사용한 원격 배포

패브릭Fabric은 파이썬으로 작성된 명령행 도구 및 라이브러리다. 패브릭은 SSH 프로토콜 상의 잘 정의된 래퍼 세트를 통해 서버로의 원격 배포 자동화를 돕는다. 패브릭은 ssh-wrapper 라이브러리, paramiko를 사용한다.

패브릭은 파이썬 2.x 버전에서만 동작한다. 그러나 파이썬 2.x와 3.x 버전 모두에서 동작하는 포크 버전인 Fabric3도 있다.

패브릭을 사용할 때 데브옵스 사용자는 fabfile.py라고 하는 fabfile 안의 파이썬 함수로 원격 시스템 관리자 명령을 배포한다.

패브릭은 원격 시스템이 배포를 수행하는 사용자 머신의 ssh 공개키를 갖고 구성됐을 때 가장 잘 동작하며 이때는 사용자 이름과 패스워드를 제공할 필요가 없다.

다음은 서버에 대한 원격 배포 예제다. 예제에서는 멘델브로트 애플리케이션을 원격 서버에 설치한다. 파이썬 3에 관해 작성된 fabfile은 다음과 같다.

```python
from fabric.api import run

def remote_install(application):`

    print ('Installing',application)
    run('sudo pip install ' + application)
```

다음은 fabfile을 실행해 원격 서버에 애플리케이션을 설치하는 예다.

```
                              Chap 9: Deployment                              ⊙ ⊙ ⊗
File  Edit  View  Search  Terminal  Help
(env3) $ fab remote_install:mandelbrot -H mylinode
[mylinode] Executing task 'remote_install'
Installing mandelbrot
[mylinode] run: sudo pip install mandelbrot
[mylinode] out: Downloading/unpacking mandelbrot
[mylinode] out:   Downloading mandelbrot-0.1.tar.gz
[mylinode] out:   Running setup.py (path:/tmp/pip-build-3RuBh1/mandelbrot/setup.py) egg_info for package m
[mylinode] out: Requirement already satisfied (use --upgrade to upgrade): Pillow>=3.1.2 in /usr/local/lib/
dist-packages (from mandelbrot)
[mylinode] out: Requirement already satisfied (use --upgrade to upgrade): pymp-pypi>=0.3.1 in /usr/local/l
.7/dist-packages (from mandelbrot)
[mylinode] out: Requirement already satisfied (use --upgrade to upgrade): olefile in /usr/local/lib/python
ackages (from Pillow>=3.1.2->mandelbrot)
[mylinode] out: Installing collected packages: mandelbrot
[mylinode] out:   Running setup.py install for mandelbrot
[mylinode] out:     Installing mandelbrot_mp script to /usr/local/bin
[mylinode] out:     Installing mandelbrot script to /usr/local/bin
[mylinode] out:     Could not find .egg-info directory in install record for mandelbrot
[mylinode] out:   Successfully installed mandelbrot
[mylinode] out: Cleaning up...
[mylinode] out:

Done.
Disconnecting from mylinode... done.
(env3) $
```

데브옵스 엔지니어와 시스템 관리자는 여러 서버의 다양한 시스템으로의 애플리케이션 배포 작업을 자동화하기 위해 미리 정의된 fabfile 세트를 사용할 수 있다.

 파이썬으로 작성됐지만 패브릭은 모든 유형의 원격 서버 관리와 구성 작업의 자동화에 사용할 수 있다.

앤서블을 이용한 원격 배포

앤서블Ansible은 파이썬으로 작성된 구성 관리 및 배포 도구다. 앤서블은 플레이북playbook으로 불리는 관리 단위를 쉽게 조합할 수 있는 태스크를 통해 오케스트레이션을 지원하는 스크립트를 갖고 있는 SSH의 래퍼로 생각할 수 있다. 플레이북은 호스트 그룹을 일련의 역할 세트와 매핑한다.

앤서블은 시스템과 환경 정보가 태스크 실행 전에 수집되는 팩트facts를 이용한다. 앤서블은 원하는 결과를 얻기 위해 태스크 실행 전에 상태를 바꿔야 하는지 여부를 확인하기 위해 팩트를 이용한다.

앤서블 태스크를 서버에 반복되는 방식으로 실행하는 것이 안전하다. 잘 작성된 앤서블 태스크는 원격 시스템에서 몇 가지 부작용이 있다는 점에서 멱등성idempotent을 갖는다.

앤서블은 파이썬으로 작성됐으며 pip를 사용해 설치할 수 있다.

앤서블은 태스크를 수행하는 호스트 정보를 유지하기 위해 /etc/ansible/hosts라는 자체 호스트 파일을 사용한다.

일반적인 앤서블 호스트 파일은 다음과 비슷하다.

```
[local]
127.0.0.1

[webkaffe]
139.162.58.8
```

다음은 pip를 통해 webkaffe라고 하는 원격 호스트에 일부 파이썬 패키지를 설치하는 dependencies.yaml로 명명된 ansible-playbook의 코드다.

```
---
- hosts: webkaffe
  tasks:
```

576

```
- name: Pip - Install Python Dependencies
  pip:
        name="{{ python_packages_to_install | join(' ') }}"
  vars:
        python_packages_to_install:
        - Flask
        - Bottle
        - bokeh
```

다음은 ansible-playbook을 사용해 명령행에서 플레이북을 실행하는 화면이다.

앤서블은 원격 의존성을 쉽고 효과적으로 관리하는 방법이며, 멱등성을 갖는 플레이북으로 인해 태스크에서 패브릭보다 훨씬 더 유용하다.

슈퍼바이저를 이용한 원격 데몬 관리하기

슈퍼바이저Supervisor는 유닉스와 유닉스 계열 시스템에서 프로세스를 관리하는 데 유용한 클라이언트/서버 시스템이다. 슈퍼바이저는 주로 supervisord 서버 데몬 프로세스와 서버와 상호 작용하는 supervisorctl 명령행 클라이언트로 구성된다.

슈퍼바이저는 9001 포트를 통해 접근 가능한 기본 웹 서버와 함께 제공된다. 웹 서버에서는 실행되는 프로세스의 상태를 볼 수 있으며, 이 인터페이스를 통해 프로세스 시작과 종료를 할 수 있다. 슈퍼바이저는 윈도우 버전에서는 실행되지 않는다.

슈퍼바이저는 파이썬을 사용해 작성된 애플리케이션이다. 따라서 pip를 통해 설치가 가능하다. 슈퍼바이저는 파이썬 2.x버전에서만 실행된다.

슈퍼바이저를 통해 관리해야 하는 애플리케이션들은 반드시 슈퍼바이저 데몬 구성 파일을 통해 설정해야 한다. 이 파일은 /etc/supervisor.d/conf 폴더에 있다.

슈퍼바이저를 가상 환경에 설치하고 가상 환경에 로컬 구성을 유지하면서 로컬로 실행할 수 있다. 실제로 가상 환경에 특화된 각각의 프로세스를 관리하는 여러 개의 슈퍼바이저 데몬을 실행하는 것은 일반적인 방법이다.

9장에서는 슈퍼바이저의 세부사항이나 사용 예제는 다루지 않는다. 시스템 rc.d 스크립트 같은 전통적인 방식에 비해 슈퍼바이저를 사용하는 장점은 다음과 같다.

- 클라이언트/서버 시스템을 사용해 프로세스 생성/관리와 프로세스 통제를 분리한다. `supervisor.d` 파일은 subprocesses를 통해 프로세스를 관리한다. 사용자는 클라이언트인 supervisorctl을 통해 프로세스의 상태 정보를 얻을 수 있다. 대부분의 전통적인 rc.d 프로세스들이 root나 sudo 액세스를 필요로 하는 반면, 슈퍼바이저 프로세스는 클라이언트나 웹 UI를 통해 시스템의 일반 사용자들이 제어할 수 있다.

- supervisord는 subprocesses를 통해 시작하기 때문에 프로세스에 문제가 발생하면 자동으로 재시작하도록 구성할 수 있다. 또한 PID 파일에 의존하는 것보다 subprocesses의 정확한 상태를 더 쉽게 확인할 수 있다.

- 슈퍼바이저는 사용자가 프로세스들에 우선순위를 정의할 수 있도록 프로세스 그룹을 지원한다. 프로세스는 그룹에 따라 특정 순서로 시작되고 중지될 수 있다. 애플리케이션에서 프로세스 생성 사이에 시간적인 의존성이 있으면 (프로세스는 B는 A가 실행돼 있어야 하고, C는 B가 실행돼 있어야 하는 경우) 이를 통해 세분화된 프로세스 제어를 구현할 수 있다.

일반적인 배포 용이성 문제를 해결하기 위해 아키텍트가 선택할 수 있는 공통적인 배포 패턴을 개요와 더불어 9장의 논의를 마무리해 보자.

▌ 배포 패턴과 모범 사례

다운타임, 위험 감소와 같은 문제를 해결하는 데 사용할 수 있는 다양한 배포 방식과 패턴이 있다.

- **지속적인 배포**Continuous deployment: 지속적인 배포는 소프트웨어가 언제든지 실제 환경으로 배포할 준비가 돼 있는 배치 모델이다. 지속적인 전달은 개발, 테스팅, 스테이징을 포함한 계층이 지속적으로 통합될 때만 가능하다. 지속적인 배포 모델에서는 하루에 여러 개의 프로덕션 배포가 배포 파이프라인을 통해 자동으로 수행될 수 있다. 계속 늘어나는 변경 사항을 배포하기 때문에 지속적인 배포 모드는 배포 위험을 최소화한다. 애자일 개발 방식에서 지속적인 배포는 개발 및 테스트가 끝나자마자 프로덕션 환경에서 실제 코드를 볼 수 있기 때문에 고객이 진행 상황을 직접 추적할 수 있다. 사용자 피드백 받아들여 코드와 기능을 더 빠르게 반복할 수 있게 하는 장점도 추가된다.

- **블루 그린 배포**BlueGreen deployment: 이미 5장에서 확장성을 알아봤다. 블루-그린 배포는 거의 똑같은 두 개의 프로덕션 환경을 유지한다. 두 개의 환경이 주어진 상황에서 한 환경은 라이브 환경(블루)이다. 새로운 배포 변경 사항을 다른 환경(그린)에서 준비하고 테스트가 끝나 실제 환경으로 갈 준비가 되면 시스템을 전환한다. 그린은 액티브 상태가 되고 블루는 백업으로 바뀐다. 새로운 배포에서 문제가 있을 때는 라우터나 로드 밸런서를 또 다른 환경으로 전환하면 되기 때문에 블루-그린 배포는 배포 위험을 상당히 감소시킨다. 일반적으로 전형적인 블루-그린 배포 시스템에서, 한 시스템은 프로덕션(라이브) 환경이고 다른 환경은 스테이징 환경으로 둘 사이의 역할은 서로 전환된다.

- **카나리아 출시**^{Canary releases} : 고객 전체를 대상으로 변경사항을 배포하기 전에 일부 사용자만 제한해 소프트웨어의 변경사항을 테스트할 때 사용하는 방법이다. 카나리아 출시에서 변경사항은 사용자의 작은 하위 집합에 먼저 배포된다. 간단한 방법은 도그푸딩^{dogfooding}으로 직원에게 변경 사항을 내부적으로 먼저 배포하는 것이다. 또 베타 테스팅으로 초기 기능을 테스트하기 위해 선택된 고객 그룹을 초대하는 방법이 있다. 다른 방법은 지리적인 위치, 인구 통계, 프로파일을 기반으로 사용자를 선택하는 방법이다. 카나리아 출시는 잘못 관리되는 기능에 대한 갑작스러운 고객의 반응으로부터 회사를 보호하며, 점진적인 방식으로 부하를 관리하고 용량을 확장할 수 있다. 예를 들어 특정 기능이 유명해져 적용되기 시작했다면 서버 사용자가 이전보다 100배가 된다. 카나리아 출시를 사용하는 점진적인 배포와 반대로 전통적인 배포 방법을 사용하면 서버 실패와 가용성 문제의 원인이 될 수 있다. 복잡한 사용자 프로파일링 분석을 원하지 않을 때는 지리적인 라우팅이 사용자의 하위 그룹을 선택하는 데 사용될 수 있는 방법이다. 이것은 부하를 다른 노드보다 특정 지리적 위치나 데이터 센터 안에 배포된 노드로 더 많이 보내는 이유다. 카나리아 출시는 점진적인 롤아웃^{increment rollout}이나 단계적 롤아웃^{phased rollout} 개념과도 관련있다.

- **버킷 테스팅**^{Bucket testing}(A/B 테스팅^{A/B testing}) : 서로 다른 두 가지 버전의 애플리케이션이나 웹 페이지를 프로덕션 환경으로 배포하고, 어떤 버전이 더 인기가 있고 사용자가 어느 버전에 더 많이 참여하고 있는지 테스트하는 기법이다. 프로덕션 환경에서 애플리케이션(또는, 페이지)의 A 버전(제어 또는 기본 버전)을 보는 고객도 있고, B 버전이나 수정된(변형된) 버전을 보는 사람도 있다. 버킷 테스팅은 카나리아 출시, 사용자 프로파일, 지리적 위치, 복잡한 모델을 사용할 수 있지만 50-50으로 분할된다. 사용자 경험과 참여는 분석 대시보드를 사용해 수집되며 어떤 변경이 긍정적인지, 부정적인지 또는 중립적인 반응을 갖는지 여부가 결정된다.

- **유도된 혼란**Induced chaos: 실패나 가용성 수준의 복원력을 테스트하기 위해 의도적으로 오류를 주입하거나 프로덕션 배포 시스템의 일부를 비활성화하는 방법이다.

프로덕션 서버는 드리프트drift 문제가 있다. 일반적으로 지속적인 배포나 동기화를 위한 방법을 사용하지 않으면 프로덕션 서버는 표준 구성에서 벗어나기도 한다. 시스템을 테스트하는 방법 중 하나는 의도적으로 프로덕션 시스템의 일부를 비활성화하는 것이다. 가령 시스템 테스트로 로드 밸런서 구성에서 노드의 50%를 임의로 비활성화고, 시스템의 나머지 부분에서 수행되는 방법을 관찰해 실행될 수 있다.

사용되지 않는 코드 부분을 찾아내 제거하는 것과 비슷한 방법은 일부 구성이 사용하는 더 이상 필요하지 않다고 의심되는 중복 API에 무작위로 비밀 코드를 주입하는 것이다. 그 다음, 애플리케이션이 프로덕션 환경에서 어떻게 실행되는지 관찰한다. 애플리케이션의 활성 부분에서 계속 의존 코드를 사용하는 경우, 임의의 비밀 코드는 API가 실패하게 만들기 때문에 애플리케이션은 프로덕션 환경에서 실패할 것이다. 그렇지 않다면 해당 코드가 안전하게 제거될 수 있음을 의미한다.

넷플릭스는 프로덕션 시스템에 자동으로 오류를 주입하고, 영향을 측정하는 카오스 몽키Chaos Monkey라고 하는 도구를 갖고 있다.

유도된 혼란은 데브옵스 엔지니어와 아키텍트가 시스템의 취약한 부분을 이해할 수 있게 하며, 구성 편차를 갖고 있는 시스템을 파악하고 애플리케이션의 불필요한 부분이나 사용되지 않는 부분을 찾아 제거할 수 있게 한다.

▌ 요약

9장에서는 파이썬 코드를 프로덕션 환경으로 배포하는 방법과 시스템의 배포 용이성에 영향을 주는 다양한 요소를 살펴봤다. 배포 아키텍처에서 개발, 테스팅, 스테이징/QA,

프로덕션 계층을 포함하는 전통적인 4계층, 3계층, 2계층 아키텍처를 논의했다.

계속해서 파이썬 코드의 패키징 세부사항을 살펴보고 pip와 virtualenv 도구를 자세히 논의했다. pip와 virtualenv가 함께 동작하는 방법을 살펴보고, pip를 사용해 필요한 일련의 패키지 설치 방법과 virtualenv를 사용해 유사한 가상 환경을 설정하는 방법을 익혔다. 그리고 재배치 가능한 가상 환경도 간략하게 알아봤다.

다음으로, 웹상에 파이썬 서드 파티 패키지를 호스팅하는 파이썬 패키지 인덱스인 PyPI를 살펴봤다. 계속해서 setuptools와 setup.py 파일을 사용해 파이썬 패키지를 설정하는 방법을 배웠는데 멘델브로트 애플리케이션을 예제로 사용했다.

패키지 메타데이터를 사용해 PyPI에 패키지를 등록하는 방법과 코드를 포함한 패키지 데이터를 업로드하는 방법을 살펴보며 논의를 마쳤다. PyPA 관련 프로젝트도 간단하게 살펴봤다.

파이썬으로 개발된 두 가지 도구, 원격 자동 배포를 위한 패브릭과 유닉스 시스템의 프로세스 원격 관리를 위한 슈퍼바이저를 살펴봤다. 배포 문제를 해결하는 데 사용할 수 있는 일반적인 배포 패턴의 개요를 배우면서 9장을 마무리했다.

10장에서는 코드의 잠재적인 문제를 찾아내기 위한 다양한 디버깅 기법을 알아본다.

10

디버깅 기법

프로그램 디버깅은 어려울 수 있다. 프로그램을 작성하는 것보다 디버깅이 더 어려울 때도 있다. 프로그래머들은 애매한 버그를 찾기 위해 많은 시간을 투자한다. 그 이유는 버그를 찾으려고 해도 버그가 드러나지 않기 때문이다.

많은 개발자들, 심지어 훌륭한 개발자에게도 문제 해결은 '어려운 예술'이다. 일부 프로그래머들은 print 문장을 적절하게 위치시키거나 전략적으로 주석을 사용하는 간단한 방법이 효과적인 경우에도 복잡한 디버깅 기법에 의존하는 경향이 있다.

파이썬의 코드 디버깅에는 자체적인 문제들이 존재한다. 파이썬은 타입이 동적으로 할당되는 언어여서 프로그래머가 타입을 가정해서 발생하는 타입 관련된 예외들이 상당히 흔하다. 이름과 관련된 오류와 속성에 관련된 오류도 비슷한 유형에 속한다.

10장에서는 소프트웨어 측면에서 논의가 덜 된 디버깅 부분에 초점을 맞춘다.

10장에서 다루는 내용은 다음과 같다.

- 최대 부분 배열 문제
  - 'print'의 강점
  - 분석과 재작성
  - 코드 타이밍과 최적화
- 간단한 디버깅 트릭 및 기법
  - 단어 검색 프로그램
  - 단어 검색 프로그램의 디버깅 1단계
  - 단어 검색 프로그램의 디버깅 2단계
  - 단어 검색 프로그램의 최종 코드
  - 코드 블록 건너뛰기
  - 실행 중지
  - 외부 의존성 – 래퍼 사용하기
  - 반환 값/데이터로 함수 교체하기(모의객체 사용)
  - 파일을 캐시로 사용해 데이터 저장 및 로드하기
  - 메모리를 캐시를 사용해 데이터 저장 및 로드하기
  - 무작위/모의 데이터 반환하기
- 디버깅 기법으로서의 로깅
  - 간단한 애플리케이션 로깅하기
  - 고급 로깅 – logger 객체
    고급 로깅 – 사용자 정의 형식과 로거
    고급 로깅 – syslog에 작성하기
- 디버깅 도구 – 디버거 사용하기
  - pdb로 세션 디버깅하기
  - Pdb 유사 도구

iPdb

Pdb++

- 고급 디버깅 기법– 추적
  - trace 모듈
  - lptrace 프로그램
  - strace를 사용한 시스템 호출 추적

이제 디버깅을 시작해 보자.

최대 부분 배열 문제

흥미로운 문제를 하나를 살펴보자. 양수와 음수가 혼합된 정수 배열(시퀀스)에서 최대 인접 부분 배열을 찾는 것이다.

다음과 같은 배열이 있다고 가정해 보자.

```
>>> a = [-5, 20, -10, 30, 15]
```

빠르게 스캔한 최대합은 부분 배열 [20, -10, 30, 15]의 값으로 55다.

첫 단계로 다음 코드를 작성했다고 해보자.

```python
import itertools

# max_subarray: v1
def max_subarray(sequence):
    """ Find sub-sequence in sequence having maximum sum """

    sums = []
```

```
    for i in range(len(sequence)):
    # Create all sub-sequences in given size
        for sub_seq in itertools.combinations(sequence, i):
            # Append sum
            sums.append(sum(sub_seq))

    return max(sums)
```

이제 코드를 실행해 보자.

```
>>> max_subarray([-5, 20, -10, 30, 15])
65
```

출력은 분명히 틀린 것으로 보인다. 배열의 모든 부분 배열에 대해 수동으로 덧셈을 해도 55보다 큰 수는 나오지 않는다. 코드를 디버깅해야 한다.

'print'의 강점

앞의 예제를 디버깅하기 위해 효과적이면서 간단하게 전략적으로 'print' 문을 수행해 보자. 안쪽의 for 루프에서 서브 시퀀스를 출력해 보자.

수정된 함수는 다음과 같다.

max_subarray: v1

```
def max_subarray(sequence):
    """ Find sub-sequence in sequence having maximum sum """

    sums = []
    for i in range(len(sequence)):
        for sub_seq in itertools.combinations(sequence, i):
            sub_seq_sum = sum(sub_seq)
            print(sub_seq,'=>',sub_seq_sum)
```

```
            sums.append(sub_seq_sum)

        return max(sums)
```

이제 코드를 실행하고 결과를 출력해 보자.

```
>>> max_subarray([-5, 20, -10, 30, 15])
((), '=>', 0)
((-5,), '=>', -5)
((20,), '=>', 20)
((-10,), '=>', -10)
((30,), '=>', 30)
((15,), '=>', 15)
((-5, 20), '=>', 15)
((-5, -10), '=>', -15)
((-5, 30), '=>', 25)
((-5, 15), '=>', 10)
((20, -10), '=>', 10)
((20, 30), '=>', 50)
((20, 15), '=>', 35)
((-10, 30), '=>', 20)
((-10, 15), '=>', 5)
((30, 15), '=>', 45)
((-5, 20, -10), '=>', 5)
((-5, 20, 30), '=>', 45)
((-5, 20, 15), '=>', 30)
((-5, -10, 30), '=>', 15)
((-5, -10, 15), '=>', 0)
((-5, 30, 15), '=>', 40)
((20, -10, 30), '=>', 40)
((20, -10, 15), '=>', 25)
((20, 30, 15), '=>', 65)
((-10, 30, 15), '=>', 35)
((-5, 20, -10, 30), '=>', 35)
((-5, 20, -10, 15), '=>', 20)
((-5, 20, 30, 15), '=>', 60)
```

```
((-5, -10, 30, 15), '=>', 30)
((20, -10, 30, 15), '=>', 55)
65
```

print 문의 출력을 살펴보면 문제는 명백하다.

부분 배열 [20, 30, 15] (앞의 출력에서 굵은 글씨로 강조했다)은 합계 65를 생성했다. 그러나 이 부분 배열은 원래 배열에서 요소들이 서로 인접하지 않기 때문에 유효하지 않다.

프로그램이 분명하게 잘못됐으므로 수정해야 한다.

분석과 재작성

간단한 분석을 통해 itertools.combinations를 사용한 것이 원인이라는 사실을 알 수 있다. 원래 배열에서 서로 다른 다양한 길이의 부분 배열 전부를 빠르게 생성하는 방법을 사용했지만, 조합을 사용하면 항목의 순서를 따르지 않으며 인접하지 않은 요소들에 관한 모든 부분 배열의 조합을 생성한다.

코드를 다시 작성해야 한다. 다음은 코드를 작성하기 위한 첫 번째 시도다.

max_subarray: v2

```python
def max_subarray(sequence):
    """ Find sub-sequence in sequence having maximum sum """

    sums = []

    for i in range(len(sequence)):
        for j in range(i+1, len(sequence)):
            sub_seq = sequence[i:j]
            sub_seq_sum = sum(sub_seq)
            print(sub_seq,'=>',sub_seq_sum)
```

```
            sums.append(sum(sub_seq))

    return max(sums)
```

실행 결과는 다음과 같다.

```
>>> max_subarray([-5, 20, -10, 30, 15])
([-5], '=>', -5)
([-5, 20], '=>', 15)
([-5, 20, -10], '=>', 5)
([-5, 20, -10, 30], '=>', 35)
([20], '=>', 20)
([20, -10], '=>', 10)
([20, -10, 30], '=>', 40)
([-10], '=>', -10)
([-10, 30], '=>', 20)
([30], '=>', 30)
40
```

올바른 답인 '55'가 아닌 최적화되지 않은 답인 '40'을 반환하기 때문에 앞의 코드는 잘못됐다. 다시 말해, print 문은 원래 배열 자체를 고려하지 않는다는 사실을 분명하게 말해주므로 이 문제를 해결할 수 있으며 코드는 off-by-one 버그를 갖고 있다.

 프로그래밍에서 off-by-one 오류나 one-off 오류는 반복에 사용되는 배열의 인덱스가 시퀀스(배열)에 관해 올바른 값보다 하나 많거나 적을 때 발생한다. 이러한 오류는 C/C++이나 자바, 파이썬처럼 시퀀스의 인덱스가 0에서 시작하는 언어에서 자주 발견된다.

코드의 다음 줄에 off-by-one 오류가 있다.

```
"sub_seq = sequence[i:j]"
```

앞의 코드 대신, 올바른 코드는 다음과 같다.

```
"sub_seq = sequence[i:j+1]"
```

이렇게 코드를 수정하면, 예상한 결과를 볼 수 있다.

\# max_subarray: v2

```
def max_subarray(sequence):
    """ Find sub-sequence in sequence having maximum sum """

    sums = []

    for i in range(len(sequence)):
        for j in range(i+1, len(sequence)):
            sub_seq = sequence[i:j+1]
            sub_seq_sum = sum(sub_seq)
        print(sub_seq,'=>',sub_seq_sum)
            sums.append(sub_seq_sum)

    return max(sums)
```

출력 결과는 다음과 같다.

```
>>> max_subarray([-5, 20, -10, 30, 15])
([-5, 20], '=>', 15)
([-5, 20, -10], '=>', 5)
([-5, 20, -10, 30], '=>', 35)
([-5, 20, -10, 30, 15], '=>', 50)
([20, -10], '=>', 10)
([20, -10, 30], '=>', 40)
([20, -10, 30, 15], '=>', 55)
([-10, 30], '=>', 20)
([-10, 30, 15], '=>', 35)
```

```
([30, 15], '=>', 45)
55
```

코드가 완성된 것으로 가정해 보자.

리뷰어에게 코드를 넘겨주면 함수 이름이 max_subarray지만 실제로 하위 배열 자체를 반환하지 않고 합계만 반환한다고 말할 것이다. 또한 합계에 관한 배열도 유지할 필요가 없다는 피드백도 함께 줄 것이다.

이러한 피드백을 고려해 모든 문제를 수정한 코드의 3.0 버전을 만들자.

max_subarray: v3

```
def max_subarray(sequence):

""" Find sub-sequence in sequence having maximum sum """

# Trackers for max sum and max sub-array
max_sum, max_sub = 0, []

for i in range(len(sequence)):
    for j in range(i+1, len(sequence)):
        sub_seq = sequence[i:j+1]
        sum_s = sum(sub_seq)
        if sum_s > max_sum:
            # If current sum > max sum so far, replace the values
            max_sum, max_sub = sum_s, sub_seq

return max_sum, max_sub

>>> max_subarray([-5, 20, -10, 30, 15])
(55, [20, -10, 30, 15])
```

이미 올바른 로직을 사용하기 때문에 마지막 버전에서는 print문을 제거했다. 따라서 디버깅이 필요 없다.

이제 코드에는 아무런 문제가 없다.

코드 타이밍 및 최적화

코드를 조금 분석해 보면 전체 시퀀스가 두 개의 경로로 실행된다는 사실을 알 수 있다. 하나는 바깥쪽 경로이고 나머지는 안쪽 경로다. 따라서 시퀀스가 n개 항목을 포함하고 있다면 코드는 n*n 개의 경로를 실행한다.

'4장, 좋은 성능은 보상이다!'에서와 같이 코드는 $O(n2)$의 차수로 수행된다는 사실을 알 수 있다. with 연산자를 사용하는 간단한 컨텍스트 관리자를 사용해 코드가 사용한 실제 시간을 측정할 수 있다.

컨텍스트 관리자는 다음과 같다.

```
import time
from contextlib import contextmanager

@contextmanager
def timer():
    """ Measure real-time execution of a block of code """

try:
    start = time.time()
    yield
finally:
    end = (time.time() - start)*1000
    print 'time taken=> %.2f ms' % end
```

수행 시간을 측정하기 위해 서로 다른 크기의 난수 배열을 생성하는 코드를 수정해 보자. 이를 위해 다음 함수를 작성한다.

```
import random

def num_array(size):
    """ Return a list of numbers in a fixed random range
    of given size """

    nums = []
    for i in range(size):
        nums.append(random.randrange(-25, 30))
    return nums
```

100개의 입력을 갖는 배열로 시작해 다양한 크기를 갖는 배열의 로직 실행 시간을 측정해 보자.

```
>>> with timer():
...     max_subarray(num_array(100))
...     (121, [7, 10, -17, 3, 21, 26, -2, 5, 14, 2, -19, -18, 23, 12, 8,
        -12, -23, 28, -16, -19, -3, 14, 16, -25, 26, -16, 4, 12, -23, 26,
        22, 12, 23])
    time taken=> 16.45 ms
```

1,000개의 입력을 갖는 배열에 관해 코드 실행 시간은 다음과 같다.

```
>>> with timer():
...     max_subarray(num_array(1000))
...     (121, [7, 10, -17, 3, 21, 26, -2, 5, 14, 2, -19, -18, 23, 12, 8,
-12, -23, 28, -16, -19, -3, 14, 16, -25, 26, -16, 4, 12, -23, 26,
22, 12, 23])
time taken=> 3300 ms
```

코드를 실행하는 데 약 3.3초가 소요된다. 입력 크기를 10,000으로 하면 코드를 실행하는 데 대략 2 ~ 3시간이 걸림을 알 수 있다.

코드를 최적화하는 방법이 있다. 같은 코드의 O(n) 버전은 다음과 같다.

```python
def max_subarray(sequence):
    """ Maximum subarray - optimized version """

    max_ending_here = max_so_far = 0

    for x in sequence:
        max_ending_here = max(0, max_ending_here + x)
        max_so_far = max(max_so_far, max_ending_here)

    return max_so_far
```

이 버전을 사용하면 실행 시간이 훨씬 더 빨라진다.

```
>>> with timer():
...     max_subarray(num_array(100))
... 240
time taken=> 0.77 ms
```

1,000개의 입력을 갖는 배열의 실행 시간은 다음과 같다.

```
>>> with timer():
...     max_subarray(num_array(1000))
... 2272
time taken=> 6.05 ms
```

10,000 입력을 갖는 배열은 실행 시간이 44 ms 정도 걸린다.

```
>>> with timer():
...     max_subarray(num_array(10000))
... 19362
time taken=> 43.89 ms
```

간단한 디버깅 트릭과 기법

앞의 예제를 통해 간단한 print 문의 강력함을 봤다. 비슷한 방법으로 디버거에 의존하지 않고 프로그램을 디버깅하는 다른 방법들을 사용할 수 있다.

디버깅은 프로그래머가 진실에 도달할 때까지 단계적으로 버그의 원인을 배제하는 과정으로 생각할 수 있다. 기본적으로 디버깅은 다음 단계들을 포함한다.

- 코드와 버그의 소스가 될 수 있는 가정(원인들)의 집합을 분석한다.
- 적절한 디버깅 기법을 사용해 각 가정을 하나씩 테스트한다.
- 모든 테스트 단계에서 버그의 원천에 도달하거나(테스트 성공은 테스트하는 특정 원인에 문제가 있기 때문이다), 테스트가 실패하고 다음 가정을 테스트하기 위해 계속 진행한다.
- 원인을 파악하거나 가능한 현재 가정의 집합을 폐기할 때까지 마지막 단계를 반복한다. 그 후 원인을 찾을 때까지 전체 과정을 다시 시작한다.

단어 검색 프로그램

이번 절에서는 예제를 사용해 간단한 디버깅 기법을 하나씩 살펴볼 것이다. 파일 목록에서 특정 단어가 포함되는 라인을 찾아(결과) 목록에 해당 라인을 추가하고 반환되는 단어 검색 프로그램 예제로 시작할 것이다.

다음은 단어 검색 프로그램의 코드다.

```
import os
import glob

def grep_word(word, filenames):
    """ Open the given files and look for a specific word.
    Append lines containing word to a list and
    return it """
```

```
lines, words = [], []

for filename in filenames:
    print('Processing',filename)
    lines += open(filename).readlines()

word = word.lower()
for line in lines:
    if word in line.lower():
        lines.append(line.strip())

# Now sort the list according to length of lines
return sorted(words, key=len)
```

앞의 코드에서 미묘한 버그, 주어진 단어의 라인을 잘못된 목록에 추가하는 것을 발견했을 수도 있다. 코드는 리스트 'lines'을 읽고 같은 리스트를 추가하는데, 리스크가 끝없이 커지는 원인이 될 수 있다. 프로그램은 주어진 단어를 포함하는 단일 라인을 만나면 무한 루프에 빠질 수 있다.

프로그램을 현재 디렉토리에서 실행해 보자.

```
>>> parse_filename('lines', glob.glob('*.py'))
(hangs)
```

이런 버그는 쉽게 발견될 수도 있지만 운이 없는 날은 읽고 있는 같은 리스트가 추가되고 있다는 사실을 알아차리지 못하고 한동안 이 버그를 찾아야 할 수도 있다. 이때 할 수 있는 일을 소개한다.

- 코드가 수행되는 두 개의 루프가 있으므로 문제의 원인이 되는 루프를 찾는다. 이를 위해, 두 루프 사이에 print 문을 넣거나 해당 시점에 인터프리터를 종료시키는 sys.exit 함수를 넣는다.

- print문은 개발자가 누락시킬 수 있다. 특히 코드가 많은 print문을 갖고 있을 때

는 print 문을 누락시킬 수 있지만, sys.exit는 절대로 빠뜨릴 수 없다.

단어 검색 프로그램의 디버깅 단계 1

다음 코드는 두 개의 루프 사이에 sys.exit(…) 호출하도록 다시 작성됐다.

```python
import os
import glob

def grep_word(word, filenames):
    """ Open the given files and look for a specific word.
    Append lines containing word to a list and
    return it """

    lines, words = [], []

    for filename in filenames:
        print('Processing',filename)
        lines += open(filename).readlines()

    sys.exit('Exiting after first loop')

    word = word.lower()
    for line in lines:
        if word in line.lower():
            lines.append(line.strip())

    # Now sort the list according to length of lines
    return sorted(words, key=len)
```

코드를 다시 실행하면 다음 결과를 얻는다.

```
>>> grep_word('lines', glob.glob('*.py'))
Exiting after first loop
```

첫 번째 루프에 문제가 없다는 사실이 분명해졌다. 따라서 두 번째 루프에 대한 디버깅을 진행할 수 있다(디버깅할 때는 변수를 잘못 사용하고 있음을 전혀 모르고 있다고 가정하고 있다. 따라서 디버깅을 통해 파악하기 어려운 문제를 이해할 수 있다).

단어 검색 프로그램의 디버깅 단계 2

코드 블록 내부의 루프가 버그의 원인으로 추측될 때 문제를 디버깅하고 의심 사항을 확인하는 몇 가지 기법이 있다. 기법에는 다음 항목이 포함돼 있다.

- 코드 블록 앞에 전략적으로 continue를 넣는다. 문제가 사라진다면 해당 문제가 특정 블록이나 다음 블록에 있음을 확인한 것이다. 문제의 원인이 되는 특정 코드 블록을 식별할 때까지 continue문을 계속해서 다음으로 이동한다.
- 파이썬 코드 블록 앞에 if 0:를 접두사로 추가해 코드를 건너뛴다. 블록이 한 라인이거나 몇 라인 정도일 때 매우 유용하다.
- 루프 안에 코드가 많고 여러 번 실행되는 경우, 많은 양의 데이터가 출력되기 때문에 print 문은 그다지 도움이 되지 않을 수 있다. 그리고 출력을 하나씩 살펴보고 문제의 위치를 파악하는 것이 어려울 수 있다.

문제를 이해하기 위해 첫 번째 기법을 사용한다. 다음은 수정된 코드다.

```
def grep_word(word, filenames):
    """ Open the given files and look for a specific word.
    Append lines containing word to a list and
    return it """

    lines, words = [], []

    for filename in filenames:
        print('Processing',filename)
        lines += open(filename).readlines()
```

```
# Debugging steps
# 1. sys.exit
# sys.exit('Exiting after first loop')

word = word.lower()
for line in lines:
    if word in line.lower():
        words.append(line.strip())
        continue

# Now sort the list according to length of lines
return sorted(words, key=len)

>>> grep_word('lines', glob.glob('*.py'))
[]
```

코드를 실행했기 때문에 처리 단계에 문제가 있음이 분명해졌다. 다행히 여기에서는 프로그래머가 디버깅 프로세스를 통해 문제의 원인이 되는 라인을 주목하는 것은 버그를 이해하기 위한 단계 중 하나일 뿐이다.

단어 검색 프로그램의 최종 코드

앞 절에서 설명한 일련의 디버깅 단계를 통해 프로그램 문제를 이해하기 위해 어느 정도 시간을 사용했다. 이를 통해, 가상의 프로그래머가 코드의 문제를 발견하고 해결할 수 있었다.

버그가 수정된 최종 코드는 다음과 같다.

```
def grep_word(word, filenames):
    """ Open the given files and look for a specific word.
    Append lines containing word to a list and
    return it """
```

```
    lines, words = [], []

    for filename in filenames:
        print('Processing',filename)
        lines += open(filename).readlines()

    word = word.lower()
    for line in lines:
        if word in line.lower():
            words.append(line.strip())

    # Now sort the list according to length of lines
    return sorted(words, key=len)
```

출력 결과는 다음과 같다.

```
>>> grep_word('lines', glob.glob('*.py'))
['for line in lines:', 'lines, words = [], []',
 '#lines.append(line.strip())',
 'lines += open(filename).readlines()',
 'Append lines containing word to a list and',
 'and return list of lines containing the word.',
 '# Now sort the list according to length of lines',
 "print('Lines => ', grep_word('lines', glob.glob('*.py')))"]
```

지금까지 배운 간단한 디버깅 기법을 정리하고 관련된 몇 가지 기법을 살펴본다.

코드 블록 건너뛰기

프로그래머는 디버깅 도중에 버그의 원인으로 의심되는 코드 블록을 건너 뛸 수 있다. 블록 내부에 루프가 있다면 continue문을 사용해 실행을 건너 뛸 수 있다. 이러한 예제는 이미 살펴봤았다.

블록이 루프의 외부에 있으면 if 0를 사용해 처리할 수 있으며 다음과 같이 의심되는 코드를 종속 블록으로 이동시킬 수 있다.

```
if 0:
    # Suspected code block
    perform_suspect_operation1(args1, args2, ...)
    perform_suspect_operation2(…)
```

이후에 버그가 사라진다면 문제는 의심되는 코드 블록에 있다고 확신할 수 있다.

이러한 기법은 대규모 코드 블록을 오른쪽으로 들여쓰기해야 한다는 점에서 자체적인 결함이 있고 디버깅이 끝나면 들여쓰기를 다시 원복해야 한다. 따라서 이 방법은 5~6 줄 이상의 코드에는 권장하지 않는다.

실행 중지

바쁘게 프로그래밍하고 있는 과정에서 파악이 어려운 버그를 발견하려 할 때는 이미 print 문을 비롯해 디버거와 다른 방법도 사용하고 있을 것이다. 다소 과감하지만 환상적으로 유용한 방법이 있는데 의심되는 코드 바로 앞이나 경로에 sys.exit을 사용해 실행을 중지하는 것이다.

sys.exit(<strategic message>)는 프로그램이 멈추는 것을 막기 때문에 프로그래머가 모를 수 없다. 이 방법은 다음과 같은 시나리오에 매우 유용하다.

- 복잡한 코드는 특정 값이나 입력 범위에 따라 파악하기 어려운 버그를 갖는다. 이는 예외를 감지하지만 무시하는 원인이 되며 이후에 프로그램 문제의 원인이 된다.
- 이때 특정 값이나 범위에 대한 검사를 하고 sys.exit를 통해 예외 처리기에서 올바른 메시지를 사용해 코드를 종료하면, 문제가 발생한 정확한 지점을 확인할

수 있다. 그러면 프로그래머는 입력이나 변수 처리 코드를 수정해 문제를 해결할 수 있다.

동시성 프로그램을 작성할 때 잘못된 리소스 잠금이나 다른 문제들은 교착 상태, 경쟁 조건 같이 추적하기 어려운 버그를 만들 수 있다.

멀티스레드 프로그램이나 멀티 프로세스 프로그램은 디버거를 통한 디버깅이 매우 어렵기 때문에 간단한 기법 중 하나는 올바른 예외처리 코드를 구현한 후 의심스러운 함수 안에 sys.exit를 넣는 것이다.

* 코드가 심각한 메모리 누수나 무한 루프를 갖고 있을 때는 프로그램 실행 후 어느 정도 지나면 디버깅이 어려워진다. 이때는 문제를 정확하게 잡아내는 것이 불가능하다. 문제를 식별할 때까지 sys.exit(<message>)을 한 라인에서 다음 라인으로 이동하는 것을 최후의 수단으로 사용할 수 있다.

외부 의존성 – 래퍼 사용하기

함수 외부에 문제가 있다고 의심되나 사용하는 코드에서 함수를 호출할 경우에는 이 방법을 사용할 수 있다.

함수가 통제 범위 밖에 있기 때문에 통제권을 갖는 모듈의 래퍼 함수로 바꾸어 테스트할 수 있다.

다음은 직렬 JSON 데이터 처리를 위한 일반적인 코드다. 프로그래머가 특정 데이터(아마도 특정 키–값의 쌍) 처리에 관한 버그를 찾고 있고 외부 API가 버그의 소스로 의심된다고 가정해 보자. 버그는 API의 시간 초과나 손상된 응답의 반환일 수 있으며 최악의 경우는 충돌이 발생할 수 있다.

```
import external_api
def process_data(data):
    """ Process data using external API """
```

```
        # Clean up data-local function
        data = clean_up(data)

        # Drop duplicates from data-local function
        data = drop_duplicates(data)

        # Process line by line JSON
        for json_elem in data:
            # Bug ?
            external_api.process(json_elem)
```

이를 확인하는 방법 중 하나는 특정 범위나 데이터 값에 대한 가짜 API를 만들거나 속이는 것이다. 예제에서는 다음과 같이 래퍼 함수를 생성할 수 있다.

```
def process(json_data, skey='suspect_key',svalue='suspect_value'):
    """ Fake the external API except for the suspect key & value """

    # Assume each JSON element maps to a Python dictionary

    for json_elem in json_data:
        skip = False

        for key in json_elem:
            if key == skey:
                if json_elem[key] == svalue:
                    # Suspect key,value combination - dont process
                    # this JSON element
                    skip = True
                    break

        # Pass on to the API
        if not skip:
            external_api.process(json_elem)

def process_data(data):
    """ Process data using external API """
```

```
# Clean up data-local function
data = clean_up(data)
# Drop duplicates from data-local function
data = drop_duplicates(data)

# Process line by line JSON using local wrapper
process(data)
```

의심 사항이 맞는다면 문제가 사라질 것이다. 그 후 테스트 코드를 사용할 수 있으며 문제를 수정하기 위해, 외부 API의 이해당사자와 이야기하거나 API에 전송된 데이터에서 문제가 되는 키-값의 쌍은 처리를 건너뛴다는 사실을 확인하기 위한 코드를 작성할 수 있다.

반환 값/데이터로 함수 교체하기(모의객체 사용)

현대 웹 애플리케이션 프로그래밍은 프로그램 안의 I/O 호출을 블로킹하는 것과 그리 차이가 나지 않는다. 이러한 호출은 외부 API 요청에 관련된 간단한 URL 요청이나 비용이 많이 드는 데이터베이스 쿼리가 될 수 있으며 버그의 원인이 될 수 있다.

다음과 같은 문제 상황 중 하나를 발견할 수 있을 것이다.

- 호출의 반환 값이 문제의 원인이 될 수 있다.
- 호출 자체가 I/O나 네트워크 오류, 시간 초과나 리소스 충돌 같은 문제의 원인이다.

비용이 많이 드는 I/O에 문제가 발생하면 이들의 복제는 다음과 같은 이유로 문제가 될 수 있다.

- I/O 호출은 시간이 걸려 디버깅에 많은 시간을 낭비하게 만들고 실제 문제에 집중할 수 없다.

- 외부 요청은 매번 다른 데이터를 반환할 수 있으므로 뒤따르는 호출에서 문제와 관련된 부분을 반복될 수 없다.
- 외부의 유료 API를 사용할 때 API 호출은 실제 비용이 부과될 수 있다. 따라서 디버깅과 테스트에 이러한 호출을 많이 사용할 수 없다.

이때는 API/함수의 반환 값을 저장하고, 함수/API 자체를 대체하기 위해 반환 값을 이용해 함수를 흉내 내는 방법이 일반적이다. 모의 테스팅과 유사한 방법이지만 디버깅 상황에서 사용된다.

웹사이트에 이름, 거리 주소, 도시 같은 사업장 주소를 비즈니스 목록으로 반환하는 API의 예를 살펴보자. 코드는 다음과 같다.

```python
import config

search_api = 'http://api.%(site)s/listings/search'

def get_api_key(site):
    """ Return API key for a site """

    # Assumes the configuration is available via a config module
    return config.get_key(site)

def api_search(address, site='yellowpages.com'):
    """ API to search for a given business address
    on a site and return results """

    req_params = {}
    req_params.update({
        'key': get_api_key(site),
        'term': address['name'],
        'searchloc': '{0}, {1}, {1}'.format(address['street'],
                                            address['city'],
                                            address['state'])})
    return requests.post(search_api % locals(),
                         params=req_params)
```

```python
def parse_listings(addresses, sites):
    """ Given a list of addresses, fetch their listings
    for a given set of sites, process them """

    for site in sites:
        for address in addresses:
            listing = api_search(address, site)
            # Process the listing
            process_listing(listing, site)

def process_listings(listing, site):
    """ Process a listing and analzye it """

    # Some heavy computational code
    # whose details we are not interested.
```

 앞의 코드는 몇 가지를 가정하고 있다. 그 중 하나는 모든 도시가 같은 API URL과 파라미터를 갖고 있다는 것이다. 예제 코드는 설명을 위한 것이다. 실제로 각 사이트는 URL과 허용되는 파라미터를 포함해 매우 다른 API 형식을 가질 것이다.

실제 작업은 코드 마지막 부분의 process_listings 함수에서 수행되고 있으며 해당 부분은 표시되고 있지 않다. 이것은 예제를 설명하기 위한 것이다.

process_listings 함수의 디버깅을 시도한다고 가정해 보자. 그러나 API 호출에서의 지연이나 오류 때문에 목록 자체를 가져오는 데 많은 시간이 낭비된다. 의존성을 피하기 위해 사용할 수 있는 방법을 소개한다.

- API를 통해 목록을 가져오는 대신 이를 파일이나 데이터베이스, 내장 메모리에 저장하고 필요할 때 로드한다.
- 캐싱이나 저장 패턴을 통해 api_search 함수의 반환 값을 캐싱한다. 그리고 첫 번째 호출 이후 추가 호출은 메모리에서 데이터를 반환한다.

- 데이터를 모의객체^{Mock}로 만들고 원본 데이터와 같은 특성을 갖는 임의의 데이터를 반환한다.

이러한 사항들을 차례로 살펴보자.

파일을 캐시로 사용해 데이터 저장 및 로드하기

파일을 캐시로 사용해 데이터를 저장하고 로드하는 기법은 입력 데이터에서 공유한 키를 사용해 파일 이름을 생성한다. 일치하는 파일이 디스크에 있으면 파일을 열어 데이터를 반환한다. 그렇지 않은 경우는 호출이 발생하고 데이터가 기록된다. 이 방법은 다음 코드처럼 파일 캐싱 데코레이터를 사용해 수행할 수 있다.

```python
import hashlib
import json
import os

def unique_key(address, site):
    """ Return a unique key for the given arguments """

    return hashlib.md5(''.join((address['name'],
                                address['street'],
                                address['city'],
                                site)).encode('utf-8')).hexdigest()


def filecache(func):
    """ A file caching decorator """

    def wrapper(*args, **kwargs):
        # Construct a unique cache filename
        filename = unique_key(args[0], args[1]) + '.data'

        if os.path.isfile(filename):
            print('=>from file<=')
            # Return cached data from file
```

```
        return json.load(open(filename))

        # Else compute and write into file
        result = func(*args, **kwargs)
        json.dump(result, open(filename,'w'))

        return result

    return wrapper

@filecache
def api_search(address, site='yellowpages.com'):
    """ API to search for a given business address
    on a site and return results """

    req_params = {}
    req_params.update({
        'key': get_api_key(site),
        'term': address['name'],
        'searchloc': '{0}, {1}, {1}'.format(address['street'],
                                            address['city'],
                                            address['state'])})
    return requests.post(search_api % locals(),
                         params=req_params)
```

앞의 코드는 다음과 같이 동작한다.

1. api_search 함수는 데코레이터 filecache로 데코레이션이 돼 있다.
2. filecache는 API 호출 결과를 저장하기 위한 고유한 파일 이름을 계산하기 위한 함수로 unique_key 사용한다. 예제에서 unique_key 함수는 고유 값을 만들기 위해 사업자 이름, 거리 및 도시, 쿼리한 사이트의 조합을 해시로 사용한다.
3. 함수가 처음 호출되면 API를 통해 데이터를 가져오고 파일에 저장한다. 추가적인 호출 동안 데이터는 파일에서 바로 반환된다.

대부분 이 방법은 잘 동작한다. 데이터는 한 번만 로드되고 추가로 호출될 때는 파일 캐시에서 반환된다. 그러나 파일이 생성되고 나면 오래된 데이터로 인해 문제가 발생한다. 데이터는 항상 파일에서 반환되지만 그 사이에 서버의 데이터가 변경됐을 수 있다.

인메모리에 키값을 저장하고 데이터를 파일 대신 디스크에 저장해 문제를 해결할 수 있다. 이러한 목적으로 잘 알려진 키값의 저장에 Memcached, MongoDB, 또는 Redis를 사용할 수 있다. 다음 예제에서는 Redis를 이용해 `failecache` 데코레이터를 `memorycache` 데코레이터로 변경하는 방법을 살펴볼 것이다.

메모리를 캐시를 사용해 데이터 저장/로드하기

메모리를 캐시를 사용해 데이터 저장/로드하는 기법에서는 입력 인자의 고유한 값을 사용해 고유한 인메모리 캐시 키가 생성된다. 키를 사용한 쿼리를 통해 캐시 저장소에서 캐시가 발견되면 해당 값이 저장소에서 반환된다. 캐시가 발견되지 않으면 호출이 발생하고(값이) 캐시에 쓰인다. 데이터가 너무 오래돼 낡은 상태가 되지 않도록 고정된 TTL[time-to-live]이 사용된다. 캐시 저장소 엔진으로 Redis를 사용한다.

```
from redis import StrictRedis

def memoize(func, ttl=86400):
    """ A memory caching decorator """

    # Local redis as in-memory cache
    cache = StrictRedis(host='localhost', port=6379)

    def wrapper(*args, **kwargs):
        # Construct a unique key

        key = unique_key(args[0], args[1])
        # Check if its in redis
        cached_data = cache.get(key)
        if cached_data != None:
```

```
        print('=>from cache<=')
        return json.loads(cached_data)
    # Else calculate and store while putting a TTL
    result = func(*args, **kwargs)
    cache.set(key, json.dumps(result), ttl)

    return result

return wrapper
```

 unique_key의 정의를 이전 예제 코드에서 재사용하는 것에 주의해야 한다.

나머지 코드에서 바뀐 유일한 사항은 filecache 데코레이터를 memoize 데코레이터로
대체하는 것이다.

```
@memoize
def api_search(address, site='yellowpages.com'):
    """ API to search for a given business address
    on a site and return results """

    req_params = {}
    req_params.update({
        'key': get_api_key(site),
        'term': address['name'],
        'searchloc': '{0}, {1}, {1}'.format(address['street'],
                                            address['city'],
                                            address['state'])})
    return requests.post(search_api % locals(),
                         params=req_params)
```

이 버전은 앞 버전에 비해 다음과 같은 장점이 있다.

- 캐시는 메모리에 저장되고 추가 파일이 생성되지 않는다.
- 캐시는 만료 기간을 지정한 TTL을 갖고 생성된다. 따라서 오래된 데이터로 인한 문제를 회피한다. TTL은 사용자 정의가 가능하며 예제에서는 하루(86400 초)로 설정됐다.

외부 API와 유사한 의존성을 모의객체로 만드는 몇 가지 다른 방법은 다음과 같다.

- 파이썬에서 파일을 사용하는 대신 StringIO 객체를 사용해 데이터를 읽고 쓴다. 예를 들어 filecache나 memoize 데코레이터는 StringIO 객체를 사용하도록 수정할 수 있다.
- 딕셔너리나 리스트 같이 변경 가능한 기본 인수를 캐시로 사용한다. 그리고 결과를 캐시에 작성한다. 파이썬에서 변경 가능한 인수는 반복되는 호출 후에도 상태를 유지하기 때문에 인-메모리 캐시로 효과적으로 동작한다.
- 외부 API를 문제의 호스트 항목에 추가하고 IP를 127.0.0.1로 설정해 로컬 머신 (IP 주소 127.0.0.1)의 서비스 호출을 대체/더미 호출로 바꾼다. 로컬 호스트 호출에 대해 항상 (준비된) 표준 응답이 반환될 수 있다.

예를 들어 리눅스나 다른 POSIX 시스템에서 /etc/hosts 파일에 다음 행을 추가할 수 있다.

```
# Only for testing—comment out after that!
127.0.0.1 api.website.com
```

 테스팅 후 위 라인을 추석 처리하는 것을 잊지 않는다면 매우 유용하면서 영리한 방법이라는 사실을 알 수 있다.

무작위/모의 데이터 반환하기

성능 테스팅과 디버깅을 위해 매우 유용한 또 다른 기법은 원래 데이터와 비슷하지만 동일하지 않은 데이터를 함수에 제공하는 것이다.

예를 들어 정부 지출 관점에서 상위 10대 건강 문제나 일반적인 질병 패턴을 분석하고 발견하기 위해, 특정 보험 제도의 환자와 의사 데이터를 갖고 작업하는 애플리케이션(미국의 메디커어/메디케이드. 인도의 ESI)을 작성하고 있다고 가정해 보자.

애플리케이션에서 데이터베이스에 한 번에 수만 개의 환자 데이터를 로드하고 분석할 때, 최대 부하에서 처리해야 데이터는 1~2백 만개까지 늘어날 것으로 예상된다. 부하 아래서, 애플리케이션을 디버깅하고 성능상의 특성을 확인하기 원하지만 데이터 수집 단계에 있으므로 실제 데이터는 갖고 있지 않다. 이럴 때는 모의 데이터를 생성하고 반환하는 라이브러리나 함수가 매우 유용하다. 여기서는 서드 파티 파이썬 라이브러리를 사용할 것이다.

무작위 환자 데이터 생성하기

환자의 데이터는 다음과 같은 기본 필드가 필요하다고 가정해 보자.

- 이름Name
- 나이Age
- 성별Gender
- 건강 문제Health Issue
- 의사 이름Doctor's Name
- 혈액형Blood Group
- 보험 여부Insured or Not
- 마지막 의사 방문 날짜Date of last visit to doctor

파이썬에서 schematics 라이브러리는 검증하고 변환 가능한, 그리고 모의객체로 만들 수 있는 간단한 타입을 사용하는 데이터 구조를 생성할 수 있다.

schematics는 다음 pip 명령을 통해 설치할 수 있는 라이브러리다.

이름과 나이를 갖는 사람의 모델을 생성하는 것은 schematics으로 클래스를 작성하는 것만큼이나 간단하다.

```
from schematics import Model
from schematics.types import StringType, DecimalType

class Person(Model):
    name = StringType()
    age = DecimalType()
```

모의 데이터 생성은 모의객체를 반환하고 이를 사용해 기본 데이터를 생성한다.

```
>>> Person.get_mock_object().to_primitive()
{'age': u'12', 'name': u'Y7bnqRt'}
>>> Person.get_mock_object().to_primitive()
{'age': u'1', 'name': u'xyrh40EO3'}
```

Schematics을 사용해 사용자 정의 타입을 생성할 수 있다. 예를 들어 환자 모델의 경우는 18~80세 나이의 그룹만 관심이 있다고 해보자. 그러면 해당 범위의 나이 데이터만 반환 받아야 한다.

다음 사용자 정의 타입은 이러한 작업을 수행한다.

```
from schematics.types import IntType

class AgeType(IntType):
    """ An age type for schematics """
```

```
def __init__(self, **kwargs):
    kwargs['default'] = 18
    IntType.__init__(self, **kwargs)

def to_primitive(self, value, context=None):
    return random.randrange(18, 80)
```

schematics 라이브러리가 반환하는 이름은 무작위 문자열이기 때문에 어느 정도 개선이 필요하다. 다음 NameType 클래스는 모음과 자음을 영리하게 혼합한 이름을 반환한다.

```
import string
import random

class NameType(StringType):
    """ A schematics custom name type """

    vowels='aeiou'
    consonants = ''.join(set(string.ascii_lowercase) - set(vowels))

    def __init__(self, **kwargs):
        kwargs['default'] = ''
        StringType.__init__(self, **kwargs)

    def get_name(self):
        """ A random name generator which generates
        names by clever placing of vowels and consontants """

        items = ['']*4

        items[0] = random.choice(self.consonants)
        items[2] = random.choice(self.consonants)

        for i in (1, 3):
            items[i] = random.choice(self.vowels)

        return ''.join(items).capitalize()
```

```
        def to_primitive(self, value, context=None):
            return self.get_name()
```

새로운 타입을 모두 결합하면 Person 클래스가 모의 데이터를 반환할 때보다 더 좋아 보인다.

```
class Person(Model):
    name = NameType()
    age = AgeType()
```

```
>>> Person.get_mock_object().to_primitive()
{'age': 36, 'name': 'Qixi'}
>>> Person.get_mock_object().to_primitive()
{'age': 58, 'name': 'Ziru'}
>>> Person.get_mock_object().to_primitive()
{'age': 32, 'name': 'Zanu'}
```

유사한 방법으로, Patient 모델에서 요구하는 모든 필드를 충족시키는 사용자 정의 타입과 표준 타입의 세트를 더 쉽게 가져온다.

```
class GenderType(BaseType):
    """A gender type for schematics """

    def __init__(self, **kwargs):
    kwargs['choices'] = ['male','female']
    kwargs['default'] = 'male'
    BaseType.__init__(self, **kwargs)


class ConditionType(StringType):
    """ A gender type for a health condition """

    def __init__(self, **kwargs):
```

```
        kwargs['default'] = 'cardiac'
        StringType.__init__(self, **kwargs)

    def to_primitive(self, value, context=None):
        return random.choice(('cardiac',
                              'respiratory',
                              'nasal',
                              'gynec',
                              'urinal',
                              'lungs',
                              'thyroid',
                              'tumour'))


import itertools

class BloodGroupType(StringType):
    """ A blood group type for schematics """

    def __init__(self, **kwargs):
        kwargs['default'] = 'AB+'
        StringType.__init__(self, **kwargs)

    def to_primitive(self, value, context=None):
        return ''.join(random.choice(list(itertools.product(['AB','A','O',
        'B'],['+','-'])))))
```

이제 이러한 일부 표준 타입 및 기본 값을 Patient 모델에 결합해, 다음과 같은 코드를
얻는다.

```
class Patient(Model):
    """ A model class for patients """

    name = NameType()
    age = AgeType()
    gender = GenderType()
```

```
        condition = ConditionType()
        doctor = NameType()
        blood_group = BloodGroupType()
        insured = BooleanType(default=True)
        last_visit = DateTimeType(default='2000-01-01T13:30:30')
```

모든 크기의 무작위 데이터 생성은 임의의 숫자 n에 관해 Patient 클래스의 get_mock_object 메소드를 호출하면 된다.

```
patients = map(lambda x: Patient.get_mock_object().to_primitive(), range(n))
```

예를 들어 10,000 개의 무작위 환자 데이터를 생성하려면 다음 명령을 사용하면 된다.

```
>>> patients = map(lambda x: Patient.get_mock_object().to_primitive(),range(1000))
```

실제 데이터를 사용할 수 있을 때까지 이러한 모의 데이터를 처리 함수에 입력할 수 있다.

 파이썬에서 Faker 라이브러리는 이름, 주소, URI, 무작위 텍스트 같은 광범위한 가짜 데이터를 생성하는 데 유용하다.

간단한 속임수와 기법보다 애플리케이션 로깅을 구성하는 것들을 살펴보자.

▌ 디버깅 기법으로써의 로깅

파이썬은 적절하게 이름 붙여진 logging 모듈을 통해 로깅을 지원하는 표준 라이브러리를 제공한다. 비록 print 문이 디버깅을 위한 간단하고 기초적인 도구로 사용될 수 있지만, 대부분 실제 디버깅은 시스템이나 애플리케이션이 어느 정도의 로그를 생성해야 한다. 로깅Logging이 유용한 이유는 다음과 같다.

- 일반적으로 로그는 타임스탬프timestamps와 함께 특정 로그 파일들에 저장되고 로테이션이 끝날 때까지 잠시 동안 서버에 유지된다. 이것은 문제가 발생한 후 프로그래머가 디버깅하는 경우에 쉽게 디버깅할 수 있게 한다.
- 로깅은 기본적인 INFO에서 상세한 DEBUG 수준까지 다양한 수준에서 수행될 수 있으며, 수준에 따라 애플리케이션에서 출력되는 정보의 양이 변경된다. 프로그래머가 원하는 정보를 추출하고 문제를 이해하기 위해 다양한 로깅 수준에서 디버깅을 할 수 있도록 한다.
- 다양한 출력에 대한 로깅을 수행할 수 있는 사용자 정의 로거loggers를 작성할 수 있다. 가장 기본적인 로깅은 로그 파일에서 수행되지만, 소켓, HTTP 스트림, 데이터베이스 등에 기록할 수 있는 로거를 작성할 수도 있다.

간단한 애플리케이션 로깅

파이썬에서 간단한 로깅 설정은 다음과 같다.

```
>>> import logging
>>> logging.warning('I will be back!')
WARNING:root:I will be back!

>>> logging.info('Hello World')
>>>
```

로깅은 WARNING 수준이 기본으로 설정되기 때문에 앞의 코드를 실행하면 아무 일도 발생하지 않는다. 그러나 로깅 수준을 변경하기 위해 설정을 변경하는 것은 매우 쉽다.

다음 코드는 로깅 수준을 info로 변경하고 로그를 저장하기 위한 대상 파일을 추가한다.

```
>>> logging.basicConfig(filename='application.log', level=logging.DEBUG)
>>> logging.info('Hello World')
```

application.log 파일을 검사하면 다음 라인이 포함된 것을 확인할 수 있다.

```
INFO:root:Hello World
```

로그 라인에 타임스탬프를 추가하려면 다음과 같이 로깅 형식을 설정한다.

```
>>> logging.basicConfig(format='%(asctime)s %(message)s')
```

이러한 사항들을 결합해 다음과 같은 최종적인 로깅 설정을 할 수 있다.

```
>>> logging.basicConfig(format='%(asctime)s %(message)s',
filename='application.log', level=logging.DEBUG)
>>> logging.info('Hello World!')
```

이제 application.log의 내용은 다음과 같다.

```
INFO:root:Hello World
2016-12-26 19:10:37,236 Hello World!
```

로깅은 변수에 관한 인수를 지원하고 인수는 템플릿 문자열의 첫 번째 인수로 제공된다.

쉼표로 구분된 인수들에 대해 로깅은 동작하지 않는다. 예를 들어, 다음과 같다.

```
>>> import logging
>>> logging.basicConfig(level=logging.DEBUG)
>>> x,y=10,20
```

```
>>> logging.info('Addition of',x,'and',y,'produces',x+y)
--- Logging error ---
Traceback (most recent call last):
  File "/usr/lib/python3.5/logging/__init__.py", line 980, in emit
    msg = self.format(record)
  File "/usr/lib/python3.5/logging/__init__.py", line 830, in format
    return fmt.format(record)
  File "/usr/lib/python3.5/logging/__init__.py", line 567, in format
    record.message = record.getMessage()
  File "/usr/lib/python3.5/logging/__init__.py", line 330, in getMessage
    msg = msg % self.args
TypeError: not all arguments converted during string formatting
Call stack:
  File "<stdin>", line 1, in <module>
Message: 'Addition of'
Arguments: (10, 'and', 20, 'produces', 30)
```

그러나 다음과 같이 사용할 수 있다.

```
>>> logging.info('Addition of %s and %s produces %s',x,y,x+y)
INFO:root:Addition of 10 and 20 produces 30
```

앞의 예제는 잘 동작하는 것을 볼 수 있다.

고급 로깅 – logger 객체

logging 모듈을 사용하는 로깅은 대부분 간단한 상황에서 바로 동작한다. 그러나 logging 모듈의 최대치를 추출하려면 logger 객체로 작업해야 한다. 사용자 정의 형식, 사용자 정의 핸들러 같은 다양한 최적화가 가능하다.

사용자 정의 로거를 반환하는 함수를 작성해 보자. 함수는 애플리케이션 이름, 로깅 수준, 추가적인 두 가지 옵션인 로그 파일 이름과 콘솔 로깅의 활성화를 허용한다.

```
import logging
def create_logger(app_name, logfilename=None,
                                level=logging.INFO, console=False):

    """ Build and return a custom logger. Accepts the application name,log
    filename, loglevel and console logging toggle """

    log=logging.getLogger(app_name)
    log.setLevel(logging.DEBUG)
    # Add file handler
    if logfilename != None:
        log.addHandler(logging.FileHandler(logfilename))

    if console:
        log.addHandler(logging.StreamHandler())

    # Add formatter
    for handle in log.handlers:
        formatter = logging.Formatter('%(asctime)s : %(levelname)-8s
        -%(message)s', datefmt='%Y-%m-%d %H:%M:%S')

        handle.setFormatter(formatter)

    return log
```

함수를 자세히 살펴보자.

1. 직접 로깅을 하는 대신, `logging.getLogger` 팩토리 함수를 사용해 `logger` 객체를 생성한다.

2. `logger` 객체는 어떤 핸들러도 갖지 않도록 구성돼 있어 쓸모가 없다. 핸들러는 콘솔, 파일, 소켓 같은 특정 스트림에 관한 로깅을 처리하는 스트림 래퍼다.

3. 해당 구성은 `setLevel` 메소드를 통한 로깅 수준 설정과 파일 로깅을 위한 `FileHandler` 같은 핸들러와 콘솔 로깅을 위한 `StreamHandler` 같은 로거 객체를 추가한다.

4. 로그 메시지의 형식화는 핸들러에서 수행되며 logger 객체에 대한 파싱을 하지 않는다. YY-mm-dd HH:MM:SS의 타임스탬프의 날짜 형식을 사용하는 `<timestamp>`: `<level>`-`<message>` 표준 형식으로 사용한다.

실제 동작을 확인해 보자.

```
>>> log=create_logger('myapp',logfilename='app.log', console=True)
>>> log
<logging.Logger object at 0x7fc09afa55c0>
>>> log.info('Started application')
2016-12-26 19:38:12 : INFO - Started application
>>> log.info('Initializing objects...')
2016-12-26 19:38:25 : INFO - Initializing objects…
```

같은 디렉토리의 app.log 파일을 보면 다음과 같은 내용을 확인할 수 있다.

```
2016-12-26 19:38:12 : INFO –Started application
2016-12-26 19:38:25 : INFO –Initializing objects…
```

고급 로깅 – 사용자 정의 형식과 로거

요구사항에 따라 로거 객체를 생성하고 구성하는 방법을 살펴봤다. 계속해서 로그 라인에 디버깅을 위한 추가 데이터를 출력할 수 있도록 해야 한다.

디버깅 애플리케이션, 특히, 성능이 중요한 애플리케이션에서 발생하는 일반적인 문제는 각 함수나 메소드가 얼마나 많은 시간을 소비하는지 살펴보는 것이다. 이제 애플리케이션 프로파일러를 사용해 많은 시간을 소비하는 메소드를 찾을 수 있다. 그리고 타이머 컨텍스트 관리자 같이 이전에 논의한 일부 기법을 사용할 수 있지만, 작업을 위해 사용자 정의 로거를 작성할 수 있다.

앞 절에서 논의한 것과 같이 애플리케이션이 비즈니스해 API 리스트를 요청에 응답하는 리스팅 API 서버라 가정해 보자. 처음 서버를 시작하면 많은 수의 객체를 초기화하고 일부 데이터를 DB에서 로드해야 한다.

일부 성능 최적화를 통해 이러한 루틴을 조정했고 루틴에 얼마나 많은 시간이 걸리는지 기록하고 싶다고 해보자. 이를 위해 사용자 정의 로거를 작성할 수 있는지 확인해 보자.

```python
import logging
import time
from functools import partial

class LoggerWrapper(object):
    """ A wrapper class for logger objects with
    calculation of time spent in each step """

    def __init__(self, app_name, filename=None,
                        level=logging.INFO, console=False):
        self.log = logging.getLogger(app_name)
        self.log.setLevel(level)

        # Add handlers
        if console:
            self.log.addHandler(logging.StreamHandler())

        if filename != None:
            self.log.addHandler(logging.FileHandler(filename))

        # Set formatting
        for handle in self.log.handlers:

            formatter = logging.Formatter('%(asctime)s [%(timespent)
            s]:%(levelname)-8s - %(message)s', datefmt='%Y-%m-%d %H:%M:%S')
                handle.setFormatter(formatter)

        for name in ('debug','info','warning','error','critical'):
```

```
            # Creating convenient wrappers by using functools
            func = partial(self._dolog, name)
            # Set on this class as methods
            setattr(self, name, func)

        # Mark timestamp
        self._markt = time.time()

    def _calc_time(self):
        """ Calculate time spent so far """

        tnow = time.time()
        tdiff = int(round(tnow - self._markt))

        hr, rem = divmod(tdiff, 3600)
        mins, sec = divmod(rem, 60)
        # Reset mark
        self._markt = tnow
        return '%.2d:%.2d:%.2d' % (hr, mins, sec)

    def _dolog(self, levelname, msg, *args, **kwargs):
        """ Generic method for logging at different levels """

        logfunc = getattr(self.log, levelname)
        return logfunc(msg, *args, extra={'timespent': self._calc_time()})
```

LoggerWrapper 사용자 정의 클래스를 생성했다. 클래스의 코드를 분석하고 어떤 기능을
수행하는지 확인해 보자.

1. 클래스의 __init__ 메소드는 이전에 작성한 create_logger 함수와 매우 비
   슷하다. __init__ 메소드는 같은 인수를 갖고 있으며 핸들러 객체를 생성하고
   logger를 구성한다. 그러나 이 logger 객체는 외부 LoggerWrapper 인스턴스의
   일부다.

2. 형식자는 timespent라는 추가 변수 템플릿을 사용한다.

3. 직접적인 로깅 메소드가 정의되지 않았다. 그러나 부분 함수 기법을 사용해 다양한 로깅 수준에서 _dolog 메소드를 래핑한다. 또한 setattr을 사용해 이들을 동적으로 클래스에 로깅 메소드로 설정한다.

4. _dolog 메소드는 마커 타임스탬프^{marker timestamp}에 의한 각 루틴에서 사용된 시간을 계산한다. 먼저 초기화를 한 다음 모든 호출에서 다시 설정한다. 해당 시간은 extra로 불리는 딕셔너리 인수를 사용해 로깅 메소드로 전송된다.

애플리케이션이 중요 루틴에서 사용된 시간을 측정하기 위해 로거 래퍼를 사용하는 방법을 확인해 보자. 다음은 플라스크 웹 애플리케이션을 사용하는 예제다.

```
# Application code
log=LoggerWrapper('myapp', filename='myapp.log',console=True)

app = Flask(__name__)
log.info("Starting application...")
log.info("Initializing objects.")
init()
log.info("Initialization complete.")
log.info("Loading configuration and data …")
load_objects()
log.info('Loading complete. Listening for connections …')
mainloop()
```

사용된 시간은 타임스탬프 바로 뒤의 대괄호 안에 기록된다.

마지막 코드가 다음과 같은 결과를 출력한다고 가정해 보자.

```
2016-12-26 20:08:28 [00:00:00]: INFO —Starting application...
2016-12-26 20:08:28 [00:00:00]: INFO - Initializing objects.
2016-12-26 20:08:42 [00:00:14]: INFO - Initialization complete.
2016-12-26 20:08:42 [00:00:00]: INFO - Loading configuration and data
...
```

```
2016-12-26 20:10:37 [00:01:55]: INFO - Loading complete. Listening
for connections
```

로그를 통해 초기화에 14초가 걸린 반면 데이터의 로딩과 구성에 1분 55초가 걸린 것을
알 수 있다.

유사한 로그 라인을 추가해 애플리케이션의 중요 부분에 사용된 시간의 정확한 추정치를
빠르게 얻을 수 있다. 로그 파일에 저장하는 또 다른 이점은 사용 시간을 계산해 다른 곳
에 특별하게 저장할 필요가 없다는 점이다.

 사용자 정의 로거를 사용하면 주어진 로그 라인에 사용 시간으로 보여지는 시간은 이전 라
인의 루틴에서 사용된 시간이라는 점에 주의해야 한다.

고급 로깅 - syslog에 작성하기

리눅스나 Mac OS X 같은 POSIX 시스템은 애플리케이션이 쓸 수 있는 시스템 로그 파
일을 갖고 있다. 시스템 로그 파일은 /var/log/syslog로 존재한다. 파이썬 로깅이 시스템
로그 파일에 쓰기 작업을 할 수 있도록 있게 구성하는 방법을 살펴보자.

필요한 주된 변경은 다음과 같이 시스템 로그 핸들러를 로거 객체로 추가하는 것이다.

```
log.addHandler(logging.handlers.SysLogHandler(address='/dev/log'))
```

create_logger 함수를 수정해 syslog에 쓰기 작업을 할 수 있는 완전한 코드를 살펴
보자.

```
import logging
import logging.handlers
```

```
def create_logger(app_name, logfilename=None, level=logging.INFO,
                                console=False, syslog=False):
    """ Build and return a custom logger. Accepts the application
        name,
    log filename, loglevel and console logging toggle and syslog toggle """

    log=logging.getLogger(app_name)
    log.setLevel(logging.DEBUG)
    # Add file handler
    if logfilename != None:
        log.addHandler(logging.FileHandler(logfilename))

    if syslog:
        log.addHandler(logging.handlers.SysLogHandler(address='/dev/log'))

    if console:
        log.addHandler(logging.StreamHandler())

    # Add formatter
    for handle in log.handlers:
        formatter = logging.Formatter('%(asctime)s : %(levelname)-8s -
        %(message)s', datefmt='%Y-%m-%d %H:%M:%S')
        handle.setFormatter(formatter)


    return log
```

로깅 동안 syslog에 로거를 생성해 보자.

```
>>> create_logger('myapp',console=True, syslog=True)
>>> log.info('Myapp - starting up…')
```

실제로 로그가 기록됐는지 syslog를 자세히 살펴보자.

```
$ tail -3 /var/log/syslog
Dec 26 20:39:54 ubuntu-pro-book kernel: [36696.308437] psmouse serio1:
TouchPad at isa0060/serio1/input0 - driver resynced.
Dec 26 20:44:39 ubuntu-pro-book 2016-12-26 20:44:39 : INFO - Myapp -
starting up...
Dec 26 20:45:01 ubuntu-pro-book CRON[11522]: (root) CMD (command -v
debian-sa1 > /dev/null && debian-sa1 1 1)
```

출력을 살펴보면 로그가 기록된 것을 알 수 있다.

▌ 디버깅 도구 – 디버거 사용

프로그래머 대부분은 디버거로 디버깅을 해야 한다고 생각하는 경향이 있지만 지금까지 과학 이상의 것을 살펴봤다. 디버깅은 디버거를 바로 사용하기보단 다양한 요령과 기법을 사용해 수행할 수 있는 일종의 예술이다. 이제 본격적으로 디버거를 살펴보자.

파이썬 디버거는 pdb로 알려져 있으며 파이썬 런타임의 일부다.

pdb는 다음과 같이 스크립트를 시작할 때부터 호출할 수 있다.

```
$ python3 -m pdb script.py
```

프로그래머가 pdb를 호출하는 가장 일반적인 방법은 디버거를 실행하기 원하는 코드에 다음 라인을 추가하는 것이다.

```
import pdb; pdb.set_trace()
```

최대 서브 배열의 합을 구하는 10장의 첫 예제의 인스턴스를 디버깅을 해보자. 예제로 O(n) 버전의 코드에 대한 디버깅을 수행할 것이다.

```
def max_subarray(sequence):
    """ Maximum subarray - optimized version """

    max_ending_here = max_so_far = 0
    for x in sequence:
    # Enter the debugger
    import pdb; pdb.set_trace()
    max_ending_here = max(0, max_ending_here + x)
    max_so_far = max(max_so_far, max_ending_here)

    return max_so_far
```

pdb로 세션 디버딩하기

디버거는 프로그램이 실행된 후 첫 번째 루프에서 바로 시작된다.

```
>>> max_subarray([20, -5, -10, 30, 10])
> /home/user/programs/maxsubarray.py(8)max_subarray()
-> max_ending_here = max(0, max_ending_here + x)
-> for x in sequence:
(Pdb) max_so_far
20
```

(s)를 사용해 실행을 중지할 수 있다. pdb는 현재 라인을 실행하고 멈춘다.

```
> /home/user/programs/maxsubarray.py(7)max_subarray()
-> max_ending_here = max(0, max_ending_here + x)
```

간단히 변수를 입력하고 Enter 키를 눌러 변수 검사를 할 수 있다.

```
(Pdb) max_so_far
20
```

현재 스택 추적 기능은 (w)나 where를 사용해 인쇄할 수 있다. 화살표(→)는 현재 스택 프레임을 나타낸다.

```
(Pdb) w
<stdin>(1)<module>()
> /home/user/programs/maxsubarray.py(7)max_subarray()
-> max_ending_here = max(0, max_ending_here + x)
```

(c)나 continue를 사용해 다음 중단점까지 계속 실행할 수 있다.

```
> /home/user/programs/maxsubarray.py(6)max_subarray()
-> for x in sequence:
(Pdb) max_so_far
20
(Pdb) c
> /home/user/programs/maxsubarray.py(6)max_subarray()
-> for x in sequence:
(Pdb) max_so_far
35
(Pdb) max_ending_here
35
```

앞의 코드에서는 최댓값이 20에서 35까지 변경될 때까지 for 루프를 3번 반복했다. 순차적으로 실행 위치가 어디에 있는지 살펴보자.

```
(Pdb) x
30
```

리스트에 들어가야 하는 추가적인 한 가지 항목, 즉 마지막 항목을 갖고 있다. (l)이나 list 명령어를 사용해 이 시점의 소스코드를 검사해 보자.

```
(Pdb) l
  1
  2     def max_subarray(sequence):
  3             """ Maximum subarray - optimized version """
  4
  5             max_ending_here = max_so_far = 0
  6  ->     for x in sequence:
  7                 max_ending_here = max(0, max_ending_here + x)
  8                 max_so_far = max(max_so_far, max_ending_here)
  9                 import pdb; pdb.set_trace()
 10
 11         return max_so_far
```

(u)나 up, (d)나 down 명령어를 각각 사용해 스택 프레임의 위나 아래로 이동이 가능하다.

```
(Pdb) up
> <stdin>(1)<module>()
(Pdb) up
*** Oldest frame
(Pdb) list
[EOF]
(Pdb) d
> /home/user/programs/maxsubarray.py(6)max_subarray()
-> for x in sequence:
```

함수로 되돌아가 보자.

```
(Pdb) r
> /home/user/programs/maxsubarray.py(6)max_subarray()
```

```
-> for x in sequence:
(Pdb) r
--Return--
> /home/user/programs/maxsubarray.py(11)max_subarray()->45
-> return max_so_far
```

함수의 반환 값은 45다.

pdb는 여기에서 다룬 내용보다 더 많은 명령어를 갖고 있다. 그러나 이번 절은 본격적인 pdb를 위한 튜토리얼이 아니다. pdb에 관심이 있는 프로그래머는 웹상의 참고 문서를 참조하자.

pdb 유사 도구

파이썬 커뮤니티는 pdb를 기반으로 하지만 더 유용한 기능, 개발자 편의성 혹은 두 가지 모두 추가한 유용한 많은 수의 도구들을 만들었다.

iPdb

iPdb는 iPython을 지원하는 pdb다. iPdb는 함수에 액세스하기 위해 함수를 iPython 디버거로 보낸다. iPdb는 탭 완성, 구문 강조, 더 나은 역추적 및 내부 검사 방법을 제공한다.

iPdb는 pip를 통해 설치할 수 있다.

다음 화면은 이전에 pdb에서 했던 것과 같은 iPdb를 사용하는 디버깅 세션에서 보여준다. iPdb가 제공하는 구문 강조 기능을 살펴보자.

iPdb에서의 구문 강조 기능 표시

또한, iPdb는 pdb와 달리 더 많은 스택 추적 기능을 제공한다.

pdb보다 더 많은 iPdb의 스택 추적 기능

iPdb는 Python 대신 iPython을 기본 런타임으로 사용한다.

Pdb++

Pdb++은 iPdb와 기능이 비슷한 pdb의 대체 도구지만 iPython을 요구하지 않고 기본 파이썬 런타임에서 동작한다. Pdb++가 설치되면 import Pdb를 한 모든 위치에서 수행되므로 코드를 변경할 필요가 없다.

Pdb++은 스마트 명령어 구문 분석을 수행한다. 예를 들어 표준 pdb 명령어와 변수 이름이 충돌할 때는 pdb는 변수 내용을 표시하는 것보다 명령어에 우선권을 준다. Pdb++은 이러한 내용을 지능적으로 파악한다.

다음은 구문 강조, 탭 완성, 스마트 명령어 구문 분석을 포함한 Pdb++의 실제 동작을 보여주는 그림이다.

Pdb++의 실제 동작 – 변수 c가 올바르게 해석되는 스마트 명령어 구문 분석에 주목

▐ 고급 디버깅 기법 – 추적

프로그램의 시작부터 고급 디버깅 기법을 적용해 프로그램의 추적 기능(Tracing)을 바로 사용할 수 있다. 추적 기능은 개발자가 프로그램의 실행을 추적하고, 호출자/수신자 관계를 발견하며, 프로그램 수행 동안 실행되는 모든 함수를 파악할 수 있도록 한다.

trace 모듈

파이썬은 표준 라이브러리의 일부로 기본 trace 모듈을 제공한다. trace 모듈은 -trace, --count, 또는 -listfuncs 옵션 중 하나를 사용한다. 첫 번째 옵션은 실행되는 모든 소스 라인을 추적하고 출력한다. 두 번째 옵션은 코드 명령문의 실행 횟수를 나타내는 주석 처리 된 파일 리스트를 생성한다. 마지막 옵션은 단순하게 프로그램의 실행 동안 실행된 모든 함수들을 표시한다.

다음은 trace 모듈의 -trace 옵션에 따라 호출되는 하위 배열 문제을 실행한 화면이다.

-trace 옵션을 통한 trace 모듈의 프로그램 실행 추적

trace 모듈은 전체 프로그램 실행을 추적하고 코드를 한 라인씩 출력한다. 예제 코드의 대부분은 for 루프이기 때문에 루프에서 실행되는 코드 라인이 루프가 실행된 횟수(5번) 만큼 출력되는 것을 볼 수 있다.

-trackcalls 옵션은 호출자와 수신자 함수 사이의 관계를 추적하고 출력한다.

trace 모듈에는 호출 추적, 주석 처리된 파일 리스트 생성과 보고서 같이 또 다른 옵션들이 있다. 이러한 사항들은 웹에서 모듈의 문서를 참조할 수 있으므로 자세하게 논의하지 않는다.

lptrace 프로그램

서버를 디버깅하거나 프로덕션 환경의 성능이나 다른 문제들을 발견하려면 프로그래머는 파이썬 시스템이나 trace 모듈에 의한 스택 추적 기능은 필요하지 않다. 그러나 실시간으로 프로세스를 연결하고 어떤 함수들이 실행되는지는 확인해야 한다.

 lptrace는 pip를 사용해 설치할 수 있다. lptrace는 파이썬 3에서는 동작하지 않는다.

lptrace 패키지를 사용하면 이 작업을 수행할 수 없다. 실행할 스크립트를 제공하는 대신, 서버, 애플리케이션 같은 프로세스 ID를 통해 파이썬 프로그램을 실행하는 기존 프로세스를 연결한다.

다음 화면에서 lptrace가 '8장, 파이썬의 아키텍처 패턴'에서 개발한 Twisted 채팅 서버를 디버깅하는 것을 볼 수 있다. 해당 세션은 클라이언트 andy가 연결됐을 때의 활동을 보여주고 있다.

lptrace 명령어를 통한 Twisted의 채팅 서버를 디버깅

로그 라인이 많지만 클라이언트가 연결됐을 때 connectionMade처럼 로깅되는 Twisted 프로토콜의 잘 알려진 일부 메소드를 관찰할 수 있다. accept 같은 소켓 호출도 클라이언트로부터 연결을 수락하는 과정의 일부로 확인할 수 있다.

strace를 사용한 시스템 호출 추적

strace는 사용자가 실행 중인 프로그램이 호출하는 시스템 호출과 시그널을 추적할 수 있는 리눅스 명령어다. strace는 파이썬에만 있는 것이 아니지만 모든 프로그램을 디버깅하는데 사용할 수 있다. strace는 시스템 호출 측면에서 프로그램의 문제점을 해결하기 위해 lptrace와 함께 사용할 수 있다.

strace는 실행 중인 프로세스에 연결할 수 있다는 점에서 lptrace와 유사하다. strace는 명령행에서 프로세스를 실행하기 위해 호출할 수 있지만, 서버 프로세스에 연결된 상태로 실행하면 더 유용하다.

다음 화면은 채팅 서버에 연결된 상태로 실행 중인 strace의 출력을 보여준다.

Twisted 채팅 서버에 연결된 strace 명령

strace 명령어는 들어오는 연결에 관한 epoll 핸들을 기다리는 서버의 lptrace 명령 결과를 확인한다.

클라이언트가 연결되면 다음과 같은 일이 발생한다.

strace 명령은 시스템을 Twisted 채팅 서버에 연결하는 클라이언트의 호출을 표시한다.

strace는 프로덕션 환경에서 고급 디버깅을 수행하기 위해(파이썬용 lptrace와 같은) 런타임에 특정 도구와 결합할 수 있는 강력한 도구다.

▌요약

10장에서는 파이썬의 다양한 디버깅 기법을 학습했다. 단순한 print문으로 시작해 루프에서 continue 문의 사용, 코드 블록 사이에 전략적으로 배치한 sys.exit 같은 간단한 기법을 통해 파이썬 프로그램을 디버깅했다.

모의 데이터 및 무작위 데이터 생성 같은 디버깅 기법을 자세히 알아봤다. 파일 캐싱과 Redis 같은 인메모리 데이터베이스 활용 방법도 예제와 함께 설명했다.

파이썬에서 schematics 라이브러리를 사용하는 예제는 의료 영역의 가설 적용을 위해 무작위 데이터를 생성하는 방법을 보여줬다.

다음 절은 로깅과 디버깅 기법으로 로깅의 사용에 대한 것이었다. logging 모듈을 사용하는 간단한 로깅과 logger 객체를 사용하는 고급 로깅 기법을 학습했다. 그리고 함수 내부에서 실행에 걸린 로깅 시간에 관한 사용자 정의 형식을 갖는 로거 래퍼를 생성하면서 설명을 마무리했다. 또한 syslog 예제를 작성하는 방법도 배웠다.

10장의 마지막은 디버깅 도구에 관한 토론이었다. 파이썬의 디버거인 pdb의 기본적인 명령어와 더 나은 경험을 제공하는 유사 도구인 iPdb와 Pdb++를 살펴봤다. lptrace와 리눅스의 범용 strace 프로그램 같은 추적 도구를 살펴보면서 10장을 마무리했다.

이렇게 10장과 이 책의 내용을 모두 마무리한다.

찾아보기

파이썬을 활용한 소프트웨어 아키텍처

견고하고 확장 가능한 애플리케이션 아키텍처 설계

발 행 | 2021년 1월 4일

지은이 | 아난드 빌라찬드란 필라이
옮긴이 | 김 영 기

펴낸이 | 권 성 준
편집장 | 황 영 주
편 집 | 이 지 은

에이콘출판주식회사
서울특별시 양천구 국회대로 287 (목동)
전화 02-2653-7600, 팩스 02-2653-0433
www.acornpub.co.kr / editor@acornpub.co.kr

한국어판 ⓒ 에이콘출판주식회사, 2021, Printed in Korea.
ISBN 979-11-6175-485-7
http://www.acornpub.co.kr/book/sofrware-architecture-python

이 도서의 국립중앙도서관 출판시도서목록(CIP)은 서지정보유통지원시스템 홈페이지(http://seoji.nl.go.kr)와
국가자료공동목록시스템(http://www.nl.go.kr/kolisnet)에서 이용하실 수 있습니다.(CIP제어번호: CIP2020053027)

책값은 뒤표지에 있습니다.